要請としてのカント倫理学

細川亮一

九州大学出版会

家族に

目次

序　要請としてのカント倫理学……………………………………一
第一章　事　実……………………………………………………三
第一節　理性の事実……………………………………………三
一　「理性の事実」の用例とその核心　四
二　経験的事実でなく、純粋理性の唯一の事実である　八
三　理性の事実の候補　一〇
四　根本法則へ至る論理の飛躍　一二
五　即時の死刑という脅しのもとで　一四
六　たとえファラリスが偽証せよと命じても　一七
七　なすべきが故になしうる　一九
八　「なしうる」の条件としての自由　二三
九　選択意志の自由　二五
第二節　定言命法の法式……………………………………二八
一　定言命法の諸法式とその関係　二八
二　三つの原理　三〇
三　三つの法式　三二
四　自律の法式　三四

五　Recht（法則、権利、正義）との類比　三六
六　『実践理性批判』における根本法則と範型　四〇
第三節　道徳法則の演繹と自由の演繹……四三
一　自由と道徳法則は相互に遡示しあう　四四
二　人倫の形而上学から純粋実践理性の批判への移行　四六
三　『基礎づけ』における演繹　四七
四　理解不可能性を理解する　四九
五　無条件的に実践的なものの我々の認識はどこから始まるのか　五一
六　道徳法則の演繹の不可能性と意志　五四
七　実践的要請として必然的である　五六
第二章　意　志……六九
第四節　私はかく意志し、かく命令する……六九
一　ユヴェナリスの言葉　七〇
二　数学における sic volo, sic jubeo　七二
三　Sollen-Wollen　七四
四　根源的に立法する（sic volo, sic jubeo）　七六
五　意志から法則が生じ、選択意志から格率が生じる　七八

六　法則によって命令する者は立法者である　八〇
第五節　普遍的法則になることを意志しうる……八三
一　格率の道徳的判定の基準としての「意志しうる」　八三
二　格率が普遍的法則になる　八六
三　意志の自己矛盾　八九
四　目的論？　九三
五　一つの自然を創造する意志　九六
六　自殺　九八
七　偽りの約束　一〇〇
八　才能の開発　一〇二
九　他人を助ける　一〇四
十　volo, Wollen との一致　一〇五
第六節　意志主義——ルソーからカントへ……一〇七
一　感情（欲求能力の第一の内的根拠）　一〇八
二　ルソーとは誰か　一一一
三　『エミール』のルソー？　一一三
四　良心と自然法？　一一六
五　一般意志のルソー　一一八

六　定言命法の法式へ　一二〇
七　自律思想の継承　一二四
八　法の倫理学　一二七
九　道徳法則が善の概念を規定し可能にする　一二九

第三章　要　請……………………………………………………………………一五一

第七節　純粋実践理性の根本法則は要請である……………………………一五一
一　何故幾何学の要請が語られたのか　一五二
二　理論的命題としての要請と実践的命題としての要請　一五四
三　ユークリッド幾何学の要請　一五七
四　証明できない確実な実践的命題としての要請　一六〇
五　定言命法は要請である　一六二
六　純粋実践理性の根本法則は根本要請である　一六四
七　数学的な論述形式　一六八
八　カント倫理学のアルケー　一七〇
九　理性の事実は意志の要請として定立される　一七三

第八節　最高善の促進は要請である……………………………………………一七六
一　義務→最高善の可能性の要請→最高善の可能性の条件の要請　一七七

二　道徳法則↓最高善の促進（義務）？　一七九
三　最高善の可能性の要請　一八一
四　自由の要請と神と不死性の要請　一八三
五　実践理性は道徳法則を超えて自己を拡張する　一八五
六　実践理性は自己を拡張する　一八六
七　「最高善を促進せよ」は要請である　一八九
第九節　要請論としての法論……一九三
一　法論における三つの要請　一九四
二　要請としての法の法則と道徳法則　一九六
三　演繹は要請に基づく　一九八
四　実践理性はアプリオリな要請によって自己を拡張する　二〇〇
五　公法の要請と自然法　二〇二
六　『純粋理性批判』から『人倫の形而上学』法論へ——Rechtを介して　二〇四
七　Was ist Recht?　二〇六
第四章　哲　学……二一三
第十節　コペルニクス的転回……二一三
一　コペルニクスがモデル？　二一四

二　二等辺三角形　二二七
三　実験的方法　二二九
四　経験的な原理に基づいているかぎりでの自然科学　二三一
五　法則を自然から汲み取るのでなく、自然に指定する　二三五
六　コペルニクス的転回のモデルは数学　二三九
七　自ら作りうるもののみを洞察する　二四二
八　ホッブズとヴィーコ、そしてカント　二四四
九　現象の創造者　二四六
第十一節　超越論的哲学……………………………………………………二四八
一　nicht sowohl...sondern と überhaupt　二五〇
二　純粋理性の批判・超越論的哲学・形而上学　二五五
三　独断のまどろみからの目覚め　二六一
四　現象学から『純粋理性批判』へ　二七一
五　形而上学の本質的に異なった二部門　二七八
六　認識の起源に関しては超越論的、客観に関しては超越的　二八一
七　存在論から超越論的哲学へ　二八七
八　対象一般についての我々のアプリオリな概念に関わる認識　二九一
九　対象についての認識様式に一般に関わる認識　二九五

第十二節　要請としての哲学……二九九
一　形而上学の第一部門と第二部門　二九九
二　形而上学――自ら作る（selbst machen）　三〇一
三　『純粋理性批判』第二版から『実践理性批判』へ　三〇三
四　要請としてのカント倫理学　三〇五
五　立法者としての人間　三〇七
六　経験の可能性の条件と要請　三〇八
七　要請としてのカント哲学　三一一
あとがき……三四七
人名索引
事項索引

凡　例

一　カントからの引用は、アカデミー版カント全集により、巻数と頁を示す。ただし『純粋理性批判』からの引用は、第一版（A版）＝第二版（B版）の頁を示す。

二　ルソーからの引用は、J.-J. Rousseau, *Œuvres complètes*, Gallimard（OCと略）により、巻数と頁数を示す。

三　ハイデガーからの引用は、M. Heidegger, Gesamtausgabe, Vittorio Klostermann（GAと略）により、巻数と頁数を示す。

四　本書内の参照箇所を示す際は原則として、［第七節三］のように節と項を記し、章は省略した。また、同じ節の中では節も省略し、［三］とのみ記した。

序　要請としてのカント倫理学

「あなたの意志の格率が、つねに同時に普遍的立法の原理として妥当しうるように行為せよ」（5, p. 30）。

カントは『実践理性批判』の第七節において、「純粋実践理性の根本法則」をこのように定式化している。この純粋実践理性の根本法則がカント倫理学の核心をなす根本法則（定言命法）であることは、誰も否定しないだろう。それ故その註解は極めて重要な論点を提示しているはずである。註解は根本法則について、次のように書いている。

「この根本法則の意識を理性の事実と呼ぶことができる」（5, p. 31）。

根本法則を解明するために、理性の事実が何を意味するかを明らかにしなければならない［第一章］。しかし理性の事実が与えられていることは、その事実を与える意志を遡示している。理性の事実は意志を主題にすることを要求する。註解は次の言葉で終わっている。

「これによって純粋理性は根源的に立法するもの（私はかく意志し、かく命令する（sic volo, sic jubeo））として自己を告知する」（5, p. 31）。

根本法則は事実として与えられているが、根本法則を与えるのは、意志、立法する意志である。根本法則は立法する意志から捉えられねばならない。カント倫理学は意志主義である〔第二章〕。しかしさらに根本法則は要請という視点から捉えられねばならない。註解は次の言葉によって始まっている。

「純粋幾何学は実践的命題としての要請をもつ」(5, p. 30)。

何故カントは「純粋実践理性の根本法則」に対する註解の冒頭において、純粋幾何学の要請に言及したのだろうか。それは実践理性の根本法則が、幾何学の要請と同じ実践的命題としての要請だからである。カント倫理学（実践哲学）は要請論として展開される〔第三章〕。

カント倫理学を要請として捉えることが本書の課題である。しかし要請としてのカント倫理学はカント哲学全体のうちでいかなる位置をもつのか。『純粋理性批判』から始まるカント独自の哲学は批判哲学と呼ばれる。要請としてのカント倫理学を批判哲学のうちに位置づけねばならない〔第四章〕。『要請としてのカント倫理学』は四章として展開される。

第一章　事実
第二章　意志
第三章　要請
第四章　哲学

第一章　事　実

根本法則を理解するために、理性の事実が何を意味するのか、を探究しなければならない。根本法則の意識が「理性の事実」と呼ばれているからである。そもそも「理性の事実」とは具体的にいかなることなのか［第一節］。『実践理性批判』で主張される「理性の事実」説の射程は、『人倫の形而上学の基礎づけ』（以下『基礎づけ』と略）と『実践理性批判』との異同という視点から初めて捉えることができる。『実践理性批判』の根本法則は『基礎づけ』の定言命法の法式をその前提としている［第二節］。これが同の側面である。しかし道徳法則の演繹をめぐって二つの著作は対立している。これが異の側面である。『基礎づけ』から『実践理性批判』への歩みのうちで、「理性の事実」説を理解しなければならない［第三節］。

第一節　理性の事実

「この根本法則の意識を理性の事実（ein Faktum der Vernunft）と呼ぶことができる。何故ならそれは、理性の先行する所与から、例えば自由の意識から屁理屈的に引き出すことができないからであり（何故なら自由の意識は我々に先立って与えられていないから)、それ自身だけでアプリオリな総合命題として我々に迫ってくるからである」(5, p. 31)。

『実践理性批判』第七節においてカントは根本法則の意識を理性の事実と呼んでいるが、この「理性の事実」説は今日に至るまで多くの人に批判されてきた。例えばショーペンハウアーは次のように批判する。「カント学派において実践理性とその定言命法はますます超自然的事実(Thatsache)として、人間の心の中のデルフォイの神殿として現われる……」[1]。「理性の事実」説は独断的な形而上学であり、批判哲学でない、といったこのような批判は、今日に至るまで絶えることなく続いている。こうした批判に対してどう応えることができるのだろうか。まず理性の事実が具体的に何であるのかを明らかにしなければならない。「理性の事実」という言葉の用例を確認することから始めよう。

一 「理性の事実」の用例とその核心

『実践理性批判』における「理性の事実」の用例を挙げよう。本節の冒頭の引用文を(A)とし、以下(B)(C)……として引用しよう。

(B)「実践理性は今やそれ自身だけで、思弁理性と申し合わせることとなしに因果性のカテゴリーの超感性的対象、つまり自由に実在性を与え(実践的概念として、また単に実践的使用のためだけであるにしろ)、それ故そこでは単に思惟されうるにすぎなかったものを事実によって(durch ein Faktum)確証する」(5, p. 6)。

(C)「しかしこの法則を与えられたものとして誤解なく見なすために十分注意されねばならないことは、この法則が経験的事実でなく、純粋理性の唯一の事実(das einzige Faktum der reinen Vernunft)であるということである。これによって純粋理性は根源的に立法するもの(私はかく意志し、かく命令する)として自己を告知する」(5, p. 31)。

(D)「系／純粋理性はそれ自身だけで実践的であり、我々が人倫法則と呼ぶ普遍的な法則を（人間に）与える。／註解／前に述べた事実（Faktum）は否定しえない。人間がその行為の合法則性について下す判断を分析するだけでよい。そうすれば、傾向性がその間に何を言おうとも、それにもかかわらず人間の理性は何ものにも惑わされず、自分をアプリオリに実践的と見なすことによって、行為に際してつねに意志の格率を純粋意志に、つまり自己自身に準拠させる、ということをつねに見出すだろう」(5, p. 32)。

(E)「この分析論は、純粋理性が実践的でありうること、つまりそれ自身だけで、すべての経験的なものから独立に意志を規定しうることを明らかにする。しかもこのことを、純粋理性が我々において実際に実践的であることを証明する事実によって（durch ein Faktum）、つまり純粋理性が意志を行為へと規定する人倫性の原則における自律によって明らかにするのである。――分析論は同時に、この事実が意志の自由の意識と分かちがたく結びついていること、それどころかそれと一つであることを示す」(5, p. 42)。

(F)「道徳法則は展望を与えるわけでないとしても、しかし感性界のすべての所与と我々の理論的な理性使用の全範囲に基づいてもまったく説明不可能な事実（unerklärliches Faktum）を与える。その事実は純粋な悟性界を指示し、それどころかさらに悟性界を積極的に規定し、悟性界について或るもの、つまり法則を我々に認識させる」(5, p. 43)。

(G)「道徳法則は、たとえその法則が厳正に遵守された実例を経験のうちに見つけ出すことができないとしても、いわば純粋理性の事実として（gleichsam als ein Faktum der reinen Vernunft）与えられている。この事実を我々はアプリオリに意識しており、この事実は確然的に確実である。それ故道徳法則の客観的実在性はいかなる演繹によっても証明できないし、理論的思弁理性や経験に支持された理性のすべての努力によっても証明できない。それ故道徳法則の客観的実在性は、たとえ確然的確実性を断念するとしても、経験によって確証できないし、アポステリオリに証明することもできないが、にもかかわらずそれ自身だけで確固としているのである」(5, p. 47)。

(H)「純粋意志の客観的実在性、あるいは同じことであるが、純粋実践理性の客観的実在性は、道徳法則においてアプリオリにいわば事実によって（gleichsam durch ein Faktum）与えられている。何故なら、意志規定が経験的原理に基づいていないとしても、不可避的である意志規定を事実と呼ぶことができるからである」（5, p. 55）。

(I)「しかし純粋理性が何らかの経験的な規定根拠の混入なしにそれ自身だけでまた実践的であることを、極めて普通の実践理性使用から明らかにしなければならなかった。それは、最上の実践的原則を、あらゆる自然的な人間理性が完全にアプリオリにいかなる感性的な所与にも依存しないで、意志の最上の法則として認識するような原則として認証することによってなされた。最初にその起源の純粋性に関して、普通の理性の判断においてさえこの原則の真であることを確証し、正当化しなければならなかった。学がその原則を使用するために手に入れることができる以前に、いわば事実として（gleichsam als ein Faktum）、この原則の可能性についてのすべての屁理屈やそこから引き出されるかもしれないすべての帰結に先立つ事実として正当化しなければならなかった」（5, p. 91）。

(J)「……従って自由であると考えることができる。さてここで問題であるのはただ、この「できる」が「ある」に転化するだろうかということ、つまり或る行為がそのような因果性（知性的な、感性的には条件づけられていない因果性）を前提することを、現実的な場合においていわば事実によって（gleichsam durch ein Faktum）証明できるかどうか、ということであった」（5, p. 104）。

「理性の事実」が語られる一〇箇所を挙げたが、まず何が「理性の事実」説の核心なのかを確認しておきたい。(A)において「自由の意識から屁理屈的に引き出すことができないからであり（何故なら自由の意識は我々に先立って与えられていないから）」と書かれている。自由の意識は根本法則の意識に先立って与えられておらず、自由の意識から根本法則の意識を引き出すことはできない。そうでなく理性の事実（根本法則の意識）から自由が導き出される。この「理性の事実から自由へ」が「理性の事実」説の核心にある。『実践理性批判』において最初に理性の事実に言及されるのは、序文での(B)においてであるが、(B)「自由に実在性を与え、それ故そこでは単に思惟されうるにすぎなかったものを事実によって確証する」とは「理性の事実から自由へ」を言い表わしている。この序文と同じことを(J)は「自由であると考えることができる」における「できる」から「ある」への転化と表現している。

そもそも「理性の事実」概念が導入されたのは、「無条件的に実践的なものの我々の認識はどこから始まるのか、自由からか、あるいは実践的な法則からか」(5, p. 29)という問いによってである［第三節五］。この問いは、道徳法則の演繹という問題に密接に関わっている。ともかく根本法則を理性の事実と呼ぶことは、この問いに「実践的な法則（道徳法則、根本法則）から」と答えること、「根本法則から自由へ」と歩むことを意味している。

(E)によれば、(1)理性の事実は「純粋理性が我々において実際に実践的であることを証明する」のであり、さらに(2)理性の事実は「意志の自由の意識と分かちがたく結びついている」とされている。(1)の論点は(H)と(I)においても語られている。[2] (2)は「理性の事実から自由へ」と同じ論点を表現している。では(1)と(2)の関係はどう理解すればいいのか。「純粋理性が実践的でありうる」とは、「実践理性がそれ自身だけで、すべての経験的なものから独立に意志を規定しうる」ことを意味するが、このように純粋理性によって規定された意志は自由である。つまり(1)「純粋理性が実践的である」と(2)「意志の自由」は基本的に同じことを言っている。それ故に「いかにして純粋理性は実践的でありうるか」と問うことは、「いかにして自由は可能か」と問うことと同じなのである。[3]「理性の事実から自由へ」は、「純粋理性が実践的である」ことを証明することを意味している。

「理性の事実」説の核心が「道徳法則から自由へ」にあることは、『実践理性批判』以外での用例からも明らかである。『人倫の形而上学』と『オープス・ポストゥムム』から引用しておこう。

「原理が基づく自由の概念は、その可能性の理論的な演繹ができず、理性の事実（Faktum）としての理性の実践的な法則（定言命法）からのみ推論されうる」(6, p. 252)。

「自由の概念は事実（Faktum）、つまり定言命法に基づいている[4]」(21, p. 36)。

理性の事実の核心に「理性の事実から自由へ」があるとすれば、このことは理性の事実が具体的に何を指すのかを決定するための導きの糸となるだろう［三］。しかしその前に「理性の事実（Faktum）」という言葉をめぐる問題を論じなければならない。

二　経験的事実でなく、純粋理性の唯一の事実である

「理性の事実」はFaktumという語によって言い表わされている。このFaktumという語に基づいて理性の事実の解釈がなされている。Faktumはラテン語factumに、それ故facio（なす、作る）の完了分詞に由来する。ここからFaktumが「与えられたもの（Datum）」でなく、「行為者によってなされたもの、作られたもの」を意味すると主張される。(5) あるいはラテン語factumがTatと訳され、(6) カント自身もFaktumをTatの意味で用いている。(7) いずれにせよFaktum、factumという語に基づく解釈によれば、「理性の事実」は与えられた所与でなく、理性によってなされたもの、理性による行為を意味する。しかし理性の事実が何を意味するかを決定するのは、語源でなく、その用例である。「理性の事実」という語の用例がはっきり示しているのは、Faktumが与えられたものを意味するということである。(C)の用例を見てみよう。

(C)「しかしこの法則を与えられたものとして（als gegeben）誤解なく見なすために十分注意されねばならないことは、この法則が経験的事実でなく、純粋理性の唯一の事実であるということである。これによって純粋理性は根源的に立法するもの（als ursprünglich gesetzgebend）（私はかく意志し、かく命令する）として自己を告知する」（5, p. 31）。

ここで「経験的事実」と「純粋理性の唯一の事実」が対比されているが、ともに「事実（Faktum）」である。Faktumを「与えられたもの」でなく「なされたもの」と理解したとすれば、経験的事実はいかなる意味で「なされたもの」なのだろうか。あるいはいかなる意味で帰責可能な行為（Tat）なのだろうか。FaktumにDatumと異

なった特殊な意味を与えるとすれば、「経験的事実（empirisches Faktum）」という言葉を理解できなくなる。テキストを無視してはならない。

「この法則を与えられたものとして（als gegeben）……」という言葉から明らかなように、事実という語は与えられたものを意味する。カントは道徳法則を語るとき、Datumという語を避けているわけではない[8]。(C)のテキストが示しているのは、「gegeben から gesetzgebend へ」、つまり「与えられているものから与えるものへ」であり、「なされたもの→なすもの」、「作られたもの→作るもの」ではない。「根本法則が与えられている」という事実から、道徳法則を与えること（立法すること）へ、である。Faktum は「与えられたもの」を意味する。

「経験的事実」と「純粋理性の唯一の事実」との対比は、Faktum という共通の次元における「経験的」と「理性の」の対比である。「経験的事実」は経験によって与えられたものを意味するから、それと対比される「理性の事実」は理性によって与えられたものを意味するだろう。事実として与えられた法則（道徳法則）（gegeben）を与えるのは、純粋理性（gesetzgebend）である。理性の事実の「事実」は、立法する（法を与える）理性が与える事実である。

理性の事実（das Faktum der Vernunft）は「事実」と「理性の」からなっている。「事実」は、法則が与えられたものであることを意味する。そして「理性の」は「これによって純粋理性は根源的に立法するもの（私はかく意志し、かく命令する）として自己を告知する」を意味する。つまり「理性の」という属格は、事実（与えられたもの）を与えるという、主格としての「の」を意味する。理性の事実は、理性が与える事実を意味するのである。

「経験的」と「理性の」の対比は、起源の対比である。つまり「経験を起源とする事実」（経験に由来する事実）と「理性を起源とする事実」（理性に由来する事実）という対比である。「理性の」は理性を起源とすることを意味している。だから(I)において「何らかの経験的な規定根拠の混入」と対比されて「起源の純粋性」が語られるのである。

理性の事実（道徳法則が与えられていること）は、純粋実践理性を起源としているのだから、つまり純粋実践理性が道徳法則を与えるのだから、理性の事実から「自律」へと進むことができる。この純粋理性が、次の「系」において、(D)「純粋理性はそれ自身だけで実践的であり、我々が人倫法則と呼ぶ普遍的な法則を（人間に）与える」と語られることになる。

しかし理性の事実とは具体的にいかなる事態なのか。

三　理性の事実の候補

何が理性の事実なのか。本節の冒頭の引用(A)から、この問いに簡単に「根本法則の意識」と答えることができる。つまり「あなたの意志の格率が、つねに同時に普遍的立法の原理として妥当しうるように行為せよ」（5, p. 30）という根本法則の意識が理性の事実である。しかしこのような法則が「それ自身だけでアプリオリな総合命題として我々に迫ってくる」ことなどあるのだろうか。このような抽象的な定式（原理としての定言命法）を我々が意識することなどない、とカント自身が『基礎づけ』において認めている。

「こうして我々は普通の人間理性の道徳的認識においてその原理にまで到達した。確かにこの原理を普通の人間理性がこのように普遍的な形式において抽象的に考えているわけではないが、しかしやはりいつも実際にありありと思い浮かべ、その判定の基準として使用している」（4, p. 403）。

ここで「原理」と言われているのは、「私の格率が普遍的法則になるべきことを私はまた意志しうる（wollen können）、という以外の仕方で私は決して振る舞うべきではない」（4, p. 402）という原理であり、普遍的法則の法式として改めて定式化される［第五節一］。原理を普遍的な定式として抽象的に考えていないとしても、道徳的認識の判定（Beurteilung）の基準として用いているとされている。そうであれば、判定の場面において理性の事実が見出されるだろう。理性の事実を「純粋実践理性の法則の下にある判断力の規則」のうちに見出すのである。「あなたが企てる行為が、あなた自身がその一部である自然の法則に従って生起すべきであるとすれば、あなたはその行為をあなたの意志によって可能なものと見なすことができるかどうか、あなた自身に問え」(5, p. 69)。この判断力の規則を述べた後に、「実際この規則に従って誰でも、行為が人倫的に善いか悪いかを判定している (beurteilen)」(5, p. 69) と言われている。(D)「前に述べた事実 (Faktum) は否定しえない。人間がその行為の合法則性について下す判断を分析するだけでよい」と言われていることからも、道徳的判定の場面のうちに理性の事実を見出すことができるように思える。しかし本当に我々はこうした規則に従って判定しているのだろうか。この規則もまた抽象的な定式にすぎないだろう。さらに致命的なことは、「理性の事実」説の核心である「道徳法則から自由へ」が「判断力の規則」論においてまったく触れられていない、ということである。

道徳的判定の場面が理性の事実の候補から外れる最も大きな理由は、そこで問われているのが道徳性でなく、適法性だけである、ということにある。理性の事実は、(A)「我々に迫ってくる」、(H)「不可避的である意志規定」という性格をもっている。しかし判定基準を適用する場面において、道徳法則が我々に迫ってくることなどないだろう。迫ってくるとすれば、行為の動機という道徳性が問われる場面であろう。適法性と道徳性の区別は、「義務に適って行為したという意識と、義務に基づいて、つまり法則に対する尊敬から行為したという意識の区別」(5, p. 81) である。とすれば理性の事実は道徳法則に対する尊敬のうちに見出すことができると思える。[9] 実際(I)が語られた後に、意志の規定根拠が道徳法則にあることは、「法則に対する尊敬という感情」(5, p. 92) によって見分けうる、と言われている。しかし道徳法則に対する尊敬の感情は、道徳法則そのものの意識を前提している。(A)「我々に迫ってくる」からこそ、道徳法則は人間を謙虚にさせ、法則に対する尊敬を呼び起こすのである。[10] さらに決定的なのは、「尊敬」論において「道徳法則から自由へ」がまったく言及されていない、ということである。

道徳性の問題は『実践理性批判』の方法論においても論じられている。「それを試金石としてあらゆる行為の道徳的内実を吟味しなければならない、純粋な道徳性とは何か」という問いについて、カントは次のように述べている。

「この問いは普通の人間理性において、確かに抽象的な普遍的な法式によってではないが、しかしやはり通常の使用によって、いわば右手と左手の区別のように、とっくの昔に決定されている」(5, p. 155)。

そしてカントは「特に有力でない無実の人を誹謗する者を支持する」ように働きかけられた正直な人間の物語を例として挙げている。その人間はさまざまな餡と鞭によって誹謗するようにそそのかされるが、しかし少しも動じない。無実の人を誹謗するという例、しかも「領邦君主(Landesfürst)が自由の喪失、さらに生命そのものの喪失によって脅す」(5, p. 156)といった鞭は、『実践理性批判』第六節の最後に挙げられている例、つまり「彼の君主(Fürst)が、偽りの口実のもとで破滅させようとする一人の正直な男に対する偽証をせよ、と即時の死刑という脅しのもとで彼に強要する」(5, p. 30)という例を想起させるだろう。

『実践理性批判』の本文において最初に理性の事実が語られるのは、本節の冒頭の引用(A)においてであるが、その直前の第六節に偽証の例が語られている。そうであるとすれば、偽証を拒むという例のうちに理性の事実を見出せるだろう。このことを示すために、理性の事実が語られる第七節へ至る歩みを振り返ってみよう。

四　根本法則へ至る論理の飛躍

『実践理性批判』の課題は「純粋実践理性が存在すること」(5, p. 3)、つまり(E)「純粋理性が実践的でありうること」を明らかにすることである。この目標は第七節において達成されている。第七節は純粋実践理性の根本法則を理性の事実と呼び、その系において(D)「純粋理性はそれ自身だけで実践的であり、我々が人倫法則と呼ぶ普遍的な法則を(人間に)与える」と断言している。いかにしてこの断言に至りえたのか、その歩み(第一節から第六節)を見なければならない。

第一節から第六節までの議論は、実践の原理に関する概念相互の関係のみを論じているにすぎない。格率、法則、実質、形式、自愛、意志の規定根拠、自由等の概念を分析し、概念相互の関係を規定している、単に概念のみに関わる議論である。しかし「存在は実在的な述語でない」（A598=B626）のであり、「概念に現実存在を与えるために、我々は概念から外へ出なければならない」（A601=B629）。ではいかにして概念の分析が「純粋実践理性が存在する」という存在の断言へ飛躍できたのか。もう少し詳しく検討しよう。

第一節から第四節までの議論は実践の原理に関して二つの可能性を対比している。一つの可能性は、実質的実践的原理である。実質的原理は経験的であり、法則を与えることはできず（第二節）、自愛、自己幸福の原理に属する（第三節）。この場合理性は経験的に制約された理性にすぎない。他の可能性は形式的実践的原理であり、純粋実践理性を想定するものである。実質ではなく形式に関して意志を規定する場合にのみ、自己の格率を普遍的法則と考えることができ、実践的法則を与えることができる（第四節）。しかしこの考察は単なる概念の分析であるから、後者の可能性が現実的であることを示すことはできない。

第五節、第六節の考察は「自由と無制約的実践的法則とは相互に遡示しあう」（5, p. 34）を結論としている。ここでも意志の自由という概念と実践的法則という概念との相互関係が論じられているにすぎない。この考察によっては、「無条件的に実践的なものの我々の認識はどこから始まるのか、自由からか、あるいは実践的な法則からか」（5, p. 29）という問いに答えることができない。

しかし第七節の冒頭において根本法則が提示される。そのことは「無条件的に実践的なものの我々の認識はどこから始まるのか」という問いに、「実践的な法則から」と答えたことを意味する。

第七節の系は(D)「純粋理性はそれ自身だけで実践的であり、我々が人倫法則と呼ぶ普遍的な法則を（人間に）与える」というテーゼを提示している。このことは実質的原理と形式的原理という二つの可能性に対して、形式的原理が現実的であることを意味する。[11]第一節から第六節での二つの選択、つまり実質的原理か形式的原理か（第一節から第四節）、そして自由からか実践的な法則からか（第五、六節）は、第七節において断定的に決定されている。

この決定を可能にしたのは何か。そのためには、概念の分析から外へと出なければならない。理性の事実こそが概念の外であろう。ここで(E)を想起しよう。

(E)「この分析論は、純粋理性が実践的でありうること、つまりそれ自身だけで、すべての経験的なものから独立に意志を規定しうることを明らかにする。しかもこのことを、純粋理性が我々において実際に実践的であることを証明する事実によって（durch ein Faktum）、つまり純粋理性が意志を行為へと規定する人倫性の原則における自律によって明らかにするのである。――分析論は同時に、この事実が意志の自由の意識と分かちがたく結びついていること、それどころかそれと一つであることを示す」（5, p. 42）。

「純粋理性が我々において実際に実践的であることを証明する事実（Faktum）」は理性の事実を指している。理性の事実は、(1)「純粋理性が実践的でありうること、つまりそれ自身だけで、すべての経験的なものから独立に意志を規定しうること」、そして(2)「意志の自由の意識と分かちがたく結びついていること、それどころかそれと一つであること」を示すとされている［二］。(1)は第七節の系のテーゼ(D)と同じである。そして(2)は「自由と無制約的実践的法則とは相互に遡示しあう」こと、つまり「自由からか実践的な法則からか」という問いに関わっている。とすれば第一節から第六節までの単に概念のみに関わる議論から第七節の決定へと飛躍させたのは、理性の事実であろう。

そうであるとすれば、第七節以前に理性の事実が登場していなければならない。第六節と第七節の間に、註解がある。その註解の最後において偽証の思考実験がなされる。ここに理性の事実が見出されるだろう。

五　即時の死刑という脅しのもとで

「もし彼の君主が、偽りの口実のもとで破滅させようとする一人の正直な男に対する偽証をせよ、と即時の死刑という脅しのもとで彼に強要するとすれば、生命に対する彼の愛がどれほど大きいとしても、その生命愛を克服することが可能であると思うか、と彼に問うてみよう。彼がそれをするかしないかは、彼もおそらく敢えて確言できないだろう。しかしそれが可能である、と彼は躊躇なく認めるにちがいない。それ故彼は、或ることをなすべきであると意識するが故に、そのことをなしうると判断するのであり、そして道徳法則がなければ知られないままであっただろう自由を、自己のうちに認識するのである」(5, p. 30)。

「道徳法則がなければ知られないままであっただろう自由を、自己のうちに認識する」と言われているのだから、この偽証の思考実験は「道徳法則から自由へ」という理性の事実の核心的問題を示している。[12]とすればここに理性の事実を見出すことができるだろう。

理性の事実が第七節の決定を可能にした〔四〕、という点から見てみよう。死刑という脅しによる偽証の強要に対して生命愛を克服できるかどうか、が問われている。その問いに「可能である」と認めるとすれば、それは生命愛（自愛・自己幸福の原理、実質的原理）でなく形式的原理を選びうること、(1)「純粋理性が実践的でありうること」を意味している。さらにカントはこの例のうちに「或ることをなすべきである（daß er es soll）と意識するが故に、そのことをなしうる（er kann etwas）と判断する」ことを、つまり「なすべきが故になしうる（Du kannst, denn du sollst）」というテーゼを、そしてさらに自由を読み取っている。このことは、道徳法則の意識が(2)「意志の自由の意識と分かちがたく結びついていること」を示している。そして偽証の例は「自由からか、あるいは実践的な法則からか」に対して、「実践的な法則（道徳法則）から」と答えていることになる。このことを可能にするのは「理性の事実」であった。とすれば偽証の思考実験のうちに、理性の事実を見出すことができる。

ここで改めて理性の事実に与えたカントの規定から、偽証の思考実験に光を当ててよう。(D)と(I)によれば、理性の事実は普通の人間理性（常識）によって認められる。偽証の思考実験に即して語られたことに、おそらく誰でも同意するだろう。少なくとも抽象的な定式の意識や判定基準の意識、あるいは法則に対する尊敬の感情より、広く認められるだろう。さらに理性の事実は、(A)「我々に迫ってくる」、(H)「不可避である意志規定」という性格をもっている。偽証の思考実験において、「偽証するな」という命令が我々に迫ってくるし、そうした意志規定を不可避と感じるだろう。そうであるのは、「偽証するな」という命令が、判定基準といった適法性でなく、純粋な動機に基づいてなされているからである。この動機の純粋性（道徳性）こそが初めて自由を開示する。適法性でなく道徳性こそが理性の事実の核心にある〔三〕。最後に(G)を検討しよう。

(G)「道徳法則は、たとえその法則が厳正に遵守された実例を経験のうちに見つけ出すことができないとしても、いわば純粋理性の事実として与えられている」(5, p. 47)。

そのような実例が経験のうちに見出されないとしても、道徳法則は理性の事実として与えられている、とはいかなることか。『基礎づけ』は次のように書いている。

「たとえそのような純粋な源泉から生じた行為が未だ決して存在しなかったとしても、それにもかかわらずこの行為やあの行為が行なわれたかどうかでなく、理性がそれ自身だけで（für sich selbst）すべての現象から独立に何が行なわれるべきかを命令するかどうかが問題なのである。従って世界がこれまでにいかなる実例も与えなかったような行為が、さらにすべてを経験に基づける者がその実行可能性を疑うような行為が、それにもかかわらず理性によって容赦なく命令されている」（4, pp. 407–408）。

理性の事実は「理性がそれ自身だけで（für sich selbst）すべての現象から独立に何が行なわれるべきかを命令する」こと、「それにもかかわらず理性によって容赦なく命令されている」ことを意味する。これは偽証の思考実験でも語られていることである。理性による命令を「それが可能である、と躊躇なく認める」ことは、「或ることをなすべきであると意識するが故に、そのことをなしうると判断する」ことである。しかしそれは「なしえた」という実例を示すことではない。「なすべきが故になしうる」と言えるが、しかし「なすべきが故になしえた」と言うことはできない[13]。

偽証の思考実験は「理性の事実」説の核心である「道徳法則から自由へ」をはっきり示している。そして第七節における根本法則とその系の提示を可能にする。それは(E)の課題であった（さらに(H)(I)、そして(A)(B)(J)）。偽証の例は常識もまた認めるだろう（(D)(I)）。そして「偽証するな」という命令は我々に不可避的に迫りくる（(A)(H)）。さらに実例がないとしても「偽証するな」と容赦なく命令される（(G)）。偽証の思考実験こそが理性の事実である[14]。

六　たとえファラリスが偽証せよと命じても

偽証を拒むという例、そしてそこから純粋理性が実践的であることと「なすべきが故になしうる」を導き出すことは、『実践理性批判』の方法論へ導く。「義務としての義務の純粋な法則のうちに潜んでいる動機の力を読者に生き生きと感じさせる」（5, p. 158）としてユヴェナリウス『風刺詩』の言葉が引用されている。

「善い兵士、善い後見人、あるいはまた公平な審判者であれ。もしあなたが疑わしく不確実な事件の証人として召喚されるとすれば、たとえファラリスがあなたに偽証せよと命じ、牛を引いてきてあなたに偽証を命令しても、名誉より生を選び、単なる生のために、生を初めて生きるに値させるものを失うことを、最大の不正と思え[15]」（5, pp. 158–159）。

「たとえファラリスがあなたに偽証せよと命じ、牛を引いてきてあなたに偽証を命令しても」という想定は、「もし彼の君主が、偽りの口実のもとで破滅させようとする一人の正直な男に対する偽証をせよ、と即時の死刑という脅しのもとで彼に強要するとすれば」という第六節の思考実験と同じである。この思考実験からカントは、(1)純粋理性が実践的でありうること、そして(2)「なすべきが故になしうる」というテーゼと自由を読み取った［五］。これと同じことをカントはユヴェナリウスの言葉のうちに読み取っている。

「……しかし義務の神聖性のためにだけすべてを軽視すること、そして我々自身の理性がそれを命令として承認し、それをなすべきであると言うが故に、それをなしうると意識すること、このことはいわば感性界そのものをまったく超え出ることを意味する。そしてこの意識には感性を支配する能力の動機としての法則の意識も離れ難く結びついている」(5, p. 159)。

「感性を支配する能力の動機としての法則の意識」は、(1)純粋理性が実践的でありうることを意味している。そして言うまでもなく、「理性がそれをなすべきであると言うが故に、それをなしうると意識する」とは、(2)「なすべきが故になしうる」と同じである。

カントが『実践理性批判』の方法論でユヴェナリウスの言葉を引用したとき、同時に第六節の偽証の思考実験を思い浮かべていただろう。逆に言えば、偽証の思考実験を考案した背景には、ユヴェナリウス『風刺詩』があっただろう。カントはユヴェナリウスの言葉を『宗教論』においても引用している。

「選択意志の自由の概念は、我々において道徳法則の意識に先立つのでなく、無条件的な命令としての道徳法則によって我々の選択意志が規定されうることからのみ推論される。このことは次のように自らに問えば、すぐに確信できる。つまり違反への非常に大きなあらゆる動機を(たとえファラリスがあなたに偽証せよと命じ、牛を引いてきてあなたに偽証を命令しても)、固い決意によって打ち負かすことができるという能力を確実に直接に意識しているか否か、と問うのである。このような場合に決意が揺らがないかどうか分からない、と誰でも告白せざるをえないだろう。しかしそれにもかかわらず義務は、決意に忠実であるべきである、と無条件的に彼に命令する。そしてここから自分はそれをなしうるにちがいない、そしてそれ故自分の選択意志は自由である、と正しく推論するのである」(6, p. 49)。

ここで語られていることが『実践理性批判』の偽証の思考実験と同じであることは明らかだろう。対応を列挙してみよう。「自らに問う」—「彼に問うてみよう」、「たとえファラリスがあなたに偽証せよと命じ、牛を引いてきてあなたに偽証を命令しても」—「もし彼の君主が、偽りの口実のもとで破滅させようとする一人の正直な男に対する偽証をせよ、と即時の死刑という脅しのもとで彼に強要するとすれば」、「このような場合に決意が揺らがないかどうか分からない、と誰でも告白せざるをえない」—「彼がそれをするかしないかは、彼もおそらく敢えて確言できない」、「義務は、決意に忠実であるべきである、と無条件的に彼に命令する。そしてここから自分はそれをなしうるにちがいない、そしてそれ故自分の選択意志は自由である、と正しく推論する」―「それが可能である、と彼は躊躇なく認めるにちがいない。それ故彼は、或ることをなすべきであると意識するが故に、そのことをなしうると判断するのであり、そして道徳法則がなければ知られないままであっただろう自由を、自己のうちに認識するのである」。

『実践理性批判』第六節の偽証の思考実験、方法論におけるユヴェナリウスの言葉の引用、そして『宗教論』は、「たとえファラリスがあなたに偽証せよと命じ、牛を引いてきてあなたに偽証を命令しても」という状況を想定している。そして道徳法則の意識から自由の意識を推論している。理性の事実の核心にあるのは、「道徳法則から自由へ」であった。そしてこの推論を最も生き生きと描いているのは、「たとえファラリスが偽証せよと命じても」という状況である。この状況のうちに理性の事実の生き生きとした姿を見ることができる。

「道徳法則から自由へ」の推論は、「なすべきが故になしうる」というテーゼを媒介としている。このテーゼを解明しなければならない。

七　なすべきが故になしうる

「なすべきが故になしうる」というテーゼはそのままの形でカントの著作のうちに見出されない。[16] 確かにそうであるが、しかしカントはこの思想を繰り返し語っている。[17] それ故「なすべきが故になしうる（Du kannst, denn du sollst）」という定式を使うことに何の問題もない。[18]

ここで「なすべきが故になしうる」のテーゼの射程を明らかにするために、実践命題としての要請と対偶という二つの視点から考察しよう。

「なすべきが故になしうる」というテーゼを、カントは実践哲学（倫理学、法論、歴史哲学）において語るだけでなく、数学に関しても語っている。『実践理性批判』は根本法則を提示した後に、その註解の冒頭で要請に言及している。

「純粋幾何学は実践的命題としての要請をもつ。これらの命題は、何かをなすべきであると要求されれば、それをなすことができる、という前提以上のものを含んでいないし、現存在に関わる、純粋幾何学の唯一の命題である」(5, p. 31)。

「何かをなすべきであると要求されれば、それをなすことができる(daß man etwas tun könne, wenn etwas gefordert würde)」は、「なすべきが故になしうる」と言い換えることができる。根本法則についての註解は「なすべきが故になしうる」というテーゼから始まっている。しかしさらに根本法則が定式化される直前、つまり第六節の最後もまた、「なすべきが故になしうる」というテーゼで終わっていた[五]。純粋実践理性の根本法則は、「なすべきが故になしうる」というテーゼにその前後を囲まれている。根本命題は「なすべきが故になしうる」を要請する実践的命題である[第七節]。なすべきが故に(あなたの意志の格率が、つねに同時に普遍的立法の原理として妥当しうるように行為すべきが故に)、なしうる(そうした行為は可能である)。根本法則のうちに、言い換えれば根本法則の意識としての理性の事実のうちに、「なすべきが故になしうる」が読み取られねばならない。この論点は「道徳法則から自由へ」において重要なポイントとなるだろう[八]。要請に即して「なすべきが故になしうる」の基本性格を取り出すことができる。論理学講義は次のように書いている。

「要請はなされるべきものについての実践的命題であるが、そのやり方を示さないのは、命法としてその命題の勧めるものを誰でもなしうる、とその命題が想定しているからである」(24, p. 767)。

まず実践的命題としての要請が「命法(Imperativ)」とされていることを確認しよう。「要請は……実践的な命法である」(8, p. 418 n.)。命法としての要請は「なされるべきものについての実践的命題(ein praktischer Satz von dem, was getan werden soll)」であるが、「命法としてその命題の勧めるものを誰でもなしうる(daß jedermann es kann)」

と想定している。ここにSollen→Können、つまり「なすべきが故になしうる」を読み取ることができる。「やり方を示さない」「誰でもなしうる」という論点は、幾何学において「問題」と対比された要請の特徴である。[19]「なすべきが故になしうる」というテーゼは「なすべきこと」と「なしうること」が明らかであることを主張している。根本法則が要請であるとすれば、カント倫理学において「なすべきこと」と「なしうること」が明らかであることが主張されているだろう。この二つのことを示す言葉を『実践理性批判』から引用しておこう。

「選択意志の自律の原理に従って何をなすべきかは、最も普通の悟性にとってまったく容易に躊躇なく洞察されうる。選択意志の他律の前提のもとで何をなすべきかは、洞察するのが困難であり、世間知を必要とする。つまり何が義務であるかは、あらゆる人に自ずと現われる。しかし何が本当の持続する利益をもたらすかは、……多くの思慮を必要とする」[20]（5, p. 36）。

「人倫性の定言的命令を果たすことは、あらゆる人がいつでもできるが、幸福の経験的に条件づけられた指令を果たすことは、あらゆる人にとってもまれにしか可能でなく、ただ一つの意図に関してだけでも可能とはほど遠い」（5, pp. 36-37）。

対偶という論点に移ろう。カントは『人間学』において次のように書いている。

「人間が自分の道徳的に命令する理性の命令に基づいてなそうと意志するものは、なすべきであり、従ってまたなしうる（何故なら不可能なことを理性は人間に命令しないだろうから）」（7, p. 148）。

「なすべきであり、従ってまたなしうる」は、「なすべきが故になしうる」を意味するだろう。括弧の中に書かれていることがその理由とされているが、それは何を意味するのか。なすことができないことは理性が命令しない、つまり義務（なすべきこと）ではない。言い換えれば、(a)「なしえないことであれば、義務（なすべきこと）ではない（Cannot implies no Obligation）」。「なすべきが故になしうる」は、(b)「なすべきことであれば、なしうることである」を意味する。「AならばB」と「BでないならAでない」は対偶の関係にあるのだから、(a)と(b)は対偶の関係である。対偶は論理的に、一方が真であれば、他方も真である。カントは「なすべきであり、従ってまたなしうる」の理由を「不可能なことを理性が人間に命令しない」に求めているが、それは論理的に前者が後者の対偶だからである。同じ論理は『永遠平和のために』(一七九五年)においても書かれている。

「道徳は無条件的に命令する法則の総体として、すでにそれ自体客観的な意味における実践である。その法則に従って我々は行為すべき(sollen)であり、この義務概念に権威を帰した後で、やはりそれをなしえない(nicht können)と言おうとするのは、明らかな不合理である。何故ならその場合、この義務概念は道徳から自ずと削除されるからである(なしうることを超えて誰も義務づけられない(ultra posse nemo obligatur))」(8. p. 370)。

「行為すべき」を認めて、「それをなしえない」とすることが不合理であるとは、「なすべきが故になしうる」を認めることである。不合理であるのは、「それをなしえない」とすれば、それは義務でなくなり、「行為すべき」を認めたことと矛盾するからである。ここで使われているのが、「なしうることを超えて誰も義務づけられない」という格言である。これは(a)「なしえないことであれば、義務(なすべきこと)ではない」と言い換えることができる。ここでも(b)「なすべきが故になしうる」の理由を(a)に求めている。それが正しいのは、(a)と(b)が対偶の関係にあるからである。

ultra posse nemo obligatur(なしうることを超えて誰も義務づけられない)というテーゼは成句として、カント以前に確立している。[21] カントはその対偶をつくり、「なすべきが故になしうる」と定式化した。これは論理的に正しいし、(a)と(b)は論理的に等価である。しかし(a)からその対偶として(b)を定式化することによって、カントは積極的な事柄を際立たせる。それは自由である。それ故にカントは(b)を単なる論理のレベルで捉えていないのである。「なすべきが故になしうる」がカントにとって単なる論理でなかったことは、『理論と実践』における次の言葉から明らかである。

「なすべきが故にそれをなしうる(er könne dieses, weil er es soll)と人間が意識することは、彼の真の使命の偉大さと崇高さについての聖なる戦慄をあたかも彼に感じさせるような、神的な素質の深みを人間のうちに開示する」(8, pp. 287–289)。

八　「なしうる」の条件としての自由

理性の事実の核心に「道徳法則から自由へ」という論点があった。これがいかなる論理なのかを明らかにするために、すでに言及した二つの引用を並べよう。

(1)「それ故彼は、或ることをなすべきであると意識するが故に、そのことをなしうると判断するのであり、そして道徳法則がなければ知られないままであっただろう自由を、自己のうちに認識するのである」(5, p. 30)。

(2)「義務は、決意に忠実であるべきである、と無条件的に彼に命令する。そしてここから自分はそれをなしうるにちがいない、そしてそれ故自分の選択意志は自由である、と正しく推論するのである」(6, p. 49)。

(1)(2)のうちに「なすべきが故になしうる」というテーゼを読み取れるし、(1)(2)ともに自由を語っている。とすればここに「道徳法則から自由へ」の論理が表現されているだろう。「なすべきが故になしうる」と自由との関係をどう理解すればいいのだろうか。二つの解釈が可能だろう。

(a)「なすべきが故になしうる」の「なすべき」が道徳法則に対応し、「なしうる」が自由を意味する。つまり「なすべき（道徳法則）が故になしうる（自由）」。「なしうる」＝自由とするのである。[22]

(b)「なしうる」をそのまま自由と同一視するのでなく、「なしうる」の条件として自由を捉える。我々は(a)でなく(b)を採用する。その論拠を挙げよう。

(1)と(2)はともに二段階を語っているように見える。「そのことをなしうると判断する」—「道徳法則がなければ知られないままであっただろう自由を、自己のうちに認識する」、「自分はそれをなしうるにちがいない」—「自分の選択意志は自由である」。ここから「なしうる」＝自由という等値を読み取ることは困難だろう。

(b)によれば自由は推論される。本節一で引用した『人倫の形而上学』においても、自由の概念が推論されると書かれていた。「原理が基づく自由の概念は、その可能性の理論的な演繹ができず、理性の事実（Faktum）としての理性の実践的な法則（定言命法）からのみ推論されうる」（6, p. 252）。自由は理性の事実としての道徳法則から推論される。推論とは一つの判断を他の判断から導出することであるから、[23]「自分の選択意志は自由である」という一つの判断が「そのことをなしうる」という他の判断から導出される。自由は「なしうる」と同一視されえない。

(1)と(2)はともに具体的な状況を念頭に置いている。(1)は「彼の君主が、偽りの口実のもとで破滅させようとする一人の正直な男に対する偽証をせよ、と即時の死刑という脅しのもとで彼に強要する」という状況、そして(2)は「ファラリスがあなたに偽証せよと命じ、牛を引いてきてあなたに偽証を命令する」という状況である。この場合「なしうる」とは、偽証しないでいることができるという具体的な「なしうる」である。抽象的な「なしうる」であれば、自由という抽象概念と等値しうるかもしれないが、こうした具体的な「なしうる」は自由と同一視できないだろう。自由は「なしうる」と同一でなく、「なしうる」という具体的な行為の可能性の条件である。

「なすべきが故になしうる」は数学の要請としても語られている。しかし数学はこのような「なしうる」を語ることはあっても、自由に言及することはない。「なすべきが故になしうる」と自由は同一視されえないだろう。「なしうる」と自由が区別されねばならない根本的な理由は、要請概念の違いに求めることができる。実践的命題としての要請は「何かをなすべきであると要求されれば、それをなすことができる」（5, p. 31）を、つまり「なすべきが故になしうる」を要請する［七］。それに対して自由も要請されるが、しかしその要請は理論的命題としての要請である［第七節二］。「なしうる」が実践的命題としての要請のうちに含まれ、自由の要請が理論的要請としての要請であるとすれば、「なしうる」と自由は区別されねばならない。

根本法則は実践的命題としての要請であり、「なすべきが故になしうる」は全体として道徳法則に含まれている。言い換えれば根本法則の意識としての理性の事実のうちに、「なすべきが故になしうる」という意識が含まれている。そして「なしうる」の意識から自由の意識が導かれる。「なすべきが故になしうる」の「なしうる」の条件として自由が導かれるのである。これが「道徳法則から自由へ」であり、理性の事実の核心にある。しかしこの場合自由とは何を意味するのか。

九　選択意志の自由

「法則のすべての実質（つまり欲求された客体）からの独立のうちに、しかも同時に、格率がもつことができなければならない単なる普遍的な立法形式による選択意志の規定のうちに、人倫性の唯一の原理が存する。前者の独立は消極的意味における自由であり、後者の純粋なそれ自身実践的な理性の自己立法は積極的な意味における自由である。それ故道徳法則が表現するのは、純粋実践理性の自律、つまり自由にほかならない」（5, p. 33）。

道徳法則が自由を表現することが語られているから、ここで「道徳法則から自由へ」が問題となっている。自由の消極的意味と積極的意味が区別されている。「法則のすべての実質（つまり欲求された客体）からの独立」が消極的意味における自由であり、「単なる普遍的な立法形式による選択意志の規定」が積極的な意味における自由である。道徳法則は積極的意味での自由を表現するのだから、「道徳法則から自由へ」の自由は、「単なる普遍的な立法形式による選択意志の規定」を意味する。しかしこの自由は「純粋なそれ自身実践的な理性の自己立法」、「純粋実践理性の自律」と言い換えられている。

自律とは自らに対して法則を立法し（自己立法）、その法則に従うことを意味する（単なる普遍的な立法形式による選択意志の規定）。道徳法則が最初に示すのは、「単なる普遍的な立法形式が選択意志を規定すること」、道徳法則が規定根拠であるということであり[24]、その立法形式を通して初めて、「純粋なそれ自身実践的な理性の自己立法」を指し示す。「なすべきが故になしうる」の「なしうる」の条件として推論される自由は、立法する意志の自由でなく、道徳法則が選択意志を規定できるという自由、選択意志の自由である。さらに『人倫の形而上学』を見てみよう。

「選択意志の自由とは感性的衝動による規定からの独立である。これは選択意志の自由の消極的概念である。その積極的概念とは、それ自身だけで実践的であるという純粋理性の能力である。しかしこのことが可能なのは、あらゆる行為の格率が普遍的法則になりうるという条件の下に服することによってのみである。何故なら客体と関わりなく選択意志に適用される純粋理性として、純粋理性は原理の能力（そしてここでは実践的原理の能力、従って立法する能力）であり、法則の実質を欠いているから、選択意志の格率が普遍的法則そのものになりうるという形式以外の何ものも、選択意志の最上の法則および規定根拠とすることができない」（6, pp. 213-214）。

「それ自身だけで実践的であるという純粋理性の能力」という言葉は、(E)「この分析論は、純粋理性が実践的でありうること、つまりそれ自身だけで、すべての経験的なものから独立に意志を規定しうることを明らかにする」（5, p. 42）という理性の事実へ導くだろう。それ故ここにも「道徳法則から自由へ」の自由を読み取ることができる。実際ここでも『実践理性批判』と同様に、消極的意味と積極的意味における自由が、しかも選択意志の自由として語られている。

選択意志の自由の消極的概念は「感性的衝動による規定からの独立」とされるが、これは「法則のすべての実質（つまり欲求された客体）からの独立」（5, p. 33）と同じことである。選択意志の自由の積極的概念は「それ自身だけで実践的であるという純粋理性の能力」とされているが、それは「純粋理性がそれ自身だけで意志を規定しうること」を意味するだろうし、これは「単なる普遍的な立法形式による選択意志の規定」（5, p. 33）と同じ意味である。このことは「選択意志の格率が普遍的法則そのものになりうるという形式以外の何ものも、選択意志の最上の法則および規定根拠とすることができない」という言葉からも明らかだろう。

純粋理性がそのように意志（選択意志）を規定できるのは、純粋理性が「原理の能力（そしてここでは実践的原理の能力、従って立法する能力）」だからである。「立法する能力（gesetzgebendes Vermögen）」という言葉は、「自己立法（eigene Gesetzgebung）」（5, p. 33）へ導く。『人倫の形而上学』は選択意志と意志をはっきり区別している［第四節五］。「法則は意志から生じ、格率は選択意志から生じる。選択意志は人間において自由な選択意志である。法則以外の何ものにも関わらない意志は、自由とも不自由とも呼ぶことができない。何故なら意志は行為に関わるのでなく、行為の格率に対する立法（それ故実践理性そのもの）に直接に関わるからである……」（6, p. 226）。それ故「立法する能力」とされた純粋理性は、そこから法則が生じる意志、立法する意志である。

意志と選択意志との区別を考慮して、自由の三つの意味を区別することができる。⑴選択意志の自由の消極的概念「感性的衝動による規定からの独立」、⑵選択意志の自由の積極的概念「それ自身だけで実践的であるという純粋理性の能力」＝「純粋理性がそれ自身だけで意志を規定しうる」、⑶立法する理性（意志）の自由［第四節五］。⑵が言えれば、そこから⑴は当然成立する。そして⑵から遡源して⑶の立法へ至ることができる。選択意志の自由（消極的・積極的）と立法する純粋理性（＝立法する意志）は、三つのことでなく、一つのこと、つまり自律という一つのことである。⑵と⑶によって、「自らが課した法則に自ら従う」という自律が表現されているのであり、⑵と⑶は実体として区別されるわけではない。しかし機能として選択意志（法則に従う選択意志）と意志（法則を立法する意志）に区別される[25]。

道徳法則から直接に推論されるのは⑵の自由、選択意志の自由である。そうであることは、本節六で引用した『宗教論』の言葉から明らかである。「選択意志の自由の概念は、我々において道徳法則の意識に先立つのでなく、無条件的な命令としての道徳法則によって我々の選択意志が規定されうることからのみ推論される」（6, p. 49）。さらに『人倫の形而上学』からも引用しておこう。「まさにこの実践的法則（道徳法則）が選択意志の性質を初めて開示する」（6, p. 225）。「選択意志の性質」とは「この性質つまり自由」（6, p. 225）である[26]。

理性の事実を「たとえファラリスが偽証せよと命じても」という思考実験のうちに求め、そこに「なすべきが故になしうる」と「道徳法則から自由へ」を見出した。しかし「理性の事実」説の意味と射程を捉えるために、『基礎づけ』との関係を正確に理解することが必要である。『基礎づけ』と『実践理性批判』の関係は、共通性と対立という二つの側面をもっている。共通性は定言命法の法式に即して［第二節］、対立は道徳法則の演繹という問題に即して［第三節］、論じることができるだろう。

第二節　定言命法の法式

「定言命法はただ一つであり、しかも次のものである。その格率が普遍的法則になることを、あなたが同時にそれによって意志しうる格率に従ってのみ行為せよ」（4, p. 421）。

『基礎づけ』は定言命法をこのように定式化している。「定言命法はただ一つ」と言われているが、しかし『基礎づけ』はさまざまな定言命法の法式を提示している。「定言命法はただ一つ」という言葉をどう理解すればいいのか。法式はいくつあるのか。さまざまな命法の相互関係をどう捉えればいいのか。そして『実践理性批判』における根本法則は、『基礎づけ』における定言命法といかなる関係にあるのか。ペイトン『定言命法』の検討から始めよう。

一　定言命法の諸法式とその関係

「我々はカントが定言命法の一つの法式化で満足することを期待した。その代わりにカントは五つもの異なった法式によって我々を困惑させる。しかし奇妙なことに、彼は三つの法式しかないかのように語る傾向がある」(1)。

ペイトン『定言命法』の第三巻は「定言命法の法式化」をテーマとするが、その最初の章である第一三章「五つの法式」はこのように始まっている。ペイトンがここで素直に語っている当惑は、すべての解釈者が感じることだろう。ペイトンは五つの法式を列挙している[2]。

Ⅰ 普遍的法則の法式「その格率が普遍的法則になることを、あなたが同時にそれによって意志しうる格率に従ってのみ行為せよ」（4, p. 421）。

Ⅰa 自然法則の法式「あなたの行為の格率が、あなたの意志によって普遍的な自然法則になるべきであるかのように行為せよ」（4, p. 421）。

Ⅱ 目的自体の法式「あなたの人格のうちにもあらゆる他の人格のうちにもある人間性を、あなたがつねに同時に目的として用い、決して単に手段として用いないように行為せよ」（4, p. 429）。

Ⅲ 自律の法式「意志がその格率によって自分自身を同時に、普遍的に立法するものと見なしうるように行為せよ」（cf. 4, p. 434）。

Ⅲa 目的の国の法式「あらゆる理性的存在者がその格率によって同時に、目的の普遍的な国における立法する成員であるかのように行為せよ」（cf. 4, p. 438）。

ペイトンの分類表記は彼の解釈を含んでいる。Ⅰa、Ⅲaという表記は、それぞれがⅠとⅢの派生形であることを示している。つまりペイトンの分類では、ⅠⅠaとⅡとⅢⅢaという三つの主要な法式があるとされる。確かにペイトンの分類は『基礎づけ』における法式の導出の仕方に従っている。しかしペイトンの分類が正しいわけではない。「定言命法はただ一つ」と語られ、Ⅰは「この唯一の命法」（4, p. 421）と言われている[3]。確かにペイトンはこの点を意識しており、Ⅰを「道徳性の普遍的な最高原理[4]」と呼んでいる。しかし、ⅠⅠaⅡⅢⅢaという表記法は、ⅠをⅡⅢと同列なものとし、Ⅰが「唯一の命法」であることを消し去ってしまうだろう。

さらにペイトンの分類表記は自律の法式の独自性を表現することができない。意志の自律は「人倫性の最上原理」（4, p. 440）であり、「自律の原理は道徳の唯一の原理である」（4, p. 440）とされている。しかも自律の法式は『実践理性批判』における根本法則に対応している［六］。ⅠをⅠaⅡⅢaと同列に扱うことができないのと同様に、Ⅲ

もまたIaⅡⅢaと同列に扱うことはできないだろう。[5] 自律の原理を表現している自律の法式は、それにふさわしい位置を与えねばならない。

今日に至るまで、多くの解釈者は定言命法に三つの主要法式があるとしている。その場合、三つの法式はⅠとⅡとⅢ、あるいはⅠとⅡとⅢa、あるいはⅠ＝IaとⅡとⅢ＝Ⅲaといった形で挙げられる。いずれにせよ、これらの解釈に対して、ペイトンに向けた批判がそのまま妥当する。つまり単に三つの主要法式を提示するだけでは、普遍的法則の法式の唯一性、そして自律の法式の独自性を捉えられないのである。

ⅠIaⅡⅢⅢaという分類表記は、ペイトン自身の解釈を含んでいるので、解釈から中立の表記法を採用するのがいいだろう。普遍的法則の法式をＵＦ（die Universalisierungs-Formel）、自然法則の法式をＮＦ（die Naturgesetz-Formel）、目的自体の法式をＺＦ（die Zweck-an-sich-Formel）、自律の法式をＡＦ（die Autonomie-Formel）、そして目的の国の法式をＲＦ（die Reich-der-Zwecke-Formel）と表現することにしよう。[6]

本節の課題は、ＵＦが唯一の法式とされること、そしてＡＦが独自の位置を占めていること、この二つのことの意味を捉えることである。その解明を通して、諸法式の相互関係、そして『実践理性批判』との関係も明らかになるだろう。まず三つの原理の関係から始めよう。

二　三つの原理

「すべての実践的立法の根拠は、客観的には規則と、規則を法則（例えば自然法則）たらしめる普遍性の形相とに存するが（第一の原理に従って）、主観的には目的に存する。しかしすべての目的の主体は目的自体そのものとしてのあらゆる理性的存在者である（第二の原理に従って）。さてここから、意志の第三の原理が、意志と普遍的実践理性と意志との一致の最上の条件として導かれる。つまりあらゆる理性的存在者の意志は普遍的に立法する意志であるという理念である」（4, p. 431）。

三つの原理が語られているが、何を意味しているのだろうか。「自然法則」という言葉は、第一の原理がＮＦ「自然法則の法式」に対応していることを示している。そのことは、すぐ後に「行為の普遍的な、自然秩序に似た合法則性に従った命法」(4, p. 431) と言われていることからも明らかである。第二の原理がＺＦ「目的自体の法式」であることは、言うまでもないだろう。第三の原理はＡＦ「自律の法式」として表現されることになる。

第三の原理（自律の法式）が第一の原理（自然法則の法式）と第二の原理（目的自体の法式）から導かれるとされている。すでに自然法則の法式（ＮＦ）と目的自体の法式（ＺＦ）として定式化されている第一原理と第二原理から、いかにして第三の原理（ＡＦ）が導かれるのか。

目的自体は「すべての目的の主体」、「すべての可能な目的の主体」(4, p. 437) を意味する。目的の主体とは「自分自身に目的を定立しうる存在者」(19, p. 307) である。(7) ＡＦの導出において、目的の主体が定立する目的とは何か。それはＮＦのうちに求めることができる。目的自体が定立する目的はＮＦにおける「意志によって行為の格率が普遍的な自然法則になるべきである」という目的である。つまり普遍的な自然法則を立法することが目的である。普遍的立法というこの目的は、ＺＦと結合することによって、目的自体が定立する目的となるのである。目的は意志によって格率が普遍的法則（普遍的な自然法則）になることであるから、目的を定立する主体（目的自体）は、意志として普遍的法則を立法する主体、つまり「普遍的に立法する意志」となる。こうして「意志の第三の原理」が導出される。(8)

以上の三つの原理に定位して、『基礎づけ』の法式を四つとする解釈が生まれる。つまり普遍的法則の法式（ＵＦ）を基本法式とし、三つの原理（ＮＦ、ＺＦ、ＡＦ）を派生的法式とする理解である。(9) 確かにこの解釈は普遍的法則の法式が唯一の法式であるという条件を満足させる。しかし自律の法式（ＡＦ）がＮＦとＺＦと並ぶ派生的法式の一つにされてしまう。そしてこの解釈の最も目につく欠陥は、その後で導かれる目的の国の法式（ＲＦ）が無視されてしまうことである。カントは後に、目的の国の法式を含んだ三つの法式を新たに語っている。諸法式の関係を解明するためにも、三つの法式を検討しなければならない。

三　三つの法式

カントはすべての法式を導出した後に、「人倫性の原理を表現している先述の三様式は根本において、同一の法則の三つの法式にすぎない」と語り、改めて法式の関係を論じ直している。カントは格率のもっている⑴形相、⑵質料、⑶完全な規定、という三つの性質に従って、三つの法式を挙げている（4. p. 436）。

⑴「格率は、それが普遍的な自然法則として妥当すべきであるかのように選ばれねばならない」。

⑵「理性的存在者は、その本性上目的として、従って目的それ自体として、あらゆる格率に対して、すべての単に相対的で恣意的な目的を制限する条件として役立たねばならない」。

⑶「すべての格率は自らの立法に基づいて、自然の国としての、目的の可能な国に調和すべきである」。

⑴は「普遍的な自然法則」という言葉があるので、自然法則の法式（ＮＦ）の言い換えであろう。⑵は「目的それ自体」を語っているから、目的自体の法式（ＺＦ）である。そして⑶は「目的の可能な国」という言葉から、目的の国の法式（ＲＦ）に対応する。[10] では⑴⑵⑶が「同一の法則の三つの法式にすぎない」とされる、その「同一の法則」とは何か。それは「定言命法の普遍的な法式」（4. p. 436）と言われている。

「人倫的な判定においてつねに厳密な方法に従い、『自分自身を同時に普遍的法則となしうる格率に従って行為せよ』という定言命法の普遍的法式を基礎として用いる方がよい。しかし人倫的法則を同時に受け入れやすくしたいのならば、同一の行為を記述の三つの概念によって導き、それによってできるかぎり直観に近づけることが非常に役に立つ」（4. pp. 436–437）。

「三つの概念」は⑴⑵⑶を指すから、それと区別された「定言命法の普遍的法式」は「同一の法則」に対応するだろう。「定言命法の普遍的法式」という言葉から、あるいは「自分自身を同時に普遍的法則となしうる格率に従って行為せよ」という定式から、これが普遍的法則の法式（ＵＦ）を意味していることは明らかである[11]。ＮＦ、ＺＦ、ＲＦは、ＵＦという「同一の法則の三つの法式にすぎない」。つまりＵＦという基本法式を直観に近づけるための派生的な三法式である。ここに「一つの基本法式と三つの派生的法式」を見ることができる。そしてＮＦ、ＺＦ、ＲＦの展開は「単一性－数多性－総体性」という量のカテゴリーに定位している（4. p. 436）。「第三のカテゴリーはいずれもその組の第一のカテゴリーと第二のカテゴリーとの結合から生ずる」[12]（B110）から、⑴と⑵の結合から⑶が生じる。ここで三つの原理との関係が問題となる。三つの法式は三つの原理と同じなのだろうか、違うのだろうか。

「人倫性の原理を表現している先述の三様式は根本において、同一の法則の三つの法式にすぎない」（4, p. 436）として、三つの法式が提示された。「人倫性の原理を表現している先述の三様式」は三つの原理を指していると考えられる。しかも三つの原理も「一つの基本法式と三つの派生的法式」を言い表わしていた。そして⑴と⑵の結合から⑶が生じるように、第一の原理と第二の原理の結合によって第三の原理が導かれた〔二〕。確かに第一原理と第二原理は「客観的－主観的」という区別原理に、そして⑴と⑵は「形相－質料」という異なった区別原理に従っている。しかし第一の原理が⑴に、第二の原理が⑵に対応していることは否定できない。そして確かに第三の原理は自律の法式であり、⑶は目的の国の法式を意味している。しかし目的の国の法式（ＺＦ）は自律の法式（ＡＦ）のヴァリアントと見なすことができる。三つの原理と三つの法式は、同じことを語っていることになる。

しかし同じことであるとすれば、何故カントは二度も語ったのか、という疑問が生じる。そして自律の法式の独自性から見て、それを目的の国の法式と同一視することなどできないだろう。

では三つの原理と三つの法式はどう理解すればいいのだろうか。「三つの原理」区分は法式の導出の過程での暫定的な整理、導出の際の暫定的な関係づけである。その提示の後に、目的の国の法式が導かれる。そしてすべての法式を導出した後に、カントは改めて法式の関係を論じ直している。論じ直しの出発点をなすのが「三つの法式」

である。それ故この区分は諸法式の最終的な関係づけ、諸法式の論理的な関係を示している。法式の相互関係を捉えるためには、「三つの法式」に定位すべきである。しかしここには自律の法式が語られていない。自律の法式はどう位置づけられるのだろうか。

三つの法式において「人倫的な判定」が問題になっていることに着目しよう。UFという普遍的法則の法式が格率の判定基準として展開するとき、その判定基準を「直観（或る類比に従って）に近づけ、それによって感情に近づける」（4, p. 436）ために、NF、ZF、RFという三法式がUFから導出される。NF、ZF、RFはUFが判定基準という契機において展開された派生的法式、判定基準を直観・感情に近づけて判定しやすいように定式化された法式である。UFのもつ判定基準という契機が、NF、ZF、RFという三つの法式へと展開する。しかし定言命法は格率の判定基準として働くだけではない。つまり「義務に適っている」（適法性）だけでなく、「義務に基づいている」（道徳性）という契機を含んでいる。とすればUFのもつ「義務に基づいている」という契機が展開することによって、自律の法式が導出されるのではないか。そのことを示さねばならない。

四　自律の法式

自律の法式は「同一の法則の三つの法式」のうちに含まれていなかった。このことは自律の法式の独自性に由来するだろう。すでに触れたように［一］、意志の自律は「人倫性の最上原理[13]」（4, p. 440）であり、「道徳の唯一の原理」である。そして自律の法式は『実践理性批判』において根本法則とされることになる。そうであればNF、ZF、RFという派生的法式と同列の位置を占めることはないだろう。

『基礎づけ』は「義務に適っている」と「義務に基づいている」を明確に区別している。「確かに義務に適っている（pflichtmäßig）が、しかし義務に基づいている（aus Pflicht）のではない」（4, p. 398）。定言命法はこの二つの契機を含んでいる。人倫性の判定の基準を満足させれば、「義務に適っている」と言える。とすれば、UFがもっている「義務に適っている」という判定基準の契機がＮＦ、ＺＦ、ＲＦという三つの法式へと展開するのに対し、「義務に基づいている」の契機がＡＦへ展開する、と言えるだろう。「義務に基づいている」という契機は、定言命法を仮言命法から区別する。『基礎づけ』は自律の法式（ＡＦ）に達した後に、次のように語っている。

「義務に基づいて意志することにおいて（beim Wollen aus Pflicht）すべての関心と関係を絶つことが、定言命法を仮言命法から区別する特有の特徴であるが、それは命法が含んでいる何らかの規定によって、命法自身のうちにともに示唆されているだろう。そしてその示唆がなされるのは、今述べた原理の第三の法式において、つまりあらゆる理性的存在者の意志が普遍的法則を立法する意志であるという理念においてである。／何故なら我々がそのような意志を考える場合、法則の下にある意志ならば、やはり関心を介して法則に結びつけられているかもしれないが、しかし自ら最上位にあって立法する意志であれば、そのかぎり何らかの関心に依存することは不可能だからである」（4. pp. 431-432）。

定言命法を仮言命法から区別するのは「義務に基づいている（aus Pflicht）」という契機であり、義務に基づいて意志することは、自律の法式のうちに表現されている。(14) 普遍的法則を立法する意志は「自ら最上位にあって立法する意志」であるから、関心に依存することなく、「義務に基づいて意志すること」が可能である。自律の法式はこの立法する意志を表現しているのであるから、この法式のうちに、定言命法のもつ「義務に基づいている」という契機が表現されている。「定言命法はただ一つ」とされ、それが普遍的法則の法式（ＵＦ）であった。ＵＦのもつ定言性という契機が自律の法式へと展開するのである。

「その格率が普遍的法則になることを、あなたが同時にそれによって意志しうる格率に従ってのみ行為せよ」（4. p. 421）。

これが『基礎づけ』において「定言命法はただ一つ」とされた基本法式であった。「その格率が普遍的法則になる」（ＵＦ）という規定が、「格率が普遍的な自然法則になる」（ＮＦ）、「人間性をつねに同時に目的として用い、決して単に手段として用いない」（ZF）、「その格率によって目的の普遍的な国における立法する成員である」（RF）へと直観化される。これは「義務に適っている」という契機に対応し、格率の直観的な判定基準として機能する。基本法式における「その格率が普遍的法則になることを意志しうる」とされる意志は、自律の法式において「その格率によって自分自身を普遍的に立法するものと見なしうる」意志として表現される。これは「義務に基づいている」という契機の発展した法式である。(15)

「義務に適っている」―「義務に基づいている」という区別は、適法性と道徳性の区別である。定言命法はこの二つの契機をもっている。普遍的法則の法式がもつ適法性は、判定の基準として機能するが、その契機が直観・感情に近づけられ、自然法則の法式、目的自体の法式、目的の国の法式として展開される。そして普遍的法則の法式がもつ道徳性が際立たせられ、自律の法式として取り出される。唯一の法式とされる普遍的法則の法式がもつ二つの契機、つまり適法性と道徳性が、それぞれ三つの派生的な法式と自律の法式として導出されるのである。

以上の考察によって、UFとNF、ZF、RFとの関係、そしてUFとAFとの関係が明らかになった。ではNF、ZF、RFの相互関係はどうなっているのだろうか。(16) Recht の意味からその関係に光を当てることができるだろう。

五　Recht（法則、権利、正義）との類比

三つの法式（NF、ZF、RF）が「適法性（Legalität=Gesetzmäßigkeit）」の判定基準として機能するとすれば、三つの法式を jus（法）＝Recht に即して理解できる、という推測が成り立つ。普遍的法則の法式から三つの法式への直観化は、Recht（正、正しさ）からその具体的な三つの意味（法則、権利、正義）への展開と類比的に理解できるだろう。カントは遺稿において Recht 概念について次のように書いている。

「最初に Recht 概念／(1)正しくあること（das Rechtseyn）（regula iusti）、自由の法則に従った行為の可能性――

正義（iustitia）一般の法式。／⑵権利（ein Recht）（多くの権利が存在しうる）をもつこと、他人の外的権利に対する関係におけるあらゆる個人の私法の現実性。それ故自然状態における正義。（lex iuridica）／⑶法的状態のうちにあること、lex iustitiae distributiuae、獲得権利、占有権利、普遍的意志による法の使用の必然性、lex iustitiae distributiuae」（23, p. 281）。

まず注意すべきなのは、⑴に「可能性」という語が、⑵に「現実性」という語が、そして⑶に「必然性」という語が使われていることである。つまりRecht の三つの意味は「可能性－現実性－必然性」という様相のカテゴリーの展開に定位している。[17] これはＮＦ、ＺＦ、ＲＦが「単一性－数多性－総体性」という量のカテゴリーの展開に即していることとパラレルである（cf. 4, p. 436）。「第三のカテゴリーはいずれもその組の第一のカテゴリーと第二のカテゴリーとの結合から生ずる」（B110）から、Recht の三つの意味の展開とＮＦ、ＺＦ、ＲＦの展開は同型である。

次に三つの意味を位置づけるために、自然状態と法的状態（国家状態）との区別に着目しなければならない。「自然状態における（in statu naturali）」と「法的状態のうちに（im rechtlichen Zustande）」という言葉が使われているのだから。『人倫の形而上学』に定位しよう。

「法的でない状態（der nicht-rechtliche Zustand）、つまり配分的正義のない状態は、自然状態（status naturalis）と呼ばれる。この状態に対置されるのは、（アッヘンヴァルが考えるように）社会状態でなく、人工的状態と呼びうるような状態でもなく、配分的正義の下にある社会という国家状態（status civilis）である。何故なら自然状態においても適法的な社会がありうるからである」（6, p. 306）。

⑴⑵は自然状態においても成立するRecht であり、⑶は国家状態において初めて可能なRecht である。⑴⑵⑶にわたって「正義（justitia, Gerechtigkeit）」という言葉が使われているが、⑴⑵は自然状態において可能な正しさ（正義）、⑶は国家状態において可能な正しさ（正義）である。

Recht概念の最初に、(1) das Rechtseynと書かれている。これはrecht seinとして「正しくあること」であり、Rechtは正しさ・正を意味する。Rechtの基本的意味は正(正しさ)であり、この意味が法則、権利、正義(配分的正義)へと展開する。

正しいとされるのは「自由の法則に従った行為」である。自由の法則に従った行為は正しい[18]。Recht(正しさ)は法則に適っていること、適法性(Rechtmäßigkeit)を意味する。正しさは、法則から見られるならば、自由の法則に従うこととして捉えられる。つまりRechtは法則(法律・法規)として具体化する。

第二のRechtが権利を意味することは、“Ein Recht (dergleichen es mehre geben kann) haben”から明らかである[19]。ein Recht habenは「権利をもっている」を意味している。(1)のRecht(法則・法)と(2)のRecht(権利)は自然状態において可能なRechtであるが、このRechtは自然法(Naturrecht)と自然権(natürliches Recht)と呼ばれる。

第三のRechtは国家状態(法的状態)における正義を意味する。正しさが国家状態において実現するとき、それは配分的正義としての正しさである。この場合のRechtは国家状態で可能となる公的正義(justitia)を意味するだろう。

Recht(正・正しさ)は自然状態において法・法則(Naturrecht)と権利(natürliches Recht)として、そして国家状態において配分的正義として具体化する。

Rechtは三つの具体的意味へ、つまり法則、権利、国家状態における正義へと展開する。この展開はUFが三つの直観的法式へ、つまりNF、ZF、RFへ展開することとパラレルであろう。両者ともカテゴリーの展開として同型である。第三のものが第一のものと第二のものの結合から生まれる。

NFは自然法則の法式であるが、自然法則は自然法という法則に対応させられるだろう。ZFは目的自体の法式であるが、目的自体は法の次元において権利として捉えられる[第六節六]。「人間以外には、人間の権利(das

Recht der Menschen）のみが尊敬に値する。――つまり人間は目的それ自体であり、それ故人間のみが内的価値、つまり尊厳をもっている」[20]（27, p. 1319）。ＲＦは目的の国の法式であるが、そこに「目的の普遍的な国における立法する成員（ein gesetzgebendes Glied im allgemeinen Reiche der Zwecke）」（4, p. 438）と書かれている。この言葉は国家状態における国家市民と同型である。「国家市民は国家においてつねにともに立法する成員として（als mitgesetzgebendes Glied）見なされねばならない」[21]（6, p. 345）。

遺稿に基づいて Recht の三つの意味を見たが、『人倫の形而上学』に即して三つの意味を読み取ることができる。カントは法論への序論において、「法の義務の一般的区分」を行なっているが、それはウルピアヌスの言葉に即している。

「正義は各人に彼の jus（権利）を配分する確固たる不断の意志である。法の掟は次のことである。つまり、誠実に生きること、誰をも害さないこと、各人に彼のものを配分すること（Iustitia est constans et perpetua voluntas ius suum cuiqui tribuendi. Iuris praecepta sunt haec: honeste vivere, alterum non leadere, suum cuique tribuere.）」[22]。

「誠実に生きよ」という義務について次のように言われている。「『他人に対して自分を単に手段とするのでなく、同時に目的とせよ』。この義務は以下において我々自身の人格における人間性の権利（Recht）に基づく拘束性として説明される（Lex iusti）」（6, p. 236）。「単に手段とするのでなく、同時に目的にせよ」という言葉は、「同時に目的として用い、決して単に手段として用いない」という目的自体の法式を想起させる。そして「我々自身の人格における人間性の Recht」が権利を意味していることは明らかである。目的それ自体は法論において権利として捉えられている。

「誰をも害するな」という義務は「誰にも不正を行なうな（Tue niemandem Unrecht）」（6, p. 236）と言い換えられている。この言葉は「法の普遍的原理」の説明において使われている。「私の行為、あるいは一般に私の状態が普遍的法則に従ってあらゆる人の自由と両立しうる場合、私の行為や状態を妨害する者は私に不正を行なうことになる（so tut der mir unrecht, der mich daran hindert）。何故ならこの妨害（この抵抗）は普遍的法則に従う自由と両立できないからである」（6, pp. 230–231）。不正を行なわないことは、普遍的法則に従っていること、「あなたの選択意志の自由な行使が、普遍的法則に従ってあらゆる人の自由と両立しうるように外的に行為せよ」（6, p. 231）という普遍的な法の法則（das allgemeine Rechtsgesetz）に従っていることを意味する。不正（Unrecht）は法則に反すること、不法を意味するから、不正（Un-recht）における Recht は、法・法則を意味する。そして普遍的な法の法則は普遍的な自然法則に対応すると言えるから、ここに自然法則の法式を読み取れるだろう。

「各人に彼のものを配分せよ」という義務は、「あらゆる人に自分のものが確保されうる社会へ、他人とともに入れ」（6, p. 237）と言い換えられている。これは自然状態から国家状態へ移行するという義務である。「各人に彼のものを配分せよ」は配分的正義の要求であるから、この場合の Recht は国家状態で可能となる公的正義（justitia）を意味するだろう。目的の国の成員は国家状態における国家市民と同型であるから、ここに目的の国の法式を読み取れる。

カントはウルピアヌスの言葉に即して、Recht（正、正しさ）を三つの意味（権利、法則、正義）へと展開している。そしてそれぞれの意味が三つの派生的法式に対応していることも一応確認できただろう。[23]

以上で『基礎づけ』における諸法式の関係を明らかにした。最後に『基礎づけ』における法式と、『実践理性批判』における法式との関係を明らかにしよう。

六　『実践理性批判』における根本法則と範型

「確かにこの体系は『人倫の形而上学の基礎づけ』を前提しているが、しかし『基礎づけ』が義務の原理を暫定的に教え、義務の明確な法式（eine bestimmte Formel）を示し正当化するかぎりにおいてである。その他の点ではこの体系は自立している」（5, p. 8）。

『実践理性批判』はその序文において、『基礎づけ』との関係をこのように述べている。「義務の原理を暫定的に教え、義務の明確な法式を示し正当化する」ということに関して、『実践理性批判』は『基礎づけ』を前提している。『実践理性批判』において義務の法式は根本法則と範型論として提示されている。それは『基礎づけ』の諸法式といかなる関係にあるのか。普通に認められているように、根本法則は自律の法式に、そして範型論は自然法則の法式に対応しているだろう。そのことを確認することにしよう。まず根本法則と自律の法式を並べて引用しよう。

(1)「あなたの意志の格率が、つねに同時に普遍的立法の原理として妥当しうるように行為せよ」（5, p. 30）（根本法則）。

(2)「意志がその格率によって自分自身を同時に、普遍的に立法するものと見なしうるように行為せよ」（4, p. 434）（自律の法式）。

根本法則が意志の自律を表現していることは、根本法則が提示された次の節の冒頭において意志の自律を語っていることから明らかである。「意志の自律はすべての道徳法則と、それに適った義務の唯一の原理（das alleinige Prinzip）である」（5, p. 33）。この表現は「自律の原理は道徳の唯一の原理（das alleinige Prinzip）である」（4, p. 440）という『基礎づけ』の言葉に呼応している。[24] 根本法則が自律の法式であるからこそ、次の節で意志の自律が語られるのである。

自律の法式における「普遍的に立法するもの」という言葉は、根本法則において「普遍的立法の原理」として表現されている。根本法則についての註解の最後に次のように語られている。「これによって純粋理性は根源的に立法するもの（私はかく意志し、かく命令する）として自己を告知する」（5, p. 31）。この「自己を根源的に立法するものとして（als ursprünglich gesetzgebend）」は自律の法式における「普遍的に立法するものとして（als allgemein gesetzgebend）」を想起させるだろう。そして「根源的に立法するもの（私はかく意志し、かく命令する）」という思想は、まさに自律の法式のうちで表現されている理念、「あらゆる理性的存在者の意志が普遍的法則を立法する意志であるという理念」（4, p. 432）そのものである。根源的に立法するのは、つまり「私はかく意志する（sic volo）」の意志は、「自ら最上位にあって立法する意志（ein Wille, der selbst zuoberst gesetzgebend ist）」（4, p. 432）である〔三〕。

「自ら最上位にあって立法する意志」は、『基礎づけ』において自律の法式によって表現され、『実践理性批判』において根本法則として定立されている。では立法する意志と区別された「法則の下にある意志（ein Wille, der unter Gesetzen steht）」（4, p. 432）は『実践理性批判』においていかなる仕方で登場するのだろうか。それは範型論において「純粋実践理性の法則の下にある（unter Gesetzen der reinen praktischen Vernunft）判断力の規則」としてである。

「あなたが企てる行為が、あなた自身がその一部である自然の法則に従って生起すべきであるとすれば、あなたはその行為をあなたの意志によって可能なものと見なすことができるかどうか、あなた自身に問え」（5, p. 69）。「自然の法則に従って生起する」、「その行為をあなたの意志によって可能なものと見なす」という言葉は、「あなたの行為の格率が、あなたの意志によって普遍的な自然法則になるべきであるかのように行為せよ」という自然法則の法式を想起させるだろう。しかも『実践理性批判』は「実践理性の法則の下にある判断力の規則」を語った後に、「実際この規則に従って誰でも、行為が人倫的に善いか悪いかを判定している」（5, p. 69）と言っている。判断力の規則は判定の基準として働く。これは自然法則の法式が判定基準として機能していることに正確に対応している。判定基準であることを『実践理性批判』は明確に語っている。

「彼の行為の格率と普遍的な自然法則との比較は彼の意志の規定根拠でない。しかしやはり後者〔普遍的な自然法則〕は、人倫的原理に従った前者〔行為の格率〕の判定の範型である。行為の格率が自然法則一般の形式に即した吟味に耐えるという性質でないとすれば、その格率は人倫的に不可能である」（5, pp. 69-70）。

ここで「意志の規定根拠」と「行為の格率の判定の範型」が区別されている。これは「義務に基づいている」と「義務に適っている」の区別、道徳性と適法性の区別である。範型は適法性の判定基準として働く。では意志の規定根拠として働くのは何か。その役割を担うのは、意志の自律を表現している根本法則である。

『基礎づけ』における「義務に適っている－義務に基づいている」という区別は、『実践理性批判』において「適法性－道徳性」の区別として定式化される（5, p. 81）。範型は適法性を、そして根本法則は道徳性を表現している。これは『基礎づけ』において三つの派生的法式（NF、ZF、RF）が「義務に適っている」という判定の基準を表わし、自律の法式が「義務に基づいている」という契機、「義務に基づいて意志すること」を表わしていることに対応している。

本節は普遍的法則の法式を引用することから出発した。その法式の提示に続いて、次のように語られている。「さて義務のすべての命法がその原理としてのこの唯一の命法から導出されうるならば、義務と呼ばれるものがそもそも空虚な概念でないかどうかということを我々が未決定のままにしておくとしても、我々が義務によって何を考えるか、そしてこの概念が何を言おうとしているのかを、少なくとも我々は示すことができるだろう」（4, p. 421）。「義務と呼ばれるものがそもそも空虚な概念でないかどうか」の探究は、道徳法則の演繹の問題として展開される。この演繹をめぐって、『基礎づけ』と『実践理性批判』は鋭く対立しているのである。ここから第三節の課題が生じる。

第三節　道徳法則の演繹と自由の演繹

「空しく試みられた道徳的原理の演繹の代わりに、別のまったく逆方向のことが生じる。つまり逆に道徳的原理がそれ自身、探究しがたい能力の演繹の原理として役立つのである。その能力はいかなる経験も証明できないが、しかし思弁理性が（それが自分自身に矛盾しないために、宇宙論的理念のうちに因果性に関して無条件的なものを見出すために）少なくとも可能であると想定しなければならない能力、つまり自由の能力である。それ自身正当化する根拠を必要としない道徳法則が、この法則を自分にとって拘束的であると認識する存在者に即して、自由の可能性だけでなくその現実性を証明するのである」（5, p. 47）。

『実践理性批判』は「純粋実践理性の原則の演繹について」という表題のもとで、『基礎づけ』において試みられた道徳法則の演繹（「道徳的原理の演繹」）が不可能であることを語っている[1]。それと対置されるのは、道徳法則からの自由の演繹である。道徳法則の演繹と自由の演繹との対比は、『基礎づけ』と『実践理性批判』との鋭い対照をなしている。しかし対照・対比は共通の地盤の上でのみ論じることができる。それ故『基礎づけ』と『実践理性批判』の共通の問題設定を明らかにすることから始めなければならない。

一　自由と道徳法則は相互に遡示しあう

「抜け出すことのできないように見える一種の循環論証がここに現われていることを、素直に告白しなければならない。目的の秩序の中で人倫的法則の下に自分がいると考えるために、我々は作用原因の秩序の中で自分を自由であると想定する。そしてその後で、自分に意志の自由が付与されているが故に人倫的法則に服従している、と我々は考える。何故なら意志の自由と意志自身の立法はともに自律であり、従って交換概念だからである。しかし交換概念であるから、他方の概念を説明しその根拠を示すために、一方の概念を使用することはできない」（4, p. 450）。

『基礎づけ』第三章は循環論証に陥っていることを指摘しているが、それは意志の自由と立法（人倫的法則＝道徳法則）が交換概念だからである。交換概念であることは、「自由な意志と人倫的法則の下にある意志は同じである」(4, p. 447)とも表現される。循環論証に陥っていることを確認した後に、『基礎づけ』はこの循環論証から抜け出すことを試みている。それが道徳法則の演繹という試みである。確かに『実践理性批判』は演繹の不可能性を語るが、しかし『基礎づけ』と同じ地点に立った上で、そこから異なった道を歩んでいる。その共通の出発点は『実践理性批判』の次のテーゼのうちに求めることができる。

「自由と無条件的な実践的法則は相互に遡示しあう」[2](5, p. 29)。

このテーゼは「自由な意志と人倫的法則の下にある意志は同じである」(4, p. 447)という『基礎づけ』の言葉と基本的に同じことを述べている[3]。このテーゼは『実践理性批判』第五、六節における「自由な意志と道徳法則」の相互導出によって導かれるが、それは自由と道徳法則(無条件的な実践的法則)という二つの概念の関係を言い表わしているにすぎない[第一節四]。それは循環論法を指摘している『基礎づけ』と同じ概念の次元である。『基礎づけ』と『実践理性批判』は、「自由と道徳法則(立法、無条件的な実践的法則)が交換概念である(相互に遡示しあう)」という同じテーゼを認めている。しかもそれは概念の次元でのテーゼである。『基礎づけ』と『実践理性批判』は同じ出発点に立っている。

出発点が同じだけでなく、両者とも概念の次元を超えるという共通の目標をもっている。「対象についての我々の概念が何を、どれほど多く内容として含んでいようとも、我々がその概念に現実存在を与えるためには、その概念から外に出なければならない」(A601=B629)。しかしその目標を達成するために、両者は異なった道を選ぶ。『基礎づけ』は道徳法則の演繹によって、そして『実践理性批判』は理性の事実によって、概念から外へ出ることが試みられる。

この二著作の違いを予め示すために、本項の冒頭の引用を想起しよう。そこには「他方の概念を説明しその根拠(Grund)を示すために、一方の概念を使用することはできない」と書かれていた。しかし『実践理性批判』は自由と道徳法則の関係を「根拠(ratio)」という言葉で規定している。

「確かに自由は道徳法則の存在根拠（ratio essendi）であるが、しかし道徳法則は自由の認識根拠（ratio cognoscendi）である」（5, p. 4）。

これに定位して言えば、『基礎づけ』は道徳法則の演繹において存在根拠を求めたのであり、それに対して『実践理性批判』は認識根拠の地平において展開される。

道徳法則の演繹において基本的な問いは「いかにして定言命法は可能か」である。この問いの由来を確認することによって、改めて『基礎づけ』の問題設定を明らかにしよう。

二　人倫の形而上学から純粋実践理性の批判への移行

「問いは、いかにして定言命法は可能か、である。この課題を解決する者は、道徳の真正な原理を見出したのである。批評者はおそらく、道徳のあの問題と著しい類似性をもっている超越論的哲学の重要な問題に敢えて挑まないのと同様に、この課題に敢えて挑まないのだろう。私は解決をまもなく提示するだろう」[4]（23, p. 60）。

カントは『プロレゴメナ』準備草稿においてこのように書いている。「超越論的哲学の重要な問題」とは、「いかにしてアプリオリな総合命題は可能か」という問いに答えることである[5]［第十一節二］。実践理性は、理論理性におけるこの問いと同型の問いを問わなければならない。道徳におけるアプリオリな総合命題は定言命法である[6]。それ故実践哲学において「いかにして定言命法は可能か」が問われなければならない。この問いに答えることは「道徳の真正な原理を見出」すことを意味する。「私は解決をまもなく提示するだろう」と言われているが、それは『基礎づけ』においてである。

『プロレゴメナ』は「いかにしてアプリオリな総合命題は可能か」という問いについて次のように書いている。「この課題の解決に形而上学の存亡が、それ故形而上学の存立が完全にかかっている」（4, p. 276）。カントがこのように書いたとき、カントの念頭には、上で引用した『プロレゴメナ』準備草稿の言葉「この課題を解決する者」があっただろう。そして形而上学は人倫の形而上学をも包括していただろう。つまり人倫の形而上学の存亡は、「いかにして定言命法は可能か」の問いに答えることにかかっている。『基礎づけ』は『人倫の形而上学の基礎づけ』である。

人倫の形而上学に対する『基礎づけ』の関係は、自然の形而上学に対する『純粋理性批判』や『プロレゴメナ』の関係と同じである。つまり『基礎づけ』は人倫の形而上学の批判、純粋実践理性の批判である。「本来人倫の形而上学の基礎は、形而上学のためにすでに提供された純粋思弁理性の批判と同様に、純粋実践理性の批判以外にない」(4, p. 391)。

『基礎づけ』第三章の表題「人倫の形而上学から純粋実践理性の批判への移行」は、第三章において「純粋実践理性の批判」という課題が果たされることを示している。[7] 事実第三章には「いかにして定言命法は可能か」という表題をもつ節がある。『基礎づけ』の問題設定は、「自然の形而上学－批判」という理論理性の枠組みをモデルとして可能となった。

「いかにして定言命法は可能か」に答えることが、道徳法則の演繹の課題である。『基礎づけ』における演繹を検討しよう。

三　『基礎づけ』における演繹

『基礎づけ』において「演繹」という言葉は三度登場する。

(a)「純粋実践理性からの自由の概念の演繹」(4, p. 447)。

(b)「普通の人間理性の実践的使用はこの演繹の正しさを認める」(4, p. 454)。

(c)「……道徳性の最上の原理の我々の演繹にとっての欠陥……」(4, p. 463)。

(a)は自由の概念を演繹することである。(b)は「いかにして定言命法が可能か」という表題のもとで語られているから、定言命法（道徳法則）の演繹を意味しているだろう。「道徳性の最上の原理」は道徳法則を指すから、(c)も道徳法則の演繹を意味している。(a)の用例から少し詳しく見てみよう。

「……純粋実践理性からの自由の概念の演繹と、その演繹とともに定言命法の可能性を理解できるようにすることは、なおいくらかの準備が必要である」（4, p. 447）。

ここから道徳法則（定言命法）の演繹が二段階であることが読み取れる。第一段階は自由の概念を純粋実践理性から演繹することであり、第二段階は定言命法の可能性を理解できるようにすること、つまり「いかにして定言命法は可能か」に答えることであり、道徳法則の演繹を意味する。この二段階によって、自由と道徳法則の循環論証を回避できる。第一段階で道徳法則から独立に自由の概念を演繹し、第二段階において自由の概念から道徳法則を導き出すのである。

カントは彼の理論哲学に由来する感性界と英知界の区分を利用して、自由と道徳法則の循環論証から脱却する。英知界の成員であることから、自由であることを導くのである。[8] 第二段階は「いかにして定言命法は可能か」という表題のもとでなされる。「普通の人間理性の実践的使用はこの演繹の正しさを認める」（4, p. 454）と言われる直前の段落が述べていることが、第二段階の道徳法則の演繹である。

「自由の理念が私を英知界の成員とすることによって、定言命法は可能である。私が英知界の成員であるだけなら、すべての私の行為は意志の自律につねに適合しているだろう。しかし私は同時に感性界の成員として私を直観するから、適合すべきであるということになる。このような定言的な『すべし』がアプリオリな総合命題を表わしているが、このことは感性的欲望によって触発された私の意志の上にさらに、これと同じ、しかし英知界に属する純粋なそれ自身だけで実践的な意志の理念が付け加わることによってであり、この意志は理性に従った、触発される意志の最上の条件を含んでいる。こうしたことは、感性界の直観に、それ自身だけで他ならぬ法則的形相一般を意味する悟性の概念が付け加わり、それによって自然のすべての認識が基づくアプリオリな総合命題が可能になるのと、ほぼ同じである」(4, p. 454)。

これが「いかにして定言命法が可能か」への答えであり、道徳法則の演繹の核心である。「いかにして定言命法が可能か」という問いが「いかにしてアプリオリな総合命題が可能か」という問いをモデル(理論哲学のモデル)に定位して設定されたのと同じく、問いへの答えもまた理論哲学のモデルとパラレルになされている。「(1)感性界の直観に、(2)純粋悟性概念が付け加わって、(3)アプリオリな総合命題が可能となる」のと同様に、「(1)感性的欲望によって触発される意志に、(2)純粋な実践的な意志の理念が付け加わって、(3)定言命法が可能となる」。

感性界と英知界の区分は理論哲学によって確立されているが、その区分に基づいて自由が演繹される。そして道徳法則の演繹もまた、理論理性のモデルに従ってなされている。しかしこうした試みが成功していると認める者はほとんどいない。ペイトンの典型的な批判を引用しておけば十分だろう。

「カントの議論は道徳性の最高原理の演繹として失敗している、ということは十分に明らかであると思われる。確かに言葉の普通の意味での演繹はありえない。つまり我々は推論によって自由の前提から道徳性を導出できないし、いわんや推論によって、我々が英知界の成員であるという前提から、自由(積極的な意味における)を前提する必然性を導出できない。『正当化』というカントの意味においてさえ、我々は道徳性以外のものによって道徳性を正当化できない。つまり理性的行為者の活動において道徳性の原理より高次の原理は存在しえないのである」[9]。

しかし『基礎づけ』を書き終わったカント自身もまた道徳法則の演繹が成功したとは考えていなかった。それを示すのが、「演繹」の三番目の用例である。それは『基礎づけ』の最後の言葉である。

四　理解不可能性を理解する

「それ故理性は休みなく無条件的に必然的なものを求め、それを理解させる何らかの手段がないとしても、無条件的に必然的なものを想定せざるをえないと思う。理性がこの前提と一致する概念だけでも見つけ出すことができれば、十分に幸福なのである。それ故、理性が無条件的な実践的法則（定言命法はそのようなものでなければならない）をその絶対的必然性に関して理解させることができないのは、道徳性の最上の原理の我々の演繹にとっての欠陥でなく、人間理性一般に対してなさねばならない非難である。何故なら人間理性がこのことを条件によって、つまり何らかの根底に置かれた関心によってなそうとしないことは、人間理性に対して非難できないからである。何故ならそのようなことをすれば、それは道徳法則、つまり自由の最上の法則ではないことになるだろうから。このようにして我々は確かに道徳的命法の実践的な無条件的必然性を理解しないが、しかしやはりその理解不可能性を理解する。このことは人間理性の限界にまで原理において至ろうとする哲学に対して正当に要求できるすべてである」（4. p. 463）。

『基礎づけ』はこのように終わっている。「道徳性の最上の原理の我々の演繹にとっての欠陥」に言及していることは、道徳法則の演繹が成功したとカントが考えていないことを示している。『基礎づけ』の最後の言葉は『実践理性批判』へと接続しているのである。

理性は無条件的なものを求める。[10] 実践理性が理性として求める無条件的なものとは、「無条件的な実践的法則」（定言命法）である。定言命法は無条件的に、先行するいかなる関心も前提することなしに、命令する。それ故定言命法の可能性を「条件によって、つまり何らかの根底に置かれた関心によって」説明することはできない。関心によってその可能性が説明されるとすれば、それは仮言命法であって、定言命法ではない。ここから「理性が無条件的な実践的法則をその絶対的必然性に関して理解させることができない」ことが導かれる。「道徳的命法の実践的な無条件的必然性を理解しない」とすれば、道徳法則（定言命法）の演繹が失敗したことになる。「理解不可能性」は、道徳的命法の正当化、つまり演繹の不可能性を語っている、と解釈できるだろう。しかしこのことは『基礎づけ』と違った道、『実践理性批判』の道を示唆している。

「理解不可能性」は、「その条件へと遡行することができない」ということ、「その条件から理解する」ことが不可能である、ということを意味する。「無条件的」とは、「条件をもたない」ことであり、従って「その条件から理解する」ことができない、という意味である。条件へと遡れるとすれば、もはや「自由の最上の法則」でなくなる。その条件に遡行せず、しかも道徳法則を無条件的なものと認めるとすれば、実践理性は倫理学において無条件的なものから始めざるをえないだろう。『実践理性批判』は道徳法則の演繹でなく、無条件的なもの（道徳法則）から始まる。それ故『実践理性批判』は「無条件的に実践的なものの我々の認識がどこから始まるのか」(5, p. 29) と問うことになる［五］。

道徳法則（無条件的なもの）の理解不可能性を理解不可能性として認めることによって、『実践理性批判』は道徳法則を理性の事実として認めることになる。『実践理性批判』第七節は理性の事実について次のように言う。「この事態は十分に奇異（befremdlich）であり、これと同じようなことは他のすべての実践的認識のうちにも存在しない。何故なら単に蓋然的にすぎない可能な普遍的立法というアプリオリな思想が、経験からあるいは何らかの外的な意志から何も借りることなしに、法則として無条件的に命じられるからである」(5, p. 31)。道徳法則の理解不可能性は、理性の事実の奇異さとして捉えられている。[11]「その理解不可能性を理解する」という『基礎づけ』の最後の言葉は、『実践理性批判』への道を示唆しているのである。

五　無条件的に実践的なものの我々の認識はどこから始まるのか

「自由と無条件的な実践的法則は相互に遡示しあう。さて私がここで問うのは、この両者が実際にも異なっているのか、むしろ無条件的な法則が単に純粋実践理性の自己意識ではないのか、そして純粋実践理性が自由の積極的な概念とまったく同一であるのか、ではない。そうでなく、私がここで問うのは、無条件的に実践的なものの我々の認識はどこから始まるのか、自由からか、あるいは実践的法則からか、である」(5, p. 29)。

『実践理性批判』は第五節と第六節の課題に答えることによって、「自由と無条件的な実践的法則は相互に遡示しあう」という結論に至る。これは『基礎づけ』における「自由と立法は交換概念である」というテーゼと基本的に同じことを意味している〔一〕。『基礎づけ』は交換概念という概念の地平を超えるために、理論理性をモデルとして〔二〕、道徳法則の演繹を試みた〔三〕。その試みは最後に道徳法則という無条件的な実践的法則の理解不可能性に突き当たった〔四〕。それに対して『実践理性批判』は、「自由と無条件的な実践的法則は相互に遡示しあう」という概念の地平を超えるために、『基礎づけ』と異なった道を選ぶ。そのことを示すのが、ここでカントが問う問いである。

「無条件的に実践的なものの我々の認識はどこから始まるのか、自由からか、あるいは実践的法則からか」。

まずこれが「無条件的に実践的なもの」への問いであることに注意しよう。『基礎づけ』の最後において、理性が求める「無条件的に必然的なもの」（道徳の最上の原理、道徳法則）が問題となり、その理解不可能性の理解という地点にまで達した。理解不可能なのは、無条件的なものの条件へと遡行できないからである。とすれば理性はそれを端的に与えられたものとして認めなければならない。『実践理性批判』は端的にこの無条件的なものを問う。しかしそこから倫理学が始まらなければならない無条件的なものとは何か。それがここで「我々の認識はどこから始まるのか」と問われている。我々の認識に関して問うことは、認識の秩序に定位して問うことである。「自然にとって先なるもの」でなく「我々にとって先なるもの」、倫理学のアルケーは何か、ということが問われている。

「自由からか、あるいは実践的法則からか」が問われているのは、「自由と無条件的な実践的法則は相互に遡示しあう」からである。『実践理性批判』は「実践的法則から」と答えるが、それは何を意味しているのか。自由と実践的法則（道徳法則）の関係は次のように規定されている。

「……確かに自由は道徳法則の存在根拠であるが、しかし道徳法則は自由の認識根拠である。何故なら道徳法則が我々の理性のうちに先立って判明に考えられていなかったら、自由のようなもの（これは自己と矛盾しないにもかかわらず）を想定する資格があるなどと、我々は決して思わないだろう。しかし自由がなかったとすれば、道徳法則は我々のうちに決して見出されないだろう」（5, p. 4 n.）。

『実践理性批判』が「実践的法則から」と答えたとすれば、それは認識根拠としての道徳法則から始まることを意味する。『実践理性批判』は認識の秩序において展開する。それに対して『基礎づけ』は存在根拠としての自由から道徳法則を演繹しようと試みた。『基礎づけ』は存在の秩序のうちを動いている。

「英知界に属するから自由であり、自由であるから道徳法則が我々のうちに見出される」というのが『基礎づけ』の立場であった。これは存在の秩序に定位している。これに対して『実践理性批判』の立場は、「無条件的に実践的なものの我々の認識は道徳法則から始まる」というテーゼによって示される。道徳法則から始まるのだから、道徳法則を認識することによって初めて、自由であること、英知界の成員であることを認識するのである。自由は道徳法則から演繹される。「それ自身いかなる正当化の根拠も必要としない道徳法則は、自由の可能性だけでなく、自由の現実性を証明する」（5, p. 47）。道徳法則から始まるのだから、英知界については次のように言われている。「道徳法則は展望を与えるわけでないとしても、しかし感性界のすべての所与と我々の理論的な理性使用の全範囲に基づいてもまったく説明不可能な事実を与える。その事実は純粋な悟性界を指示し、それどころかさらに悟性界を積極的に規定し、悟性界について或るもの、つまり法則を我々に認識させる」（5, p. 43）。

『実践理性批判』は道徳法則から始まる。道徳法則は無条件的に実践的なものとして、我々の認識がもはやその条件へと遡行できないもの、その意味で理解不可能なもの、端的に与えられたものである。このように端的に与えられている「無条件的に実践的なもの」をカントは Faktum と呼んだ［第一節一］。『実践理性批判』において「無条件的に実践的なものの我々の認識は実践的法則（理性の事実）から始まる」。このテーゼが『基礎づけ』との対比をはっきりと示している。

『実践理性批判』は道徳法則の演繹が不可能であると主張している。しかし不可能であるのは何故なのか。その理由は意志に求められる［六］。では演繹できない道徳法則はいかなるものとして捉え返されるのか。それは理性の事実としてであるとともに、要請としても捉え返される〔七〕。この二つの論点について考察することによって、本書の第二章と第三章の課題がはっきりするだろう。

六　道徳法則の演繹の不可能性と意志

『実践理性批判』は「純粋実践理性の原則の演繹について」という表題のもとで、道徳法則の演繹が不可能であることを語っている。道徳法則（実践理性の最上の原則）の演繹が不可能であるのは何故だろうか。「純粋な理論的悟性の原則は可能的経験の対象に、つまり現象に関わったのであり、この現象があの法則に従ってカテゴリーのもとにもたらされることによってのみ、この現象が経験の対象として認識されうること、従ってすべての経験がこの法則に適合していなければならないことを証明できた」（5. p. 46）。つまり理論的悟性の原則は経験の可能性の条件であることを証明することによって、その演繹が可能となる。「しかしこのようなやり方を道徳法則の演繹に関して採用できない」（5. p. 46）。つまり実践理性の最上の原則は理論的悟性の原則とは異なっているのだから、理論哲学のモデルにならって道徳法則の演繹ができるわけではない。

『実践理性批判』のこの立場は、『基礎づけ』における道徳法則の演繹の試みと鋭い対照をなしている。『基礎づけ』は定言命法の可能性を、「⑴感性的欲望によって触発される意志に、⑵純粋な実践的な意志の理念が付け加わって、⑶定言命法が可能となる」として演繹したが、この演繹は「⑴感性界の直観に、⑵純粋悟性概念が付け加わって、⑶アプリオリな総合命題が可能となる」という理論哲学のモデルに定位していた〔三〕。しかし『実践理性批判』は理論哲学にもはや依存せず、むしろ理論哲学との対比を強調する。実践理性の原則の演繹が不可能な理由は、次のように述べられている。

「何故ならここで問題なのは、理性に何らかの仕方で外から与えられるような対象の性質についての認識でなく、認識が対象そのものの現実存在の根拠（der Grund von der Existenz der Gegenstände selbst）であることができ、その認識によって理性が理性的存在者のうちに因果性をもつ、つまり直接的に意志を規定する能力として見なされうる純粋理性であるかぎりにおける認識だからである。／さてしかし、我々が根本力あるいは根本能力に達するや否や、すべての人間の洞察は終わる。何故ならその可能性は何ものによっても概念把握できないし、しかしまた任意に案出したり想定したりすることは許されないからである」(5, pp. 46-47)。

理論的原則において「理性に何らかの仕方で外から与えられるような対象の性質についての認識」が問われ、与えられた対象に即して演繹がなされる。理論的原則は可能な経験の対象（現象）に関わるから、経験が原則に適合しなければならないということを証明することによって、原則の演繹が成功する。つまり理論的原則は「経験の可能性の条件」としてその正当化がなされる⑫。それは『純粋理性批判』の分析論がなしたことである。それに対して実践的原則においては「対象そのものの現実存在の根拠である」ような実践的認識が問題であるから、つまり対象そのものを初めて存在せしめるような実践的認識が問題であるから、理論的原則のように「与えられた対象」に即して演繹をすることができない。ここで問われているのが実践理性、「直接的に意志を規定する能力として見なされうる純粋理性」であるからである。意志こそが「対象そのものの現実存在の根拠」であり⑬、カント倫理学の核心をなしている⑭。

理論的原則と実践的原則は、「意志が従属している自然の法則と、意志に従属している自然の法則との区別」(5, p. 44) によって対比される。「客体が意志を規定する表象の原因である」―「意志が客体の原因である」という対比である。そして二つの異なった課題が対照される。

「一方において、いかにして純粋理性はアプリオリに客体を認識することができるのか。そして他方において、いかにして純粋理性は直接に意志の規定根拠であることができるのか」(5, pp. 44-45)。

前者の課題は『純粋理性批判』に、そして後者の課題は『実践理性批判』に属する。二つの課題は異なっているから、その解決も異なっている。それ故理論哲学のモデルを実践哲学にそのまま適用することはできない。これは

『基礎づけ』と鋭い対比を示している。

道徳法則の演繹が不可能であることの理由を述べた後に、カントは「我々が根本力あるいは根本能力に達するや否や、すべての人間の洞察は終わる」（5, pp. 46–47）と述べていた。ここで根本能力と呼ばれているのは、この直前に言及されている「直接的に意志を規定する能力として見なされうる純粋理性」（5, p. 46）である。この純粋理性は『実践理性批判』第七節の註解の最後に言及される純粋理性である。「これによって純粋理性は根源的に立法するもの（私はかく意志し、かく命令する（sic volo, sic jubeo））として自己を告知する」（5, p. 31）。純粋理性としてのこの立法する意志（sic volo）は、「意志に従属している自然の法則」（5, p. 44）を立法する意志である。

道徳法則の演繹が不可能であることの理由を辿り、意志概念に突き当たった。『実践理性批判』は道徳法則の演繹の試みを放棄して、理性の事実を単純に認める立場を採った、と言われる。しかしそう語るだけで済ますことはできず、道徳法則を立法する意志に至らねばならない。そしてさらに要請をも問題にしなければならない。

七　実践的要請として必然的である

「この仕事において批判は文句なく純粋な実践的法則とその現実性から始めることができるし、始めなければならない。しかし批判はこれらの法則の根底に、直観でなく、可想界における法則の現存在という概念、つまり自由の概念を置く。何故なら自由の概念はこれ以外の何ものも意味せず、これらの法則は意志の自由との関係においてのみ可能であり、意志の自由の前提のもとで必然的だからである。あるいは逆に言えば、自由が必然的であるのは、これらの法則が実践的要請として必然的であるからである（weil jene Gesetze als praktische Postulate notwendig sind）。いかにして道徳法則のこの意識（dieses Bewußtsein der moralischen Gesetze）は可能か、あるいは同じことであるが、いかにして自由の意識は可能かは、これ以上説明できないが、自由が認められることだけは理論的批判において十分に弁護されているのである」（5, p. 46）。

「純粋実践理性の原則の演繹について」という節において、カントはこのように述べている。「純粋な実践的法則とその現実性から始める（anfangen）ことができるし、始めなければならない」と言われているが、これは「無条件的に実践的なものの我々の認識はどこから始まる（anheben）のか、自由からか、あるいは実践的法則からか」（5, p. 29）という問いに対する答えである［五］。純粋な実践的法則と自由の関係が語られているが、それは「自由と無条件的な実践的法則は相互に遡示しあう」（5, p. 29）というテーゼと同じことを言っている［一］。自由が道徳法則の存在根拠であることは、「これらの法則は意志の自由との関係においてのみ可能であり、意志の自由の前提のもとで必然的だからである」という形で述べられている。そして道徳法則が自由の認識根拠であることは、「自由が必然的であるのは、これらの法則が実践的要請として必然的であるからである」と表現されている。

しかし「実践的要請として」という言葉は何を意味しているのだろうか。「実践的要請」は『実践理性批判』弁証論での要請（「理論的命題」（5, p. 122））とはっきり区別されねばならない。理論的命題としての要請という用例はカントに固有なものであって、カント当時の普通の用例においては要請は実践的命題を意味していた。「証明できない実践的命題は要請と呼ばれる」[15]。このようにヴォルフは『ラテン語論理学』の第二六九節において書いており、その例としてユークリッド幾何学の要請を挙げている。これがカント当時における要請の基本的な意味であった［第七節四］。

「純粋実践理性の原則の演繹」が問題となっている文脈において、「これらの法則が実践的要請として必然的である」と語られていることに着目しなければならない。しかもそう語った段落の次の段落は、「実践理性の最上の原則の解明がなされた」（5, p. 46）という言葉から始まっている。つまり「実践理性の最上の原則」（根本法則）の解明の最後において、実践的法則が要請であるとされている。とすれば根本法則は実践的要請として理解できるだろう[16]［第七節］。

道徳法則の演繹の試みの代わりに、理性の事実が立てられたと言って済ますのでなく、道徳法則は要請として捉え返された、と考えるべきである。道徳法則の演繹の不可能性は、道徳法則を要請として捉えることと相即的である。ともかく理性の事実にとどまるのでなく、要請へと視野を拡げねばならない。

「理性の事実」は、結論としての最後の言葉でなく、むしろ意志、そして要請という視点から光を当てなければならない出発点をなしている。『実践理性批判』第七節の註解に即して言えば、その註解の中程に導入された「理性の事実」は、註解の最後で語られた「私はかく意志し、かく命令する（sic volo, sic jubeo）」から、そして註解の冒頭で言及された要請から、新たに捉え返さねばならない［序］。それが第二章「意志」、第三章「要請」の課題である。

註

第一節

（1） A. Schopenhauer, *Die beiden Grundprobleme der Etik*, in: *Sämtliche Werke*, 4, Brockhaus, 1988, p. 146.

（2）「純粋理性がそれ自身で実践的でありうるし、そして道徳法則の意識が証明するように、現実に実践的である……」（5, p. 121）。

（3）「いかにして純粋理性は実践的でありうるかを説明することは、いかにして自由が可能かを説明するという課題とまったく同一である」（4, pp. 458-459）。『実践理性批判』は「純粋理性が実践的であること」（daß）を示すのであって、「いかにして純粋理性が実践的であるか」（wie）を説明するのではない。「純粋実践理性が自由の積極的な概念とまったく同一であるのか」（5, p. 29）。『人倫の形而上学』ははっきり書いている。「選択意志の自由とは感性的衝動による規定からの独立である。これは選択意志の自由の消極的概念である。その積極的概念とは、それ自身だけで実践的であるという純粋理性の能力である」（6, pp. 213-214）。

（4）「この説明しえない内的な性質［自由］は事実によって（durch ein Faktum）、定言的な義務命法によって発見される」（21, p.

25)。

（5）Cf. B. Roussel, *La doctorine kantienne de l'objectivité*, Paris, 1967, p. 528; O. O'Neill, "Constructivism in Rawls and Kant", in: *The Cambridge Companion to Rawls*, ed. by S. R. Freeman, Cambridge University Press, 2003, p. 363 n. 3. 北岡武司『カントと形而上学』（世界思想社、二〇〇一年）一四六頁参照。

（6）Cf. K.-H. Ilting, "Der naturalistische Fehlschluß bei Kant", in: *Rehabilitierung der praktischen Philosophie*, vol. 1, ed. by I. M. Riedel, Rombach, 1972, p. 127 n. 9. 麻生建他『羅独－独羅学術語彙辞典』（哲学書房、一九八九年）一三三－一三四頁参照。

（7）カントは factum を Tat と訳している。「道徳的意味における帰責（imputatio）とは、それによって或る人が行為の創始者（causa libera）とされる判断であり、その場合行為は Tat（factum）と呼ばれ、法則の下に立っている」（6, p. 227）。「この状態の、そしてその状態における取得の仕方は、専断的な Tat によっても（facto）、単なる契約によっても（pacto）生じるのでなく、法則によって（lege）生じる」（6, p. 276）。Faktum という語は「行為」の意味で使われる。「すべての物の最高の創始者の Faktum として……」（8, p. 255）。Cf. 6, p. 23. Cf. J. Bojanowski, *Kants Therorie der Freiheit*, Walter de Gruyter, 2006, p. 62. 角忍『カント哲学と最高善』（創文社、二〇〇八年）一八三頁参照。Cf. W. Kersting, *Wohlgeordnete Freiheit. Immanuel Kants Rechts- und Staatsphilosophie*, Mentis, 2007, p. 79.

（8）カントは道徳法則（実践的原則）に対して Datum という語を使っている。「……実践的な純粋理性は必然的に原則から始めなければならず、それ故その原則はすべての学にとって第一の所与（Data）として基礎に置かれねばならない……」（5, p. 91）。『純粋理性批判』第二版の序文は次のように書いている。「道徳が我々の理性のうちにある根源的な実践的原則を、理性のアプリオリな所与（Data）として引き合いに出す……」（BXXVIII）。このように語られた所与が『実践理性批判』において理性の事実と呼ばれることになる［第十二節二］。

カントは『プロレゴメナ』において Faktum を「与えられたもの」という意味で使っている。「……その体系は、理性そのものの他に何も与えられたものとして（als gegeben）根底に置かず、それ故何らかの事実（Faktum）に依拠することなしに、認識をその根源的な萌芽から展開しようと試みる」（4. p. 274）。

（9）「カントの理性の事実の新しい理論は、人倫的洞察における情緒的要素についての彼の学説に重要な変更をもたらした。つまりそれは人倫的意志の唯一正当な動機としての『法則に対する尊敬』の学説へと導いた。……『理性の事実』と『法則に対する尊敬』の概念は、第二批判の中心概念である。一方は他方なしに構想されえない。両者とも他方を指示し、他方がなければ無意味である」（D. Henrich, "Der Begriff der sittlichen Einsicht und Kants Lehre vom Faktum der Vernunft", in: *Kant: Zur Deutung seiner Theorie von Erkennen und Handeln*, ed. by G. Prauss, Kiepenheuer & Witsch, p. 249)。Cf. H. E. Allison, *Kant's Theory of Freedom*, Cambridge University Press, 1990, pp. 237-238.

(10) 「道徳法則は、人間がこの法則と自分の本性の感性的性癖を比較することによって、あらゆる人間を不可避的に謙虚にする。その表象が我々の意志の規定根拠として我々の自己意識において我々を謙虚にするものは、それが積極的で規定根拠であるかぎりにおいて、それ自身だけで尊敬を呼び起こす」(5, p. 74)。

(11) 「第一節から第六節までのカントの説明の構造は分析的であり蓋然的であるということはすでに注意された。この箇所は、もし理性がそれ自身でアプリオリな実践的法則を与えることができるという仮定が正しいならば、その法則の形式が何であるのかを探究するのである。……カントの議論の調子は第七節で突然変わる。もし純粋理性が実践的であれば何が真であるかについての仮定的陳述に自らを限定しようと、カントはもはや試みず、大胆に次のように断言する。『純粋理性はそれ自身だけで実践的であり、我々が人倫法則と呼ぶ普遍的な法則を（人間に）与える』」(L. W. Beck, *A Commentary to Kant's Critique of Practical Reason*, The University of Chicago Press, 1960, pp. 164-165)。Cf. A. Messer, *Kants Ethik : Eine Einfuhrung in ihre Hauptprobleme und Beiträge zu deren Lösung*, Verlag von Veit, 1904, p. 65.

(12) 第六節の註解は「無条件的に実践的なものの我々の認識はどこから始まるのか、自由からか、あるいは実践的法則からか」(5, p. 29) を問い、「自由から」と答えている［第三節五］。「我々が（意志の格率に従うや否や）直接に意識するのは道徳法則である。道徳法則は我々に最初に現われ……まさに自由の概念へ導く」(5, pp. 29-30)。そして「人倫性が我々に最初に自由の概念を開示する」(5, p. 30) という「我々のうちの概念の秩序」(5, p. 30) を確証する経験として、偽証の例が挙げられている。偽証の例は「道徳法則は我々に最初に現われ……まさに自由の概念へ導く」のである。

(13) 「いかなる人間も自分の義務をまったく非利己的に遂行したと確実に意識できないということを、私は喜んで認める」(8, p. 284)。「自分の義務をまったく非利己的に遂行したと確実に意識できない」とは、「なすべきが故に（義務ゆえに）、なしえた（まったく非利己的に遂行した）」と主張できないということである。しかしこのように書いた後に、「なすべきが故になしうる」を主張している。つまり「人間は自分の義務をまったく非利己的に遂行すべきである」ということから、「それ故に人間はまたそれをなしうるにちがいない」(8, p. 284) と語っている。

(14) 「しかしそれにも拘わらず、彼は偽証を拒み得る可能性を自らの中に経験したのである。それがここでは大切である。けだしそこに純粋なる実践理性の事実が現象しているからである」(『高坂正顕著作集』第二巻、理想社、一九六四年、二一八頁)。「いかなる人間も、死刑の威嚇のもとで現実に自愛を克服することができるか否かは確言することはできないとしても、偽証すべきではないという要求が下されているということ、それゆえ偽証しないことが可能であるということだけはきわめて判明に認識しうるであろう。純粋理性はここで、傾向性を自らの原理とすることにまさに抵抗しているのである。これが『理性の事実』に他ならなかった」（新田孝彦『カントと自由の問題』北海道大学図書刊行会、一九九三年、三〇三頁）。Cf. K.- H. Ilting, "Der naturalistische Fehlschluß bei Kant", p. 127.

（15） *Juvenal and Persius*, The Loeb Classical Library, Harvard University Press, 1999, p. 164.

（16） 「カントの最も有名な『言葉』の一つ――『なすべきが故になしうる（Thou canst because thou shouldst）』――はこの適切な形において彼の著作にはない」（L. W. Beck, *A Commentary to Kant's Critique of Practical Reason*, p. 200 n. 74）。

（17） 本節で言及した箇所の他に、Cf. A807=B835; 5, p. 469; 6, p. 41, p. 45, p. 47, p. 62, pp. 66-67, p. 350, p. 380, p. 383; 7, pp. 43-44, p. 58, p. 148; 8, p. 284, p. 313, p. 371, p. 418; 16, p. 673; 21, p. 16; 22, p. 121; 23, p. 134.

（18） シラーは「哲学者たち」という詩で次のように書いている。「理論的な領域においてもはや見出しうるものはない／しかしやはり実践的な命題が妥当する、つまり、なすべきが故になしうる（Du kannst, denn du sollst!）」（F. Schiller, *Sämltiche Werke*, vol. 1, Wissenschaftliche Buchgesellschaft, 1989, p. 299）。シラーと同じ言葉を使って、ショーペンハウアー『道徳の基礎について』はカントを批判している。「……にもかかわらず、空中に浮かぶ道徳の基礎を信用することだけで、『なすべきが故になしうる（Du kannst: denn Du sollst）』という有名な推論によって、たとえ単に観念的にのみ要請としてであるとしても、自由が仮定される」（A. Schopenhauer, *Die beiden Grundprobleme der Etik*, p. 144）。

（19） 「要請は、直接的に確実な実践的命題である。つまり可能な行為を規定する根本命題であり、その場合行為を遂行する仕方が直接的に確実であると前提されている。／問題（problemata）は、指示を必要とする証明可能な命題、つまりその遂行の仕方が直接的に確実でないような行為を言明する命題である」（9, p. 112）。Cf. 24, p. 582.

（20） 同じことを『覚え書き』は書いている。「確かに或る生の条件において嘘は非常に有益でありうるだろう。それ故思慮の規則によって嘘をつくべきである。しかしそのために結果に対する法外な狡猾さと抜け目なさが必要である。道徳的に考察されれば、道徳的な単純さによって、何がなされるべきかが直ちに認識される」（20, pp. 155-156）。

（21） 「ultra posse nemo obligatur. 何人もその力以上に義務を負わず」（田中秀央・落合太郎編著『ギリシア・ラテン引用語辞典』岩波書店、一九七七年、七九〇頁）。「神が不可能なことを命じ給うことはないように、教会もそのようなことをしない」（トマス・アクィナス、稲垣良典訳『神学大全』四四、創文社、二〇〇五年、一七八頁、二三五頁）。「私が愛することを欲するからといって、まして私が愛すべきである（愛へと強制される）からといって、私は愛することができない。それ故愛するという義務はナンセンスである」（6, p. 401）。

（22）「『べき（I ought）』は『なしうる（I can）』を含意する。義務は自由を含意する」（H. J. Paton, *The Categorical Imperative*, Hutchson, 1958, p. 220）。「それに対して『基礎づけ』においてカントは『なすべき（Sollen）』（道徳）から『なしうる（Können）』（自由）を推論しない」（D. Schönecker, A. W. Wood, *Kants "Grundlegung zur Metaphysik der Sitten"*, Schöningh, 2007, p. 188）。「自由と実践的法則とのこの交互関係からして、汝為すべきであるがゆえに汝為し能うということが言えることになる。為すべしと意識することを通じて我々は己の内に自由を見いだす。自由であるがゆえに我れは為し能うと判断するのである。もとよりこの自由は本来的自己の自由であるがゆえに、経験的性格をも有する我れが事実的に実現し得るとは限らない。しかし我れが事実的に為し得なくても、我れが当為を意識する限り、依然として我れは為し能うのである。この『為し能う』を拒むことは自由を拒むことにほかならない」（『和辻哲郎全集』第九巻、岩波書店、一九七七年、二五五頁）。

（23）「推論する（Schließen）ということで理解されるべきことは、それによって一つの判断が他の判断から導き出される思考の機能である。それ故推論一般とは、一つの判断を他の判断から導出することである」（9, p. 114）。「直接的推論（consequentia immediata）とは、媒介する判断（judicium intermedium）なしに一つの判断を他の判断から導出すること（deductio）である」（9, p. 114）。

「直接に認識されるものと単に推論されるものは区別される」（A303=B359）。この場合「なすべきが故になしうる」が「直接に認識されるもの」であり、「自分の選択意志は自由である」は「単に推論されるもの」である。「私が自由に行為するのは、直接的な意識によってではない。むしろ定言命法から私がいかに行為すべきかを推論したからである」（27, p. 507）。

（24）「自由の最初の概念は消極的であるから、我々は自由を直接に意識することはできない……。それ故我々が（意志の格率に服するや否や）直接に意識するのは、我々に最初に現われる道徳法則である。理性は道徳法則を、感性的条件によって支配されず、さらに感性的条件から完全に独立した規定根拠として描くことによって、まさに自由の概念へ導くのである」（5, pp. 29-30）。「我々が自由であることを、我々は我々の自発性の直接的意識によってでなく（何故ならこの場合この概念は消極的であるから）、我々のうちの道徳法則によってのみ認識できる。我々が我々の因果性の規定根拠を認識し、我々がなしうることを認識する前に、我々がなすべきであることを、我々は認識する」（23, p. 245）。

「自由の最初の概念は消極的であるから、我々は自由を直接に意識することはできない」のは何故なのか。自由の消極的概念は「感性的衝動による規定からの独立」（6, p. 213）である。つまり感性的衝動によって規定されていないこと、行為の原因としての感性的衝動がないことを意味する。しかし「原因がないこと」、「何かが存在しないこと」は経験できない。「原因が存在しないことを経験によって誰が証明できるのか、何故なら経験は我々が原因を知覚していないという以上のことを教えないのだから」(5, p. 419)。「そもそも或るものが存在しないこと(従ってまた密かに考えられた利益が存在しないこと)は、経験の対象となりえない」(8, p. 284)。

(25)「自由の概念は理性の実践的使用において、実践的原則によってその実在性を証明する。実践的原則は法則として、すべての経験的条件(感性的なもの一般)から独立に選択意志を規定する純粋理性の因果性、およびそのうちに人倫的概念と法則がその根源をもっている純粋意志を我々のうちに証明する」(6, p. 221)。ここでも「道徳法則(法則としての実践的原則)から自由へ」が語られている。「選択意志を規定する純粋理性の因果性」は「純粋理性がそれ自身だけで意志を規定しうる」という選択意志の自由である。そして「そのうちに人倫的概念と法則がその根源をもっている純粋意志」は立法する意志である。

(26) 純粋実践理性の要請において要請される自由は、選択意志の自由である。「第二の要請[自由の要請]は、感性界からの独立と英知界の法則に従って自分の意志を規定する能力、つまり自由の必然的な前提から生じる」(5, p. 132)。

第二節

(1) H. J. Patcn, *The Categorical Imperative*, p. 129.

(2) Ibid., p. 129.

(3) 普遍的法則の法式を提示した後に、「義務のすべての命法がその原理としてのこの唯一の命法から導出されうるならば……」(4, p. 421)と語られている。「義務のすべての命法(alle Imperative der Pflicht)」が何を意味しているかが問題である。すぐ後に出てくる「義務の普遍的命法(der allgemeine Imperativ der Pflicht)」(4, p. 421)は自然法則の法式を指しているから、唯一の命法Ⅰから導出される義務の命法は、ⅠaⅡⅢⅢaを指している、と解釈できるように思える。しかし目的自体の法式についても同様のことが言われている。「最上の実践的根拠として、そこから意志のすべての法則が導出されうるのでなければならない客観的原理」(4, p. 429)。Cf. 4, pp. 423-424.「意志のすべての法則」(=「義務のすべての命法」)は、原理としての定言命法でなく、具体的な定言命法(具体的な道徳法則)を意味しているだろう。Cf. H. J. Paton, *The Categorical Imperative*, p. 134; D. Schönecker, A. W. Wood, *Kant's "Grundlegung zur Metaphysik der Sitten"*, p. 125.

(4) H. J. Paton, *The Categorical Imperative*, p. 130.

(5) Cf. T. C. Williams, *The Concept of the Categorical Imperative*, Clarendon Press, 1968, p. 27.

(6) Cf. D. Schönecker, A. W. Wood, *Kant's "Grundlegung zur Metaphysik der Sitten"*, p. 126.

(7)「……人間が自分自身に目的を定立できる存在者であるかぎりでのみ、人間は目的自体そのものである。それをなしえない理性のない存在者は手段の価値しかもっていない」(19, p. 307)。

(8) こうして目的自体は単に「目的の主体(目的を定立する主体)」を意味するだけでなく、道徳法則の立法者という意味をもつことになる。「理性的存在者の意志はつねに同時に立法するものとして見なされねばならない、何故ならそうでなければ理性的存在者を目的自体そのものとして考えることができないだろうから」(4, p. 434)。「目的の秩序において人間(それとともにあらゆる理性的存在者)は目的自体そのものである……。何故なら人間は道徳法則の主体であるから……」(5, p. 131)。

(9) A. R. C. Duncan, *Practical Reason and Morality*, Nelson, 1957, p. 173.

(10) (3)が対応するとされる「目的の体系の全体性あるいは総体性のカテゴリー」(4, p. 436)という言葉は、目的の国の法式に妥当するが、自律の法式には当てはまらないだろう。

(11) Cf. *Kant on the Foundation of Morality*, translated with commentary by B. E. A. Liddell, Indiana University Press, 1970, p. 139. 「定言命法の普遍的法式」を自律の法式とする解釈があるが、少しも説得的ではない。Cf. A. W. Wood, "The Supreme Principle of Morality", in: *The Cambridge Companion to Kant and Modern Philosophy*, pp. 360–361.「定言命法の普遍的法式」が普遍的法則の法式か、自律の法式か、どちらの解釈が説得的であるかについては、cf. D. Schönecker, A. W. Wood, *Kant's "Grundlegung zur Metaphysik der Sitten"*, pp. 166–168.

(12)「第三のカテゴリーは第一のカテゴリーと第二のカテゴリーから一つの概念へと結合されて生ずる」(4, p. 325)。Cf. 10, p. 351.

(13)「人倫性の最上原理としての意志の自律(Die Autonomie des Willens als oberstes Prinzip der Sittlichkeit)」(4, p. 440)という言葉は、『基礎づけ』の課題へ導くだろう。「ここでの基礎づけは、道徳性の最上原理の探究と確定(die Aufsuchung und Festsetzung des obersten Princips der Moralität)に他ならない」(4, p. 392)。「道徳性の最上原理」=「人倫性の最上原理」であるとすれば、『基礎づけ』は意志の自律、自律の法式を頂点とするだろう。『実践理性批判』は自律の法式を根本法則とすることによって、『基礎づけ』の頂点からその歩みを開始するのである。

(14) しかし「義務に基づいている」ことは、尊敬から捉えねばならない、と反論されるだろう。『基礎づけ』において「義務は法則に対する尊敬に基づく(aus Achtung fürs Gesetz)行為の必然性である」(4, p. 400)と言われている。つまり義務に基づく行為は「法則に対する尊敬に基づく行為」である。しかし法則に対する尊敬は、自らに法則を課す意志、自律の意志から生まれる。「尊敬の対象は法則だけであり、しかも我々が我々自身に、さらにそれ自体必然的なものとして課す法則だけである。法則として我々は、自己愛に相談することなしに、それに服している。我々自身によって我々に課されているものとして、やはり法則は我々の意志の結果である」（4, p. 401）。『実践理性批判』においても「義務に基づいて、つまり法則に対する尊敬に基づいて」（5, p. 81）と書かれている。しかし尊敬の感情は「実践理性の立法に先行するのでなく、むしろ立法によってのみ、しかも強制として引き起こされる特有の感覚」（5, p. 92）である。

(15)「いかなる行為も、格率が普遍的法則であることとその格率が両立しうるように行なわれるべきである、それ故意志がその格率によって自分自身を同時に、普遍的に立法するものと見なしうるようにのみ行なわれるべきである」（4, p. 434）。「格率が普遍的法則であることとその格率が両立しうるように行なわれるべきである」は普遍的法則の法式を意味し、「意志がその格率によって自分自身を同時に、普遍的に立法するものと見なしうるようにのみ行なわれるべきである」は自律の法式そのものである。

(16) 三つの法式（NF、ZF、RF）をキケロ『義務論』から捉えるというライヒに由来する試みがあるが、説得的でない。Cf. K. Reich, *Kant und die Ethik der Griechen*, J. C. B. Mohr, 1935, pp. 37-48; E. Förster, *Kant's Final Synthesis*, Harvard University Press, 2000, pp. 122-126, p. 196.

(17) 様相のカテゴリーは、『純粋理性批判』（A80=B106）において「可能性－不可能性」「現存在－非存在」「必然性－偶然性」であり、『プロレゴメナ』（4, p. 303）において「可能性－現存在－必然性」である。確かに「可能性－現実性－必然性」となっていないが、原則論において様相のカテゴリーに対応する「経験的思惟一般の要請」において三つの原則は次のように表現されている。「⑴経験の形相的条件（直観と概念に関する）と一致するものは可能的である。／⑵経験の質料的条件（感覚）と連関するものは現実的である。／⑶現実的なものとの連関が経験の普遍的条件に従って規定されているものは必然的である（必然的に現実存在する）」（A218=B265-266）。

(18)「その行為が、あるいはその行為の格率から見て各人の選択意志の自由が、普遍的な法則に従ってあらゆる人の自由と両立するような、あらゆる行為は正しい」（6, p. 230）。

(19)「権利（多くの権利が存在しうる）（Ein Recht（dergleichen es mehre geben kann））」は次のように使われる。「Ein Recht（dergleichen es mehrere giebt die jemand haben kann）は、他者を義務づける選択意志の能力である」（23, p. 262）。「他者を義務づける選択意志の能力」は権利を意味する。

(20) Cf. W. Kersting, *Kant über Recht*, Mentis, 2004, p. 160.

(21) 国家においてその成員は立法者である。「法則への従属は自分自身の立法する意志から生じる」（6, p. 316）。「国民としての自立（各人がそれ自身立法し、同時に法則に服従するから）」（23, p. 293）。

（22） Cf. I. Kant, *Rechtslehre : Schriften zur Rechtsphilosophie*, ed. by H. Klenner, Akademie-Verlag, 1988, p. 421.『人倫の形而上学』において、alterum non laedere は neminem laedere となっている。

（23） ウルピアヌスの定式から Recht の意味として、カントは権利、法則、正義を読み取った。そしてその三つの意味は、三つの法式と対応している。対応の順序が異なっているが、それはウルピアヌスの定式の順序に即したからであって、Recht の三つの意味は同じである。

（24） 『実践理性批判』における「形式的な純粋実践理性の（意志の自律としての）我々の形式的な最上の原則」（5, p. 39）は、『基礎づけ』における「人倫性の最上原理としての意志の自律」（4, p. 440）に呼応する。

第三節

（1） 「道徳法則の客観的実在性はいかなる演繹によっても証明できない……」（5, p. 47）。「原理が基づく自由の概念は、その可能性の理論的な演繹ができず、理性の事実（Faktum）としての理性の実践的な法則（定言命法）からのみ推論されうる」（6, p. 252）。

（2） 「二つの概念は、実践的自由がまた道徳法則以外のあらゆる法則からの意志の独立によって定義されうるほどに、不可分に結びついている」（5, pp. 93-94）。

（3） Cf. H. E. Allison, *Kant's Theory of Freedom*, pp. 202-203.

（4） 「実践的法則は概念から、あるいは経験から生じる。前者は純粋な概念か、あるいは経験的な概念である。純粋な実践的法則は分析的かあるいは総合的である。いかにして後者は可能であるか」（19, p. 282）。

（5） 「いかにしてアプリオリな総合命題は可能か」という問いを提示した後に、『プロレゴメナ』は次のように書いている。「すべての形而上学に必然的に先行する超越論的哲学全体はそれ自身、ここで提示された問いの単なる完全な解決に他ならず、ただそれを体系的な秩序と詳細さにおいて行なったものである。それ故今に至るまで人は超越論的哲学をもっていない。何故なら超越論的哲学という名をもっているものは本来、形而上学の一部門であるが、しかし超越論的哲学という学が形而上学の可能性を初めて決定するのであり、それ故すべての形而上学に先行しなければならない」（6, p. 279）。

（6） 「定言命法は総合的‐実践的命題である。そしてこの種の命題の可能性を洞察することは理論的認識において非常に困難であるから、実践的認識においても同様に困難であることは容易に推測されうる」（4, p. 420）。

（7） 『基礎づけ』第二章において次のように言われている。「人は客体の認識を超えて主体の批判、つまり純粋実践理性の批判へ至らねばならない。何故なら確然的に命令するこの総合命題は完全にアプリオリに認識されねばならないからである。しかしこの仕事は本章に属していない」（4, p. 440）。第二章は次のように終わっている。「人倫性が幻想でないことは、定言命法とそれとともに意志の自律が真であり、アプリオリな原理として端的に必然的であるときに、結論されるのであり、純粋実践理性の可能な総合的使用を必要とする。しかしこの理性能力の批判そのものを先行させることなしに、我々はこの総合的使用を敢行してはならない。この批判について我々は最後の章において、我々の意図に十分な主要特徴を描写しなければならない」（4, p. 445）。

（8）「純粋な自己活動性として理性」（4, p. 452）から、理性的存在者が英知界に属することが導かれるが、この理性は実践理性でなく理論理性である。それ故「純粋実践理性からの自由の概念の演繹」はなされていない。

循環論法から脱したとされる根拠は次のものである。「我々が自分を自由と考えるときに、我々は自分を成員として悟性界へ置き換え、意志の自律を、その帰結である道徳法則とともに認識する。しかし我々は自分を義務づけられたものとして考えるとき、我々は自分を感性界に属すると同時に悟性界に属するものと見なす」（4, p. 453）。これは実践理性に即した議論となっているが、いかにして循環論法を脱したのかを読み取ることができない。「自由→悟性界の成員」が主張されているとすれば、「悟性界の成員→自由」との循環が生じてしまう。「義務づけられている→悟性界の成員」が主張されているとすれば、義務づけられているのは道徳法則の下にあることなのだから、「道徳法則→悟性界の成員」となる。これは「悟性界の成員→自由→道徳法則」との循環を生み出す。

（9）H. J. Paton, *The Categorical Imperative*, p. 244.「理論理性から出発してそこから英知界の成員であることを推論し、そこから自由を推論し、そこから道徳法則の拘束性格の正当化を推論しうる、とカントが実際に想定するとすれば、どれほど彼が循環から脱出するとしても、カントは根本的な誤りに陥っている。道徳性と何の関係もない純粋に形而上学的あるいは認識論的考察から、道徳的義務を演繹することは明らかに不可能である」（Ibid., p. 226）。Cf. K.-H. Ilting, "Der naturalistische Fehlschluß bei Kant", p. 125.

（10）「理性一般の独自の原則（論理的使用における）とは、悟性の条件づけられた認識に対して、それによって悟性の統一が完成される無条件なものを見出すことである」（A307=B364）。「理性は原理の能力であり、その極限の要求において無条件なものへ向かう」（5, p. 401）。

（11）「この法則の単純さは、そこから導き出されうる重大で多様な帰結と比較すれば、それが明らかに動機を伴っていないのに命令するという威厳とともに、最初は確かに奇異の感を抱かせる（befremden）にちがいない」（6, p. 225）。

（12）「純粋悟性のすべての原則は経験の可能性のアプリオリな原理に他ならない。そして経験にのみすべてのアプリオリな総合命題は関係し、それどころかアプリオリな総合命題の可能性はそれ自身完全にこの関係に基づいている」(B294)。「純粋思弁理性のすべての原則は経験を可能にする以上のことを達成しない……」(5, p. 45)。

(13) 「意志とは表象に対応する対象を産出する能力であるか、あるいはとにかく対象の実現へと自分自身を規定する能力(自然的な能力が十分であろうとなかろうと)、つまり自分の因果性を規定する能力である」(5, p. 15)。

(14) カント倫理学の意志主義については、第二章「意志」参照。

(15) Ch. Wolff, *Philosophia rationalis sive logica*, in: *Gesammelte Werke*, II. Abt. Lateinische Schriften, vol. 12, G. Olms, 1980, p. 259.

(16) 確かにここで語られる「実践的法則」は複数形であり、単数形で語られる根本法則(道徳法則)と区別される。複数形での実践的法則は具体的な定言命法を意味し、単数形での定言命法、原理としての定言命法とは区別されるだろう。具体的な定言命法は実際要請と呼ばれている[第七節五]。それに対して、原理としての定言命法は根本要請と呼びうるだろう[第七節六]。

根本法則が与えられていることは、「純粋理性は根源的に立法するもの（私はかく意志し、かく命令する（sic volo, sic jubeo））として自己を告知する」（5, p. 31）ということから理解されねばならない。「私はかく意志し、かく命令する」という言葉のうちに、カント倫理学の意志主義を読み取ることができる［第四節］。意志は「格率が普遍的法則になることを意志しうる」という形で、道徳的判定の基準として働く。その具体的な意味を明らかにしなければならない［第五節］。こうしたカント倫理学の意志主義はルソーに由来する［第六節］。

第四節　私はかく意志し、かく命令する

「しかしこの法則を与えられたものとして誤解なく見るために十分注意されねばならないことは、この法則が経験的事実でなく、純粋理性の唯一の事実であるということである。これによって純粋理性は根源的に立法するもの（私はかく意志し、かく命令する（sic volo, sic jubeo））として自己を告知する」（5, p. 31）。『実践理性批判』第七節の註解は、このように終わっている。ここで sic volo, sic jubeo というラテン語に着目し

よう。この言葉は奇妙なことに今まで問題にされたことがなかったように思う。しかし純粋理性が立法するものであるという自己立法（自律）の思想がカント倫理学における道徳性の最高原理であるとすれば、当然検討されるべき言葉であろう。この言葉が「立法する」ということに密接に結びつけられていることは確かなのだから。「私はかく意志し、かく命令する（sic volo, sic jubeo）」という言葉のうちに、カント倫理学の意志主義を読み取ることができる。最初にこのラテン語の由来から始めよう。

一　ユヴェナリスの言葉

sic volo, sic jubeo というラテン語はユヴェナリス『風刺詩』VI、五、二二三に由来している。[1] それは次のような寓話のうちで語られている。

「『奴隷を磔にしなさい』と妻が言う。夫が尋ねる。『奴隷はどんな罪で処刑に値するのか。誰が証人なのか。誰が告訴したのか。聞いてやりなさい。人間の死についてのどんなためらいも長いということはない』。『おお、愚か者！　そんなに奴隷は人間なのか。何もしなかった、そういうことにしましょう。私はこれを意志する、私はかく命ずる、意志が理由の代わりとなれ（hoc volo, sic jubeo, sit pro ratione voluntas）』」。[2]

「奴隷を磔にしなさい」という妻の命令に対して、その理由を夫は尋ねている。「私はこれを意志する、私はかく命ずる、意志が理由の代わりとなれ」が妻の答えである。私が「奴隷を磔にしなさい」と命令するのは、「私が奴隷を磔にすることを意志する」からであり、理由はこの私の意志にしかない。つまり、そうしたいからそう命令するのであり、そうしたいという恣意的な意志以外に何の理由もない。

ユヴェナリスの言葉がいかに理解されてきたか、を見てみよう。ライプニッツは次のように書いている。「stat pro ratione voluntas、私の意志が理性に代わると言うことは、もともと専制君主のモットーである」。[3] こうした理解はルソーの手紙（一七四二年一月一七日）にも見出される。「理由の説明なしに決定することに満足し、その上に

sit pro ratione voluntas を明らかに望んでいる高圧的な検閲官の理由を推量することは、不可能である」[4]。ベンサムは次のように書いている。「国王の知恵は疑いをさしはさむべきでない。Sic volo, sic jubeo, stet pro ratione voluntas」[5]。この三人はユヴェナリスの言葉を「そうしたいという恣意的な意志以外に何の理由もない」といった否定的な意味で用いている[6]。

カント自身は最晩年に書いた『オープス・ポストゥムム』第一束のうちで、ユヴェナリスの言葉を二回、引用している。

「自由の概念は義務の定言命法から生じる。Sic volo sic jubeo stet pro ratione voluntas」(21, p. 23)。

「自由の可能性は端的に理解できない（sic volo sic jubeo stet pro ratione voluntas）」(21, p. 28)。

「自由の概念は義務の定言命法から生じる」、「自由の可能性は端的に理解できない」というテーゼは、カント倫理学にとって核心的なテーゼであるから、それとともに引用されているユヴェナリスの言葉も最晩年に至るまで重要な言葉であり続けた、と言える。カントはユヴェナリスのこの言葉を知っていたのだから、『実践理性批判』において sic volo, sic jubeo を括弧の中に書き入れたとき、sic volo, sic jubeo; stet pro ratione voluntas という表現全体を念頭に置いていただろう。そしてこの表現は「専制君主のモットー」といった否定的な意味で使われているのでなく、カント倫理学の核心を言い表わしている。sic volo, sic jubeo; stet pro ratione voluntas という言葉に即して、カントの意志主義に光を当てることができるだろう。

「根源的に立法するもの（私はかく意志し、かく命令する（sic volo, sic jubeo））」という『実践理性批判』第七節の言葉は、カント倫理学が意志主義であることを示している。それは恣意的な意志の意志主義でなく、理性意志の意志主義である。恣意的な意志でないことは、このラテン語をカントが数学において使っていることから明らかとなるだろう。

「数学者はその定義において言う、sic volo, sic jubeo」(16, p. 579)。

カントは遺稿においてこのように書いている。数学者が sic volo, sic jubeo と言うのだから、その意志は「奴隷を磔にしたい」といった恣意的な意志ではないだろう。数学の定義について『自然神学と道徳の原則の判明性』(一七六四年)(以下「判明性」論文と略)は次のように書いている。

「数学が定義によってその客体のうちに表象しようと意志しなかったもの(was sie sich in ihrem Objecte durch die Definition nicht hat vorstellen wollen)は、その客体のうちにも含まれていない。何故なら定義によって初めて生じるのであり、定義が概念に与える以上の意味をまったくもっていないからである」(2, p. 291)。

「数学が定義によってその客体のうちに表象することを意志する(vorstellen wollen)」ことは、数学者が定義において言う「私はかく意志する(sic volo)」である。定義における意志に着目しなければならない[7]。定義する意志に先立って何らかの対象(定義されるべきもの)が存在し、それを数学的に定義する、というわけではない。定義する意志が初めて「定義されたものの概念」を生み出す[8]。だからこそ「定義されたものの概念は定義が概念に与える以上の意味をまったくもっていない」。定義する意志は定義された対象の存在を意志し(sic volo)、「そうした対象が存在せよ」と命令する(sic jubeo)。これは創世記における神の創造と同型である。「神は言われた。『光あれ』。こうして、光があった」(創世記一・三)。数学の対象は定義する意志に先立って存在するのでなく、定義する意志によって初めて存在する。これは数学の意志主義である[9]。「かく意志する」という定義する意志がすべての根拠であって、この意志に先立つ根拠(ratio)は存在しない。「意志が理由の代わりとなれ(stet pro ratione voluntas)」。『純粋理性批判』も数学の定義について論じているが、「判明性」論文と同じように意志が登場する。「数学の定義は決して誤らない。何故なら概念は定義によって初めて与えられるから、概念はまさに定義が概念によって考えようと意志したもの（was die Definition durch ihn gedacht haben will）のみを含んでいるからである」（A731=B759）。「かく意志する」は「定義が概念によって考えようと意志する」である。この意志は「数学の対象が存在せよ」と命令するが、その命令は構成することとして実現される。[10]「数学的な定義は根源的に作られた概念の構成として実現される」（A730=B758）。私は二等辺三角形を定義しようと意志し（sic volo）、「二等辺三角形が存在せよ」と命令する（sic jubeo）。この命令は二等辺三角形を構成する（作図する）ことによって実行される。「意志が理由の代わりとなれ」も「判明性」論文と同様に語られている。「数学において我々は定義に先立っていかなる概念ももっていない。概念は定義によって初めて与えられるのであり、それ故数学はつねに定義から始めねばならないし、また始めることができるのである」（A731=B759）。定義する意志がすべての始まりであり、その意志に先立ってはいかなる概念（理由、根拠）もない。

円の定義と円を描くことについてカントはヘルツ宛の手紙（一七八九年五月二六日）で次のように書いている。「円の可能性は、一つの固定点の周りでの一直線の運動によって円を描くという実践的命題に先立って、単に蓋然的であるのでなく、円が定義自身によって構成されることによって、円の定義のうちに与えられている。……円を描くという命題は定義から生まれる実践的な系（つまりいわゆる要請（Postulat））である。図形の可能性、それどころか図形の可能性のあり方が定義のうちにすでに与えられていないとすれば、実践的な系は決して要求されえないのである」（11, p. 53）。

円の定義のうちに、円を描くという要請（実践的な系）がすでに与えられており、円は定義によって構成される。ここでの要請はユークリッド幾何学の要請三、つまり「あらゆる中心と距離をもって円を描くこと」という要請である。要請は「定義から生まれる実践的な系」、「実践的な命法」（8, p. 418 n.）である［第一節七］。つまり定義する意志（sic volo）から実践的な命法（sic jubeo）としての要請が生じる。

カントが念頭に置いているのはユークリッド幾何学である。ユークリッド幾何学は定義から始まる。定義に先立ついかなる概念もない。定義の後に実践的命題としての要請が置かれる。これによって定義された図形が構成可能となる。定義される最初の図形は円である。「円とは、一つの線によって囲まれる平面図形で、その線に対して、図形の内部に置かれた一点から落ちる直線が互いに等しいものである」[11]。『ユークリッド原論』（以下『原論』と略）のこの定義のうちに円の可能性（円を描くという可能性）がすでに与えられている[12]。

数学における「私は意志する、私は命令する」は、定義、要請、構成といった数学の基礎概念を含んでおり、数学の核心に関わっている。同様に sic volo, sic jubeo という言葉はカント倫理学の核心に関わっているだろう。数学は定義する意志から始まるが、倫理学は立法する意志から始まる。カント倫理学は意志主義として立ち現われるだろう。

Sic volo, sic jubeo; stet pro ratione voluntas という言葉を導きの糸として、『基礎づけ』［三］、『実践理性批判』［四］、『人倫の形而上学』［五］に光を当てることができる。そして sic volo, sic jubeo は「法則によって命令する者は立法者である」というテーゼに至るだろう［六］。

三　Sollen–Wollen

カント倫理学は意志主義であるという主張を奇妙に感じるかもしれない。カント倫理学は義務の倫理学、当為（Sollen）の倫理学であって、意志（Wollen）の倫理学ではない、と言われるだろう。確かに『基礎づけ』において義務概念が中心的な役割を果たしているように見える。しかし『基礎づけ』は「善い意志（ein guter Wille）」（4, p. 393）から始まっているのであり、そして義務概念は善い意志を明らかにするために導入されているのである。「善い意志の概念を展開するために、我々は義務の概念を取り上げたい。義務の概念は、或る主観的な制限と障害のもとにではあるが、善い意志の概念を含んでいる」（4, p. 397）。

義務概念を解明することを通して次のように言われる。「人は人間が自分の義務によって法則に結びついているのを見たが、人間がただ自分自身の、しかも普遍的な立法にのみ服従していることを思いつかなかった」（4, p. 432）。「自分自身の普遍的な立法に服従している」とは、「意志は単に法則に服従するだけでなく、自己立法するものとして（als selbstgesetzgebend）、そしてまさにそれ故に初めて法則（彼自身が自らを法則の創始者と見なしうる）に服従するものとして見なされねばならない」（4, p. 431）ということを意味している。意志は「自己立法するもの」であり、立法する意志として（sic volo）、自らに定言的に命令し（sic jubeo）、その法則に服従するのである。そして定言的に（無条件的に）命令することのうちに、「意志が理由（ratio=Grund）の代わりとなれ」という契機を読み取ることができる。「意志はいかなる関心も根拠として（zum Grunde）もつことができないので、実践的原理と意志が従う命法は無条件的である」（4, p. 432）。

最終的に善い意志のうちに意志の自律が見出される。善い意志は「何らかの動機や動機の関心を根拠として置くことなしに、自分自身に法則を課すのである」（4, p. 444）。「自分自身に法則を課す」という自律のうちに sic volo, sic jubeo が表現されている。そして stet pro ratione voluntas は「何らかの動機や動機の関心を根拠として置くことなしに」のうちに読み取れる。

『基礎づけ』第三編の中心的なテーマは「いかにして定言命法は可能か」に答えることにあるが、この表題をもつ節は次のように終わっている。

「道徳的な Sollen（すべし）は英知界の成員としての彼自身の必然的な Wollen（意志する）であり、彼が自分を同時に感性界の一成員と見なすかぎりにおいてのみ、彼によって Sollen（すべし）として考えられるのである」[13]（4, p. 455）。

Sollen は「すべし」と命令する意志を前提する。自律の場合、「すべし」と命令する者と命令される者は同一の者である。英知界の成員としての私が意志し（sic volo）、定言的に命令する（sic jubeo）。その命令が向けられた私は感性界の成員として、その「私は意志する」を「私はすべきである」と捉える。英知界の私は「感性界の規定する原因からの独立」(4, p. 455) という超越論的自由をもっている。[14] 英知界における Wollen (私が意志する) に先行する原因・根拠はない。「意志が理由の代わりとなれ」が成り立つ。

四　根源的に立法する (sic volo, sic jubeo)

本節の冒頭の引用を想起しよう。そこで「与えられたもの」と言われているのは、理性の事実、「純粋理性の唯一の事実」である。根本法則は理性の事実として与えられているが、根本法則を与えるのは純粋理性である。純粋理性は「立法するもの (私はかく意志し、かく命令する (sic volo, sic jubeo))」とされているから、純粋理性は立法する意志 (sic volo の意志) である。この立法する意志は sic volo, sic jubeo として、「あなたの意志の格率が、つねに同時に普遍的立法の原理として妥当しうるように行為せよ」(5, p. 30) と自らに命令する。この命令 (根本法則) の意識が理性の事実であり、それは「すべし」(Sollen) の意識である。それ故理性の事実から「立法するもの (私はかく意志し、かく命令する (sic volo, sic jubeo))」へ立ち返ることは、『基礎づけ』における「道徳的な Sollen (すべし) は英知界の成員としての彼自身の必然的な Wollen (意志する) である」というテーゼと同一のことを意味している。sic volo, sic jubeo を語った後に、「系」として次のテーゼが提示されている。

「純粋理性はそれ自身だけで実践的であり、我々が人倫法則と呼ぶ普遍的な法則を (人間に) 与える」(5, p. 31)。

「普遍的な法則を (人間に) 与える」とされる純粋理性は、直前で言われている純粋理性、つまり自らに法則を与える立法する意志 (自律の意志) である。それ故次の節の冒頭において意志の自律が語られる。「意志の自律はすべての道徳法則と、それに適った義務の唯一の原理である」(5, p. 33)。sic volo, sic jubeo は立法する意志、意志の自律を表現しているのである。『実践理性批判』における根本法則は sic volo, sic jubeo を示すことにおいて、『基礎づけ』における自律の法式に対応している [第二節五]。

ここでもう一度「自己を根源的に立法するものとして（als ursprünglich gesetzgebend）」（5, p. 31）という言葉に立ち返ろう。立法する意志は根源的に立法する、つまりこの意志はそれ自身根源（Ursprung）として立法する。この立法する意志に先立って何らかの理由があって、その理由が意志を根拠づけているのではない。この意志は立法する意志として根源意志であり、すべての根源、根拠であって、それ自身いかなる根拠、理由ももたない（意志が理由の代わりとなれ）[15]。立法する意志はすべての道徳の根拠（Grund=ratio）であり、本来的な意味での純粋実践理性（Vernunft=ratio）である。「意志が理由の代わりとなれ」は、意志がそれ自身理由・根拠として純粋実践理性（Vernunft=ratio）であることを意味する。

本節の冒頭の引用から「立法する意志＝純粋実践理性」という等値を読み取った。これに対して「意志＝理性」は『基礎づけ』と『実践理性批判』にはっきり書かれている、と言われるかもしれない。しかしその場合の意志は法則に従う意志であり、理性は三段論法の能力としての理性にすぎない。「意志＝理性」が読み取られる箇所を、それぞれの著作から引用しよう。

(1)「自然のあらゆる物は法則に従って作用する。理性的存在者のみが法則の表象に従って、つまり原理に従って行為する能力を、言い換えれば意志をもっている。法則から行為を導出するために理性が必要であるから、意志は実践理性にほかならない」（4, p. 412）。

(2)「悟性が対象（理論的認識における）に対してもつ関係のほかに、悟性はまた欲求能力に対する関係をもっている。そのためにその欲求能力は意志と呼ばれ、純粋悟性（このような場合理性と呼ばれる）が法則の単なる表象によって実践的であるかぎりにおいて、純粋意志と呼ばれる。純粋意志の、つまり同じことであるが、純粋実践理性の客観的実在性は……」（5, p. 55）。

(1)は「意志は実践理性にほかならない」と語り、(2)の最後の言葉から「純粋意志＝純粋実践理性」の等置が読み取れる。しかし意志と理性が何を意味しているかが問題である。(1)と(2)において、意志は法則の表象に従って行為するという同じことを語っている。[16] (1)「法則の表象に従って行為する能力」、(2)「法則の単なる表象によって実践的である」とされているから、ここでの意志は立法する意志でなく、法則に従う意志である。[17] 法則に従うためには、「法則から行為を導出する」ことが必要となる。(1)「法則から行為を導出するために理性が必要である」という言葉は、ここで念頭に置かれているのが実践的三段論法であることを示している。三段論法はドイツ語で「悟性推論(Verstandesschluß)」(直接推論)と区別されて、「理性推論(Vernunftschluß)」(間接推論)と呼ばれる。[18] だから(2)においてわざわざ「純粋悟性(このような場合理性と呼ばれる)」と言われているのである。つまりここでの理性は実践的三段論法の能力としての理性にすぎない。

自律の思想は、法則を立法する意志と法則に従う意志という二つの意志を区別しなければならない。言うまでもなく二つの意志があるのでなく、自律の意志という一つの意志があるだけである。二つの別の意志であるとすれば、自律ではないだろう。しかし一つの意志の二つの契機として区別されねばならない。術語として区別しなければ、混乱が起こるだろう。[19] カントは『人倫の形而上学』において、意志と選択意志を術語として明確に区別することによって、混乱を最終的に解消することになる。

五　意志から法則が生じ、選択意志から格率が生じる

「法則は意志から生じ、格率は選択意志から生じる。選択意志は人間において自由な選択意志である。法則以外の何ものにも関わらない意志は、自由とも不自由とも呼ぶことはできない。何故なら意志は行為に関わるのでなく、行為の格率に対する立法(それ故実践理性そのもの)に直接に関わるからである……」(6, p. 226)。

意志と選択意志という言葉はこれまでも使われていたが、しかしカントはここで初めて両者を術語として明確に区別している。[20]「法則は意志から生じる」とは、意志が立法する意志であることを意味している。「格率は選択意志から生じる」とは、選択意志が格率を選択する意志であり、法則に従う意志であることを含意している。意志と選

択意志は一つの意志の二つの側面、二つの契機であって、実体として意志と選択意志が二つあるわけではない[21]。「意志は行為の格率に対する立法（それ故実践理性そのもの）に直接に関わる」と言われている。ここに「意志＝立法する意志＝実践理性そのもの」が読み取れる。この等置のうちにカント倫理学の意志主義が表現されている。このことは、「純粋理性はこれによって自己を根源的に立法するもの（私はかく意志し、かく命令する（sic volo, sic jubeo））として告知する」（5, p. 31）というテーゼが示していたことであった。意志は sic volo として立法する意志であり、「行為の格率に対する立法に直接に関わる」ことにおいて、sic jubeo として選択意志に命令する[22]。「あなたの意志の格率が、つねに同時に普遍的立法の原理として妥当しうるように行為せよ」（5, p. 30）。ここで「あなたの意志の格率」という仕方で命令されている意志は、そこから格率が生じる選択意志である。立法する意志は選択意志を規定し、選択意志は行為の格率を選択することによって行為を導く。立法する意志は直接に行為に関わるのでなく、選択意志の格率を規定することを通して、間接的に行為に関わる。つまり「意志（法則）→選択意志（格率）→行為[23]」。

stet pro ratione voluntas は「立法する意志（voluntas）＝実践理性そのもの（die praktische Vernunft selbst=ratio）」のうちに読み取ることができる。意志は ratio（理性、根拠）そのものであって、もはや根拠を必要としない。「意志それ自身は本来、何ら規定根拠を有していない（hat...keinen Bestimmungsgrund）が、それが選択意志を規定しうるかぎりでは、実践理性そのものなのである」（6, p. 213）。

意志が立法し（sic volo）、選択意志に命令する（sic jubeo）。意志は規定根拠（ratio）をもたず、実践理性そのもの（ratio）である（stet pro ratione voluntas）。

「法則以外の何ものにも関わらない意志は、自由とも不自由とも呼ぶことはできない」と書かれ、「選択意志のみが自由と呼ばれうる」（6, p. 226）とされる。このように言われるのは、自由の意味による。自由は選択できることのうちにある[24]。選択意志は格率を通して行為を選択できるが、意志は立法するか否かを選択できない。しかし別の意味において意志は自由なのである。『人倫の形而上学』の準備草稿は次のように書いている。「選択意志は法則が命令することをしたりしなかったりするという意味で自由である。しかし意志は他の仕方で自由である。何故なら意志は立法するのであって、自然法則にも他の法則にも服従しないからである。そしてそのかぎりにおいて、この自由は、ここで選択などないのだから決して選択する能力でなく、行為の感性的なものに関して主体を規定する積極的な能力である」(23, p. 249)。

それ故意志と選択意志を区別することによって、自律の積極的な自由が否定されたわけではない。[25]「純粋な、そうしたものとして実践的な理性の自己立法は積極的な意味において自由である」(5, p. 33) というテーゼが否定されたわけではない。

Sic volo, sic jubeo は、立法する意志が命令することを意味している。このことは「法則によって命令するものは立法者である」というテーゼへ導く。

六　法則によって命令する者は立法者である

「法則(道徳的-実践的な)とは、定言命法(命令)を含む命題である。法則によって命令する者(imperans)は立法者(legislator)である。立法者は法則による拘束性の創始者(autor)であるが、必ずしも法則の創始者であるわけではない。法則の創始者であれば、法則は実定的(偶然的)であり恣意的であるだろう」[26] (6, p. 227)。『人倫の形而上学』はこのように書いている。「立法者は法則による拘束性の創始者(autor)である」という思想、立法する意志(命令する意志)から法則の拘束性が生じるという思想は、法の意志主義と呼ぶことができる。[27]『実践理性批判』において「根源的に立法するもの」と言われた者は、立法者(sic volo)であり、「法則によって命令する者」(sic jubeo)である。この立法者は「法則による拘束性の創始者」であるが、しかし「法則の創始者」ではない。何故なら『実践理性批判』における法則は「実定的(偶然的)、恣意的」でないからである。[28] 意志主義であるために、立法する意志はそれは必ずしも「法則の創始者」である必要はない。意志が「法則による拘束性の創始者」にすぎないとするカントの立場を「弱い意志主義」と名づけ、意志が法則の創始者であるとする立場（強い意志主義）から区別しよう。このことの意味を考えるために、『コリンズ道徳哲学』を見てみよう。

「立法者は必ずしも同時に法則の創始者であるわけでなく、法則が偶然的である場合にのみ、法則の創始者である。しかし法則が必然的に実践的であり、法則が自分の意志に適っていると宣言するだけであれば、彼は立法者である。それ故道徳法則については、いかなる存在者も、また神的な存在者も、創始者ではない。何故なら道徳的法則は選択意志から生じるのでなく、実践的に必然的だからである。道徳法則が必然的でないとすれば、嘘が徳であるということも、またありうるだろう。しかしながら道徳法則は立法者の下に立つことができる。その存在者は、この法則を執行し、この道徳法則が同時に自分の意志の法則であると宣言するすべての力と権力をもち、それに従って行為することをすべての人に義務づける。その場合、この存在者は立法者であるが、創始者ではない。神が三角形は三つの角をもつということの創始者でないのと同様である」（27, p. 283）。

立法者であることとの対比として、「嘘が徳である」と「三角形は三つの角をもつということの創始者」という二つの例が挙げられている。前者は善に関する強い意志主義であり、後者は真に関する強い意志主義である。真の意志主義としてデカルトを、そして善の意志主義としてウィトゲンシュタインを取り上げ、それとの対比によって、カントの意志主義を規定しよう。

「王が自分の国において法則を定めるように、自然本性のうちにこの法則を定めたのは神である」[29]。

デカルトはメルセンヌ宛の手紙（一六三〇年四月一五日）においてこのように書いている。神が自然本性のうちに定めた法則は、「我々が永遠と呼ぶ数学的真理」[30]を意味している。「王が自分の国において法則を定める」ことにおいて sic volo, sic jubeo; stet pro ratione voluntas が成り立つ。それは専制君主のモットーとして［一］、つまり「法則そのものの創始者」という意味においてである。王の意志が法則を定めるように、神の意志が数学的真理を定める。これはデカルトの永遠真理創造説である。神は数学的真理という法則そのものの創始者である。これは強い意志主義である。真理に関する強い意志主義をデカルトは『省察』「第五答弁」において次のように書いている。「神がそのように意志し、神がそのように設定したが故に、数学的真理は不変であり永遠である」[31]。真理はそれが真であるが故に神が創造したのでなく、神が意志し創造したが故に真なのである。同じことを善についてウィトゲンシュタインが語っている。

一九三〇年一二月一七日にウィトゲンシュタインはシュリックの倫理学について語っている。神学的倫理学において善の本質について二つの見解がある、とシュリックは言う。浅い見解によれば、善が善であるのは神がそれを意志するが故である。深い見解によれば、神が善を意志するのはそれが善であるが故である。しかしウィトゲンシュタインは第一の見解を一層深いと言う。「第一の見解は、善の本質が事実と何の関係もないこと、それ故いかなる命題によっても説明されえないことを、明晰に語っている。まさに私が考えていることを表現する命題が存在するとすれば、それは、善とは神が命令するものである、というものである」[32]。「善が善であるのは神がそれを意志するが故である」というテーゼは、善に関する強い意志主義である。「善とは神が命令するものである」とは、神が「法則の創始者」であることを意味する。

強い意志主義は神が法則を自由に選択できる能力を、つまり神の選択意志を認めている。つまり「選択意志の意志主義」である。カントの意志主義は「選択意志」主義ではない。カントにおいて立法する意志は理性そのものであるから、カントの意志主義を理性意志主義と名づけることができるだろう[33]。

立法する意志（sic volo）は命令する（sic jubeo）。『基礎づけ』の普遍的法則の法式によれば、立法する意志は、「その格率が普遍的法則になることを、あなたが同時にそれによって意志しうる格率に従ってのみ行為せよ」（4. p. 421）と命令する。これがいかなる命令であるかを検討することが第五節の課題となる。

第五節　普遍的法則になることを意志しうる

「我々の行為の格率が普遍的法則になることを意志しうるのでなければならない。これが格率一般の道徳的判定の基準である」(4. p. 424)。

『基礎づけ』は普遍的法則の法式と自然法則の法式を提示し、自分自身と他者に対する完全義務、不完全義務という四つの義務の具体例を検討している。その吟味の後に、「格率一般の道徳的判定の基準」が語られている。「我々の行為の格率が普遍的法則になることを意志しうる」を「基準」テーゼと呼ぶことにしよう。このテーゼにおける「意志しうる（wollen können）」は普遍的法則の法式における「意志しうる（wollen kannst）」を承けており、「基準」テーゼはカント倫理学の意志主義を表現しているだろう。(1) しかし四つの具体例においてこの「基準」テーゼがどう働いているのか、それほど簡単に読み取れるわけではない。そもそも一つの判定基準によって決疑論的な問題が簡単に解決できるわけではないから、反例を挙げることは一般に容易である。それ故四つの具体例に対するカントの議論は、さまざまな批判に晒されてきた。これほど好んで批判される例は、珍しいだろう。(2) しかし本節の課題は誰でもがする批判を繰り返すことでなく、できるかぎりカントの議論に光を当てることである。そのためにまず「基準」テーゼの意味を解明することから始めよう。

一　格率の道徳的判定の基準としての「意志しうる」

「基準」テーゼについてまず問うべきなのは、「我々の行為の格率が普遍的法則になることを意志しうる」が何に対する基準なのか、である。本節の冒頭では「格率一般の道徳的判定の基準（der Kanon der moralischen Beurteilung derselben überhaupt）」と訳したが、しかし derselben が何を指しているかが問題となる。邦訳はすべて、「格率」

でなく「行為」と訳している。[3] 英訳も仏訳も「行為」としている。[4]「基準」テーゼは格率に対する基準なのか、それとも行為に対する基準なのか。単に文法的に見るかぎり、derselben は「格率」も「行為」も指しうる。[5] にもかかわらず邦訳、英訳、仏訳が一致して「行為」を指すと考えているのは、一般に倫理学において行為の善悪が判定される、と思い込まれているからであろう。しかしここではカント倫理学が問題である。

格率に対する基準であることは明らかだと思われる。「基準」テーゼにおいて格率がいかなる性質をもつかが語られているのだから、「基準」テーゼは格率に対する基準、つまり「格率一般の道徳的判定の基準」である。実際四つの例の検討において必ず格率が挙げられ、格率が普遍的な自然法則になるかが問われている。行為が直接にその善悪を判定されているのでなく、行為の格率が判定されているのである。『基礎づけ』における自然法則の法式に対応する範型について、『実践理性批判』は次のように述べている。

「彼の行為の格率と普遍的な自然法則との比較は彼の意志の規定根拠でない。しかしやはり後者［普遍的な自然法則］は、人倫的原理に従った前者［行為の格率］の判定の範型である。行為の格率が自然法則一般の形式に即した吟味に耐えるという性質でないとすれば、その格率は人倫的に不可能である」[6]（5, pp. 69-70）。

普遍的な自然法則が「格率の判定の範型（ein Typus der Beurteilung der ersteren）」とされているが、これは、「我々の行為の格率が普遍的法則になる」ことが格率の「道徳的判定の基準」である、と基本的に同じことを述べている。普遍的法則の法式（自然法則の法式）は、定言命法（道徳法則）として、行為の格率を規定するのであって、行為に直接に関わるのでない。『人倫の形而上学』は次のように書いている。

「倫理学は行為に対して法則を与えるのでなく（何故ならそれは法論がするから）、行為の格率に対してのみ法則を与える」（6, p. 388）。

倫理学の法則が直接関わるのは行為でなく、行為の格率なのである。『人倫の形而上学』（6, p. 226）から読み取れた「意志（法則）→選択意志（格率）→行為」という構図をも想起すべきである［第四節五］。つまり「我々の行為の格率が普遍的法則になることを意志しうる」という「基準」テーゼは、「格率の道徳的判定の基準」であって、「行為の道徳的判定の基準」ではない。カント倫理学の特徴は個々の行為を吟味することでなく、行為を導く格率を吟味することのうちにある。(7)

しかし判定の基準に関して、もう一つ問題がある。それは「思惟しうる」と「意志しうる」という二段階基準に関わる。本節一の冒頭で引用した「基準」テーゼを提示した後に、カントは次のように書いている。

「いくつかの行為は、その格率が矛盾なしに普遍的な自然法則として思惟されることすらできない、という性質をもっている。その格率が普遍的法則になるべきである、とさらに意志しうるなどとんでもない。他の行為においては確かにそうした内的不可能性が認められないが、しかしその行為の格率が自然法則の普遍性にまで高められることを意志するのは、やはり不可能である。何故ならそのような意志は自己自身に矛盾するだろうから。簡単に分かることは、前者が厳格な狭義の（ゆるがせにできない）義務に反し、後者がただ広義の（功績となる）義務に反する、ということである」（4, p. 424）。

ここで二段階の判定基準が提示されているように見える。格率が普遍的な自然法則となることを思惟できるか否か、そして意志しうるか否か、という二段階の基準である。第一段階をクリアできなければ、それは「狭義の義務」（完全義務）に反する。第一段階をクリアしても第二段階がクリアできなければ、それは「広義の義務」（不完全義務）に反する。(8)

しかし「思惟しうる」と「意志しうる」という二段階に固執することは誤っていると思う。まずこの二段階の基準は『基礎づけ』においてだけ、しかもこの箇所でしか語られていない。(9)そしてたとえ二段階の基準を認めたとしても、「思惟しえない」とすれば「意志しえない」のだから、結局「意志しうるか否か」が判定基準となるだろう。(10)

『基礎づけ』において一貫しているのは、「意志しうる」という基準である。『基礎づけ』は「無条件的に善い意志」という理念から出発し、そこから判定基準が導かれる。「私の格率が普遍的法則になるべきことを私はまた意志しうる（wollen könne）、という以外の仕方で私は決して振る舞うべきではない」（4, p. 402）。それ故次のように自らに問えばいいのである。「あなたの格率が普遍的法則になることを、あなたはまた意志しうるか」（4, p. 403）。そして普遍的法則の法式を提示した後にも、「格率が普遍的法則に役立つべきであると、すべての理性的存在者自身が意志しうる（wollen können）格率に従って、つねに自分の行為を判定すること」（4, p. 426）が問題となっている。だから「嘘をつかない」という完全義務に対しても「意志しうるか否か」という基準が働いているのである［七］。「私は確かに嘘を意志しうるが、しかし嘘をつくという普遍的法則を意志しえない（nicht wollen können）」（4, p. 403）。

『基礎づけ』は定言命法の法式をすべて導出した後に、再び『基礎づけ』の出発点であった「無条件的に善い意志」へと立ち返り、その原理を次のように規定している。「その普遍性を法則としてあなたが同時に意志しうる（wollen kannst）ような格率に従ってつねに行為せよ」（4, p. 437）。善い意志は「意志しうる」という判定基準によって一貫して規定されている。「我々の行為の格率が普遍的法則になることを意志しうる」が「格率一般の道徳的判定の基準」なのである[11]。

二　格率が普遍的法則になる

「我々の行為の格率が普遍的法則になることを意志しうる」という「基準」テーゼを理解するために、「我々の行為の格率が普遍的法則になる」の意味［二］、そして「意志しうる」の意味を明らかにしなければならない。格率が普遍的法則になることを意志しうることが、「意志が決して自己自身と矛盾することがありえない唯一の条件」（4, p. 437）である。意志しえないのは「そのような意志が自己自身に矛盾する」（4, p. 424）からである。格率の普遍法則化を意志することが自己矛盾に陥るとはいかなることか、を問わねばならない［三］。しかしまず「格率が普遍的法則になる」の意味を考察することにしよう。

「格率が普遍的法則になる」ことを、具体的な例に即して考えてみよう。「順番待ちの列に並ばないで、列に割り込む」という行為の格率を例としよう。この格率が普遍的法則になるとは、すべての人が「列に割り込む」という法則に従って行為することである。すべての人が割り込もうとすれば、誰も列を作らないから、列は存在しえない。列が存在しないのだから、列に割り込むこと自体が不可能になる。つまり、この格率が普遍的法則になると、格率に従う行為が不可能になる。

ここでよく見かける反例を検討しよう。例えば「千回に一回、列に割り込む」という行為の格率を考えよう。この格率をすべての人が採用したとしても、列が成立しなくなることはないだろう。時々列に割り込む人が現われるだけであり、多くの人は列のルールを守っているからである。これが実際に我々が生きている現実の世界だろうし、我々は列が成立している世界のうちに生きている。

こうした例が格率としてふさわしくないとすれば、「千回に一回」を「列に割り込んで薬をすぐに手に入れて母に飲ませなければ、死んでしまうような緊急の場合」と言い換えればいいだろう。そのような特殊な状況であれば、誰でもこうした格率の採用を許すと思われる。緊急事態であれば、列のルールを破ってもいいだろう。しかもこの格率をすべての人が採用したとしても、列は存在し続けるだろう。母の命を救うといったことは例外状況だからである。

「或る格率が他のすべての人によって採用される」ことを承認できるとすれば、その格率は普遍化可能である、と言うことにしよう。[12]「千回に一回、列に割り込む」という格率も普遍化可能である。同じように「母の命を救うために、列に割り込む」というような格率は、普遍化可能であろう。

「格率が普遍的法則になる」というカントの言葉は、一般に普遍化可能性から解釈されている。そうした解釈を前提にして、「千回に一回、列に割り込む」、「母の命を救うために、列に割り込む」といった格率は普遍化可能である、と言ってカントを批判する。しかしこのような批判は的外れである。何故なら普遍的法則になることは、普遍化可能性と違うのだから。

「千回に一回、列に割り込む」という格率は、「普段は列に割り込まない、ただし千回に一回だけは列に割り込む」と表現できる。「母の命を救うために、列に割り込む」という格率は、「普段は列に割り込まない、ただし母の命を救う場合だけは列に割り込む」と言い換えられる。こうした「但し書き」表現は例外事項を語っている。但し書きが特殊化すればするほど、その格率は承認されやすくなるだろう。しかしカントはそのような例外を認めない。例外は「格率が法則になることを不可能にする」（5, p. 126）[13]。『基礎づけ』は例外が何かを明確に語っている。

「ただ我々は自由勝手に、自分の傾向性の利益のために、自分に対して、あるいは（今度に対してだけ）（für uns. oder（auch nur für diesesmal））、法則に例外を設ける」（4, p. 424）。

「自分の傾向性の利益のために」という理由で（つまり自愛から）、二種類の例外を設ける。「自分に対して例外を設ける」とは「自分だけは例外」とすることであり、「今度に対してだけ例外を設ける」とは「今度だけは例外」とすることである。普遍的法則になることは、この二種類の例外を認めないことを意味する[14]。それに対して普遍化可能性は、「自分だけは例外」を認めないが、「今度だけは例外」を許す。「千回に一回だけは」、「母の命を救う場合だけは」は、「今度だけは例外」を表現している。「自分だけは例外」だけでなく、「今度だけは例外」も認めないならば、法則化可能である、と言うことにしよう。法則化可能性と普遍化可能性は区別されねばならない。「格率が普遍的法則になる」は、普遍化可能性でなく、法則化可能性を意味する。普遍化（ヘア）は法則化（カント）と異なるのである[15]。母の命を救うといった特別な状況において「今度だけは例外」を許すか否かにおいて、普遍化可能性と法則化可能性は区別される。両者を混同してはならない。

普遍的法則の普遍性は、「原理の普遍性（universalitas）」であり、例外を認める「単なる妥当性（generalitas）」から区別される[16]（4, p. 424）。この普遍性は、自然法則の法式における「普遍的な自然法則」のうちに読み取ることができる。普遍的法則の法式における「普遍的法則」がここでは「普遍的な自然法則」という形で語られている。この言葉の意味は、『基礎づけ』（一七八五年）の問題設定を規定している『プロレゴメナ』（一七八三年）から捉えることができる［第三節二］。『プロレゴメナ』は「普遍的な自然法則（allgemeines Naturgesetz）」として二つ挙げている[17]（4. p. 295）。「実体は残り持続する」（エネルギー保存則[18]）、「生起するすべてのものは、つねに原因によって、恒常的法則に従って予め規定されている」（因果律）。保存則も因果律も「すべてのものに対して、いつも」例外なしに成立している。「すべてのものに対して」の例外、つまり「私だけは例外」は認められないし、「いつも」の例外、つまり「今度だけは例外」も認められない。保存則や因果律が「今度だけは例外」を許すとは誰も思わないだろう。「格率が普遍的法則になる」場合においても、「私だけは例外」だけでなく、「今度だけは例外」も認められないのである。

三　意志の自己矛盾

「義務に違反するあらゆる場合の我々自身に注意すれば、自分の格率が普遍的法則になるべきことを実際には意志していないのに気づく。何故ならそれは我々にとって不可能であり、むしろそれと反対のことが普遍的に法則であるべきなのである。ただ我々は自由勝手に、自分の傾向性の利益のために、自分に対して、あるいは（今度に対してだけ）、法則に例外を設ける。従って我々がすべてを同一の視点から、つまり理性の視点から考察するならば、自分自身の意志のうちに矛盾を見出すだろう。つまり或る原理が客観的には普遍的法則として必然的であるが、しかし主観的には普遍的に妥当せず例外を許すべきであるという矛盾である」（4. p. 424）。

「列に割り込む」という格率を例としよう。この格率が可能なためには、列が存在しなければならない。列が成立するためには、「割り込まないで列に並ぶ」ことが普遍的法則でなければならない。そうでなければ割り込むべき列が成立しないからである。つまり「列に割り込む」という格率を採用する者は、「自分の格率が普遍的法則になるべきこと」（「列に割り込む」ことが普遍的法則であること）を意志していないのであり、むしろ「それと反対のことが普遍的に法則であること」(「列に並ぶ」ことが普遍的法則であること)を意志しているのである。一方で「列に並ぶ」ことが普遍的法則であることを意志しながら、他方で「列に割り込む」という例外(私だけは、今度だけは)を意志している。

こうした意志の矛盾は、「格率が普遍的法則になることを意志しうるか否か」という思考実験、自分の採用している格率が普遍的法則になることを意志しうるか否かの自己吟味によって露となる。格率が普遍的法則になることを意志することは、格率を採用する意志であると同時に、その格率を法則化することを意志している。つまりこの意志は格率を意志し、格率の法則化を意志している。「列に割り込む」という格率を採用する意志は、(1)割り込むべき列の存在を意志し、従って「列に並ぶ」ことが普遍的法則であることを意志している。しかし「列に割り込む」という格率の法則化を意志することは、それによって列が成立しえないのだから、(2)列が存在しないことを意志している。(1)列の存在を意志すると同時に、(2)列の非存在を意志することは意志の矛盾であるから、「列に割り込む」を格率とする意志は、その格率が普遍的法則になることを意志することによって、自己矛盾に陥る。意志の自己矛盾に陥るのだから、この格率が普遍的法則になることを意志しえない。それ故この格率は義務に反する。「格率が普遍的であることがその格率とも両立しうる」(4, p. 434)ような格率が、義務に適っているのである。

意志の自己矛盾という論点を確保することによって、ヘーゲルのカント批判、そして目的論的解釈を検討することができるだろう。目的論的解釈については後にして[四]、まずヘーゲル『近代自然法批判』におけるカント批判を検討しよう。

「私の格率が法則の形式を取ることができるか、従って私の格率によって同時に、その保管の依頼を誰も証明できないような寄託物は誰でも否認してよい、というような法則を与えることができるか、私は問うとしよう。そのような原理は法則として自分自身を無に帰せしめるだろうことに、私はすぐに気づく。何故ならそうなれば、寄託物がまったく存在しないことになってしまうからである」(5, p. 27)。

このようにカント『実践理性批判』は書いている。これに対して『近代自然法批判』は批判する。「しかし寄託物がまったく存在しないことのうちに、いかなる矛盾があるのだろうか[19]」。確かに寄託物が存在しないことに何の矛盾もない。同様に所有制度や約束制度が存在しないとしても、そのことのうちに何の矛盾もない。しかしカントは寄託物が存在しないことそれ自体のうちに矛盾を見たのではない。「寄託物であることを否認してよい（自分のものにする）」という格率は、寄託物の存在を前提し、寄託物が存在することを意志している。しかしこの格率を法則化する意志は「寄託物が存在しない」ことを意志することになる。ここに意志の自己矛盾がある。

同様に列が存在しないことそれ自体のうちに矛盾があるわけではない。列に割り込むという格率は「割り込むべき列が存在すること」を意志している、ということがポイントである。この格率を法則化する意志は、「列が存在しない」ことを意志することになり、格率の意志と矛盾する。ここに意志の自己矛盾がある。

『近代自然法批判』はもう一つ別の典型的な批判をしている。「貧しい者を救済する」という格率が例とされる。この格率を普遍的法則にすると格率そのものが不可能になる。カントの基準によれば、この格率は義務に反している。しかしこの格率は義務に適っているのだから、カントの基準は誤っている、という批判である。

「貧しい者が普遍的に救済されることを考えれば、もはや貧しい者がまったく存在しないか、あるいは貧しい者だけが存在するかであり、そのとき救済できる者は残らない。かくしていずれの場合も救済はなくなる。それ故格率が普遍的なものとして考えられると、自分自身を廃棄するのである[20]」。

「貧しい者を救済する」という格率が普遍的法則になると、貧しい者を救済できる富める者はすべて、貧しい人を救済する。このように貧しい者が普遍的に救済されると、富める者と貧しい者は経済的に平均化される。つまりすべての者が貧しくなるか、あるいはすべての者が貧しい者になる。貧しい者が存在しなければ、救済すべき者がいなくなり、「貧しい者を救済する」ことは不可能となる。あるいは貧しい者だけになってしまえば、貧しい者を救済できる富める者がいなくなるのだから、「貧しい者を救済する」ことは不可能となる。どちらにしろ「貧しい者を救済する」という格率は普遍的法則になることによって自分自身を廃棄する。

ヘーゲルのこの議論は説得的だろうか。「貧しい者を救済する」という行為のみを想定し、他の経済的活動がなければ、確かにすべての者が経済的に同じ状態となるだろう。しかし現実の世界はさまざまな経済活動によって成立している。たとえすべての者が貧しくなるか、あるいはすべての者が貧しい者になることが結果として生じようとも、やはりそうした経済状況から、経済的活動を通して、再び貧しい者と豊かな者が再生産されるだろう。それ故相変わらず「貧しい者を救済する」という格率は有効であろう。

ヘーゲルの議論を認めたとしよう。富める者が貧しい者を救済することが原因となり、結果としてすべての人々の経済状況が平均化する。この議論は因果関係（時間的に先行する原因が結果を生む）における結果が問題となっている。しかしカントにおいては意志の意味論的な関係が問題となっている。その違いをきちんと捉えなければならない。「列に割り込む」という格率が普遍的法則になると、その途端に列が成立しなくなり、列に割り込むことができない。つまり普遍的法則になることを意志することは、同時にその含意として、「列が存在しない」ことを意志することである。それに対して「貧しい者を救済する」という格率が普遍的法則になっても、差し当たり何度かは（少なくとも一度は）、救済する余裕のある人々は貧しい者を救済することができる。ヘーゲルは意志の自己矛盾を正確に捉えていない。

格率の普遍法則化という基準への批判には、二種類の反例が考えられる。義務に反した格率であるが、普遍法則化できるという例。そして義務に反していないが、普遍法則化できないという例である。寄託物に即したヘーゲルの批判は前者に属し、貧しい者の救済に対するヘーゲルの批判は後者に属する。こうした二種類の反例は、今日に至るまで繰り返し提示されている。[21]

四　目的論？

目的論的解釈は人間の目的論と自然の目的論に分かれるだろう。前者は功利主義的解釈であり、後者は「目的論的自然」解釈である。ミル『功利主義論』は次のように指摘している。

「カントがこの教えから道徳性の現実的な義務を導く場合、すべての理性的存在者が最も不道徳な行為の規則を採用することのうちに、矛盾、論理的（物理的とは言わないが）不可能性が存在することを、彼は奇妙にも示せない。彼が示すのは、普遍的な採用の結果が誰も望まないようなものである、ということだけである」[22]。

こうした功利主義的な解釈・批判が説得的に見えるのは、第二例における「その約束と約束によって人がもつだろう目的そのものを不可能にする」という言葉、そして第四例における「彼が願う援助のすべての希望を彼は自分自身から奪う」という言葉に基づいている。しかし「目的」「自分が願う援助の希望」という言葉は、意志を指し示している[23]。カントの議論のポイントは、自分の目的（結果・利益）が達成されないという功利主義にあるのでなく、意志の自己矛盾にある。意志しえないのは、格率の法則化による結果を望まないからではなく、意志が自己矛盾に陥るからである。つまりカントの論理は、ある格率を採用することのうちに「矛盾、論理的不可能性が存在すること」を示すのでなく、格率が普遍的法則になることを意志するとすれば、意志が自己矛盾に陥ることを示すのである。

功利主義的解釈と同じようにポピュラーなのは「目的論的自然」解釈であるから、その解釈を次に検討しよう。「それに従って結果が生起する法則の普遍性が、本来最も普遍的な意味における（形相から見た）自然と呼ばれるもの、つまり普遍的法則に従って規定されているかぎりでの物の現存在を形成しているのだから、義務の普遍的命法はまた次のように表現できるだろう。あなたの行為の格率が、あなたの意志によって普遍的な自然法則になるべきであるかのように行為せよ[24]」（4. p. 421）。

多くの人がこの自然法則の法式のうちに目的論的自然を読み取っている。[25] しかしそうした解釈は完全に誤っている。そのことを自然の意味、そして普遍的な自然法則の意味から示すことにしよう。

自然法則の法式において考えられている自然は、「最も普遍的な意味における（形相から見た（der Form nach））自然」＝「普遍的法則に従って規定されているかぎりでの物の現存在（das Dasein der Dinge, sofern es nach allgemeinen Gestzen bestimmt ist）」（4, p. 421）である。これとまったく同じ表現が『プロレゴメナ』に見出される。それは「質料的に見られた（materialiter betrachtet）自然」（4, p. 295）と区別された自然である。「自然とは、普遍的法則に従って規定されているかぎりでの物の現存在（das Dasein der Dinge, sofern es nach allgemeinen Gesetzen bestimmt ist）である」（4, p. 294）。カントは『プロレゴメナ』の表現をそのまま『基礎づけ』に書き写している。この意味での自然は『純粋理性批判』において「質料的に見られた自然（natura materialiter spectata）」（B163）と対比され、「形相的に見られた自然（natura formaliter spectata）」（B165）と呼ばれている。これが『基礎づけ』における「（形相から見た（der Form nach））自然」と同じであることは明らかだろう。つまり自然法則の法式における自然は、『プロレゴメナ』と『純粋理性批判』における自然と同じである。『純粋理性批判』と『プロレゴメナ』が目的論的自然を主題としている、とは誰も主張しないだろう。自然法則の法式における自然を目的論的自然とすることは不可能である。

「目的論的自然」解釈は、自然法則の法式での自然法則が目的論的法則である、と主張する。例えばペイトンは次のように言う。「カントが念頭に置いている自然法則は因果法則でなく目的論的法則であることを我々が認識しなければ、カントの教説を理解し始めることさえ不可能である」[26]。しかし「目的論的法則」といった言葉をカントのうちに見出すことができないし、この言葉そのものが奇妙である。そのことをペイトン自身が素直に認めている。「目的論的法則は確かに因果法則と同じ意味において自然を構成してはいない。つまり目的論的法則を自然の法則として語ることはおそらく拡大解釈でさえあるだろう」[27]。そうであるとすれば、カントが語る自然法則を目的論的法則と理解することなど最初からできないだろう。そもそも「普遍的な自然法則」を目的論的なものとして理解することなど不可能である。目的論的自然についての考察がなされる『判断力批判』においても「普遍的な自然法則」が語られるが、それは目的論的法則という意味でなく、『プロレゴメナ』とまったく同じ意味においてである。『プロレゴメナ』と『判断力批判』から引用しよう。

(1)「自然の最上の立法は我々自身のうちに、つまり我々の悟性のうちに存せねばならないし、我々は自然の普遍的な法則を経験を介して自然から求めるのでなく、逆にその普遍的合法則性において自然を、我々の感性と悟性のうちに存する経験の可能性の条件からのみ求めねばならない」(4, p. 319)。

(2)「普遍的な自然法則は、自然法則を自然に指示する我々の悟性のうちにその根拠をもつ……」(5, p. 180)。「普遍的な自然法則」が(1)(2)において同じ意味で語られていることは明らかだろう。普遍的な自然法則が例外なしに妥当するのは、それが経験の可能性の条件であり、自然そのものを可能にしているからである。そして普遍的な自然法則を悟性のうちに求めるのは、悟性がその自然法則の立法者だからである。そのことは『純粋理性批判』において次のように言い表わされている。

(3)「悟性はそれ自身自然に対する立法である、つまり悟性なしに自然はまったく存在しないだろう」(A126)。『純粋理性批判』が目的論的法則をテーマとしていることなどないのだから、『プロレゴメナ』と『判断力批判』での「普遍的な自然法則」のうちに目的論的な意味などまったく含まれていない。従って自然法則の法式における「普遍的な自然法則」を目的論的法則と理解することなどできない。

しかし四つの例のうちに何らかの目的論（人間の目的論、自然の目的論）を見出す解釈が今日に至るまで繰り返しなされている。目的論的に見えるのは何故だろうか。もう一度自然法則の法式から出発しよう。

「あなたの行為の格率が、あなたの意志によって普遍的な自然法則になるべきであるかのように（als ob）行為せよ」（4, p. 421）。

これは自然法則の法式である〔第二節一〕。「あなたの行為の格率が、あなたの意志によって普遍的な自然法則になる」という表現は、普遍的法則の法式における「格率が普遍的法則になることを意志しうる」の言い換えである。それは普遍的法則が自然法則とパラレルに考えられていることを意味している。普遍的な自然法則において、悟性が立法者である〔四〕。「悟性はそれ自身自然に対する立法である」（A126）というテーゼは悟性を現象としての自然の創造者と見なしている〔第十節八〕。これとパラレルに自然法則の法式が語られているのだから、「格率があなたの意志によって普遍的な自然法則になる」ことにおいて、その意志は立法者、創造者として捉えられているだろう。自然法則の立法者としての悟性とパラレルに、実践理性が道徳法則の立法者として想定されているのである。

『実践理性批判』においても、格率を吟味するときに、「その格率が普遍的な自然法則として妥当するならば、どうなるのか」（5, p. 44）が問われている。言うまでもなく、それは思考実験であって、「純粋な実践的法則に従って我々の意志によってのみ可能であるような自然」（5, p. 44）を実際に形成するわけではない。しかし次のように言われている。

「にもかかわらず我々は我々の理性によって法則を意識しており、我々の意志によって同時に一つの自然秩序が生まれねばならないかのように（als ob）、すべての我々の格率はその法則に従属しているのである」（5, p. 44）。

ここで「かのように（als ob）」が語られているが、それは自然法則の法式における「かのように」に対応している。「あなたの行為の格率が、あなたの意志によって普遍的な自然法則になる」とは、「我々の意志によって同時に一つの自然秩序が生まれる」を意味する。確かにそれは自然を実際に形成するわけではないから、「かのように」である。しかし格率を普遍的な自然法則にする意志は、一つの自然秩序を生み出す意志、一つの自然を創造する意志として考えられている。

「その格率が普遍的な自然法則として妥当するならば、どうなるのか」(5, p. 44) という問いを導く際に、『実践理性批判』は「純粋理性にそれにふさわしい物理的な能力が伴っていれば、純粋理性は最高善を生み出すだろう」(5, p. 43) と語っている。同じことは『宗教論』においても言われている。

「道徳法則を敬う人間を想定しよう。その人間が、彼にそうした能力があるとすれば、実践理性によって導かれてどんな世界を、しかも自分自身を一人の成員としてその世界のうちに置き入れるような世界を創造するだろうか、という考えを思いつくとしよう（このことを彼が避けることは難しい)。そうした場合、その選択が単に彼に委ねられているとすれば、まさに最高善というあの道徳的理念を伴うような世界を選ぶだけでなく、そもそも一つの世界が現実存在することをも意志するだろう。何故なら我々によって可能な最高善が実現されることを道徳法則が意志するからである……」(6, p. 5)。

この想定のうちに二つの論点が見出される。⑴神が世界を創造した (Gott hat die Welt erschaffen) ように、一つの世界を創造する (erschaffen)。⑵しかし神の世界創造と異なって、この世界創造者は作られた世界の一員である。[28] 格率を普遍的な自然法則にする意志は、一つの世界を創造する意志であるが、同時にその世界の一員として生きることをも意志する。それは立法する意志が同時にその法則に従う意志であること、つまり「自ら立てた法に従う」という自律としての意志であることに対応している。

「格率が普遍的法則になることを意志しうる」（普遍的法則の法式）とは、「あなたの行為の格率が、あなたの意志によって普遍的な自然法則になる」（自然法則の法式）であるが、その意志は、一つの自然（世界）を創造する意志、自らもその自然（世界）のうちに生きることを欲する意志である。[29]

一つの自然を創造する意志は、好き勝手に世界を作るのではなく、法則に従った世界を作らねばならない。例外のある規則、但し書きのある規則、特殊な状況でのみ働く規則は法則ではない。創造する意志は普遍的な自然法則を立法することによって、自然を創造しなければならない。それは悟性が自然の立法者、現象としての自然の創造者であることとパラレルである[30]。

「列に割り込む」という格率を普遍的な自然法則にする意志は、一つの自然（世界）を創造する意志である。この意志は、格率を意志し、かつ格率の法則化を意志している。格率を意志することは、「列に並ぶ」ことが普遍的法則であること、この世界において割り込むべき列が存在することを意志している。それに対してこの格率の法則化を意志することは、「列に割り込む」ことを普遍的法則にすることを意志し、従ってこの世界において列が存在しないことを意志している。格率を法則化する意志、一つの自然を創造する意志は、「列に並ぶ」と「列に割り込む」を普遍的法則として同時に意志し、「列が存在すること」と「列が存在しないこと」を同時に意志している。この意志は自己矛盾に陥っている。それ故一つの自然を創造することはできない。

これまで「基準」テーゼの意味を解明してきた。次にこれまでの考察に基づいて、四つの例を検討することにしよう。

六　自殺

「生命の促進に駆り立てるのがその使命である同じ感覚によって生命そのものを破壊することがその法則である自然は、自己自身に矛盾し、それ故自然として存続しえない」(4, p. 422)。

自殺の格率を普遍的な自然法則にするならば、このような自己矛盾に陥る。同じ感覚が「生命の促進に駆り立てる」と「生命そのものを破壊する」ということのうちに矛盾があるとされている。この自己矛盾の意味を明らかにすることが課題である。ここに意志の自己矛盾を読み取ることができるのだろうか。まず「同じ感覚」とは何かを明らかにすることから始めよう。

ペイトンをはじめほとんどすべての人が「感覚＝自愛」と理解している。「自愛の原理が普遍的な自然法則になりうるか」（4, p. 422）が問われているからであろう[31]。そのように理解した上で、そこに自己矛盾などない、とカントを批判する。「通常は生の原因である自愛が特殊な状況において死の原因であるとしても、何ら因果法則の違反が存在する必要はない[32]」。このように因果法則による説明は失敗するから、カントの語る自然法則は因果法則でなく、目的論的法則であるとされる[33]。しかしカントにおいて自然法則が目的論的法則を意味することなどありえない［四］。そもそも「感覚＝自愛」解釈が誤っている。ペイトン自身も「感覚＝自愛」に対して「ここでは奇妙なことに感覚と記述されている[34]」と言わざるをえなかった。確かに自愛を感覚と呼ぶのは奇妙である。しかも文脈から「感覚＝自愛」と読まねばならないわけでもない[35]。「感覚＝自愛」と読むのは、単なる思い込みである。

ヘッフェは「感覚＝自愛」とせず、「感覚＝不快の感覚」と解釈している。「不快の感覚は欠如、例えば空腹としてのエネルギー欠如を示し、欠如の克服、つまり食べることへ駆り立てる。さて人生に飽き飽きすることは不快の感覚の一形態である。しかしその場合人生に飽き飽きすることからの自殺は、それが普遍的法則として考えられるかぎり、同じ感覚が生命の促進と破壊という二つの矛盾した使命をもつという結果になる[36]」。確かにこの解釈は「感覚＝自愛」よりも優れている。「人生に飽き飽きすること（Lebensüberdruß）からの自殺」は、「人生にすっかり飽き飽きすること（Überdruß）が彼を襲うや否や、生命を短縮する」（5, p. 69）という『実践理性批判』の言葉に由来するのだろう。しかし「人生に飽き飽きすること」は、『基礎づけ』での自殺の理由、つまり「生が快適さを約束するより以上に、災難で脅かす」（4, p. 422）という理由とまったく異なる。『基礎づけ』での理由は「生が快よりも多くの苦を与える」という快苦の計算に基づいている。これからの人生において苦が快を上回っていれば自殺する、という格率が問題になっているのである。自殺の格率で問われている者は、生きるのが苦しいから自殺するのであって、生きるのに飽き飽きしたから自殺するのではない。「感覚＝苦の感覚」と解釈すべきだろう[37]。

感覚は一般に内的感覚と外的感覚に分けられる。カント『純粋理性批判』(A374)は内的感覚として「快と苦」、そして外的感覚として「色、熱」を挙げている。自殺の格率において「生が快適さを約束するより以上に、災難で脅かす」(4, p. 422)と言われているのだから、この文脈で語られる感覚は、外的感覚でなく、「快と苦」という内的感覚である。そして「生命の促進に駆り立てるのがその使命である同じ感覚」と言われているのは、苦の感覚である。カント『人間学』は語っている。「苦は活動を刺激する刺(der Stachel der Thätigkeit)であり、この活動のうちで我々は初めて我々の生命を感じる。この刺がなければ生気がなくなる(Leblosigkeit)だろう[38]」(7, p. 231)。ここから「生命の促進に駆り立てる」感覚が苦の感覚を意味することが分かるだろう。生きるのが苦しいから自殺するとすれば、自殺において苦の感覚が「生命そのものを破壊する」のである。

自己矛盾に立ち返ろう。苦の感覚ゆえに自殺するという格率を普遍的な自然法則にする意志は、一つの自然(世界)を創造する意志である。この意志は、格率を意志し、同時に格率の法則化を意志している。格率を意志する創造意志は、苦の感覚が存在する世界を前提している。つまり苦の感覚がある世界を創造することを意志している。それは苦の感覚が「生命を刺激して促進する」という使命(Bestimmung)をもっている世界を創造することである。つまり(a)「苦の感覚が生命の促進に駆り立てる」ことが普遍的な自然法則であることを意志している。それに対して、格率を法則化する意志は、(b)苦の感覚が「生命そのものを破壊すること」という普遍的な自然法則が成り立つことを意志している。(a)と(b)は、一つの自然を創造する意志として自己矛盾している。

七　偽りの約束

「そこで私がすぐに分かることは、この格率が普遍的な自然法則として妥当したり自己と整合することができず、自己と矛盾せざるをえない、ということである。何故なら、誰でも自分が困窮していると思ったならば、守るつもりのない約束を好き勝手にすることができる、という法則の普遍性は、その約束と約束によって人がもつだろう目的そのものを不可能にするだろうからである。誰も何かが約束されたと信じず、すべてのそのような言明を空しい口実として笑うだろうからである」(4, p. 422)。

これと同じことが『基礎づけ』第一編において書かれている。

「……私は確かに嘘を意志しうるが、しかし嘘をつくという普遍的法則を意志しえない(nicht wollen können)。何故ならそのような法則に従うと、いかなる約束もまったく存在しないだろうからである。……従って私の格率は普遍的法則にされるや否や、自分自身を破壊せざるをえない」(4, p. 403)。

偽りの約束においても「格率が普遍的法則になることを意志しえない」という論点が核心にある。意志しえないのは、「自己と矛盾せざるをえない」から、「自分自身を破壊せざるをえない」から、つまり意志の自己矛盾に陥るからである。

「その約束と約束によって人がもつだろう目的そのものを不可能にする」ということから、偽りの約束による利益が得られなくなる、という功利的な理由を読み取れるように見える。しかし問題となっているのは、偽りの約束の格率が普遍的法則になると、意志の自己矛盾に陥る、ということである[39]。意志の自己矛盾とはいかなることなのか。

偽りの約束という概念そのもののうちに矛盾を見出す解釈がある。ヘッフェは次のように解釈している。「約束が自己義務づけを意味するとすれば、意識的な偽りの約束は、義務を負うがしかし引き受けないことを意味する。守らないという知と意図のもとになされた約束の根底に、自己矛盾する格率がある。意識的な偽りの約束は普遍的法則として思惟されえず、それ故道徳的に非難されるものとして正体を現わす[40]」。偽りの約束のうちに「義務を負うがしかし引き受けない」という性質を見出しうるだろう。偽りの約束は見かけ上約束として結ばれ成立するが、しかし守るつもりのない約束は真の約束ではない。同じように偽りの愛は見かけ上の愛であって真の愛ではない。偽りの友情は見かけの友情であって真の友情ではない。偽物はすべてこのように表現できるが、しかしそれを矛盾と言う必要などないだろう。たとえ矛盾と言えるとしても、ヘッフェの議論のうちに法則化も普遍化も働いていないし、意志の自己矛盾も見出せない。ヘッフェの言う矛盾は、「格率が普遍的な自然法則になることによって自己矛盾に陥る」というカントの議論と関係なく言えることである。では意志の自己矛盾をいかに理解すべきなのか。

偽りの約束という格率を普遍的な自然法則にする意志は、一つの自然（世界）を創造する意志である。この意志は、格率を意志し、かつ格率の法則化を意志している。格率を意志することは、偽りの約束が約束として成立すること、約束が成立する世界を前提し、意志している。それに対して格率を法則化する意志は、偽りの約束をすることが普遍的な自然法則になることを意志する。すべての人が偽りの約束をすることは、約束が成り立たないことを意味する。つまり格率を法則化する意志は、約束が成立しない世界を創造することを意志している。格率を法則化する意志は、約束が成立することを意志し、同時に成立しないことを意志している。これは意志の自己矛盾である。

約束が成立しないこと自体に何の矛盾もない。約束が成立しない世界、約束といった制度など存在しない世界に何の矛盾もない［三］。犬の世界に約束など成立しないが、何の問題もない。しかし犬の世界において偽りの約束もまた存在しない。偽りの約束という格率は約束が成立することを意志している。しかしこの格率を法則化する意志は、約束が成立しないことを意志している。ここに意志の自己矛盾がある。

八　才能の開発

「このようなことが普遍的な自然法則になることを、言い換えれば普遍的な自然法則として自然本能によって我々のうちに置かれることを、意志することは不可能である（er kann unmöglich wollen）。何故なら彼は理性的存在者として必然的に、自分のうちにあるすべての能力が発展されることを意志するからである。すべての能力はやはり種々の可能な意図に役立つのであり、与えられているのだから」（4, p. 423）。

才能を開発しないという格率についてこのように言われている。「意志することは不可能である」とはいかなることなのか。ここに意志の自己矛盾が見出せるだろうか。

「すべての能力はやはり種々の可能な意図に役立つのであり、与えられている」という言葉のうちに、自然の目的論を読み取ることができる。そして種々の可能な意図に役立つから才能を開発する、という功利主義的な考えも見出される。しかしこのように安易に、カントの議論のうちに功利主義を見出して整合性のなさを非難したり、目的論的自然を発見して喜んだりしてはならない。それはカントの意図に反する。「意志することは不可能である」という言葉のうちに、「格率が普遍的法則になることを意志しうるか否か」という格率の道徳的判定の基準が働いていることに着目すべきである。

「意志することは不可能である」ことの理由は、「理性的存在者として必然的に、自分のうちにあるすべての能力が発展されることを意志する（will）」ことのうちにある。これが何を意味しているかが問題である。「普遍的な自然法則として自然本能によって我々のうちに置かれる」、「すべての能力はやはり種々の可能な意図に役立つのであり、与えられている」という表現は、一つの自然を創造する意志が想定されていることを示している。

「才能を開発しない」という格率を普遍的法則にする意志は、一つの自然を創造する意志である。この意志は格率を意志し、かつ格率の法則化を意志している。「才能を開発しない」という格率は、才能が与えられている世界を前提している。それ故創造する意志は才能が存在する世界を創造することを意志している。才能を与えた意志は、無意味に与えたのでなく、才能が開発され利用されるために与える。創造する意志は「すべての能力が発展されることを意志する」のである。それに対して格率を法則化する意志は、「才能を開発しない」ことが普遍的な自然法則になることを意志する。才能を与えることを意志し、同時にその才能を開発せず利用しないことを意志することなど、理性的な者であれば、ありえないだろう。才能を与えたことが無意味になるからである。誰も開発・利用しない才能を与えることは、非理性的、反理性的である。理性的な存在者であれば、「すべての能力が発展されることを意志する（will）」。

才能がまったく開発されない世界は、才能が存在しない世界とまったく同じである。才能を開発しないという性質が「自然本能によって我々のうちに置かれる」ような世界は、才能がない世界と区別がつかない。つまり格率を法則化する意志は、「才能が存在しない世界」の創造を意志している。格率を法則化する意志は、一方で「才能が存在する世界」の創造を意志し、同時に「才能が存在しない世界」を意志している。これは意志の自己矛盾である。

九　他人を助ける

「当該の格率に従って普遍的な自然法則が成立しうるかもしれないことは可能であるが、そのような原理が自然法則として至るところで妥当することを意志するのは、やはり不可能である。何故ならそのようなことを決心する意志は、自己自身に矛盾するだろうから。何故なら彼が他人の愛や同情を必要とする場合がやはり幾度も起きうるだろうが、彼自身の意志から生じた自然法則によって、彼が願う援助のすべての希望を彼は自分自身から奪うことになるだろうからである」（4. p. 423）。

ここでも功利主義を読み取ることができるように見える。格率を法則化すると「彼が願う援助のすべての希望」が失われる、と書かれているからである。しかし法則化を意志しえないのは、法則化による結果を望まないからでなく、法則化する意志が自己矛盾に陥るからである。しかしいかなる矛盾なのか。

ここで問われている格率は、「他人の幸福のために、あるいは困窮にある他人を援助するために、貢献する気はない」（4. p. 423）と表現されている。困窮にある者は、他人からの援助を願う。「困窮にあるあらゆる人間は、他の人間によって助けられることを願う（wünscht）」（6, p. 453）。これは困窮している者の定義である。そして願うことは広義の意志に属する。「理性が欲求能力一般を規定しうるかぎり、意志のうちに選択意志も、さらにまた単なる願い（der bloße Wunsch）も含むことができる」（6, p. 213）。

さて「困窮にある他人を援助しない」という格率を法則化する意志を考えよう。この意志は一つの自然（世界）を創造する意志である。この意志は格率を意志し、かつ格率の法則化を意志している。「困窮にある他人を援助しない」という格率を採用することは、困窮に陥る可能性のある世界、その世界において困窮者が援助を願う世界を前提している。しかもこの格率をわざわざ採用するのは、困窮者を助けるという格率を採用する可能性があるからである。つまり格率を採用する意志は、(a)困窮者への援助が存在する世界を前提している。しかし格率を法則化する意志は、「困窮にある他者を援助しない」ことが普遍的な自然法則になることを意志する。つまり(b)困窮者への援助が存在しない世界を意志している。(a)と(b)は矛盾する。

この矛盾が際立つのは、法則化を意志する者が困窮に陥った場合である。法則化の意志は、自ら創造した世界の一員である［五］。それ故法則化を意志する者は困窮に陥る可能性、他者からの援助を願う可能性がある。つまり「彼が他人の愛や同情を必要とする場合がやはり幾度も起きうるだろう」。しかし法則化する意志はすべての援助の可能性を否定する。つまり格率を普遍化する意志は、困窮に陥った場合、他人からの援助を願うと同時に、困窮する自分を他人が援助しないことを意志する。困窮にある場合、創造された世界の一員として(1)「他人が私を援助することを願う（意志する）」が、格率の法則化を意志する者として(2)「他人が私を援助しないことを意志する」。このことをカントは「彼が願う援助のすべての希望を自分自身から奪う」と表現している。これは意志の自己矛盾である[41]。

十　volo, Wollen との一致

四つの例を検討したので、本節の冒頭に引用した「基準」テーゼの意味を改めて考えてみよう。「格率が普遍的法則になることを意志しうる」とされる意志は、格率を選択する意志、そこから格率が生じる選択意志である。

『人倫の形而上学』は「法則は意志（Wille）から生じ、格率は選択意志（Willkür）から生じる」（6, p. 226）と書いていた［第四節五］。ここから普遍的法則の法式を理解できる。普遍的法則の法式（定言命法）を命令するのは立法する意志であり、命令されているのは格率を選択する選択意志である。定言命法に従う選択意志は「その格率が普遍的法則になることを意志しうる」。

選択意志は自分の格率が普遍的法則になることを意志している。つまり自分の格率を普遍的法則にすること、自分の格率によって法則を与える（立法する）ことを意志している。この意味において、選択意志は立法する。とすれば定言命法に従う選択意志は、定言命法を命令する意志（立法する意志）と一致する。

このことを sic volo, sic jubeo に即して表現してみよう［第四節四］。立法する意志は、「その格率が普遍的法則になること」を意志している（sic volo）。それ故立法する意志は、「その格率が普遍的法則になること」を選択意志に命令する（sic jubeo）。「その格率が普遍的法則になることを意志しうる」ことが格率の道徳的判定の基準であった。このように意志しうる意志（選択意志）は、「その格率が普遍的法則になること」を意志している意志と一致している。「その格率が普遍的法則になること」を意志しうる意志は、立法する意志（sic volo, sic jubeo）と一つとなる。命令する者と命令に従う者が一つであることは、意志の自律を意味する。普遍的法則の法式における「意志しうる」のうちに読み取れる自律は、自律の法式において「意志がその格率によって自分自身を同時に、普遍的に立法するものと見なしうるように」（4, p. 434）という形ではっきりと定式化される。

確かに命令する者の意志と命令に従う者の意志は必ずしも一致するわけではない。行為は強制できるが、しかし意志そのもののあり方を強制できない。確かにそうであるが、しかし普遍的法則の法式は直接に行為を命令するのでなく、行為を導く格率のあり方を命令している。行為は外的に強制できるが、行為の格率そのものは強制できない。自分の意志によってのみ、格率を選ぶことができる。自分の格率が普遍的法則になることを意志することは、外的強制でなく、自己強制としてのみ可能である。格率のあり方への命令は自己強制、つまり自律としてのみ可能である。

確かに「……行為せよ」という定言命法は人間にとって Sollen である。しかしその Sollen の真の姿は Wollen であった(42)［第四節三］。「この Sollen は本来、理性があらゆる理性的存在者において何の妨害もなしに実践的であるという条件の下では、あらゆる理性的存在者に妥当する Wollen である」（4, p. 449）。普遍的法則の法式において「意志しうる（wollen kannst）」と言われる Wollen は、「あらゆる理性的存在者に妥当する Wollen」と一致するのである。

第四節「私はかく意志し、かく命令する」と第五節「普遍的法則になることを意志しうる」によって、カント倫理学が意志の倫理学であることが示された。しかしカントの意志主義はいかなる由来をもつのか。その答えはルソーのうちに求められるだろう。「意志主義――ルソーからカントへ」が第六節の課題となる。

第六節　意志主義――ルソーからカントへ

「ニュートンは、彼以前に無秩序と乱雑な多様性が見出されたところに、秩序と規則性が偉大な単純性と結びついているのを初めて見た。そしてそれ以来彗星は幾何学的な軌道を回っている。／ルソーは、人間的と思われた形態の多様性の下に、深く隠された人間の本性、そして彼の観察によってそれに従って摂理が正当化される隠れた法則を初めて発見した。それ以前にはまだアルフォンスとマネースの反論が妥当した。ニュートンとルソーの後では、神は正当化され、今やポープの命題は真である」（20, pp. 58-59）（以下「ニュートン－ルソー」テーゼと呼ぶ）。

一七六四年から一七六五年にかけて書かれたとされる『『美と崇高の感情にかんする観察』への覚え書き』（以下『覚え書き』と略）において、カントはルソーをニュートンと並べて、ニュートンと同等の位置をルソーに与えている。カントはニュートンを高く評価していたのだから、[1] ニュートンと同列に置かれたルソーもまた極めて重要な位置をカントのうちで占めていただろう。[2] しかしそのルソーとは誰なのか。それは『エミール』のルソーでなく、『社会契約論』のルソーであり、カント倫理学の意志主義は一般意志のルソーに由来する。このことを示すために、まずカント倫理学の出発点に立ち返ることにしよう。

一　感情（欲求能力の第一の内的根拠）

カントが初めて本格的に倫理学について論じたのは、「判明性」論文（一七六四年）においてである。この論文は最後に、決定しなければならない問いを提示している。

「単に認識能力かあるいは感情（欲求能力の第一の内的根拠）かのいずれが、実践哲学の第一原則を決定するのか」（2, p. 300）。

まずこの問いのうちに、三つの根本能力、つまり認識能力、感情（快不快の感情）、欲求能力が登場していることに注意しよう。「人間の能力を我々は三つに区分できる。(1)認識能力、(2)快不快の感情、(3)欲求能力あるいは意志」[3]（25, p. 1068）。カント倫理学は「実践哲学の第一原則を決定する」ものへの問いによって貫かれているが、この問いは認識能力、感情、欲求能力（あるいは意志）という三つの能力の緊張関係のうちで問われ続けることになる。カントはこの問いに最終的に「立法する意志＝純粋実践理性」によって答えることになる〔第四節〕。カント倫理学は意志主義であるが、カントはそれをルソーから継承したのである。しかし先走らずに、「判明性」論文に立ち返ろう。

「単に認識能力かあるいは感情（欲求能力の第一の内的根拠）か」という問いの背景にあるのは、実践哲学の第一原則に関する知性主義（ヴォルフ）と感情主義（ハチソン）との対立である。「判明性」論文当時、カントは「感情（欲求能力の第一の内的根拠）」の立場を取っていた。「判明性」論文は次のように書いている。「我々の時代において初めて人は次のことを洞察し始めた。つまり真なるものを表象する能力は認識であり、しかし善なるものを感じる能力は感情である。そして両者は決して互いに混同されてはならない」（2, p. 299）。「ハチソンやその他の人々は道徳感情という名の下に、これについての素晴らしい考察の端緒を与えた」[4]（2, p. 300）。

当時のカントの立場をカントの最終的な立場と対比させよう。『基礎づけ』は次のように書いている。「道徳感情は二三の人によって我々の人倫的判定の基準であると偽称されていたが、それは誤りである。何故ならむしろ道徳感情は、法則が意志に及ぼす主観的な結果と見なされねばならない。理性のみが人倫的判定の客観的根拠を与えるのである」（4, p. 460）。

「道徳感情は人倫的判定の基準である」と主張するのは、感情主義であり、二三の人とは「判明性」論文で「ハチソンやその他の人々」と言われた者、イギリスの感情主義者を指している。しかしこの立場は「感情（欲求能力の第一の内的根拠）」を選んだカントの立場であった。カントは自己批判しているのである。道徳感情は「欲求能力の第一の内的根拠」でなく、つまり意志規定の原因でなく、逆に「法則が意志に及ぼす主観的な結果」にすぎない。『実践理性批判』において道徳感情は「実践理性の立法に先立つのでなく、むしろ立法によってのみ、しかも強制として引き起こされる、独特の感覚」（5, p. 92）と言われる。同じことを『人倫の形而上学』は、意志と選択意志を区別して、次のように表現している。

「内的な道徳的-実践的完全性は、自分自身のうちにある立法する意志がこの意志に従って行為する能力に及ぼす結果であるから、道徳感情と呼ばれる」（6, p. 387）。

「この意志に従って行為する能力」は意志と区別された選択意志である。それ故「法則が意志に及ぼす主観的な結果」（『基礎づけ』）という表現は、意志と選択意志が区別されることによって、「立法する意志（Wille）が選択意志（Willkür）に及ぼす結果」と正確に言い直すことができるだろう。ではカントはいつ「感情（欲求能力の第一の内的根拠）」という立場を変えたのか。『視霊者の夢』（一七六六年）は次のように書いている。

「我々のうちに感じられる、一般意志と一致するように我々の意志に対する強制を人倫的感情と名づけようとするならば、それは我々のうちに現実に起きていることの現象として語っているにすぎず、現象の原因を決定していない」(2, p. 335)。

人倫的感情は現象にすぎないとされているが、ここですでに、道徳感情を「欲求能力の第一の内的根拠」とする立場は克服されている。道徳感情は一般意志と一致するように一般意志が私的意志を強制するという原因によって生まれる結果である。ルソーの一般意志は立法する意志であるから、道徳感情は立法する意志が私的意志（個別的な選択意志）に及ぼす結果である。すでに『視霊者の夢』において、『人倫の形而上学』における道徳感情の規定への道が切り拓かれている。[5] しかし『視霊者の夢』に先立つ『覚え書き』において、快と不快の内的感覚（感情）は「その根拠が知られていない魂の能力として述べられるならば、現象である」(20, p. 147) と書かれている。そしてすでに道徳感情は次のように規定されている。

「意志が自由の法則に従って善一般の最大の根拠であるかぎり、意志は完全である。道徳感情は意志の完全性の感情である」(20, pp. 136-137)。

自由の法則（道徳法則）に従った意志が善を生み出す最大の原因であるとき、意志は完全であり、その完全性の感情が道徳感情である。これは道徳感情を「立法する意志が選択意志に及ぼす結果の完全性」の感情とする『人倫の形而上学』と同じ規定である。ともかく道徳感情を意志の完全性の感情とすることは、感情を意志の規定根拠とするのでなく、意志の働きの結果と見なすことである。『覚え書き』はすでに「感情（欲求能力の第一の内的根拠）」の立場を脱却している。

『覚え書き』が「感情（欲求能力の第一の内的根拠）」の立場を克服しているとすれば、それを可能にしたのはニュートンと並び称されるルソーであろう。しかしそのルソーとは誰なのか。

二　ルソーとは誰か

「ニュートン－ルソー」テーゼは、ニュートンとルソーの平行性を語っている。「彼以前に無秩序と乱雑な多様性が見出されたところに」－「人間的と思われた形態の多様性の下に」、「秩序と規則性が偉大な単純性と結びついているのを初めて（zu allererst）見た」－「深く隠された人間の本性、そして彼の観察によってそれに従って摂理が正当化される隠れた法則を初めて（zu allererst）発見した」。この意味を考えてみよう。ニュートンは重力の法則を発見し、彗星の軌道を確定した。ニュートンは自然の法則の発見者である。それと平行的にルソーが描かれているのだから、ルソーは自然の法則に対比された法則、つまり自由の法則を発見したのだろう。哲学は自然概念に基づく理論哲学と自由概念に基づく実践哲学に分かれる。(6) カントの理論哲学を導くのがニュートンであるとすれば、実践哲学を導くのはルソーであることになる。

このことは当時の手紙によって確認できる。一七六五年一二月三一日のランベルト宛の手紙においてカントは書いている。「……その材料は私の前に用意されています。それらのうちで『自然哲学の形而上学的基礎』と『実践哲学の形而上学的基礎』が最初の仕事になるでしょう」（10, p. 56）。ニュートンが『自然哲学の形而上学的基礎』に関わっているとすれば、『実践哲学の形而上学的基礎』に関わっているのはルソーであろう。ルソーはカントの実践哲学の成立に大きな影響を与えたのである。しかしそのルソーとは誰なのか。カント『人間学』はルソーの著作について次のように書いている。

「損失についてのルソーの三つの著作、すなわち(1)我々人類が自然から文化へと抜け出すことが我々の力の弱化によって引き起こした損失、(2)文明化が不平等と相互的抑圧によって引き起こした損失、(3)偽りの道徳化が反自然的な教育と心情の奇形化によって引き起こした損失、——これらの損失についての三つの著作は、敢えて言うが、自然状態をあたかも無垢の状態であるかのごとく描いているが（自然状態に再び戻ることは、楽園の門番が火の剣で妨げる)、彼の『社会契約論』と『エミール』と「サヴォアの助任司祭の信仰告白」を読む際、我々人類が自分自身の罪によって自らを閉じ込めた害悪の迷妄から抜け出すためのアリアドネの導きの糸として役立つべきであっただろう」(7. p. 326)。

カントが読んだルソーの著作は、『社会契約論』と『エミール』(「サヴォアの助任司祭の信仰告白」)以外に、「損失についてのルソーの三つの著作」、つまり(1)『学問芸術論』、(2)『人間不平等起源論』、(3)『新エロイーズ』である。[7] これらを『覚え書き』当時すでにカントは読んでいる。[8]

カントは『社会契約論』と『エミール』をルソーの基本的な著作と見なしている。とすればカント倫理学の確立に影響を与えたのは、『エミール』なのか、あるいは『社会契約論』なのか、が問われるべきである。この問いは重要である。何故なら『エミール』と『社会契約論』は相反する道を歩んでいるからである。[9]

ルソーは『エミール』と『社会契約論』を平行して書き進めた。そして同じ年一七六二年、『社会契約論』は四月に、『エミール』は五月に出版された。この同じ時期にルソーは「公的な幸福について」という断章を書いている。[10]

「人間の惨めさをなしているものは、我々の現状と欲望の間、義務と性向との間、自然と社会制度との間、人間と市民との間に見出される矛盾である。人間を一つにせよ。そうすればあなたは人間を可能なかぎり幸福にするだろう。人間を全部残らず国家に与えよ、あるいは人間を全部残らず人間自身に引き渡せ。しかしもしあなたが彼の心を二つに分けるとすれば、あなたは彼の心を引き裂くことになる」[11](OC3. 510)。

「我々の現状と欲望の間、義務と性向との間、自然と社会制度との間、人間と市民との間に見出される矛盾」が人間の惨めさをなしているとすれば、この矛盾を解消することが人間を幸福にするだろう。人間を全部残らず国家に与えることは市民となることである。そして人間を全部残らず人間自身に引き渡すことは人間となることである。人間となるか、市民となるか、どちらかを選択することによって、人間と市民との間に見出される矛盾は解消される。「人間を一つにせよ」とは、人間と市民の統一でなく、はっきりどちらかを選べという選択を命じている。どちらかの純粋形態を選ぶことによって、二つに引き裂かれることはなくなり、人は人間の惨めさから解放され、幸福になることができる。ルソーにとっての幸福は「引き裂かれずに一つであること」を意味する。そしてこの二つの選択肢の提示は『エミール』の選択肢の提示と完全に同じである（cf. OC3, 1526）。

「自然か社会制度と戦うことを強いられ、人間をつくるか市民をつくるかを選ばねばならない。何故なら人は同時に人間と市民をつくることができないからである」（OC4, 248）。

『エミール』は人間をつくることを選択し、『社会契約論』は市民をつくることを選択している。この相反する二つの道は、ルソーがカントに与えた影響という点から言えば、「自然法か意志法か」、「感情（良心）か意志か」という対比となるだろう[12]。

カント倫理学の確立に最も大きな影響を与えたのが『エミール』か『社会契約論』か、という問いは、「ニュートン－ルソー」テーゼで語られているルソーが『エミール』のルソーか『社会契約論』のルソーか、と表現できる。

『エミール』がカント倫理学に大きな影響を与えた、という解釈が今に至るまで有力である。それ故まず『エミール』のルソーの可能性を考え〔三〕、それを批判的に検討しよう〔四〕。その後で『社会契約論』のルソー（一般意志のルソー）を見ることにしよう〔五、六、七、八〕。

三　『エミール』のルソー？

『エミール』とカントの関係を語るとき必ず言及されるのは、『エミール』の読書がカントの日課の散歩を止めさせた、という逸話である[13]。『エミール』の影響はいろいろ見られるが[14]、誰でも引用するのは、『覚え書き』の次の言葉である。

「私自身は素質から見て探究者である。私は認識への完全な渇望と、認識においてさらに進みたいという貪欲な不安を、そして認識のあらゆる獲得に際しての満足を感じる。このことのみが人類の名誉となると私は信じ、何も知らない民衆を軽蔑した時代があった。ルソーが私を正してくれた。このの(ぼ)せ上がった優越は消え去り、私は人間を尊敬することを学ぶ。そしてこの考察が他のすべての考察に、人間性の権利を回復するという価値を与えうるだろうと私が信じていないとすれば、私は自分を普通の労働者より役立たないと見なすだろう」(20, p. 44)。

人間を尊敬することをカントが学んだのは、『エミール』からである。『エミール』は次のように書いている。「人類を構成しているのは民衆である。民衆でない者はとても少ないので、考慮する必要はない。人間はすべての身分において同じ人間である。そうであるとすれば、最も多い身分の者が最も尊敬に値する。考える人にとって、すべての国家的な差別は消えてしまう」[15](OC4, 509)。探究者と人間との対比は、「サヴォアの助任司祭の信仰告白」へ導くだろう。「我々は学者であることなしに、人間でありうる。道徳の研究に我々の人生を使い果たすことなしに、人間の意見の広大な迷宮において我々は、よりわずかの骨折りで、より確実な導き手をもつのだ」(OC4, 601)。人間への尊敬は、人間であることの重要性を意味するだろう。『覚え書き』は次のように書いている。「私は六翼天使でありたいという名誉心などもっていない。私の誇りは私が人間であるということだけである」(20, p. 47)。

「人間である」ことを『エミール』は強調する。「倫理の長たらしい教訓を私から期待してはならない。君に与えるべき唯一の教訓しか私はもっていない。それは他のすべての教訓を含んでいる。人間であれ[16]」(OC4, 819)。天使と人間との対比も『エミール』のうちに見出される。「しかし彼の幸福には最も崇高な段階、徳の栄光、自己の善き証しが欠けている。彼は天使のようなものにすぎないだろう。疑いもなく、有徳な人間は天使以上のものだろう」(OC4, 603)。人間であるというカントの誇りは、有徳な人間としての誇りであろう。カントは人間の徳について『実践理性批判』において語っている。「人間がその都度ありうる人間の道徳的状態は、徳つまり戦いのうちにある道徳的心情であって、意志の心情の完全な純粋性を所有すると僭称された神聖性ではない」(5, p. 85)。天使でなく人間であることの誇りは、「意志の心情の完全な純粋性を所有すると僭称された神聖性」でなく、「徳つまり戦いのうちにある道徳的心情」への誇りであろう。[17] 徳を「戦いのうちにある道徳的心情」と見なすこともまた、『エミール』の思想である。「わが子よ、勇気なしに幸福はなく、戦いなしに徳はない。徳という言葉は力に由来する。力はすべての徳の基礎である。徳は、その本性によって弱くその意志によって強い存在にのみ属する。ここにこそ正しい人間の功績が存する。我々は神を善なるものと呼ぶにもかかわらず、有徳なものと呼ばない。何故なら神は善をなすための努力を必要としないからである」(OC4, 817)。

「学者であることなしに、人間でありうる」、そして天使と人間との対比は、『エミール』第四編の「サヴォアの助任司祭の信仰告白」において語られている。カントがこの信仰告白を重視していたことは、『社会契約論』と『エミール』と並べて、独立に「サヴォアの助任司祭の信仰告白」に言及していることからも分かる〔二〕。「サヴォアの助任司祭の信仰告白」の核心は、その神義論にある。「ニュートン－ルソー」テーゼもまた神義論に属することは、「神は正当化され、今やポープの命題は真である」という言葉から明らかである。[18] サヴォアの助任司祭は次のように語っている。

「神は義しい。私はそれを確信している。それは神の善性の一つの結果である。人間の不正は人間の所産であって、神の所産でない。哲学者の目にとって摂理に不利な証拠となるモラルな無秩序は、私の目にとって摂理を証明しているだけである。しかし人間の正義は各人に属するものを各人に与えることであるが、神の正義は神が各人に与えたものについて各人の責任を問うことである」[19](OC4, 593-594)。

これを「ニュートン－ルソー」テーゼでのルソーに当てはめることができるだろう。「哲学者の目にとって摂理に不利な証拠となるモラルな無秩序」という言葉は「人間的と思われた形態の多様性」に、そして「私の目にとって摂理を証明している」という言葉は「深く隠された人間の本性、そして彼の観察によってそれに従って摂理が正当化される隠れた法則を初めて発見した」に対応させうるだろう。「神は義しい」を証明する神義論は「神は正当化され、今やポープの命題は真である」ことを示すのである。

カント倫理学の確立に影響したのは『エミール』のルソーである。そしてルソーが神義論を主題的に展開しているのは『エミール』の「サヴォアの助任司祭の信仰告白」においてであるから、「ニュートン－ルソー」テーゼにおけるルソーは、「サヴォアの助任司祭の信仰告白」のルソーである。[20] しかし本当にそう言えるのだろうか。

四　良心と自然法？

「ルソーは、人間的と思われた形態の多様性の下に、深く隠された人間の本性、そして彼の観察によってそれに従って摂理が正当化される隠れた法則を初めて発見した」(20, pp. 58-59)。

「ニュートン－ルソー」テーゼにおいてこのように語られていた。このルソーが『エミール』のルソー、「サヴォアの助任司祭の信仰告白」のルソーであるとすれば、ルソーが発見した「深く隠された人間の本性」、「隠れた法則」とは何を意味するだろうか。

サヴォアの助任司祭は「魂の底には正義と徳の生得的な原理がある」(OC4, 598) と語り、その原理に良心という名を与えている。とすれば良心こそが「深く隠された人間の本性」となるだろう。そして「隠された法則」は良心の法としての自然法であろう。「すべての正義の創造者によって我々の心のうちに刻まれている」(OC4, 334) とされる良心の法は自然法である。「人間の不正によって私の心からほとんど消し去られていた自然法のすべての義務は、義務を私に課し私がそれを果たすのを見ている永遠の正義の名において、生き生きと思い起こされる」[21] (OC4, 603)。

『エミール』において良心は感情であり、[22]「善悪の誤りなき判定者」(OC4, 600) である。これは「判明性」論文における感情主義の立場である。しかしそれはもはや『覚え書き』の立場ではない。『覚え書き』は良心を道徳感情としている。「道徳感情が自分自身の行為に適用されると、それは良心である」(20, p. 168)。そして道徳感情は「意志の完全性の感情」(20, p. 137) とされているから、『覚え書き』は感情主義でなく、意志主義の立場を取っている[二]。それ故「深く隠された人間の本性」を良心と見なすことはできないだろう。

「隠れた法則」を自然法と読めるだろうか。ニュートンとルソーについての記述は対となっていた。「秩序と規則性が偉大な単純性と結びついているのを初めて (zu allererst) 見た」―「深く隠された人間の本性、そして彼の観察によってそれに従って摂理が正当化される隠れた法則を初めて (zu allererst) 発見した」。「初めて (zu allererst)」という言葉は、ニュートンにもルソーにも使われている。ニュートンは初めて重力の法則を発見し、自然のうちに真の秩序を見出した。ニュートン以前に重力の法則を発見した者はいない。それとパラレルに、ルソーが初めて発見したとされる「隠れた法則」はルソー以前に誰も発見した者はいないはずである。しかし自然法はルソーが初めて発見したわけではない[23]。自然法の思想はアリストテレスやストア派にまで遡りうるし、近代自然法論としてルソー当時も多くの思想家によって語られていたのだから。とすればルソーが初めて発見したとされる「隠れた法則」は自然法であるはずがない。

カント倫理学の成立に自然法思想が深く関わった、と言われることがあるが、しかしそのようなことはありえない。一七六四年から一七六八年の間に書かれたとされる断章は次のように言っている。「古人は自然法と倫理学を混同していた」(19, p. 93)。倫理学を自然法から峻別することは、カント倫理学に一貫している[24]。

そもそも『覚え書き』は自然法についてまったく言及していない。言及されているのは一般意志である[五]。とすれば「ニュートン－ルソー」テーゼにおけるルソーは、一般意志を語るルソー、『社会契約論』のルソーであろう。

確かに「一般意志」という言葉はルソー以前にも使われていた[25]。しかし一般意志を政治学の中心概念として展開したのは、ルソーが初めてである。一般意志は社会契約によって成立し、「国家のすべての成員にとって、彼らと国家に対する正と不正の基準」(OC3, 245)、「統治の基本的な基準」(OC3, 247) である。国家秩序の基準としての一般意志をルソーが初めて発見した、と言えるだろう。

カント倫理学を法の倫理学と呼ぶことができるが、しかしそれは自然法の影響のもとで生まれたのでなく、ルソーの一般意志を通して可能となった。「法は一般意志の表明に他ならない」(OC3, 430)。一般意志のルソーを見ることにしよう。『視霊者の夢』にまず立ち返ろう。

五　一般意志のルソー

「ニュートン－ルソー」テーゼと同じ書き方で、『視霊者の夢』はニュートンによる物質的世界の構造と平行的に非物質的世界の秩序を描いている。

「ニュートンは、相互に近づこうとするすべての物質の確実な法則を物質の重力と名づけたが、彼は自分の数学的証明が重力の原因について起こりうる不愉快な哲学的論争に巻き込まれたくなかった。にもかかわらず彼は、この重力を物質相互の普遍的な活動の真の結果として扱うことを少しもためらわなかった。そしてそれ故にそれに引力という名前を与えた。同様に、相互に関係し合っている思惟する本性における人倫的衝動という現象を、霊的本性が相互にそれによって影響し合っている真なる活動的力の結果として考えることは、可能ではないだろうか。こうして人倫的感情は、私的意志が一般意志に従属していると感じることであり、自然的で普遍的な相互作用の結果であることになるだろう。この相互作用によって非物質的世界は、それに固有の連関の法則に従って霊的完全性の体系へと自らを形成することによって、その人倫的な統一を獲得するのである」(2, p. 335)。

「この重力を物質相互の普遍的な活動の真の結果として扱う」－「人倫的感情は、私的意志が一般意志に従属していると感じることである」という形で、物質的世界と非物質的世界はその構造においてパラレルに捉えられている。この対比は「ニュートン－ルソー」テーゼにおける自然の法則と自由の法則との対比と同型である。物質的世界の構造を解明したのはニュートンである。それに対して非物質的世界の構造を明らかにしたのは誰だと想定されているのか。「一般意志（allgemeiner Wille）」（=volonté générale）という言葉から、ニュートンと並び称されているのはルソー、『社会契約論』のルソーであろう。一般意志は『社会契約論』の中心概念であるからである。上での引用された箇所の直前に、『視霊者の夢』は次のように書いている。

「そこから、我々をしばしば利己心の報酬に逆らって我々を引きつける人倫的衝動、つまり責務の強い法則と親切の弱い法則が生じる。どちらも我々に少なからぬ犠牲を強いる。そして両者がときおり利己的な傾向性によって圧倒されるにもかかわらず、やはり人間の本性のうちで（in der menschlichen Natur）必ずそれらの法則が現実化する。それによって我々は、最も内密な動機において我々が一般意志の規則に従属していることを知る。そしてそこからすべての思惟する本性の世界において、単に霊的な法則に従った道徳的統一と体系的体制が生じる」[26]（2, p. 335）。

ここから「ニュートン―ルソー」テーゼを理解することができる。つまり「深く隠された人間の本性（die tief verborgene Natur desselben）」は「人間の本性のうちで（in der menschlichen Natur）」という言葉のうちに、そして「隠れた法則」は「一般意志の規則」という言葉のうちに表現されている。「深く隠された人間の本性」は「最も内密な動機において我々が一般意志の規則に従属していること」のうちにあるだろう。それは「私的意志が一般意志に従属している」（2, p. 335）ことであり、そのことを感じるのが人倫的感情である。こうした人間の本性は『覚え書き』において次のように言い表わされている。

「この選択意志は単なる自分の意志だけでなく一般意志（allgemeiner Wille）も含んでいる。言い換えれば、人間は自分を同時に一般意志との一致（consensus）において考察する」（20, p. 145）。

「一般意志との一致」は『社会契約論』において語られている。個人は特殊意志と一般意志をもっている。「事実上人間としての各個人は、彼が市民としてもつ一般意志に反し相違する特殊意志をもちうる」（OC3, 363）。法に従うことは、この二つの意志が一致することである。「特殊意志がある点について一般意志と一致する」（OC3, 368）。「特殊意志が一般意志と一致する」[27]（OC3, 383）。

『視霊者の夢』と『覚え書き』における一般意志という言葉は、ルソー『社会契約論』に由来しているだろう。道徳感情（人倫的感情）は「我々のうちに感じられる、一般意志と一致するように我々の意志に対する強制」（2, p. 335）、「私的意志が一般意志に従属していると感じること」（2, p. 335）とされ、一般意志の導入によって「感情（欲求能力の第一の内的根拠）」の立場を克服したとすれば、ルソーの一般意志こそが感情主義から意志主義へとカント倫理学を変容させたのである。さらに『覚え書き』の「人間は自分を同時に一般意志との一致（consensus）において考察する」という言葉は、『基礎づけ』の定言命法の法式を想起させる。ルソーの一般意志を介してカントは定言命法の法式への道を歩み始めた。――この可能性を考えてみよう。

六　定言命法の法式へ

『基礎づけ』は定言命法の法式を定式化する前に、定言命法と仮言命法を峻別している（cf. 4, pp. 414-421）。定言命法の法式はこの区別を前提している。すでにこの区別の萌芽は「判明性」論文において見出されるが[28]、『覚え書き』において『基礎づけ』と実質的に同じ区別（熟練の命法、思慮の命法、人倫性の命法）がなされている[29]。さらに『覚え書き』は定言命法の法式への道をはっきり歩み始めている。すでに定言命法の法式の相互関係について考察したが〔第二節〕、ここではルソー『社会契約論』の継承という視点から改めて光を当てよう。まず普遍的法則の法式から始めたい。先に引用した言葉を改めて想起しよう〔五〕。

「この選択意志は単なる自分の意志だけでなく一般意志（allgemeiner Wille）も含んでいる。言い換えれば、人間は自分を同時に一般意志との一致（consensus）において考察する。／一般意志によって必然的であるものは責務である」（20, p. 145）。

「自分の意志」とは「私的意志」(2, p. 335)、特殊意志を意味する。それ故「自分を同時に一般意志との一致(consensus)において考察する」とは、特殊意志が一般意志と一致しているかどうかを考えることである。それはルソー『社会契約論』において「特殊意志が一般意志と一致する」(OC3, 383)と表現されていた。ルソーにおいて一般意志は立法する意志であり、「法は一般意志の表明に他ならない」(OC3, 430)。一般意志は法という一般性(普遍性)の次元において働く。一般意志との一致は法(普遍的法則)との一致を意味する。特殊意志は自分固有の格率を採用する意志(選択意志)と考えることができる。その意志が一般意志と一致するとは、格率が法(普遍的法則)と一致することである。つまり一般意志と一致することは、格率が普遍的法則として妥当することを意味する。「自分を同時に(zugleich)一般意志との一致において考察する」という言葉のうちに、普遍的法則の法式への第一歩を見ることができる。「その格率が普遍的法則になることを、あなたが同時に(zugleich)それによって意志しうる格率に従ってのみ行為せよ」(4, p. 421)。

『基礎づけ』において「格率が普遍的法則になることを意志しうるか否か」が、格率の判定基準とされていた。意志しえないのは、「そのような意志は自己自身に矛盾する」(4, p. 424)からである［第五節三］。この意志の自己矛盾というアイディアはすでに『覚え書き』のうちに見出される[30]。

「人間の共通の意志に従って見られた行為は、自分自身と矛盾するならば、外的に道徳的に不可能である(許されない)。私が他人の穀物を占有しようとする、と想定しよう。自分が獲得したものが自分自身から奪われるという条件の下では、誰も何も獲得しようとしないと私が考えるならば、私は同じことを私的には意志し、公的には拒否することになる。／……人間の意志が、人間が共通の意志から拒むものを意志するならば、それは自己自身に矛盾するだろう[31]」(20, p. 161)。

人間の意志の自己矛盾が語られている。それは何を意味しているのか。「自分が獲得したものが自分自身から奪われるという条件」とは、すべての人が「他人の穀物を占有する」という条件、つまり「他人の穀物を占有する

〈奪う〉」ことが普遍的法則になるということを意味する。そうした条件の下では、誰も穀物を収穫しようとしない（「誰も何も獲得しようとしない」）から、奪うべき穀物が存在せず、「他人の穀物を占有する」ことが不可能になる。それ故私が他人の穀物を奪うためには、私は「他人の穀物を占有する」ことを「私的には意志し、公的には拒否」しなければならない。これは「意志し、拒否する（volo-aversor）」という意志の自己矛盾であり、特殊意志が一般意志（共通の意志）と一致していないこと、「人間の共通の意志に従って見られた行為が自分自身と矛盾する」ことを意味する。これは『基礎づけ』における意志の自己矛盾と同じである〔第五節三〕。「義務に違反するあらゆる場合の我々自身に注意すれば、自分の格率が普遍的法則になるべきことを実際には意志していないのに気づく。何故ならそれは我々にとって不可能であり、むしろそれと反対のことが普遍的に法則であるべきなのである」（4, p. 424）。

普遍的法則の法式は特殊意志と一般意志との一致というルソーの思想から生まれた。普遍的法則という契機（法の倫理学）だけでなく、意志という契機（意志の倫理学）においても、ルソー『社会契約論』の地平のうちで生まれ育ったのである。

このことは他の法式に対しても言えるのだろうか。ここで「ニュートン－ルソー」テーゼを想起しよう。ルソーをニュートンと並べることのうちに、ルソーを第二のニュートンとして見出したことだけでなく、自然の法則と自由の法則（道徳法則）との類比という思想をも見出すことができる。自然法則と道徳法則との類比に従って、自然法則の法式が定式化されるだろう〔第五節四〕。「それに従って結果が生起する法則の普遍性が、本来最も普遍的な意味における（形相から見た）自然と呼ばれるもの、つまり普遍的法則に従って規定されているかぎりでの物の現存在を形成しているのだから、義務の普遍的命法はまた次のように表現できるだろう。あなたの行為の格率が、あなたの意志によって普遍的な自然法則になるべきであるかのように行為せよ」[32]（4, p. 421）。

目的自体の法式を『社会契約論』に関係づけられるだろうか[33]。カントはルソーから「人間を尊敬すること」を学んだ。「……私は人間を尊敬することを学ぶ。そしてこの考察が他のすべての考察に、人間性の権利（die Rechte der Menschheit）を回復するという価値を与えうるだろうと私が信じていないとすれば、私は自分を普通の労働者より役立たないと見なすだろう」（20, p. 44）。確かにここに『エミール』からの影響を見ることができるし［三］、「人間性の権利を確立する」（OC4, 837）という言葉は『エミール』第五編のうちに見出される。[34]しかし『エミール』第五編の当該箇所は『社会契約論』の問題を論じている文脈に属している。[35]実際「人間性の権利」という語は『社会契約論』第一編第四章「奴隷制について」へ導く。「自分の自由を放棄することは、人間の資格、人間性の権利（droits de l'humanité）、人間の義務さえ放棄することである」[36]（OC3, 356）。「人間性の権利」について『人倫の形而上学』法論は述べている。「『他人に対して自分を単に手段とするのでなく、同時に目的とせよ』。この義務は以下において我々自身の人格における人間性の権利に基づく拘束性として説明される（Lex iusti）」（6, p. 236）。「単に手段とするのでなく、同時に目的にせよ」という言葉は、目的自体の法式を想起させるだろう。「あなたの人格のうちにもあらゆる他の人格のうちにもある人間性（Menschheit）を、あなたがつねに同時に目的として用い、決して単に手段として用いないように行為せよ」（4, p. 429）。目的自体は法の次元において権利として現われる［第二節五］。それ故『基礎づけ』は目的自体の法式を四つの例によって説明する際に、人間の権利に言及するのである。「人間の権利の侵害者は他者の人格を単に手段としてのみ利用するつもりであり、他者が理性的存在者としてつねに同時に目的として、つまりその同じ行為の目的を自分のうちにもちうる者として尊重されるべきことを考慮していない」（4, p. 428）。目的自体の法式における「人間性」の背景に、「人間性の権利」、そしてルソー『社会契約論』を透かし見ることができるだろう。

自律の法式が『社会契約論』に由来していることは一般に認められている。この論点は重要なので後で論じることにして［七］、目的の国の法式を見ることにしよう。『基礎づけ』において目的の国の法式は自律の法式から導かれている。自律の法式が『社会契約論』に由来しているとすれば、目的の国の法式も『社会契約論』に由来するだろう。一般意志によって誕生した国家の成員についてルソーは次のように述べている。「主権に参加する者として市民と呼ばれ、国家の法に服従する者として臣民と呼ばれる」（OC3, 362）。ルソーの国家の成員は市民（主権に参加する者、つまり立法する者）であるとともに臣民（法に服従する者）である。この二重性は、「確かに普遍的に立法するが、しかしまたこの法則に自ら服従している」（4, p. 433）という目的の国の成員の性格である。目的の国の法式はルソーの国家をそのモデルとしている。[37]

定言命法の法式（普遍的法則の法式、自然法則の法式、目的自体の法式、目的の国の法式）を『社会契約論』と関係づけて考察してきた。次に自律の法式を主題としなければならない。

七　自律思想の継承

「意志は単に法則に服従するだけでなく、自己立法するものとして（als selbstgesetzgebend）、そしてまさにそれ故に初めて法則（彼自身が自らを法則の創始者と見なしうる）に服従するものとして見なされねばならない、という仕方で服従しているのである」（4, p. 431）。

『基礎づけ』は自律の原理に達した後に、このように語っている。積極的な意味での自由としての自律がルソーに由来することは、一般に認められており、『社会契約論』第一編第八章の次の箇所が参照される。

「以上のことに基づいて、国家状態における獲得されたものに、それのみが人間を真に彼の主人とする精神的自由を加えることができる。何故なら単なる欲望の衝動は奴隷状態であり、自分自身に課した法への服従が自由であるからである」[38]（OC3, 365）。

自律の法式は「自分自身に課した法への服従」という理念に由来している。しかしこの確認にとどまるだけでは不十分である。自律思想の継承は一般意志の継承、つまり意志主義の継承を意味するのである。一般意志から生まれる二つの論点、つまり「立法することと服従すること」という二重性、そして立法と執行の区別に即して考察しよう。

「我々の各人は自分の身体とすべての力を、一般意志の最高の指揮のもとで共有する。そして我々全員は各成員を全体の不可分の部分として受け取る」(OC3, 361)。

これは社会契約の公式である。「一般意志の最高の指揮のもとで」という社会契約に同意することは、契約者が一般意志に従うことだけでなく、一般意志を各契約者自身の意志とすることをも意味する。各契約者は一つの意志のもとに結合した「全体の不可分の部分」だからである。社会契約は契約者に「意志する者」と「その意志に従う者」という二重の性格を与える。意志する者としての契約者は「主権者の成員」(市民)であり、意志に従う者としての契約者は「国家の成員」(臣民)である。「主権に参加する者として市民と呼ばれ、国家の法に服従する者として臣民と呼ばれる」(OC3, 362)。社会契約に同意することは、契約者を政治体の成員にすることであるが、それは契約者に市民(主権者の成員)と臣民(国家の成員)という二重の資格を与えることを意味する。各個人は市民として法を立て、臣民として法に従う。ここに「自分自身に課した法への服従が自由である」と言われる精神的自由が可能となる。自分が立てた法に従うことは、「自分自身のみに服従し、以前と同様に自由である」ことを意味する。カントは『実践理性批判』において、この二重の資格を「我々は確かに……人倫の国の立法する成員であるが、同時に臣民である」(5, p. 82)と表現している。

カントはこの二重の資格、二重の視点を倫理学に導入する。二重の資格は英知界と感性界という二重の視点から捉えられる。立法する市民は英知界に、そして法則に服従する臣民は感性界に属する。

一般意志に定位することによって、ルソーは主権者と政府をはっきり区別することになる。社会契約によって一般意志が成立するが、それによって一般意志である主権者とその意志に従う臣民の区別が生じる。一般意志の表明が法であるから、主権者は能動的なものとして法を立て、臣民は受動的なものとして法に従う。主権者は自らが立てた法を臣民に遵守させねばならない。それは法の執行を意味する。法の執行という執行権をもち、主権者と臣民を媒介する中間団体が政府である。

しかし何故中間団体が必要なのか。それは主権者の意志である一般意志の本質に起因する。一般意志は「意志」であるとともに「一般性」という性質をもっている。法の執行は具体的・個別的な事例に関わるが、「法は一般意志の行為である」（OC3, 379）から、法は個別的な行為である法の執行をなしえない。それ故個別的な行為である法の執行のためには、一般意志としての主権者と異なる団体（政府）の存在が必然的である。[39] 自己立法は「主権者（立法権）→政府（執行権）→臣民」という構造をもつ。これはカントにおける「立法する意志→選択意志→行為」と同型である。もう一度引用しよう［第四節五］。

「法則は意志から生じ、格率は選択意志から生じる。選択意志は人間において自由な選択意志である。法則以外の何ものにも関わらない意志は、自由とも不自由とも呼ぶことはできない。何故なら意志は行為に関わるのでなく、行為の格率に対する立法（それ故実践理性そのもの）に直接に関わるからである……」（6, p. 226）。

立法する意志は格率を規定する法則にのみ関わり、行為に直接に関わらない。立法する意志が行為と関わるために、両者を媒介する中間者が必要である。それが行為の格率を選択する選択意志である。立法する意志は格率を選択する選択意志を介して、行為を導く。「その格率が普遍的法則になることを、あなたが同時にそれによって意志しうる格率に従ってのみ行為せよ」（4, p. 421）と立法する意志は命令する。「行為せよ」という命令は、「その格率が普遍的法則になることを、あなたが同時にそれによって意志しうる」という仕方で格率を通してのみ可能である。意志は立法権に、選択意志は執行権に対応する。[40]

自律（自己立法）の思想は立法する意志とその意志に従う個別的な意志という二重の視点を必要とする。しかし立法する意志は法の一般性（普遍性）の次元にあって、直接に個別的な行為に関わることができない。個別的な行為に関わるためには、媒介する中間者を必要とする。それがルソーにおいては政府であり、カントにおいては選択意志である。カント倫理学における「立法する意志→選択意志→行為」の背景に、「主権者（立法権）→政府（執行権）→臣民」という一般意志によって生じた国家の構造が潜んでいる。

八　法の倫理学

一般意志に従うことは法に従うことである。ルソーにおける一般意志の政治学は法の政治学である。それと平行的に、カント倫理学における立法する意志の倫理学は、法の倫理学である。ルソーにおいて法に従うことが自由であったように、カントにおいても法に従うことが自由である。この点は「自分自身に課した法への服従が自由である」という自律の思想に即して論じた［七］。さらに法の倫理学は徳［八］と善悪［九］に関しても指摘できる。まず徳の問題から始めよう。

「徳は実践理性の障害としての傾向性を支配する能力であり、それ故自分自身を支配する能力である。そのかぎり徳において、単なる程度の相違以外に相違は存在しえない。それ故障害としての傾向性の相違が本来徳の実質的な相違をなすのであり、そのかぎり多くの徳が存在する」（23, p. 388）。

『人倫の形而上学』準備草稿においてカントは徳を「実践理性の障害としての傾向性を支配する能力」と捉えている。確かに障害としての傾向性の相違によって複数の徳が区別されうるが、しかし徳はそれぞれの固有性を失って、能力の程度の相違に還元されている。アリストテレス倫理学において分析された豊かな複数の徳は、カント倫理学において単数の徳に代わっている。思想史の大きな流れのうちで見れば、これはストア派の特徴である[41]。カント倫理学がストア派の流れのうちにあることは認められる。しかしここではルソーとの関係において考察しよう。

ルソーは徳を善良さと対比している。「自分の傾向性に従うこと、傾向性の通りに善を行なう喜びを感じることのうちに徳はない。徳は、義務が命じたとき、それが我々に命じたことを行なうために、傾向性に打ち勝つことに存する」（OCI. 1052–1053）。善良な者は自分の傾向性に従って善を行なうが、しかしそこに徳はない。徳が「性向に打ち勝つことに存する」という言葉は、「実践理性の障害としての傾向性を支配する能力」としての徳という規定と同じである。カント自身も講義『コリンズ道徳哲学』において善良さと徳とを対比している。「人は徳なしに心の善良さをもつことができる。何故なら徳は原則による善い行ないであって、本能による善い行ないではないからである。しかし善良さは本能による道徳的法則との一致である。徳には多くのものが必要である。心の善良さは生まれつきでもありうる。しかし誰も訓練なしに有徳ではありえない。何故なら悪への傾向性が道徳的原則に従って抑制され、行為が道徳法則と一致させられねばならないからである」(27, p. 463)。

有徳であることとは、悪への傾向性を抑制し、道徳法則と一致した行為をなすことである。道徳法則と一致するためには、悪への傾向性を抑制すること、「実践理性の障害としての傾向性」を支配しなければならない。その支配する能力・力が徳である。道徳法則との一致は立法する意志との一致を意味する。ルソーにとって立法する意志は一般意志である。それ故ルソー『政治経済論』は次のように書いている。「徳は一般意志への特殊意志のこの一致に他ならない」(OC3, 252)。「すべての人間は彼の特殊意志があらゆる点から見て一般意志に一致するとき、有徳である」(OC3, 254)。一般意志は法として表明されるから、一般意志との一致は法との一致である。徳とは一般意志との一致、法との一致、法が命じる義務を遂行する力である。カントにおいても同様である。『人倫の形而上学』は徳について次のように書いている。

「徳とは、自分の義務を遵守することにおける人間の意志の道徳的強さである。そして義務とは、理性が自ら法則を遂行する力そのものになるかぎりでの、人間自身の立法する理性(gesetzgebende Vernunft)による道徳的強制である」[42](6, p. 405)。

「立法する理性」は純粋実践理性(立法する意志(sic volo, sic jubeo))であり、義務を遵守することはこの「立法する理性＝意志」と一致することである。人間の意志が立法する意志と一致することのうちに徳を見ることは、一般意志への特殊意志の一致とするルソーと同じである。

徳を立法する意志(一般意志)との一致、道徳法則(法)との一致と見れば、徳の多様性は消え去るだろう。そして意志の強さという程度のみが残る。カント倫理学の意志主義において、徳の倫理学（アリストテレス）は法の倫理学へと変容した。そしてこの変容はすでにルソーの意志主義において遂行されていたのである。[43]

九　道徳法則が善の概念を規定し可能にする

「対象としての善の概念が道徳法則を規定し可能にするのでなく、逆に道徳法則が善の概念を規定し可能にする」（5, p. 64）（「法則－善」テーゼと呼ぶ）。

このテーゼは「実践理性の批判における方法の逆説」の言い換えと理解できる。「善悪の概念は道徳法則（善悪の概念がこの法則の根底に置かれなければならないように見えさえするが）に先立って規定されるのでなく、（ここでもそうであるように）道徳法則の後で、そして道徳法則によってのみ規定されねばならない」（5, pp. 62-63）。なぜカントはこのように主張するのだろうか。それは「対象としての善の概念が道徳法則を規定し可能にする」とすれば、意志の他律に陥ってしまうからである。善の概念は対象として意志の外に見出され、意志を規定するのではなく、立法する意志が与える道徳法則によって規定される。善悪の概念は対象として既在するのでなく、立法する意志によって初めて可能となる。「法則－善」テーゼに対応するテーゼをルソーは『ジュネーヴ草稿』において主張している。

「法が正義に先立つのであって、正義が法に先立つのではない」（OC3, 329）（「法－正義」テーゼと呼ぶ）。

このテーゼをカント的に表現すれば、「正義（正の概念）が法を規定し可能にするのでなく、逆に法が正義を規定し可能にする」となる。確かにルソーのテーゼは政治学に属しており、その点でカント倫理学のテーゼとは異なる。しかし「法（法則）が正の概念（善の概念）を規定し可能にする」という共通の思想であることは明らかである。「法－正義」テーゼは『政治経済論』において次のように表現されている。[44]

「政治体は一つの意志をもつ精神的な存在である。そしてこの意志はつねに全体ならびに各部分の保存と福祉を目指し、法の源泉であるが、この意志は国家のすべての成員にとって、彼らと国家に対する正と不正の基準である」（OC3, 245）。

政治体のもつ意志は一般意志であり、一般意志は「法の源泉」である。それ故「法が正義に先立つ」ことは、一般意志が「正と不正の基準である」ということである。「一般意志は国家において正と不正の基準である」（OC3, 484）と『社会契約論』は書いている。正不正の概念は一般意志が立法する法（国家法）によって初めて規定され可能になる。これはルソーにおいて一般意志の自己立法（自律）を意味する。

ルソーとカントのうちに「立法する意志↓法（法則）↓正の概念（善の概念）」という共通の構造が見出される。それは両者の意志主義に基づいている。カントの意志主義はルソーの一般意志の意志主義に由来する。[45] すべては立法する意志から始まるのである。

これまでの考察を振り返ってみよう。「ニュートン−ルソー」テーゼにおけるルソーは『エミール』のルソーでなく、一般意志のルソー、『社会契約論』のルソーであった。一般意志への定位は、カント倫理学を感情主義から意志主義へと変容させた［五］。それは同時に定言命法への道を歩み始めたことを意味する［六］。ルソーの意志主義の核心である自律（自己立法）の思想はカントにおいて「立法する意志（立法権）−選択意志（執行権）−行為」の三段階説となる［七］。ルソーの一般意志の政治学が法の政治学であるように、カントにおいて立法する意志の倫理学は法の倫理学である。法の倫理学は自由、徳、善を法（道徳法則）に定位して捉える。自由は法に従うことであり［七］、徳は法に従うために傾向性を克服する強さ・力であり［八］、善は法によって初めて規定される［九］。

一般意志は『社会契約論』の展開をその根底から可能にしている。一般意志は『社会契約論』が求める「国家の秩序における正当で確実な統治の何らかの基準」（OC3, 351）である。意志概念が『社会契約論』を貫いているという意味において、『社会契約論』は一般意志の意志主義であると言える。カントはルソーの一般意志の政治学を倫

理学へと翻案することを通して、ルソーの意志主義を継承したのである。(46)

第二章はsic volo, sic jubeoという言葉に着目することから始められた。このvolo（立法する意志）のうちにカント倫理学の意志主義を読み取れる。しかしvoloが立法する法則をそもそもいかに理解すればいいのか。法則は要請（実践的命題としての要請）として立てられる。要請という視点からカント実践哲学（倫理学と法論）に光を当てることが第三章の課題である。

註

第四節

（1）Cf. I. Kant, *Kritik der praktischen Vernunft*, Philosophische Bibliothek 38, Felix Meiner, 1974, p. 37 n. a.

（2）*Juvenal and Persius*, p. 100.

（3）G. W. Leibniz, *Political Writings*, ed. by P. Riley, Cambridge University Press, 1988, p. 46. ライプニッツ『形而上学叙説』二は次のように書いている。「専制的権力だけが残り、意志が理性の代わりになり（si la volonté tient lieu de raison）、暴君の定義によって最強者の気に入ることがそのことによって正しいとすれば、神の正義と神の知恵はどこにあるのだろうか」（*Die philosophischen Schriften von G. W. Leibniz*, IV. ed. by C. J. Gerhardt, Georg Olms, 1978, p. 428）。

（4）J. -J. Rousseau, *Correspondance complète de Jean Jacques Rousseau*, Institut et musée Voltaire, I, p. 136, Lettre 43.

（5）J. Bentham, *Œuvres*, vol. 1, Scientia Verlag, 1969, p. 270.

（6）stat pro ratione voluntas; stet pro ratione voluntas; sic volo, sic jubeoという違った形で引用されるが、基本的にすべて同じ意味である（『ギリシア・ラテン引用語辞典』七三〇頁、七四二頁、七四三頁参照）。

　ベルグソンも『道徳と宗教の二源泉』で書いている。「……あるいは単に議論を否定して、“sic volo, sic jubeo”によって答えることさえできる」（H. Bergson, *Œuvres*, Presses universitaires de France, 1963, p. 1050）。

（7）「総合的定義は、それが作られた対象をもつかぎり、決して誤りえない。何故なら私は私の選択意志に従って、私はこれを思惟することを意志する、と言うからである」（24, p. 915）。Cf. 24, pp. 918-919.

（8）「私が定義する概念は定義に先立って与えられておらず、定義によって初めて生じる」（2, p. 276）。

（9）ホッブズも数学の意志主義に属する。「多くの定理が量について証明可能であり、量の学は幾何学と呼ばれる。個々の図形のもつ性質の原因が図形に属しているのは、我々自身が線を引くからであり、そして図形の産出は我々の意志に依存しているから、いかなる図形であれその図形に特有の現象を知るために、作図される図形の中に我々自身がなす構成から帰結するあらゆることを考察する以上のことは何も必要とされない。それ故、この事実（つまり我々自身が図形を創造すること）のために、幾何学は証明可能であったし、証明可能である」（Th. Hobbes, *Man and Citizen*, Harvester, 1978, pp. 41-42）。

（10）sic volo と sic jubeo が一つのことであるのと同様に、定義と構成は一つのことである。「概念の客観的実在性は、幾何学においてどこでもそうであるように、ここでも概念の定義であり、同時に概念の構成である」（11, pp. 42-43）。

（11）斎藤憲・三浦伸夫訳・解説『エウクレイデス全集　第1巻　原論Ⅰ-Ⅵ』東京大学出版会、二〇〇八年、一八二頁。以下『ユークリッド原論』に関して、この翻訳書を利用させていただいた。

（12）『原論』の命題は問題と定理に区分され、六つの部分に分けられる。「命題は伝統的に定理と問題に分類される。ある性質が成立することを示すのが定理、ある条件を満たす図形や数を得る操作を示すのが問題である」（『原論』七二頁）。Cf. Proclus, *A Commentary on the First Book of Euclid's Elements*, Princeton University Press, 1970, pp. 157-158.「『原論』における命題は、最も形式的に整ったものでは六つの部分からなる。これは『原論』の注釈を書いたプロクロスが指摘している」（『原論』七三頁）。Cf. ibid., p. 159. 六つの部分とは、「言明」「提示」「特定」「設定」「証明」「結論」である（『原論』七三－七四頁）。

『原論』第一巻の命題一は「与えられた有限直線の上に等辺三角形を作図すること」という言明から始まる。命題一は「ある条件を満たす図形や数を得る操作を示す」という問題である。そして提示と特定がなされ、「まず中心をAとし、また半径ABをもって、円BGDが描かれたとしよう……」と設定される（『原論』七五頁）。つまり円を描くことがユークリッド幾何学の最初の数学的行為であり、「あらゆる中心と距離をもって円を描くこと」という要請三によって可能となる。

（13）「この Sollen は本来、理性が理性的存在者において妨害なしに実践的であるという条件の下で、あらゆる理性的存在者に妥当する Wollen である」（4, p. 449）。

（14）「……そのような意志は現象の自然法則から、つまり因果性の法則もしくは継起の法則から完全に独立しているものと考えられねばならない。そのような独立性は厳密な意味での自由、つまり超越論的意味での自由と呼ばれる」（5, p. 29）。

（15）それ故根本法則（道徳法則）は「それ自身正当化する根拠（Grund）を必要としない」（5, p. 47）。

（16）「意志は或る法則の表象に適って自分自身を行為へと規定する能力と考えられる。そしてこのような能力は理性的な存在者のうちにのみ見出されうる」（4, p. 427）。

（17）『実践理性批判』において純粋意志は、法則に従う意志（選択意志）を意味している。「道徳法則は純粋意志の唯一の規定根拠である」（5, p. 109）。それに対して『人倫の形而上学』において「人倫的概念と法則がその起源をそこにもっている純粋意志」（6, p. 221）は立法する意志である。

（18）「推論された判断がすでに第一の命題のうちにあり、第三の表象の媒介なしに第一の命題から導出されうるとすれば、その推論は直接的（consequentia immediata）と呼ばれる。私はむしろこれを悟性推理と名づけたい。しかし結論をもたらすために、根底に置かれた認識の他にさらに他の判断が必要であるとすれば、その推論は理性推理と呼ばれる」（A303=B360）。

（19）「時々カントは実践理性を意志と同一視する。別の時に彼は理性を意志を規定するものとして語る」（H. J. Paton, *The Categorical Imperative*, p. 80）。「カントは意志を実践理性と同一視するが、しかし彼は理性を意志の規定者として語ることによって読者をしばしば混乱させる」（L. W. Beck, *A Commentary to Kant's Critique of Practical Reason*, p. 39）。

（20）『理論と実践』（『ベルリン月報』一七九三年九月号に発表）の準備原稿は、『人倫の形而上学』と同じテーゼを語っている。「意志は私の意のままにできない法則に向けられている。――選択意志は私の意のままにできる行為に向けられている。私は法則に関しては自由でないが、私の格率の選択に関しては自由である」（23, p. 143）。しかし『宗教論』の第一論文（一七九二年二月）において選択意志と意志との区別がなされていると思われる。第一論文における「選択意志がその自由の使用のために自分自身に作る規則、つまり格率」（6, p. 21）という言葉は、「格率は選択意志から生じる」ことを意味している。

（21）「不合理な二－能力－理論に陥らないために、意志と選択意志はもちろん二つの切り離された能力として理解されてならず、むしろ同一の意志の二つのアスペクトである」（J. Bojanowski, *Kants Therorie der Freiheit*, Walter de Gruyter, 2006, p. 240）。

（22）「意志は法則の下にあるのでなく、意志はそれ自身選択意志に対する立法者であり、選択意志の規定における絶対的実践的な自発性である」（23, p. 248）。「意志は（選択意志のように）行為との関係において見られた欲求能力であるというより、むしろ選択意志を行為へと規定する根拠との関係において見られた欲求能力である」（6, p. 213）。

（23）「意志（法則）→選択意志（格率）→行為」という実践における構造は、「理性→悟性→経験（対象）」という理論における構造とパラレルである。「悟性が規則を介して現象を統一する能力であるとすれば、理性は悟性規則を原理のもとに統一する能力である。それ故理性は最初から経験に、あるいは何らかの対象に関わるのでなく、悟性に関わり、悟性の多様な認識に、概念によるアプリオリな統一を与える」（A302=B359）。

（24）「人間の意志は自分自身の純粋な実践理性の無条件的な立法である。それに対して選択意志は、行為の或る規則を格率にする感性的に規定可能な能力にすぎない。——それ故意志でなく、選択意志のみが自由でありうる、つまり二つの対立する行為あるいは対象のもとで選択する能力として自由と名づけられうる」（23, p. 256）。「現象としての人間の行為に関する選択意志の自由はもちろん、二つの対立するもの（合法則的なものと反法則的なもの）のもとで選択する能力のうちに存する」（23, p. 248）。「選択意志（Willkühr）は Keir, küren, つまり選択、選択することに由来し、或るものを欲求の対象にすることを意味する」（28, p. 589）。

（25）「可相体（Noumen）としての人間はそれ自身理論的にも実践的にも選択意志の対象に対して立法的であり、そのかぎり自由であるが、しかし選択しないのである」（23, p. 248）。

（26）「立法者が同時にまた法則の創始者であることは必要でない。……神の法則は同時に自然法則として現象しなければならない。何故なら神の法則は恣意的でないからである」（9, p. 494）。「法則に従った外的強制の創始者は立法者である。彼はつねに法則の創始者であるわけではない。法則の創始者であるとすれば、法則はそれ自身偶然的に義務づけるものである」（19, p. 156）。「神は道徳法則の立法者であるが、その創始者ではない」（27, pp. 146–147）。

（27）「意志主義。この見解によれば、義務は、道徳的行為者に対して正当な権威をもち行為者のために法を定めうる者の命令に由来する。あなたが正しいことをしなければならないのは、例えば神が命令するからである、あるいは、あなたが服従することに同意した政治的主権者がそれを法として定めるからである。規範性は立法する意志から生じる。これはプーフェンドルフやホッブズの見解である」（Ch. M. Korsgaard, *The Sources of Normativity*, Cambridge University Press, 1996, pp. 18–19）。

（28）法則による拘束性の創始者と法則の創始者の区別は、立法する意志の自由という問題と関係している。立法する意志が選択の自由をもっているとすれば、法則を選択し、自由に変えることができる。この場合法則は実定的（偶然的）、恣意的である。法則が意志から生じるのであれば、立法者は「法則の拘束性の創始者」である。法則が選択意志から生じるのであれば、立法者は同時に「法則の創始者」である。

（29）*Œuvres philosophiques de Descartes*, vol. I, Garnier, 1963, p. 260. メルセンヌ宛の手紙（一六三〇年四月一五日）については、村上勝三『デカルト形而上学の成立』（勁草書房、一九九〇年）一〇–一六頁参照。

（30）Ibid. p. 259.

（31）*Œuvres philosophiques de Descartes*, vol. II, Garnier, 1967, p. 827.

(32) *Wittgenstein und der Wiener Kreis* (Werkausgabe 3), Suhrkamp, 1989, p. 115.

(33) Cf. J. B. Schneewind, *The Invention of Autonomy*, Cambridge University Press, 1998, p. 512.

第五節

(1) 「『意志しうる』という言葉は明らかにカントの教説の理解のための主要な鍵であるが、しかしそれを解釈することは不幸なことに非常に困難である」(H. J. Paton, *The Categorical Imperative*, p. 139)。

(2) Cf. L. H. Wilde, *Hypothetische und kategorische Imperative*, Bouvier, 1975, pp. 121–218.

(3) 「このことが行為一般に対する道徳的判定の基準である」(篠田英雄訳『道徳形而上学原論』岩波書店、一九六七年、六八頁)。「われわれの行為の格率が普遍的法則となることを意志することができるのでなければならぬ、ということが、行為の道徳的判定一般の基準である」(野田又夫訳『人倫の形而上学の基礎づけ』中央公論社、一九七二年、二六九頁)。「これが行為の道徳的判定一般の基準である」(深作守文訳『人倫の形而上学の基礎づけ』(『カント全集　第七巻』)理想社、一九八五年、六七頁)。「これが私たちの行為全般の道徳的評価の基準なのである」(平田俊博訳『人倫の形而上学の基礎づけ』(『カント全集七』)岩波書店、二〇〇〇年、五八頁)。

(4) 英訳はすべて「行為」と読んでいる。Cf. I. Kant, *The Moral Law or Kant's Groundwork of the Metaphysics of Morals*, Hutchinson's University Library, 1956, p. 91; I. Kant, *Ethical Philosophy*, Hackett Publishing Company, 1994, p. 32; I. Kant, *Groundwork for the Metaphysics of Morals*, Yale University Press, 2002, p. 41; I. Kant, *Groundwork for the Metaphysics of Morals*, Oxford University Press, 2002, p. 225. 仏訳も「行為」と読んでいる。Cf. I. Kant, *Œuvres philosophiques II*, Gallimard, 1985, p. 288.

(5) ドイツ語のコメンタールは格率と行為を並記している。「格率(あるいは行為)の『道徳的判定の基準』」(D. Schönecker, A. W. Wood, *Kants "Grundlegung zur Metaphysik der Sitten"*, p. 165 n. 97)。しかし行為か格率かの二つの可能性を並記することは許されないだろう。

(6) 『基礎づけ』(4, p. 424)と同様にここでもまた、「前者」という語が指すのが「行為」か「行為の格率」かは、文法的に決まらない。にもかかわらず『基礎づけ』での訳とは逆に、邦訳は一致して、「前者」=「行為の格率」と訳している。「それにも拘らず、自然律は道徳的な原理によって格率を判定する類型である。もし行為の格率は、自然律一般の形式によって試みにたえるようにできていないとしたら、道徳的には不可能である」(樫山欽四郎訳『実践理性批判』(世界の大思想一一)河出書房、一九六五年、六三頁)。「しかし確かに、後者[普遍的自然法則]は道徳的原理によって前者[行為の格率]を判定する範型なのである。行為の格率が自然法則一般の形式において吟味に耐えるという性質のものでなかったならば、その格率は道徳的に不可能なものである」（深作守文訳『実践理性批判』（『カント全集　第七巻』）理想社、一九八五年、一三六頁）。「しかしそれでもなお、後者［普遍的自然法則］が、前者［行為の格率］を道徳的原理にしたがって判定する際の範型であることにかわりはない。行為の格率が、自然法則一般の形式に照らして吟味に耐える性質のものでないとしたら、それは道徳的に成立不可能である」（坂部恵他訳『実践理性批判』（『カント全集七』）岩波書店、二〇〇〇年、二二四頁）。

英訳でも「行為の格率」を指すとされている。Cf. I. Kant, *Critique of Practical Reason*, Prentice Hall, 1993, p. 73; I. Kant, *Critique of Practical Reason*, Hackett Publishing Company, 2002, p. 92; I. Kant, *Critique of Practical Reason*, Dover Publications, 2004, p. 73. 仏訳も同じである。Cf. I. Kant, *Œuvres philosophiques II*, p. 692.

アボットは『基礎づけ』と『実践理性批判』を訳している。『基礎づけ』において「行為一般の道徳的判定の基準」と訳し、『実践理性批判』において「道徳的原理に従った格率の判定の範型」としている。Cf. *Great Books of the Western World 42. Kant*, Encyclopaedia Britannica, 1952, p. 270, p. 320.

（7）「それに従って私が証言するつもりである格率が実践理性によって吟味される場合、私がつねに気にかけるのは、その格率が普遍的な自然法則として妥当するとすればどうなるのか、である」（5, p. 44）。それ故ペイトンの言葉は正しい。「カントの教説の一層特色ある性格は、抽象的な普遍的法則と具体的な個々の行為の間に媒介者として格率を導入したことである」（H. J. Paton, *The Categorical Imperative*, p. 135, cf. ibid., p. 139）。カントの格率倫理学については、御子柴善之「『格率』倫理学再考」（『理想』六六三号、一九九九年、六七–七六頁）参照。

（8）「普遍化可能性の吟味は二つの形式をもっている。第一の厳密な形式は完全義務に関わり、格率が普遍的法則として矛盾なく思惟されうるか否かを熟慮する。……／普遍化の思考実験の第二の弱い形式は、人が格率を普遍的法則として矛盾なく意志しうるか否かを吟味する」（O. Höffe, *Immanuel Kant*, C. H. Beck, 2007, p. 196）。

（9）W. Kersting, "Der Imperativ, die vollkommenen und die unvollkommen Pflichten", in: *Zeitschrift für philosophische Forschung*, 37, 1983, pp. 406–408, p. 415 n. 31.

（10）「論理的に『無矛盾』的に『考え得る』かどうかという『思惟』の立場より、『欲し得る』かどうかという『意志』の立場の方が一層広くかつ深いのであり、いま一つ広い底にあるのである。ここにおいて、『思惟』の根底に『意志』があり、『意志』が丁度そこにはたらいているのである」（稲葉稔『カント『道徳形而上学の基礎づけ』研究序説』創文社、一九八三年、六四頁）。Cf. I. Kant, *Grundlegung zur Metaphysik der Sitten*, Suhrkamp, 2007, p. 227; J. Timmermann, *Kant's Groundwork of the*

Metaphysics of Morals : A Commentary, Cambridge University Press, 2007, p. 86.

（11）『永遠平和のために』（一七九五年）において法の原理として「意志しうる」が語られている。「あなたの格率が、普遍的法則になることをあなたが意志しうるように行為せよ」（8, p. 377）。論文「哲学の永遠平和」（一七九六年）は「すべての権能の試金石」を次の原則としている。「その格率が普遍的法則になるべきであることをあなたが同時に意志しうるような格率に従って行為せよ」（8, p. 420）。遺稿でも次のように定式化されている。「倫理的命法は次のとおりである、あなたの行為の格率が、普遍的法則になることをあなたが意志しうるように行為せよ」（23, p. 388）。Cf. 23, p. 257, p. 398.

（12）「似たような状況にある他者に対して指令されるべき行為の原理を例示するものとして同時に受け入れる用意がある行為（普遍化可能性）」（R. M. Hare, *Freedom and Reason*, Clarendon Press, 1965, pp. 89-90）。「普遍化可能性のテーゼが要求するのは、我々がこの状況について道徳的判断をするならば、我々はこれと正確に類似した他の状況についても同じ道徳的判断をする用意がなければならない、ということである」（R. M. Hare, *Moral Thinking*, Clarendon Press, 1992, p. 42）。「普遍化可能性から次のことが帰結する。或る人に対して或ることをすべきであると私が今言うならば、その人と同じ個人的特徴、特に同じ動機づけの状態をもっていることを含めて、その人の状況に私が正確にいたなら、まったく同じことが私に対してなされるべきである、という見解に縛られる」（ibid., p. 108）。

（13）「私はここで完全義務を、傾向性のために例外を許さない義務と理解する」（4, p. 421 n.）。ここだけを読んで、不完全義務（広い義務）は例外を許すと思うかもしれない。その誤解をカントは『人倫の形而上学』において正している。「広い義務といっても、行為の格率に例外を許すことであると理解されず、一つの義務の格率を他の義務の格率によって（例えば普遍的な隣人愛を両親への愛によって）制限するのを許すことであると理解される」（6, p. 390）。

（14）「『これは非常に特別な場合である』あるいは『私は非常に特別な人間である』と我々は我々自身に言い、このようにして我々自身の利益のために例外を設け始めるのである」（H. J. Paton, *The Categorical Imperative*, p. 139）。「これは非常に特別な場合である」は「今度に対してだけ（今度だけは例外）」であり、「私は非常に特別な人間である」は「自分に対して（自分だけは例外）」である。

　カントが「今度だけは例外」を認めないことは、論文「人間愛からの嘘」によっても明らかである。この論文は「殺人者が、彼によって追いかけられている友人が我々の家へ逃げ込んだかどうか質問した場合、その殺人者に対する嘘は犯罪であろう」（8, p. 425）という言葉をめぐって書かれている。そしてこの論文は次の言葉で終わっている。「何故なら例外は、それによってのみ原則が原則という名をもつ所以の普遍性を破壊するからである」（8, p. 430）。カントが認めない例外とは、「殺人者が、彼によって追いかけられている友人が我々の家へ逃げ込んだかどうか質問した場合」という例外であり、「今度だけは例外」である。

（15）　法則化と普遍化との違いはさらに次のことのうちにある。「定言命法において求められている普遍化を人は、ヘアやシンガーによって主張されているような現代の普遍化の原理と取り違えてはならない。何故なら一つには現代の原理は直接に行為に関係し、それによって格率倫理学の意味が失われる。他には結果の考慮が許されるだけでなく、それどころか要求されている」（O. Höffe, *Immanuel Kant*, p. 197）。

（16）　「判断が厳密な普遍性において考えられるならば、つまりいかなる例外も可能なものとして許されないとすれば、その判断は経験から導出されず、端的にアプリオリに妥当する」（B4）。「格率を法則に適していないようにする例外」（5, p. 126）。「それ故例外のない規則はない。しかし法則はつねに例外なしである……」（18, p. 127）。

（17）　「普遍的な自然法則」は第三の原則（経験の類推）に由来する。第一の類推は「実体の持続性の原則」である。「現象のすべての変移に関わらず、実体は持続し、実体の量は自然において増加も減少もしない」（B224）。第二の類推は「因果性の法則に従った時間継起の原則」である。「すべての変化は原因と結果の結合の法則に従って生起する」（A189=B232）。第三の類推は「相互作用あるいは相互性の法則に従った同時存在の原則」である。「すべての実体は、それが空間において同時的なものとして知覚されうるかぎり、全般的な相互作用のうちにある」（A211=B256）。「実体は残り持続する」という自然法則は「実体の持続性の原則」に、そして「生起するすべてのものはつねに原因によって、恒常的法則に従って予め規定されている」という自然法則は「因果性の法則に従った時間継起の原則」に対応している。「相互作用あるいは相互性の法則に従った同時存在の原則」は、次のように語られている。「自然の認識において、生起するものの原理（例えば運動の伝達における作用と反作用の同等性の原理）は、同時に自然の法則である」（5, p. 19）。「自然科学（物理学）はアプリオリな総合判断を原理として自分のうちに含んでいる。私はただ例としていくつかの命題のみを挙げよう。物体的世界のすべての変化において物質の量は不変のままである。あるいは、運動のすべての伝達において作用と反作用はつねに相互に同等でなければならない」（B17）。

（18）　「実体は残り持続する」は、『純粋理性批判』における第一の類推（実体の持続性の原則）である。第一の類推についてヴァイツゼカーは次のように語っている。「第一の推理が最近の物理学の思考法にいかに近いかを示そうと私は試みた。最近の物理学にとって保存則、特にエネルギーの保存の法則は普遍的な不変量原理から帰結する。私にとってとりわけ重要なのは、現代の物理学の不変量原理と同様に、カントの純粋悟性原則が特定の領域分野の特殊な法則でなく、すべてのおよそ可能な特殊な自然法則についての法則であることを示すことであった」（C. F. von Weizsäcker, *Die Einheit der Natur*, Deutscher Taschenbuch Verlag, 1974, p. 415）。

(19)　G. W. F. Hegel, *Werke in zwanzig Bänden 2*, Suhrkamp, 1970, p. 462. ヘーゲル『法の哲学』第一三五節は次のように書いている。「所有物が存在しないことは、あれやこれやの個々の民族、家族などが現実存在しないこと、あるいは人間がまったく生きていないことと同様に、それ自体に矛盾を含んでいない。所有物と人間の生が存在し定立されるべきであることがそれ自体で確定し前提されているならば、窃盗や殺人を犯すことは矛盾である。矛盾は存在する或るものとのみ、確固たる原理として予め根底にある内容とのみ、生じる。そのようなものとの関係において初めて、行為はそれと一致するか矛盾するかである」(G. W. F. Hegel, *Werke in zwanzig Bänden 7*, Suhrkamp, 1970, p. 253)。

(20)　G. W. F. Hegel, *Werke in zwanzig Bänden 2*, p. 466. ヘーゲル『哲学史講義』は次のように語っている。「道徳性の法則は慈善である、『あなた方の物を貧しい者に与えよ』。しかし彼らが持っているすべてのものを贈れば、慈善は廃棄される」(G. W. F. Hegel, *Werke in zwanzig Bänden 20*, Suhrkamp, 1971, p. 368)。しかしそれは因果的な結果であり、慈善の最初の行為は可能である。

(21)　前者の反例は次のようなものである。「一つの約束を除いてあなたの全人生を通じてすべての約束を守れ」、「間違った宗教的信念をもっているすべての人を迫害せよ」。Cf. A. MacIntyre, *After Virtue*, University of Notre Dame Press, 2007, p. 46. 後者の反例は次のようなものである。「私は骨董の時計を買うが、決して売らない」、「私はいつも日曜に朝早くテニスをする、何故ならテニスコートがほとんど利用されていないから」。Cf. D. Schönecker, A. W. Wood, *Kants "Grundlegung zur Metaphysik der Sitten"*, p. 141.

(22)　J. S. Mill, *Collected Works of John Stuart Mill*, vol. 10, Routledge, 2002, p. 207.「カントの原理に意義を与えるために、それが意味するのは、すべての理性的存在が彼らの共同の利益のために採用する規則によって、我々は我々の行為を定めるべきである、ということでなければならない」(ibid., p. 249)。

(23)　意志は目的概念と切り離せない。「目的がつねに原理に従って欲求能力を規定する根拠であることによって、人は意志をまた目的の能力によって定義できるだろう」(5, pp. 58–59)。「目的は自由な選択意志の対象であり、その表象が選択意志を行為へと規定する（それによって目的が実現される）。それ故あらゆる行為はその目的をもつ……」(6, p. 384)。

(24)　同じことは次のようにも言い表わされている。「意志が可能的行為に対する普遍的法則として妥当することは、自然一般の形相的なもの（das Formale der Natur überhaupt）である普遍的法則に従った物の現存在の普遍的結合と類比性をもつから、定言命法はまた次のように表現されうる。自分自身を同時に普遍的法則として対象にもちうる格率に従って行為せよ」(4, p. 437)。「自然の形相的なもの」という言葉も『プロレゴメナ』に由来する。「この狭い意味における自然の形相的なもの（das Formale der Natur）は、経験のすべての対象の合法則性である……」（4, p. 295）。

（25）「……意志の行為の格率がその意志によって『普遍的な自然法則』になるべきであるかのように行為せよ。ここで考えられている『自然』は、客体の感性的な現実存在でなく、個別的目的相互の体系的関係と『究極目的』における調和的統合である」（E. Cassirer, *Kants Leben und Lehre*, in: *Gesammelte Werke*, vol. 8, Felix Meiner, 2001, p. 250）。「立てられた格率をそれによって自然の法則になるかのように我々が意志しうるかどうかを問う場合、人間的自然における目的の体系的調和を目指した意志が、この特殊な格率を人間的自然の法則として矛盾なく意志しうるかどうかを我々は問うのである」（H. J. Paton, *The Categorical Imperative*, p. 151）。

（26）Ibid., p. 149.

（27）Ibid., pp. 149-150.

（28）『基礎づけ』における自然法則の法式は、『実践理性批判』において範型論として展開される［第二節五］。範型論における「純粋実践理性の法則の下にある判断力の規則」は次のように定式化されている。「あなたが企てる行為が、あなた自身がその一部である自然の法則に従って生起すべきであるとすれば、あなたはその行為をあなたの意志によって可能なものと見なすことができるかどうか、あなた自身に問え」（5, p. 69）。「あなた自身がその一部である自然」という言葉は、自ら創造した世界の一員であることを意味している。

（29）「この法式を用いる際に、我々は想像の上で創造者の位置に我々を置き、我々自身がその一部である自然の世界を我々は作っていると想定する」（H. J. Paton, *The Categorical Imperative*, p. 146）。「我々は誘惑を前にして我々自身に問う、『私が行為したい仕方であらゆる人が行為するとすれば、この世界はどのような種類の世界になるだろうか。私はそのような世界を喜んで創造するだろうか、そのような世界が存在するとすれば、その世界に喜んで住むだろうか』」（L. W. Beck, *A Commentary to Kant's Critique of Practical Reason*, p. 158）。

（30）「我々の全認識能力は二つの領域、つまり自然概念の領域と自由概念の領域をもつ。何故ならこの二つの概念によって認識能力はアプリオリに立法的だからである。……／自然概念による立法は悟性によって行なわれ、理論的である。自由概念による立法は理性によって行なわれ、単に実践的である。実践的なもののうちでのみ理性は立法的である」（5, p. 174）。「普遍的な（自然および自由な意志に対して）立法する理性」（8, p. 278 n.）。

（31）四つの例において吟味されている格率はすべて「自愛（思慮）の格率」（5, p. 36）であるから、自殺の例だけでなく他の三つの例においても「自愛の原理が普遍的な自然法則になりうるか」が問われている。「すべての質料的な実践的原理はそのようなものとして総じて同一の種類であり、自愛あるいは自分の幸福の普遍的な原理に属する」（5, p. 22）。

（32）H. J. Paton, *The Categorical Imperative*, p. 149.「感覚＝自愛」とすれば、自愛が自殺に導いたとしても自己矛盾などないと思うだろう。「幸福を選択意志の最高の規定根拠とする原理が自己愛の原理である」（5, p. 22）から、生が快よりも多くの苦を与えるとすれば、自分の幸福を求める自愛から自殺することに何の矛盾も感じない。「カントにとって自愛は感性的生活の原理であるが、人生において快が支配的であるか、苦が支配的であるかに応じて、同じ自愛の原理が異なった結果を生じたとしても、それは必ずしも自己矛盾であるとは言えない。このようにして自己矛盾を来すがゆえに自殺は自己自身に対する義務に反するという論法は、われわれを説得する力をもたないのみならず、格率が自己矛盾さえ含まなければそれに由来する行為は倫理的に正しいという誤った形式主義に陥る危険さえ生ずる（IV 437）。自己矛盾という論理だけに注目すれば、そういう危険がある」（小倉志祥『カントの倫理思想』東京大学出版会、一九七二年、三八〇頁）。「自愛は自然において生を促進する機能をもつことは、経験的な（おそらく誤っている）主張である」（D. Schönecker, A. W. Wood, *Kants "Grundlegung zur Metaphysik der Sitten"*, p. 133）。

（33）「生命の促進に駆り立てるのがその使命である」という言葉のうちに自然の目的論が読み取られる。「『生命の促進に駆り立てる』ことが、すべての人間に存在する自己愛の『使命』である、という証明されていない目的論的自然法則」（L. H. Wilde, *Hypothetische und kategorische Imperative*, p. 121）。「自殺が自然法則となりえぬという主張にも、自己矛盾という論理に加えて自殺が生命の維持という『使命』を乱すという目的論的観念が既に結びついているとみなしてよいであろう。……というのは『一切の能力は理性的存在者に対してあらゆる可能的な意図に役立つものとして、そして、そのために与えられているからである』（IV 423）。この論法は明らかに目的論的である。第二法式におけるこの義務の説明は『人間性に関する自然の目的』に対する素質を積極的に促進すべきことに基づいている（430）。これは第一法式における説明と同じであるといってよく、完全に目的論的である。かかる自然観はもはや因果律をモデルとして自然に臨む自然観では全然ない」（小倉志祥『カントの倫理思想』三八一頁）。

（34）H. J. Paton, *The Categorical Imperative*, p. 148.

（35）「『同じ感覚』（422, 9）という表現が自己愛を指すことは文法的に必然的であるわけではない。カントは、明確に名指されていないが実質的に前提されている感覚、例えば『胃の状態における不快の感覚』を考えていたかもしれない。しかしそのことは論証を（本質的に）変えるわけではない」（D. Schönecker, A. W. Wood, *Kants "Grundlegung zur Metaphysik der Sitten"*, p. 133 n. 44）。

（36）O. Höffe, *Immanuel Kant*, p. 196.

(37) 「苦は感官による不快である」(7, p. 230) であるから、「感覚＝不快の感覚」と「感覚＝苦の感覚」が対立しているわけではない。

(38) 「自然は活動を刺激する刺として苦を人間のうちに置き入れたのであり、つねにより善い状態へ進むために人間は苦を免れることはできない」(7, p. 235)。「苦は我々のうちに活動を生じさせる刺として与えられている」(25, p. 1075)。

(39) 「しからばもし約束が不可能となることを目的として偽りの約束をなした場合はどうであろうか。この場合の行為の格率は『約束のない社会を自分は欲する、偽りの約束に引っかかる者のある限り自分は偽りの約束を結び、やがて約束という現象の絶滅することを期する』ということになる。これが普遍的な法則になっても自己矛盾はない。しかし、それによって偽りの約束は義務に合するとは言えぬであろう。従って偽りの約束の自己矛盾性がその反義務性を決定したのではない。カントは暗々裏に約束が可能でなくてはならないことを前提としているのである」(『和辻哲郎全集』第十巻、岩波書店、一九七七年、二六二頁)。しかし「カントは暗々裏に約束が可能でなくてはならないことを前提としている」のでなく、偽りの約束という格率そのものが「約束が可能でなくてはならないことを前提としている」のである。和辻が案出した格率も「偽りの約束を結び、やがて約束という現象の絶滅することを期する」のだから、偽りの約束を結ぶこと、約束が成立することを意志している。そして和辻の格率を普遍的法則にすると約束が成立しないから、カントの例と同様に、意志の自己矛盾に陥る。偽りの約束の格率は約束の成立を意志し、その格率の法則化の意志は約束の不成立を意志しているからである。

功利主義的解釈は、偽りの約束による借金ができなくなることのうちに、つまり目的が実現できないことのうちに自己矛盾を見る。和辻はこうした解釈を前提した上で、「約束のない社会を自分は欲する」という目的が実現されるのだから、自己矛盾はない、としている。しかし偽りの約束の目的が借金であれ、「約束のない社会」であれ、「普遍化すればその目的が達成されない」ということが自己矛盾の意味ではない。格率の法則化を意志することは、約束の成立を意志し、同時に約束の不成立を意志している——ここに意志の自己矛盾がある。

(40) O. Höffe, *Immanuel Kant*, p. 199.

(41) 自分が困窮に陥っても援助を求めないということは、確かに実行可能である。しかしそれはやせ我慢である。援助して欲しいが、しかし援助を求めないというやせ我慢は、援助を意志しかつ援助を意志しないという意志の自己矛盾である。やせ我慢をすれば、「困窮にある他人を援助しない」という格率は普遍化可能であるが(ヘア)、しかし意志の自己矛盾に陥るから法則化可能ではない(カント)。

(42) カントにおいて Sollen の真の姿が Wollen であるとすれば、「なすべきが故になしうる」は本来的に「意志するが故になしうる」を意味する。「この点において［道徳法則に従うことにおいて］彼が意志することを、彼はまたなしうる」（5, p. 37）。それ故ニーチェ『ツァラトゥストラはこう語った』第三部「新旧の板」九の言葉は、カント倫理学の意志主義を見事に言い当てている。「その後再び人はすべての予言者と占星術師を信用しなくなった。それ故人は『すべては自由だ、つまり意志するが故になしうる（du kannst, denn du willst!）』を信じた」。ハイデガーはニーチェについて書いている。「意志することは命令することである、という意志の特徴は、ニーチェにおいて最も頻繁に語られる。意志のうちに命令する思想がある」（M. Heidegger, Gesamtausgabe, vol. 43, Vittorio Klostermann, 1985, p. 68）（ハイデガーからの引用は、同全集による。以下 GA と略）。この意志の特徴は sic volo, sic jubeo のうちに見出されるだろう。ニーチェにおける意志については、拙著『道化師ツァラトゥストラの黙示録』（九州大学出版会、二〇一〇年）参照。

第六節

（1）「判明性」論文は次のように書いている。「形而上学の真の方法は、ニュートンが自然科学のうちに導入し、そこで非常に有益な結果をもたらした方法と、基本的に同一である」（2, p. 286）。「カントとニュートン」問題に関しては、松山壽一『ニュートンとカント』（晃洋書房、二〇〇六年）参照。

（2）カントとルソーの関係を象徴的に表わすのは、ルソーの肖像画である。「カントの居間にあったJ・J・ルソーの銅版画の他に、彼の家にはその種のものは何もなかった」（L. E. Borowski, *Darstellung des Lebens und Charakters Immanuel Kant's*, Thoemmes, 2002, p. 176）。「カントの部屋の家具調度はきわめて簡素だった。……壁にはジャン・ジャック・ルソーが掛かっていた」（R. B. Jachmann, *Immanuel Kant geschildert in Briefen an einen Freund*, Thoemmes, 2002, pp. 180–181）。カントのルソー評価は次の言葉のうちに示されている。「ヴォルフは本来的に哲学者でない……。何人かの古人は真の哲学者の原型に近づいた。ルソーも同様である。しかし彼らは原型に達しなかった」（29, p. 8）。

（3）「すべての心の能力あるいは力は、共通の根拠からそれ以上導出されえない三つの能力に還元されうる。つまり認識能力、快不快の感情、欲求能力である」（5, p. 177）。「我々は人間の心のすべての能力を例外なしに三つの能力に帰着させうる、つまり認識能力、快不快の感情、欲求能力である」（20, pp. 205–206）。

（4）「感情（欲求能力の第一の内的根拠）」の立場を取っていたことは、「判明性」論文（一七六四年）当時の言葉から読み取れる。「一七六五―六六年の冬学期講義計画公告」は次のように書いている。「行為における善と悪の区別ならびに人倫的正当性についての判断は、まっすぐに証明の冗長さなしに、感情と名づけられるものを通して人間の心によって容易に正しく認識されうる」

(2, p. 311)。「シャフツベリ、ハチソン、ヒュームの試みは、未完成で欠陥があるが、すべての人倫性の第一の根拠に関して最も進んでいる」(2, p. 311)。

(5) 「我々のうちに感じられる強制」＝人倫的感情は、『理論と実践』（一七九三年）へ導く。「無条件的な強制としての法則の下にあるという、無条件的な法則に対する意志の感受性は、道徳感情と呼ばれる。それ故道徳感情は意志規定の原因でなく結果である。そのような強制が我々のうちで先行していなければ、我々は我々のうちに道徳感情をまったく感知しないだろう」(8, pp. 283-284)。

(6) 「ニュートン―ルソー」テーゼから読み取れる構図は『判断力批判』において次のように定式化されることになる。「すべてのアプリオリな認識のための根拠を含む自然概念は悟性の立法に基づいていた。――感性的に条件づけられていないアプリオリな実践的指令のための根拠を含む自由概念は理性の立法に基づいていた。それ故この二つの能力は、原理がいかなる起源であるにせよ、論理的形式から見て原理に適用されうるということの他に、内容から見てさらに各々がそれ自身の立法をもっている。この立法以上に他の（アプリオリな）立法は存在せず、従ってこの立法が哲学を理論哲学と実践哲学に区分することを正当化する」(5, pp. 176-177)。

(7) Cf. I. Kant, *Anthropologie in pragmatischer Hinsicht*, Philosophische Bibliothek 44, ed. by K. Vorländer, Felix Meiner, 1980, p. 281 n. a. 三つの損失は「ルソーの逆説的命題」(15, p. 326) として語られている。

(8) 『覚え書き』当時にカントが読んでいるルソーの著書については、Cf. I. Kant, *Bemerkungen in den "Beobachtungen über das Gefühl der Schönen und Erhabenen"*, ed. by M. Rischmüller, Felix Meiner, 1991, p. 150.

(9) 拙著『純化の思想家ルソー』九州大学出版会、二〇〇七年、一二―一三頁、一六八―一七〇頁参照。

(10) この断章は一七六二年に、つまり「『社会契約論』と『エミール』がまさに公にされようとする時期」に書かれたと想定されている。Cf. C. E. Vaughan, *The Political Writings of Jean Jaques Rousseau*, vol. I, Cambridge University Press, 1915, p. 325.

(11) ルソーからの引用は、*Œuvres completes*, Gallimard による（以下 OC と略）。

(12) カント自身が『エミール』と『社会契約論』を相反する二つの道として理解していた、と主張しているわけではない。むしろカントはルソーの思想の統一性を教育による「人間と市民の統一」のうちに見出している。拙著『純化の思想家ルソー』五―六頁参照。

(13) 「ジャン・ジャック・ルソーの著作をカントは全部知っていた。そしてルソーの『エミール』は、その最初の出版の際に二三日の間いつもの散歩を止めさせた」(L. E. Borowski, *Darstellung des Lebens und Charakters Immanuel Kant's*, p. 170)。この報告に対して、Cf. I. Kant, *Bemerkungen in den "Beobachtungen über das Gefühl der Schönen und Erhabenen"*, p. 150.

(14)『コリンズ道徳哲学』からいくつかの例を見てみよう。まずルソーの名を挙げている箇所である。「繊細なディオゲネスであるルソーも、我々の意志が生まれつき善であるが、ただ我々がつねに堕落させられるにすぎないこと、自然が我々にすべてのものを与えたが、ただ我々がより多くの欲求を作り出しているにすぎないことを主張する。彼はまた、子供の教育が単に消極的であるべきことを欲する」(27, pp. 248-249)。これは『エミール』第一編の冒頭、そして『エミール』における消極教育への言及である。「万物の創造者の手で作られたばかりのときにはすべてが良い。人間の手のもとではすべてが変質する」(OC4, 245)。「最初の教育は純粋に消極的でなければならない。それは徳や真理を教えることでなく、悪徳から心を、誤りから精神を守ることにある」(OC4, 323)。

　ルソーという名がないとしても、『エミール』からの影響を見ることができる。「自己自身に対する義務が最も低級であるということは大いに誤っている。この義務はむしろ第一級であり、すべての義務のうちで最も重要である」(27, p. 341)。これは『エミール』の言葉「自分の第一の義務は自己自身に対する義務である」(OC4, 544)を念頭に置いているだろう。自己自身に対する義務の重要性・根源性はカント倫理学の核心をなしている。

　ルソーの名を挙げずに、『エミール』をそのまま引用している箇所を挙げよう。「人間はタタール人(Tartar)を愛し、タタール人に対して親切にしたいと思うが、しかし自分の隣人のことを考えない」(27, p. 359)。『エミール』第一編では次のように書かれている。「そのような哲学者はタタール人(les Tartares)を愛し、隣人を愛することを免除されようとする」(OC4, 249)。ルソーの印象深いこの言葉は、『エミール』を読んだカントによってすぐに講義『ヘルダー実践哲学』(おそらく一七六四年夏学期(27, p. 1047))において利用されている。「全人類を愛したいという高い要求は欺瞞である。タタール人を愛する人は、自分の隣人を愛していない」(27, p. 67)。

(15)「それ故あなた方が属している人類を尊敬せよ」(OC4, 510)。

(16)「人間よ、人間的であれ。それがあなた方の第一の義務だ。すべての身分の人に対して、すべての年齢の人に対して、人間にとって無縁でないすべてのものに対して、人間的であれ。人間愛なしにあなた方にとっていかなる知恵が存在するのか」(OC4, 302)。「自然の秩序において人間はすべて平等であり、その共通の天職は人間という身分である。そのために十分教育された者は誰でも人間に関係するものをうまく果たせないはずはない。……生きることこそ私が彼に教えたい職業である。私の手で作られたばかりのとき彼は、確かに施政者でも軍人でも司祭でもないだろう。彼はまず第一に人間であるだろう。人間がそうであるべきすべてに、必要があれば、どんな人とも同じように彼はなることができるだろう。いかに運命が彼の位置を変えようとも、彼はつねに彼の位置にとどまるだろう」(OC4, 251-252)。ルソーのこの思想を『覚え書き』は次のように表現している。「人間が必要とする何らかの学が存在するとすれば、それは創造において人間に割り当てられた位置をふさわしく満たすことを教える学、人間であるために何でなければならないかをそこから学びうる学である」(20, p. 45)。

(17) 「人間が自然的傾向性と戦うことが多ければ多いほど、それだけ一層多くのことが彼に帰されるべきである。それ故徳は天使より我々に多く帰されるべきである。何故なら天使はそれほど多くの障害をもっていないからである」(27, pp. 291-292)。
徳は善良さとも対比される。「人は徳なしに心の善良さをもつことができる。何故なら徳は原則による善い行ないであって、本能による善い行ないではないからである。しかし善良さは本能による道徳的法則との一致である。徳には多くのものが必要である。心の善良さは生まれつきでもありうる。しかし誰も訓練なしに有徳ではありえない。何故なら悪への性向が道徳的原則に従って抑制され、行為が道徳的法則と一致させられねばならないからである」(27, p. 463)。徳と善良さとの対比もまた、ルソーに由来するだろう。「ああエミール、自分の国に何も負っていない善人がどこにいるのか。どんな国であろうと、人間にとって最も貴重なもの、行為の精神性と徳への愛を国に負っている。森の奥で生まれれば、彼はより幸福により自由に生きたかもしれない。しかし戦うべき何ものもなく、自分の性向に従っているので、彼は善良であっても功績がなかっただろう。彼は有徳でなかったろう。しかし今や彼は情念にもかかわらず、有徳であることができる」(OC4, 858)。

(18) ポープの命題とは、『人間論』書簡一の最後の言葉「一つの真理は明白である。すべてあるものは正しい(Whatever is, is RIGHT)」であろう。Cf. A. Pope, *An Essay on Man*, Methuen, 1950, p. 51. カントは『天界の一般自然史と理論つまりニュートンの原理にしたがって宇宙全体の構造と機械的起源を論じる試論』(一七五五年)において、ポープ『人間論』を何度も引用している。

(19) 神義論としてのルソー思想については、拙著『純化の思想家ルソー』二四四―二五八頁参照。

(20) 『覚え書き』におけるルソーの影響については、cf. J. Schmucker, *Die Ursprünge der Ethik Kants*, A. Hain, 1961, pp. 173-261. シュムッカーは『覚え書き』を「ルソーの著作、特に『エミール』についてのノートと反省」、「ルソー『エミール』との対決」(ibid., p. 178)と見なしている。そして「ニュートン―ルソー」テーゼについて次のように主張する。「それはまったく、ルソーの助任司祭も彼の信仰告白において展開する思想である」(ibid., p. 208)。Cf. ibid., pp. 173-174.

(21) 「自然と秩序の永遠の法が存在する。それは賢者にとって実定法の代わりになる。それは良心と理性によって彼の心の底に書かれている。自由であるために従うべきものは、この法である」(OC4, 857)。

(22) 「良心の行為は判断でなく、感情である」(OC4, 599)。

（23）　西山法宏「カント倫理学のルソー受容問題」（『哲学論文集』四四、二〇〇八年）六四―六五頁参照。ルソーの独自性は、自然法を理性の法でなく、良心の法として捉えることのうちにある。拙著『純化の思想家ルソー』八二―八四頁。

（24）　「古人は道徳と自然法とを混同していたが、今や人は両者を単に区別しただけでなく、自然法をさらに国家法から分離した」(24, p. 334)。「内的義務の学としての倫理学は、一般実践哲学の下に属し、外的義務の学としての法に対置される。／それ故自然法と倫理学はまったく異なっている。何故なら自然法は責務を要求し、倫理学は他の拘束性を要求するからである」(27, p. 13)。「自然法は行為を単にその適法性に従って考察する。従って行為がすべて強制によって強要されねばならない場合、行為がいかにあるかを考察する。倫理学は、行為がすべての強制なしに単に道徳的心情から生じるべきである場合、いかに行為があるべきかを考察する」(19, p. 297)。

（25）　ルソー以前における一般意志の用例については、cf. P. Riley, *The General Will before Rousseau : the Transformation of the Divine intc the Civic*, Princeton University Press, 1986.

（26）　「責務の強い法則」は完全義務に関わり、「親切の弱い法則」は不完全義務に関わる。

（27）　ルソー『政治経済論』は次のように書いている。「第一の規則に劣らず本質的な、公共経済の第二の規則。一般意志が実現されることをあなたは欲するか。そうであれば、すべての特殊意志を一般意志に関係させるようにせよ。そして徳は一般意志への特殊意志のこの一致に他ならないから、同じことを一言で言えば、徳が支配するようにせよ」(OC3, 252)。「善良であれ、と市民に対して言うことは十分でない。……祖国愛が最も有効である。何故ならすでに述べたように、すべての人間は彼の特殊意志があらゆる点から見て一般意志に一致するとき、有徳であり、我々は我々の愛する者が欲するものを喜んで欲するからである」(OC3, 254)。

（28）　「あらゆるSollenは行為の必然性を表現し、二つの意味をもつことができる。つまり私が他の或ることを（目的として）意志するなら、或ることを（手段として）なすべきであるか、あるいは私は直接に他の或ることを（目的として）なし、実現すべきであるか、である。前者を人は手段の必然性（necessitas problematica）と名づけ、後者を目的の必然性（necessitas legalis）と名づけることができるだろう」(2, p. 298)。

（29）　「可能的目的に対する手段としての行為の［仮言的］条件的必然性は蓋然的であり、現実的目的に対する手段としての行為の必然性は思慮の必然性であり、定言的必然性は道徳的である」(20, p. 162)。Cf. I. Kant, *Bemerkungen in den "Beobachtungen über das Gefühl der Schönen und Erhabenen"*, p. 120, p. 266.

（30）　Cf. J. Schmucker, *Die Ursprünge der Ethik Kants*, p. 297; W. Kersting, "Der Imperativ, die vollkommenen und die unvollkommen

Pflichten", p. 410.「……或る行為（他者の収穫の勝手な占取）を思考実験の中で普遍化してみた際に、その行為が自己矛盾を来たす（誰も収穫しなくなるから他人の収穫の占取そのものが不可能になる）ことがないかどうかということ——普遍化された意志の自己矛盾——によってはかられることになる。そして『普遍的意志』とは、このような普遍化による無矛盾性のテストに耐え得るような意志、万人の個別意志の汎通的両立＝調和を可能ならしめるような意志に外ならない」（三島淑臣『理性法思想の成立』成文堂、一九九八年、七五頁）。

（31）ルソーにおいても「一般意志に従うこと」（OC3, 247）は自己矛盾に陥らないことを意味する。「法にのみ人間は正義と自由を負っている。すべての者の意志の有益な装置が、人間の間の自然的平等を権利のうちで再建する。この天上の声が、各市民に公共理性の掟を命じ、市民が自分自身の判断の格率に従って行為し、しかも自己矛盾（contradiction avec lui-même）に陥らないことを教えるのである」（OC3, 248）。

（32）『基礎づけ』の自然法則の法式は『実践理性批判』において範型論として論じられる。自然法則が「道徳法則の範型」（5, p. 69）、「自由の法則の範型」（5, p. 70）であることは、自然法則と道徳法則の類比を言い表わしている。この類比は「ニュートン—ルソー」テーゼにまで遡ることができるだろう。

（33）カッシーラーは目的自体の法式を、ルソー『新エロイーズ』におけるヴォルマール夫人の言葉のうちに求めている。「人間はあまりにも高貴な存在なので単に他人の道具として役立ってはなりません。その人自身にふさわしいものを考慮することなしに、他人にふさわしいもののために利用されてはなりません。……他人の利益のために人間の魂を傷つけることは決して正しくありません」（E. Cassirer, Kant and Rousseau, in: *Gesammelte Werke*, vol. 24, Felix Meiner, 2007, p. 518）。Cf. OC2, 536.

（34）Cf. J. Schmucker, *Die Ursprünge der Ethik Kants*, pp. 201-202.

（35）『エミール』第五編に『社会契約論』の問題が論じられていることの意味については、拙著『純化の思想家ルソー』一〇一—一〇二頁参照。

（36）『覚え書き』は次のように書いている。「ある人間の行為が他者の意志のもとにあることほど恐ろしいことはない。それ故奴隷状態に対して人間がもつ嫌悪以上に自然な嫌悪はありえない」（20, p. 88）。自由な意志について『覚え書き』は何度も言及しているが、そこにルソーの影響を見ることができる。この断章の背景にも、前後の断章と同様に、ルソーの著作を透かし見ることができる。確かにルソーの著作として『エミール』や『新エロイーズ』が想定される。Cf. I. Kant, *Bemerkungen in den "Beobachtungen über das Gefühl der Schönen und Erhabenen"*, pp. 223-224. しかし奴隷と自由の問題は、『社会契約論』第一編第四章「奴隷制について」へ導くだろう。

(37)「ニュートン－ルソー」テーゼは『視霊者の夢』において「物質的世界－非物質的世界」との平行性として言い表わされている。非物質的世界は一般意志によって可能となる「単に霊的な法則に従った道徳的統一と体系的体制（Verfassung）」、「霊的完全性の体系」（2, p. 335）である。この道徳的世界は就任論文『可感界と可想界の形式と原理』において「プラトンの共和国のイデア」（2, p. 396）という理想とされている。そして『純粋理性批判』はプラトンの国家のうちに「各人の自由が他人の自由と両立しうるようにする法則に従った最大の人間的自由の体制（Verfassung）」（A316=B373）という理念を見出している。この思想は晩年に至るまで一貫している。カント自身が公刊した最後の著作『諸学部の争い』（一七九八年）は次のように書いている。「人間の自然権と一致した体制（Constitution）という理念、つまり法則に従う者たちがまた同時に一つになって立法するものであるべきであるという理念は、すべての国家形態の根底にある。そしてこの理念に適って純粋理性概念によって考えられたプラトン的理想（英知的共和国）と呼ばれる共同体は、空虚な妄想でなく、すべての市民的体制一般に対する永遠の規範であり、すべての戦争を遠ざける」（7, pp. 90-91）。「法則に従う者たちがまた同時に一つになって立法するものであるべきである」というプラトン共和国の理念は、目的の国の法式のうちにも表現されている。「目的の普遍的な国における立法する成員」は、「確かに普遍的に立法するが、しかしまたこの法則に自ら服従している」（4, p. 433）。しかしこの理念が見出されるのはプラトン『国家』でなく、ルソー『社会契約論』である。目的の国はルソーの共和国の理念を背景にしている。『視霊者の夢』における「単に霊的な法則に従った道徳的統一と体系的体制（Verfassung）」は、プラトンの共和国の理念へ、そして目的の国という理念へと発展する。それはルソーの一般意志から生まれた理念である。

(38) ルソーにおいて「精神的自由（la liberté morale）」のモラルという形容詞が狭い意味での「道徳的」でなく、広義の「精神的」を意味することについては、拙著『純化の思想家ルソー』一一二－一一五頁参照。

(39)『山からの手紙』（第六の手紙）は次のように書いている。「法はその本性によって個別的個人的な対象をもつことができません。しかし法の適用は個別的個人的な対象に及びます。／それ故主権者である立法権は法を執行する他の権力、つまり法を個別的な行動に至らせる別の権力を必要とします。この第二の権力は、それがつねに法を執行し、決して法以外のものを執行しないように確立されねばなりません。ここに政府の制度が現われます」（OC3, 808）。

(40)「選択意志（Willkür）はそれ自身の自由を失うことなしに意志（Wille）の法則に従うことができる。両者が外的に相互に関係する二つの能力でないからである。意志と選択意志は実践理性の二つの側面であり、立法機能と執行機能として異なっている」（L. W. Beck, *A Commentary to Kant's Critique of Practical Reason*, p. 199）。「我々は意志の二つの意味を区別した。つまり実践理性、立法機能としての Wille と人間の執行機能としての Willkür である」（ibid., p. 202）。

（41） 徳が単数となるのは、徳を「法への服従」から捉えているからである。マッキンタイアは次のように言う。「アリストテレスの見解と違ってストア派の見解においては、アレテー（徳）は本質的に単数表現」（A. MacIntyre, *After Virtue*, p. 168）であり、「徳は内的な性向と外的な行為における宇宙の法への一致である」（ibid., p. 169）。「ストア哲学は、諸徳の構想に取って代わる仕方で法の概念を中心的なものとして主張する、すべてのその後のヨーロッパの道徳にとっての模範を示している」（ibid., p. 169）。

（42） 「徳とは自分の義務を遵守することにおける人間の格率の強さである。――すべての強さはそれが打ち負かすことができる障害によってのみ認識される。しかし徳において障害は、人倫的決意と争いになりうる自然の傾向性である」（6, p. 394）。

（43） 「ルソーの倫理学は感情の倫理学でなく、カント以前に形成された純粋な法の倫理学の最も決定的な形態である」（E. Cassirer, "Das Problem Jean-Jacques Rousseau", in: *Gesammelte Werke*, vol. 18, Felix Meiner, 2004, p. 55）。

（44） Cf. OC3, 1425.

（45） 「法は一般意志の表明に他ならない」（OC3, 430）というルソーのテーゼは、法の意志主義を明確に宣言している。スコトゥスとオッカムにおける「法は意志である」という意志主義については、cf. H. Rommen, *Die ewige Wiederkehr des Naturrechts*, J. Kösel, 1936, pp. 58–61.「法の源泉としての意志」については、cf. V. J. Bourke, *Will in Western Thought*, pp. 171–189. スコトゥスの意志主義については、山内志朗『存在の一義性を求めて』（岩波書店、二〇一一年）五九－八三頁参照。

（46） ヘーゲルはカント実践哲学の意志主義を正しく捉えていた。そしてその意志主義がルソーに由来することも見ていた。「意志の認識がカント哲学を通して初めて、その無限の自律という思想によってその確固たる根拠と出発点を獲得したように、意志の純粋な無条件的な自己規定を義務の根源として際立たせることは、たいへん本質的である……」（G. W. F. Hegel, *Werke in zwanzig Bänden 7*, p. 252）。「カント哲学における第一のものは知性であり、理論的なものである。第二のものは実践的なもの、意志の本性、意志の原理であるものである。意志は絶対的に自由である、というルソーの規定をカントは立てた」（G. W. F. Hegel, *Werke in zwanzig Bänden 20*, p. 365）。「形式上だけでなく内容上も思想であり、しかも思惟そのものである原理、つまり意志を国家の原理として立てたという功績をルソーはもっている」（G. W. F. Hegel, *Werke in zwanzig Bänden 7*, p. 400）。

第三章　要　請

純粋実践理性の根本法則に対する註解は「純粋幾何学は実践的命題としての要請をもつ」という指摘から始まっていた。根本法則に光を当てるために、「要請」概念に定位しなければならない。根本法則は幾何学の要請と同じ実践的命題としての要請である［第七節］。純粋実践理性の要請（神、自由、不死性の要請）は最高善の促進という義務から導き出される。純粋実践理性の要請が理論的命題としての要請であるのに対して、最高善の促進は実践的命題としての要請である［第八節］。要請に定位することは、カント倫理学を新たな視点から見直すことへ導くだけでなく、カント法論にも新たな光を当てることができる。法論は要請論として読まれねばならない［第九節］。

第七節　純粋実践理性の根本法則は要請である

「純粋幾何学は実践的命題としての要請をもつ。これらの命題は、何かをなすべきであると要求されれば、それをなすことができる、という前提以上のものを含んでいないし、現存在に関わる、純粋幾何学の唯一の命題である。それ故これらの命題は、意志の蓋然的条件の下での実践的規則である。しかしここでの規則は、端的に或る仕方で行為するべきである、と語る。それ故実践的規則は無条件的であり、従ってアプリオリな定言的－実践的命題として表象される。その命題によって意志は端的にかつ直接的に（実践的規則そのものによって、それ故ここでは規則は法則である）、客観的に規定される。何故なら純粋なそれ自体実践的な理性がここでは立法するからである」（5, p. 31）。

『実践理性批判』の第一編第一章「純粋実践理性の原則について」の第七節の註解は、このように始まっている。何故カントは「純粋実践理性の根本法則」に対する註解の冒頭において、純粋幾何学の要請に言及したのだろうか。その答えは「純粋実践理性の根本法則は要請である」というテーゼのうちに求めることができる。「純粋なそれ自体実践的な理性がここでは立法する」とは、純粋実践理性が立法する意志として根本法則を立法し（sic volo）、定言命法として命令する（sic jubeo）ことである［第四節］。根本法則が要請であるとすれば、立法し命令することは要請することである。根本法則は「アプリオリな定言的－実践的命題」であり、要請も実践的命題として「アプリオリに与えられる実践的な命法」（8, p. 418 n.）を意味する。ここからも根本法則が要請であるというテーゼを理解できるだろう。このテーゼを証明し、その意味と射程を明らかにするために、何故幾何学の要請が語られたのか、と問うことから始めよう。

一　何故幾何学の要請が語られたのか

「あなたの意志の格率が、つねに同時に普遍的立法の原理として妥当しうるように行為せよ」（5, p. 30）。

この純粋実践理性の根本法則はカント倫理学の核心をなす根本法則（定言命法）である。それ故その註解が幾何学の要請を語ることから始まっていることは、「純粋実践理性の根本法則」の理解にとって極めて重要な論点をなしているだろう。にもかかわらず、要請への言及の意味が問われたことがない。こうした無視はとても不思議であるが、何故無視され続けてきたのだろうか。

一つの理由として、簡単に答えられる問いだと考えられているのかもしれない。つまり要請は「意志の蓋然的条件の下での実践的規則」（蓋然的命法）であり、条件付きの命法（仮言命法）である。それに対して根本法則は「アプリオリな定言的－実践的命題」であり、定言命法である。幾何学の要請は仮言命法の一例として、「仮言命法－定言命法」の対比のため言及されたのである。(1)――このように解釈すれば、何の問題もないように見える。しかしこの対比のためであれば、要請といった特殊な例でなく、仮言命法の例（熟練の命法（蓋然的）、思慮の命法（実用的））なら何でもよかっただろう。蓋然的命法でしかも幾何学からの例を挙げるとしても、理解が困難な要請でなく、「確実な原理に従って一つの線分を二つの部分に分けるために（意志の蓋然的条件の下で）、私はその線分の両端から交差する円弧を描かねばならない（実践的規則）」（4, p. 417）といった分かりやすい例でもよかったはずである。(2)「仮言命法－定言命法」の対比という答えにとどまるかぎり、何故カントはわざわざ純粋幾何学の要請といった特殊な事例に言及したのか、という問いに何ら答えていないのである。

しかし幾何学の要請について触れない理由は、簡単に答えられるからでなく、逆に当惑しているからであろう。カントにおける要請と言えば、『実践理性批判』の弁証論で語られる「純粋実践理性の要請」（神、自由、不死性の要請）を思い浮かべてしまう。しかし幾何学の要請が実践的命題であるのに対して、弁証論での要請は理論的命題である［二］。それ故、「純粋実践理性の要請」に定位するという先入見を前提するかぎり、幾何学の要請が語られたことは理解できない。こうした先入見から自由になって初めて、要請への言及の意味と射程を捉えることができるだろう。

根本法則が幾何学の要請と同じ意味において要請（実践的命題としての要請）であるが故に、その註解の冒頭において幾何学の要請が語られたのである。根本法則が要請であることは、『判断力批判』、そして『人倫の形而上学』の準備草稿においてはっきり語られている。

(1)「すべての人倫法則の最上の原理が要請であるとすれば、同時にそれらの法則の最高の客体の可能性が、従って我々がこの可能性を考えうる条件も、それによってともに要請される」(5, p. 470)［第八節一］。

(2)「道徳的‐実践理性の証明できない確実な総合命題は、道徳的要請である、つまり、行為する或る仕方を無条件的に（或る意図の達成のための手段としてでなく）命令する純粋理性の定言命法である」(23, p. 256)。

純粋実践理性の根本法則は「すべての人倫法則の最上の原理」であるから、(1)によれば要請である。根本法則は「行為する或る仕方を無条件的に（或る意図の達成のための手段としてでなく）命令する純粋理性の定言命法」であり、(2)によれば「道徳的‐実践理性の証明できない確実な総合命題」としての道徳的要請である。

「道徳－幾何学」という違いはあるが、倫理学における根本法則の位置と意味は、幾何学における要請の位置と意味に対応する。だからこそ、「純粋幾何学は実践的命題としての要請をもつ」という言葉からその註解は始められたのである。このことを証示し、その意味を解明することが本節の課題である。

そのためにまず、『実践理性批判』において要請がいかなる意味において語られているかを調べることにしよう。それによってカントの要請といえば「純粋実践理性の要請」（神、自由、不死性の要請）である、といった思い込みから解放されるだろう。『実践理性批判』そのものから、要請の二つの意味（実践的命題としての要請と理論的命題としての要請）を読み取ることができる。

二　理論的命題としての要請と実践的命題としての要請

「純粋実践理性の要請とは、理論的命題であるが、それがアプリオリに無条件的に妥当する実践的法則と不可分に結びついているかぎり、理論的なものとして証明できない命題である」(5, p. 122)。

『実践理性批判』において、「純粋実践理性の要請」（神、自由、不死性の要請）は「理論的命題」である、と明確に言われていることを確認しよう。こうした理論的命題としての要請は、実践的命題である数学の要請と区別されねばならない、ということをカントははっきり意識していた。この区別は『実践理性批判』の序文において明確に語られている。

「純粋実践理性の要請という表現は、純粋数学の要請がもっている意味、つまり確然的確実性を伴う意味と混同するならば、さらに最もひどい誤解を生み出しかねない。純粋数学の要請は、或る行為の可能性を要請するが、その行為の対象はアプリオリに理論的に完全な確実性をもって可能であると予め認識されている。しかし純粋実践理性の要請は、或る対象（神と魂の不死性）そのものの可能性を、確然的な実践的法則から、それ故実践理性のためにのみ要請する」（5, p. 11）。

ここでカントは混同による誤解を防ごうとしている。カント当時、要請といえば数学の要請であり、証明できない実践的命題として理解されていたからである［四］。それ故対比を明確にする必要があった。純粋数学の要請は「或る行為の可能性を要請する」とされるが、それは『論理学』でなされる要請の規定、つまり「可能な行為を規定する根本命題」としての「直接的に確実な実践的命題」（9, p. 112）と同じである。それに対して実践理性の要請は「或る対象の可能性を要請する」とされるが、それは「神の現存在、自由、別の世界についての仮説」としての「理論的要請」（9, p. 112）である。「或る行為の可能性を要請する」―「或る対象の可能性を要請する」の対比は、実践的命題としての要請と理論的命題としての要請との対比を言い表わしている。[3] カントがこの対比を明確に意識していたことは、『実践理性批判』が「実践的要請」という言葉を使っていることに示されている［第三節七］。

「この仕事において批判は文句なく純粋な実践的法則とその現実性から始めることができるし、始めなければならない。……自由が必然的であるのは、これらの法則が実践的要請として必然的であるからである」（5, p. 46）。

ここで「これらの法則が実践的要請として（als praktische Postulate）必然的である」と言われていることに着目しよう。純粋な実践的法則は実践的命題であるから、「実践的要請」は、理論的命題としての要請（純粋実践理性の要請）とは異なった要請、実践的命題としての要請を意味している。[4] そして実践的法則は複数形で語られているから、「約束を守れ」「偽証をするな」といった具体的な定言命法が考えられている。これらの実践的法則が実践的要請とされるなら、「純粋実践理性の根本法則」もまた、定言命法として実践的要請であろう〔六〕。だからこそ根本法則に対する註解の冒頭において、実践的要請である幾何学の要請に言及したのである。

第七節の註解の冒頭に幾何学の要請（実践的命題）が語られ、純粋な実践的法則が実践的要請とされているにもかかわらず、純粋実践理性の根本法則が要請として理解されなかったのは、『実践理性批判』が次のように書いているからである。

「これらの要請はすべて道徳性の原則に由来する。この原則は要請でなく、それによって理性が直接的に意志を規定する法則である。この意志はこのように規定されることによって、純粋意志として、その指図の遵守の必然的な条件を要求する」（5, p. 132）。

「道徳性の原則」は純粋実践理性の根本法則を意味すると考えられるが、はっきり「この原則は要請でない」と語られている[5]。しかし要請の意味が問題である。「これらの要請」とは「不死性、自由、神の現存在の要請」（5, p. 132）であり、「純粋実践理性の要請」としての理論的命題である。それ故道徳性の原則が要請でないとは、道徳性の原則が理論的命題としての要請でない、ということを意味する。このように理解すれば、「これらの法則が実践的要請として必然的である」というテーゼと矛盾していないことになる。ここで要請が理論的と考えられていることは、道徳性の原則が「要請でない」と否定された後に、それに対して「それによって理性が直接的に意志を規定する法則」が対置されていることからも読み取れるだろう。「意志を規定する法則」は実践的命題である。

ともかく『実践理性批判』において確認できることは、純粋実践理性の要請（神、自由、不死性の要請）が理論的命題とされ、実践的命題である数学の要請と区別されていること、そして純粋な実践的法則が「実践的要請」とされていることである。『実践理性批判』の要請といえば純粋実践理性の要請だ、という思い込みから解放された眼で、改めてカントがユークリッド幾何学の要請をどう理解していたかを解明することにしよう。そのためにはいくらか視野を拡げねばならない。

三　ユークリッド幾何学の要請

カントが要請を語るとき、「要請という表現が本来（eigentlich）属している数学者の意味」（A233=B285）をつねに念頭に置いていた。つまり要請という語はその本来の意味を数学のうちにもっている。カントにとって数学の要請には算術の要請も含まれるが[6]、カントが数学の要請の典型として考えていたのは、幾何学の要請である。『純粋理性批判』は要請を次のように特徴づけている。

「数学における要請は、それによって我々が対象を自らに初めて与え、その概念を産出する総合だけを含む実践的命題である。例えば、一つの与えられた線をもって、一つの与えられた点から一つの平面に一つの円を描くことである。そしてそのような命題が要求する手続きは、まさにそれによって我々がそうした図形の概念を初めて産出するものであるから、この命題は証明されることができない」（A234=B287）。

まず数学における要請が「実践的命題」とされていることを確認しよう。その具体例として挙げられているのは、「一つの与えられた線をもって、一つの与えられた点から一つの平面に一つの円を描くこと」という幾何学の要請である。これはユークリッド幾何学の要請三である[7]。ユークリッド幾何学において、要請は一般に五つとされている。

「一、次のことが要請されているとせよ。すべての点からすべての点へと直線を引くこと。

二、そして、有限な直線を連続して一直線をなして延長すること。

三、そして、あらゆる中心と距離をもって円を描くこと。

四、そして、すべての直角は互いに等しいこと。

五、そして、もし二直線に落ちる直線が、二直角より小さい同じ側の内角を作るならば、二直線がかぎりなく延長されるとき、二直角より小さい側で、それらが出会うこと[8]」。

一から五までの要請を見ると、カントが要請を実践的命題と特徴づけていることに対する疑問が生じる。確かに要請一、二、三は「直線を引く」「一直線に延長する」「円を描く」という行為を要請しているから、これらの要請が実践的命題であると理解できる。しかし要請四、五は何らかの行為を要請しているわけではない。では何故カントは要請を実践的命題と規定したのだろうか。この当然の疑問に答えるために、ユークリッド幾何学における公理と要請の相違がどう考えられてきたのかを見なければならない。

『原論』第一巻に対する『註釈』においてプロクロスは、公理と要請の相違に関する、三つの異なった見解を論じている。第一にゲミノスの解釈、第二に「要請は幾何学に固有であるが、公理は量と大きさを扱うすべての科学に共通である」という理解[9]、そして第三にアリストテレスの主張である。ここで考察すべきなのは、ゲミノスの解釈である。

「要請と公理はともに証明されないにもかかわらず、問題が定理と異なるように、要請は公理と異なる。要請が仮定されるのは、構成することが容易だからである。公理が受け入れられるのは、知ることが容易だからである[10]」。「要請は産出する、公理は知る[11]」。

このゲミノスの解釈に従えば、要請四と要請五は要請として認められないことになる。「何故ならこの二つの要請は構成のために仮定されるのでなく、我々が何かを産出することを要求していないからである。それらが示しているのは、直角に属している特性、そして二直角より小さな角のある側で産出される二直線に属している特性だけである[12]」。ゲミノスの解釈は、『原論』の出版にも影響を与えた。バーゼル版とグレゴリー版はこの解釈を採用して、「要請四と要請五を第一〇公理と第一一公理として公理のうちに置いた[13]」。バーゼル版（一五三三年）は印刷された最初のギリシャ語の『原論』であり、グレゴリー版（一七〇三年）はハイベルク版（一八八三―一九一六年）以前の唯一の「ユークリッド全集」で、「『原論』のほかにそれまで知られていたユークリッドの著作のギリシャ語のテクストとそのラテン語を含む[14]」。

ユークリッド幾何学の要請がカント当時いかに理解されていたか、を見てみよう。カントと同時代のランベルトは、『平行線の理論』において要請五を第一一公理（Grundsatz）として言及している。[15] ランベルトが依拠した『原論』において、要請四、五は公理一〇、一一となっていたのである。つまりバーゼル版とグレゴリー版の系列に属する。ヴォルフは『ラテン語論理学』の第二六九節において「証明できない実践的命題は要請と呼ばれる」と語り、その例としてユークリッド幾何学の要請を挙げているが、要請一、二、三を挙げているだけである。[16] 要請を「証明できない実践的命題」とすることは、ヴォルフとカントにとって共通理解である。そしてヴォルフが要請一、二、三しか挙げていないことは、両者が前提している『原論』がバーゼル版とグレゴリー版の系列に属していたからであろう。

カントにとって（ヴォルフとランベルトにとっても）ユークリッド幾何学における要請は、三つだけであり、要請四、五は公理に属していた。このことから初めて、カント（そしてヴォルフ）が要請を実践的命題と捉えていたことが理解できる。そして幾何学の要請が「現存在に関わる、純粋幾何学の唯一の命題」（5, p. 31）であるとされていることも分かるだろう、つまり要請一は任意の点の間の直線の現存在に、要請二は延長された直線の現存在に、そして要請三は円の現存在に関わっている。要請は直線と円という基本図形の数学的存在（Existenz=Dasein）を保証し、この基本図形によって他のすべての図形が構成可能となる。[17]

要請四、五を公理と見なすか、要請と捉えるかは、要請と公理の相違に対する見解と連動している。「要請は幾何学に固有であるが、公理は量と大きさを扱うすべての科学に共通である」という理解は、要請四、五を要請とし、五つの要請を認めるだろう。「要請は産出する（構成する）、公理は知る」というゲミノス的な対比であれば、要請四、五は要請でなく、公理に属することになる。[18] カントはゲミノスの伝統のうちに立っている。そのことを確認するために、カントが公理と要請をどう捉えていたかを見ることにしよう。

四　証明できない確実な実践的命題としての要請

カントは要請と公理をどう理解していたのか。数学講義（29, p. 51）において、カントは命題を「理論的－実践的」に分け、それぞれをさらに「証明できない－証明できる」に分けている。証明できない理論的命題は「原則、公理、つまり共通概念である」とされ、証明できる理論的命題は、「一推論によって証明できる場合は系であり、多くの推論によって証明できる場合は定理である」。そして証明できない実践的命題は「要求命題、要請」であり、証明できる実践的命題は「課題、つまり問題」である。

論理学講義（24, p. 468）においても同じである。カントは命題を「理論的－実践的」に分ける。「一、他の概念に対する概念の関係を表現する理論的命題。二、概念に対する行為の関係を表現する実践的命題」。そしてこの二種の命題を「証明できない－証明できる」へと区分している。証明できない場合「理論的命題は公理（axioma）と呼ばれ、実践的命題は要請（postulatum）と呼ばれる」。そして証明できる場合「理論的命題は定理（theorema）と呼ばれ、実践的命題は問題（problema）と呼ばれる[19]」。

カントのこの分類が「要請と公理はともに証明されないにもかかわらず、問題が定理と異なるように、要請は公理と異なる」というゲミノスの対比と同じであることは、明らかであろう。「理論的－実践的」という対比のもとで公理と要請を捉えることは、「公理は知る（理論的）、要請は構成する（実践的）」という対比に対応している。カントはゲミノスの伝統のうちにある。それ故カントにとって要請一、二、三だけが要請だったのである。

ヴォルフ『ラテン語論理学』においても、「証明できない理論的命題は公理と呼ばれる」、「証明できない実践的命題は要請と名づけられる[20]」。公理と要請をこのように区別することは、カント当時の一般的な理解であった。カントが論理学の教科書として使ったマイアー『論理学要綱』第三一五節は次のように書いている。「証明できない判断は考慮判断か、実行判断かである。前者は根本判断（axioma）であり、後者は要求判断（postulatum）である。

証明できる判断を証明できない判断と見なしてはならない」(16, p. 668)。考慮判断は理論的判断であり、実行判断は実践的判断であるが(cf. 16, p. 665)、実行判断は実践的判断として、「或るものがなされるべきである、あるいは止めるべきである」と判断する。この規定は「概念に対する行為の関係を表現する実践的命題」(24, p. 468)とするカントと同じである。マイアー『論理学要綱』第三一五節に対して、カントは遺稿において次のように書いている。

「要請は本来、直接的に確実な実践的命題である。しかし人は理論的要請をも(auch)もちうる(実践理性のために)、つまり神の現存在、自由、別の世界についての仮説のような、実践的な理性意図において必然的である理論的な仮説である」(16, p. 673)。

「神の現存在、自由、別の世界についての仮説」とは、『実践理性批判』における純粋実践理性の要請(神、自由、不死性の要請)を意味している。「理論的要請をも(auch)もちうる」と言われているのは、実践的命題としての要請が本来の意味だからである。純粋実践理性の要請は、実践的命題(要請の本来の意味)としてでなく、理論的命題として、派生的な意味で語られている。カント『論理学』第三八節を見ることにしよう。

「要請は、直接的に確実な実践的命題である。つまり可能な行為を規定する根本命題であり、その場合行為を遂行する仕方が直接的に確実であると前提されている。／問題は、指示を必要とする証明可能な命題、つまりその遂行の仕方が直接的に確実でないような行為を言明する命題である」(9, p. 112)。

「要請－問題」の区分は、数学講義や論理学講義と同じであり、要請を証明できない確実な実践的命題として捉えることはカントに一貫している。この第三八節に註が付いている。「実践理性のために理論的要請も存在しうる。これは、神の現存在、自由、別の世界についての仮説のような、実践的な理性意図において必然的である理論的な仮説である」(9, p. 112)。この註が先の遺稿(16, p. 673)と同じであることは明らかである。

以上の考察の成果を簡単にまとめよう。カントにおいて要請の本来の意味は、幾何学に求められる。ユークリッド幾何学における公理と要請は、証明できないという点において共通であるが、「理論的－実践的」として区別される。この区別はゲミノスの伝統に属する。本来の意味における要請は証明できない確実な実践的命題である。これはカント当時の一般的な理解である。それに対して純粋実践理性の要請（神、自由、不死性の要請）は理論的命題としての要請であり、実践的命題である本来の要請と明確に区別されねばならない[21]。

実践的命題としての要請という意味で、カントは「すべての人倫法則の最上の原理が要請である」（5, p. 470）、「道徳的－実践理性の証明できない確実な総合命題は、道徳的要請である」（23, p. 256）と語り、また「これらの実践的法則が実践的要請として必然的である」（5, p. 46）と書いている。しかし「すべての人倫法則の最上の原理」は『実践理性批判』の根本法則を指し、「これらの実践的法則」は複数形であるから、具体的な定言命法を意味するだろう。定言命法は原理としての定言命法と具体的な定言命法という二つの意味をもつ。両者がともに要請であることを確認しよう。

五　定言命法は要請である

(1)「嘘が明らかになってあなたの信用が失われないために、あなたは嘘の約束をするべきでない、ということでなく、そのような種類の行為がそれ自体悪いと見なされねばならない、それ故禁止の命法は定言的である」（4, p. 419）。

(2)「定言命法はただ一つであり、しかも次のものである。その格率が普遍的法則になることを、あなたが同時にそれによって意志しうる格率に従ってのみ行為せよ」（4, p. 421）。

『基礎づけ』の用例を挙げたが、(1)は「嘘の約束をするべきでない」という具体的な定言命法であり、(2)は抽象的な原理のレベルでの定言命法である。(2)のような定言命法を、「原理の定言命法」と名づけ、具体的な定言命法と区別しよう。本書第二節において五つの定言命法の法式を扱ったが、それらは原理の定言命法である。そして

『実践理性批判』の根本命題も、⑵と定式が少し異なるが、原理の定言命法である。

このように定言命法を区別したとき、本節一で引用した「道徳的‐実践理性の証明できない確実な総合命題は、道徳的要請である」(23, p. 256) と言われる道徳的要請としての定言命法は、具体的な定言命法なのか、原理の定言命法なのか。これが問題となる。これは『人倫の形而上学』の準備草稿に由来するのだから、『人倫の形而上学』そのものを見ることにしよう。

(a)「これらの実践的法則が数学の要請と同様に証明できないが確然的である……」(6, p. 225)。

(b)「問題は、何故私が私の約束を守るべきなのか、ということであった。何故なら、私がそうすべきであるということは、あらゆる人が自ずと知っているのだから。しかしこの定言命法についてさらに証明を行なうことはまったく不可能である。それはちょうど、三角形をつくるために私は三本の線を使わねばならない（分析命題）が、その二辺の和が残りの辺より大きくなければならない（総合命題、両命題ともアプリオリ）、ということを、三段論法によって証明することが幾何学者にとって不可能であるのと同様である。これは純粋な（法概念に関して空間と時間のすべての感性的条件を捨象する）理性の要請（ein Postulat der reinen Vernunft）であり、こうした条件の捨象が、それによって対象の占有が廃棄されることなく可能であるという教説は、それ自身、契約による取得という概念の演繹なのである」(6, p. 273)。

『人倫の形而上学』から二つの引用をしたが、要請のこうした用例を見れば、神、自由、不死性の要請という「純粋実践理性の要請」だけがカントの要請である、という先入見から解放されるだろう。

(a)における「これらの実践的法則」は「これらの実践的法則（道徳法則）(diese praktischen Gesetze (die moralischen))」(6, p. 225) を指している。そして(a)のテーゼは『実践理性批判』の「これらの法則が実践的要請として必然的である」(5, p. 46) と同じこと、つまり実践的法則が数学の要請と同じ性格（実践的命題という性格）をもっていることを意味している〔第三節七、第七節二〕。「実践的法則」はこの二つの用例において複数形であるから、具体的な定言命法が考えられている。実際、(b)において「約束を守るべき」は定言命法であり、[22] しかも「理性の要請」とされている。それ故具体的な定言命法が要請とされていることは否定できないだろう。

しかし『人倫の形而上学』の「法論への序論」において、「あなたの選択意志の自由な行使が、普遍的法則に従ってあらゆる人の自由と両立しうるように外的に行為せよ」という普遍的な法の法則は、定言命法であり、「理性はこのことを、それ以上いかなる証明もできない一つの要請として (als eine Postulat) 語る」(6, p. 231) と言われている。法の法則（原理の定言命法）が要請であるとすれば、それと対照される倫理の法則（原理の定言命法）も要請であろう［第九節二］。実際「すべての人倫法則の最上の原理が要請である」(5, p. 470) というテーゼは、倫理の法則（すべての人倫法則の最上の原理＝「人倫論の最上の原則」(6, p. 226)）が要請である、と語っているのである。

具体的な定言命法も原理の定言命法も要請である。しかしどちらが本来的な意味で要請と言えるのだろうか。(b)を手がかりにして考えてみよう。

六　純粋実践理性の根本法則は根本要請である

(b)において、「約束を守るべき」という具体的な定言命法が要請とされ、そのことが幾何学に即して説明されている。(i)「三角形をつくるために私は三本の線を使わねばならない」が分析命題とされているが、それは「三角形は三つの線分にかこまれた図形である」という三角形の定義から分析的に導かれるからである。[23] (ii)「その二辺の和が残りの辺より大きくなければならない」は『原論』第一巻の命題二〇である。[24] この命題二〇は総合命題であり、「三段論法によって証明することが幾何学者にとって不可能である」とされている。三段論法は概念の間の関係に基づく推論である。『純粋理性批判』においても同じ命題二〇に言及されている。[25]「すべての幾何学の原則、例えば、三角形において二辺の和が残りの辺より大きいという原則は、線と三角形という一般的な概念から決して導出されず、直観から、しかもアプリオリに確然的確実性をもって導出される」(A25=B39)。(ii)が総合命題であるとは、「線と三角形という一般的な概念から決して導出されない」ということである。ではそれに対置された「直観から、しかもアプリオリに確然的確実性をもって導出される」とはいかなることなのか。この対比を『純粋理性批判』の方法論は哲学者と幾何学者の対比として語っている。

「哲学者に三角形という概念を与え、その角の和が直角に対していかに関係するかを、彼のやり方に従って見出させるとしよう。そこで彼がもっているのは、三つの直線に囲まれた図形という概念、そしてこの図形における同じ三つの角という概念だけである。そこで彼がこの概念をどれほど長く考えるとしても、彼は何も新しいものを取り出さないだろう。彼は直線や角や三という数の概念を分析し判明化できるが、しかしこれらの概念のうちにまったく存しない他の性質に至ることができない。しかしながら幾何学者がこの問題を取り上げるとしよう。彼はすぐに一つの三角形を構成することから始める。二直角の和が、一直線上の一点から引かれうるすべての接角の総和にちょうど等しいことを知っているから、彼は三角形の一辺を延長し、二直角の和に等しい二つの接角を得る。そこで三角形の対辺と平行に一直線を引くことによって、彼はこれら二角のうちの外角を分割する。そしてここに内対角と等しい外接角が生ずるのを彼は見る等々。彼はこのような仕方で、つねに直観に導かれた推論の連鎖によって、問題の完全に明白で同時に普遍的な解決に至るのである」(A716-717=B744-745)。

ここで描かれている哲学者と幾何学者との対比は、「線と三角形という一般的な概念から決して導出されず、直観から、しかもアプリオリに確然的確実性をもって導出される」ということを示している。この対比は哲学と数学との対比である。「哲学的認識は概念からの理性認識であり、数学的認識は概念の構成からの理性認識である。しかし概念を構成するとは、概念に対応する直観をアプリオリに描出することを意味する」(A713=B741)。

「概念の構成からの理性認識」とは、具体的にいかなるものなのか。幾何学者のやり方を見てみよう。「三角形の角の和が直角に対していかに関係するか」が問題となっているが、これは『原論』第一巻の命題三二「あらゆる三角形の辺の一つが延長されるとき、外角は二つの内対角に等しく、三角形の三つの内角は二直角に等しい」である。このことを確認すれば、カントが描く幾何学者は命題三二を証明しようとしている、ということが見えてくる。それは『原論』における命題三二の証明そのままである。幾何学者は最初に三角形を構成し、三角形の一辺を延長する。これは命題三二を証明するための作図であり、『原論』では「三角形をABGとし、その一辺BGがDへと延長されたとしよう」と表現されている。「二直角の和が、一直線上の一点から引かれうるすべての接角の総和にちょうど等しいことを知っている」とされるが、これは命題一三「もし直線の上に立てられた直線が二つの角を作るならば、二つの直角か、あるいは二直角に等しい二角を作ることになる」である。「三角形の対辺と平行に一直線を引く」ことは、『原論』の「点Gを通って直線ABに平行なGEが引かれたとしよう」に対応する。そしてこのように平行線を引きうることは、命題三一によって証明されている。「内対角と等しい外接角が生ずる」ことは、「ABはGEに平行であり、それらにAGが落ちているから、錯角BAG、AGEは互いに等しい。一方、ABはGEに平行であり、それらに直線BDが落ちているから、外角EGDは内対角ABGに等しい」からである。ここで利用されているのは、命題二九である。かくして命題三二の前半「あらゆる三角形の辺の一つが延長されるとき、外角は二つの内対角に等しい」が証明された。

以上のことから明らかになるのは、幾何学者の「直観に導かれた推論の連鎖」とは、ユークリッド幾何学の証明そのものである、ということである。(26) その証明は三角形といった図形を構成（作図）することから始まる。任意の三角形を構成できることは、命題二二によって証明されているが、そうした作図は最終的にユークリッド幾何学の要請一、二、三によって可能となる。幾何学において証明は図形の構成（作図）によって初めて可能となる。それ故構成を可能にする要請そのものは証明することができない［四］。

(b)に立ち返ろう。「約束を守るべき」という定言命法について証明できず、そうした定言命法は理性の要請とされた。そして証明できないという点において、「三角形の二辺の和が残りの辺より大きくなければならない」という命題と対応するとされた。確かに三段論法によって証明できないが、しかしこの命題はユークリッド幾何学の命題二〇であり、幾何学的に証明できる。命題三二と同様に、その証明は最終的にユークリッド幾何学の要請（要請一、二、三）に基づいて可能となる。(b)で言われる命題二〇は、幾何学において要請でなく、定理と呼ばれる。「約束を守るべき」という具体的な定言命法が命題二〇といった定理に対応するとすれば、「命題二〇（定理）－幾何学の要請」の関係と同じ関係が、「具体的な定言命法－原理の定言命法」の関係にも妥当するだろう。

「約束は守るべきである」という具体的な定言命法は命題二〇に対応している。三角形の定義から分析的に命題二〇が導けないように、約束の定義から「約束は守るべきである」という定言命法は導けない。命題二〇も「約束は守るべきである」もともに分析命題でなく、総合命題である。確かに総合命題は三角形や約束といった概念を分析しても導出できない。しかし命題二〇は三角形の構成（作図）によって、つまり幾何学の要請を認めることによって、幾何学的に導出することができる。命題二〇という総合命題が導けるのは、要請という総合命題を前提しているからである。そしてこの前提そのものはもはや導出されることができず、ただ要請されるだけである。同様に、「約束は守るべきである」という具体的な定言命法（総合命題）は、原理の定言命法（総合命題）を前提として、導くことができる。『実践理性批判』においてその手続きは「純粋な実践的判断力の範型論」として論じられている。(27)

「約束は守るべきである」といった具体的な定言命法は命題二〇（幾何学的に証明できる定理）に対応し、原理の定言命法は幾何学の要請に対応している。具体的な定言命法を要請と呼ぶとすれば、原理の定言命法は根本要請と呼ぶことができる。原理の定言命法は『実践理性批判』において根本法則である。純粋実践理性の根本法則は、根本要請である。『実践理性批判』の根本法則こそが、幾何学の要請と同じ位置を、カント倫理学において占めている。だからこそ、その註解の冒頭で幾何学の要請に言及したのである。

「定言命法は要請である」〔五〕、「純粋実践理性の根本法則は根本要請である」〔六〕というテーゼは、倫理学と幾何学（数学）との平行性を主張している。こうした平行性を奇妙に思うかもしれない。しかし根本命題が提示される第一章「純粋実践理性の原則について」は、極めて奇妙な論述形式に従って書かれている。この論述形式の奇妙さに着目しなければならない。それによって別の方向から、根本法則についての註解の最初において幾何学の要請が何故語られたのか、という問いにアプローチすることができるだろう。

七　数学的な論述形式

『実践理性批判』は第一部「純粋実践理性の原理論」と第二部「純粋実践理性の方法論」からなっている。そして第一部は第一編「純粋実践理性の分析論」と第二編「純粋実践理性の弁証論」という構成である。ここまでは『純粋理性批判』の構成に対応している。第一部第一編は、第一章「純粋実践理性の原則について」、第二章「純粋実践理性の対象の概念について」、第三章「純粋実践理性の動機について」となっている。ここで問題としたいのは、根本法則が提示される第一章「純粋実践理性の原則について」の論述形式である。

「第一節　定義」「第二節　定理一」「第三節　定理二」「第四節　定理三」「第五節　課題一」「第六節　課題二」「第七節　純粋実践理性の根本法則」「第八節　定理四」。そして第三節、第七節には系があり、第一、三、四、六、七、八節には註解が付されている(28)。

第一章「純粋実践理性の原則について」は、定義、註解、定理、系、課題といった用語によって展開される。このような論述形式をカントが採用したのは若い頃の一時期(29)、そして『自然科学の形而上学的原理(30)』だけであり、第一章の展開形式はカントにとって極めて特異である。とすればカントははっきりした意図のもとでこうした論述形式を選んだはずである。何故第一章はこうした論述形式を採っているのか。『実践理性批判』を読む者は誰でもこの展開の特異性に気づくと思われるにもかかわらず、この問いが問われたことがないのは不思議である。

『実践理性批判』の本文が「第一節　定義」から始まっているという点に着目しよう。これは、「哲学においては、単に試みとして以外に、数学を模倣して定義を先に置いてはならない」（A730=B758）というカント自身の言葉に反しているように見える。では『実践理性批判』は試みとしてであるとしても、何故数学のように定義（Definition）から始めたのだろうか。第一節の表題は「定義（Erklärung）」であるが、「Exposition, Explikation, Deklaration, Definition という表現に対して、ドイツ語は Erklärung という一つの語しかもっていない」（A730=B758）と『純粋理性批判』は指摘している。ラテン語の definitio を Erklärung とドイツ語訳したのは、ヴォルフである[31]。ヴォルフは『すべての数学的学の基礎』の第一節で次のように書いている。

「数学者の教え方、つまり数学者がその論述において使用する順序は、定義（Erklärung）から始まり、原則に進み、そしてそこからさらに定理と課題に進む。しかし至るところで系（Zusatz）と註解（Anmerkung）が機会に応じて付加される[32]」。

とすれば『実践理性批判』が定義（Erklärung）（第一節）から始まり、定理（第二、三、四、八節）、課題（第五、六節）に進み、機会に応じて「系（Folgerung）」（第三、七節）と「註解（Anmerkung）」（第一、三、四、六、七、八節）が付加されているのは、ヴォルフの数学的論述方式に従っていることになる。

ヴォルフは「原則に進む」としているが、ここで言われる原則は公理だけでなく、要請も含む。「原則は、或るものが存在することを示すか、或るものがなされうることを示すかである。……ラテン語では前者の原則は公理（Axiomata）と呼ばれ、後者の原則は要請（Postulata）と呼ばれる[33]」。ヴォルフが語る「定義→原則（公理、要請）→定理、課題」という論述形式はユークリッド幾何学をモデルとしている。

ヴォルフの数学的論述形式から見ると、確かに『実践理性批判』第一章の節の表題は、定義、定理、課題となっているが、しかし第七節だけは例外で、「純粋実践理性の根本法則」となっている。ではこの根本法則はいかなる身分なのか。定義、原則（公理、要請）、定理、課題のどれなのか。第一章の節の表題には、ヴォルフの原則（公理と要請）に対応するものが見当たらない。ここから第七節の根本法則（Grundgesetz）が公理と要請といった原則として提示されている、と考えることができる。根本法則は「……行為せよ」という実践的命題だから、実践的命題としての要請と考えられる。

ここから第一章が何故数学的な論述形式を採用したのか、に答えることができる。それは、「定義、原則（公理、要請）、定理、課題」という論述形式に従って「根本法則」を提示することによって、根本法則が倫理学のうちで占める位置は、幾何学のうちで要請の占める位置と同じである、ということを示すためである。だからこそその註解の冒頭で幾何学の要請に言及されたのである。

ここで当然の反論があるだろう。「定義→原則（公理、要請）→定理、課題」というユークリッド的論述形式において、要請は定理に先立って置かれる。しかし根本法則は定理一、二、三の後に置かれているのだから、要請と見なすことはできない。こうした疑問に対して、カント倫理学の真の出発点は、根本法則が提示される第七節である、と答えたい。第七節の論述は、第一節から第六節までの仮定的論述から断言へと変化する［第一節四］。それは第七節においてカント倫理学の真の出発点に到達したからである。仮定的陳述から断言への論理の飛躍は、第七節の根本法則が要請であることを示している。要請は他から導出できない（証明できない）実践的命題であり、そこからカント倫理学が始まる。カント倫理学は要請としての根本法則から始まる。カント倫理学のアルケーは要請としての根本法則である。その意味を考えよう。

八　カント倫理学のアルケー

「無条件的に実践的なものの我々の認識はどこから始まるのか、自由からか、あるいは実践的な法則からか」（5, p. 29）という問いに対して、カントは「実践的な法則から」と答えた［第三節五］。それは「要請としての根本法則から」を意味する。カント倫理学は根本法則から始まる。

要請は実践的命題としての要請、実践的命法である。カント倫理学が根本法則から始まることは、実践的命題から始まることを意味する。倫理学が実践的命題の体系であるとすれば、その始まりも実践的命題でなければならない。実践的命題は実践的命題からのみ導かれるのだから。[34]

根本法則は「実践理性の最上の原則（oberster Grundsatz）」（5. p. 46）である。原則（Grundsatz）という言葉は、principium へ、[35]さらにアルケーへ遡る。カント倫理学がそこから始まる始元（アルケー）は要請としての根本法則である。第七節においてアルケーとしての根本法則が提示されているとすれば、第一節から第六節までの展開はアルケーへの上昇、そして第七節以降の展開はアルケーからの下降と見なすことができる。ここでプラトン『国家』の言葉へと導かれる。

「それはロゴスそのものが対話の力によって把握するものであって、この場合ロゴスは諸仮説（ヒュポテス）をアルケー（原理＝始元）とするのでなく、文字通り「下に置かれたもの」とし、いわば踏み台、跳躍板となし、それによって仮説でないものへ、万物のアルケー（原理＝始元）へ至る。そのアルケー（原理）を把握し、今度はアルケー（原理）に依存しているものを辿り、そのようにして終わりへと下降する。その際まったく感覚的なものを補助として用いず、形相（エイドス）そのものを用い、形相から形相へ、そして形相に至り終わる」[36]（511B–C）。

プラトンはアルケーの探究の道を、アルケーへの上昇の道とアルケーからの下降の道としてこのように描いている。「諸仮説を踏み台、跳躍板となし、それによって仮説でないものへ、万物のアルケーへ至る」というアルケーへの上昇の道を、『実践理性批判』第一節から第六節は歩んでいる。その歩みは『基礎づけ』の歩みを前提し、さらに偽証の思考実験がなされるが、しかし根本法則への歩みは論理の飛躍を含んでいる。アルケーへの上昇には論理的な道が存在しないのだから、[37]それは当然である。

「そのアルケーを把握し、アルケーに依存しているものを辿り、そのようにして終わりへと下降する」ことは、第七節以降の歩みである。その展開を『人倫の形而上学』は次のように書いている。

「この法則の単純さは、そこから導き出されうる重大で多様な帰結と比較すれば、それが明らかに動機を伴っていないのに命令するという威厳とともに、最初は確かに奇異の感を抱かせるにちがいない。しかし或る格率が実践的法則の普遍性の資格をもつとする単なる理念によって選択意志を規定するという、我々の理性の能力に驚嘆し、次のことを学ぶ。つまりまさにこの実践的法則（道徳法則）が選択意志の性質を初めて開示するのであり、その性質へはいかなる思弁理性もアプリオリな根拠からも、また何らかの経験によっても到達しなかったこと、そして到達したとしても、その可能性を理論的に何によっても明らかにできないだろうが、しかし実践的法則はこの性質つまり自由を反論の余地なく明らかにできることを学ぶ。このようなことを学ぶとすれば、これらの実践的法則が数学の要請と同様に証明できないが確然的であると見てとること、しかし同時に、自由の理念やその他のあらゆる超感性的なものの理念に関して理性が理論的に扱う場合に、すべてが理性にとって完全に閉ざされていると知らざるをえないところで、実践的認識の全領域が眼前に開かれているのを見ること、そうしたことは奇異の感を抱かせないだろう[38]」(6, p. 225)。

「法則の単純さ」と言われているが、法則とは「同時に普遍的な法則として妥当しうる格率に従って行為せよ」(6, p. 225) という定言命法を指している。この定言命法は原理の定言命法として、純粋実践理性の根本法則と基本的に同じである。それについて「この法則の単純さは、そこから導き出されうる重大で多様な帰結と比較すれば……」と書かれている。「重大で多様な帰結」の一つは、「純粋実践理性の要請」（神、自由、不死性の要請）である。それが「実践的認識の全領域が眼前に開かれている」(6, p. 225) として表現されているが、しかし『実践理性批判』第七節で「純粋実践理性の根本法則」に達した後に展開される実践的認識はすべて、この最上の原則（アルケー）から導かれたものである。まず最上の原則（アルケー）としての根本法則からその直接的な帰結（系）として、「純粋理性はそれ自身だけで実践的であり、我々が人倫法則と呼ぶ普遍的な法則を（人間に）与える」(5, p. 32) というテーゼが示される。そして「意志の自律」、「道徳法則の演繹の不可能性」が導かれ、最上の原則（アルケー）としての根本法則から自由が演繹される。このことは「この実践的法則（道徳法則）が選択意志の性質を初めて開示する」とここで言われている。そして「純粋実践理性の原則」から「純粋実践理性の対象の概念」（善と悪の概念）へ、「純粋実践理性の動機」（尊敬）へ展開する。さらに弁証論において根本法則から最高善の概念が導かれ、最高善の可能性の条件として神、自由、不死性が要請される（理論的命題としての要請）。それは本来的な形而上学の対象である。『実践理性批判』のこうした展開は、アルケーからの下降の道の歩みである。

さらに法則の単純さと導き出される多様な帰結との対比、そして「これらの実践的法則が数学の要請と同様に証明できないが確然的である」という言葉は、ユークリッド幾何学を想起させる。(39) 単純な根本法則から重大で多様な帰結を導き出すことは、要請（直線と円に関する単純な要請）がユークリッド幾何学の重大で多様な帰結（ユークリッド幾何学のすべての命題）を導き出すこととパラレルに考えられている。ユークリッド幾何学が要請によってその全領域を切り拓くように、カント倫理学は道徳的要請（根本法則）によってその全領域を切り拓くのである。

九　理性の事実は意志の要請として定立される

理性の事実から出発して［第一節］、本節において「カント倫理学は要請としての根本法則から始まる」というテーゼに至った。要請に至ったことの意味を考えてみよう。

本書第一節は「理性の事実」説に対する批判への言及から始まった。これまでの考察はこうした批判に対してどう答えることができるのだろうか。批判哲学でない、という批判に正面から答えるために、批判哲学とは何か、という先決問題を解決しなければならない。そうでなければ、批判と反批判は単なる名をめぐる空論となってしまうだろう。批判哲学についての主題的な考察は本書第四章の課題として、ここではこれまでの考察を振り返ることにしよう。

『基礎づけ』における「いかにして定言命法は可能か」という問いは、「いかにしてアプリオリな総合命題は可能か」という問い、批判哲学を確立した『純粋理性批判』や『プロレゴメナ』での問いと同型である。「理性の事実」

説は演繹の不可能性によってこの問いを放棄し、理性の事実を自明の出発点とする独断的な形而上学へと後退してしまった。それは批判哲学からの逸脱、批判哲学の放棄を意味する。――こうした批判に対して、これまでの考察はいかに答えることができるのか。第七節の註解の最後の箇所を想起しよう。

「しかしこの法則を与えられたものとして誤解なく見なすために十分注意されねばならないことは、この法則が経験的事実でなく、純粋理性の唯一の事実であるということである。これによって純粋理性は根源的に立法するもの（私はかく意志し、かく命令する（sic volo, sic jubeo））として自己を告知する」（5, p. 31）。

根本法則は「純粋理性の唯一の事実」として与えられているが、その「与えられている」は「与える」ことを遡示している。このことは「私はかく意志し、かく命令する（sic volo, sic jubeo）」の意志から理解されねばならない。この意志は根本法則を与える意志（sic volo）である。そして立法する意志は命令する（sic jubeo）が、この実践的命題としての命法は要請である。つまり立法する意志は根本法則を要請として意志する。ここから根本法則についての三つのテーゼを取り出すことができる。

(1)根本法則は理性の事実として与えられる。
(2)根本法則は立法する意志が与える。
(3)根本法則は要請である。

理性の事実である根本法則は意志の要請として定立される。この意味を考えてみよう。理性の事実は、「感性界のすべての所与と我々の理論的な理性使用の全範囲に基づいてもまったく説明不可能な事実」（5, p. 43）であり、「この事実を我々はアプリオリに意識しており、この事実は確然的に確実である。それ故道徳法則の客観的実在性はいかなる演繹によっても証明できないし、理論的思弁理性や経験に支持された理性のすべての努力によっても証明できない」（5, p. 47）〔第一節二〕。このような特徴をもつから、カントは『実践理性批判』において道徳法則の演繹を放棄して、「まったく説明不可能な事実」、理性の事実といった「超自然的事実、人間の心の中のデルフォイの神殿」[40]へと逃げ込んだ、と非難されるのだろう。しかし演繹の不可能性の主張は、不可能であるといった消極的な言明にとどまるのでない。「まったく説明不可能な事実」は、証明できない実践的命題としての要請という積極的な形で捉え返される。「要請は、その可能性についてのいかなる説明も（それ故またいかなる証明も）できない、アプリオリに与えられる実践的な命法である」（8, p. 418 n.）。道徳法則の演繹の不可能性は、「いかにして定言命法は可能か」という批判哲学の問いを放棄したという否定的な事柄でなく、証明できない実践的な命法を要請として捉え返すという肯定的な事柄を意味する。「いかにして定言命法は可能か」は「立法する意志の要請として」と答えられるだろう［第十二節六］。

理性の事実が果たす核心的な役割は、「道徳法則から自由へ」であった。道徳法則から自由への演繹は、「なすべきが故になしうる」というテーゼによって可能となる。「なしうる」の条件として自由が推論されるのである［第一節八］。しかしこのテーゼは要請の基本的な意味をなしている。要請は「何かをなすべきであると要求されれば、それをなすことができる、という前提以上のものを含んでいない」（5, p. 31）。要請は「なすべきが故になしうる」という前提のみを含む。ここから「なしうる」の条件として自由が導出される。理性の事実がもっている「道徳法則から自由へ」は、根本法則を要請として捉えることから初めて理解できるだろう。理性の事実は意志の要請として捉え返される。

『基礎づけ』から『実践理性批判』への歩みの核心は、『実践理性批判』において理性の事実が主張されたことのうちにあるのでなく、根本法則を要請として捉えたことのうちにある。学に先立って事実（理性の事実）が認められるが、学としての倫理学は理性の事実を要請として位置づける。カント倫理学は学として、理性の事実から始まるというより、立法する意志の要請から始まるのである。

本節は純粋実践理性の根本法則が実践的命題としての要請であることを証示したが、そのために『人倫の形而上学』とその準備草稿を利用することができた。このことが示唆しているのは、カントの実践哲学（人倫の形而上学）に要請という視点から光を当てるという課題である。『実践理性批判』弁証論における最高善の促進という義務を要請として捉えること〔第八節〕、そしてカント法論を要請論として読むこと〔第九節〕を試みよう。要請（実践的命題としての要請）に定位することは、カント実践哲学（倫理学、法論）を新たな視点から見直すことを可能にするだろう。

第八節　最高善の促進は要請である

「派生的な最高善（最善の世界）の可能性の要請は、同時に根源的な最高善の現実性の要請、つまり神の現実存在の要請である。ところで最高善を促進することは我々にとって義務であった。従ってこの最高善の可能性を前提することは、単に権能であるだけでなく、要求としての義務と結びついた必然性でもある」（5, p. 125）。

カントは『実践理性批判』においてこのように書いている。ここでいくつもの問いが生じる。「派生的な最高善の可能性の要請」と「根源的な最高善（神）の現実性の要請」という二つの要請が語られているが、この二つの要請の意味は同じなのか、そして二つの要請の関係はいかに解釈すべきなのか。最高善の可能性を前提すること（派生的な最高善の可能性の要請）が「要求としての義務と結びついた必然性」であるのは、いかなる論理によってなのか。しかしそもそも最高善を促進することは義務であるのか、いかなる意味で義務であるのか、そして道徳法則との関係をいかに理解すべきなのか[1]。

こうした問いに対して、「最高善の促進は要請（実践的命題としての要請）である」というテーゼによって答えたい。そのためにまず、冒頭の引用文の論理構造を明確にすることから始めよう。

一　義務→最高善の可能性の要請→最高善の可能性の条件の要請

「派生的な最高善（最善の世界）」は世界において可能な最高善であり、「根源的な最高善」は神（世界において可能な最高善の可能性の条件）である。それ故冒頭に引用した言葉のうちに、「最高善の促進は義務→最高善の可能性の要請→最高善の可能性の条件の要請」が読み取れる。このことを『実践理性批判』、そして『判断力批判』によって確認しよう。

「三つの理論的概念……、つまり自由、不死性、神を前提することなしに、最高善は可能ではない。それ故世界において可能な最高善の現実存在を命令する実践的な法則によって、純粋思弁理性の客体の可能性が要請される……」（5, p. 134）。

実践的な法則によって純粋思弁理性の客体（自由、不死性、神）の可能性が要請される。この要請は純粋実践理性の要請であり、理論的命題としての要請を意味する〔第七節二〕。さらにこの要請の全体構造を読み取ることができる。「最高善の現実存在を命令する」とは、最高善が世界のうちで実現する（現実存在する）ことを、つまり最高善を促進することを義務として命令することである。「最高善の現実存在を命令する実践的な法則」は、最高善の促進を義務として命令する。「自由、不死性、神を前提することなしに、最高善は可能ではない」とは、最高善が可能であるために、その可能性の条件である自由、不死性、神を前提しなければならないことを意味する。これは、本節の冒頭に引用した言葉「派生的な最高善（最善の世界）の可能性の要請は、同時に根源的な最高善の現実性の要請、つまり神の現実存在の要請である」と同じ論理である。純粋実践理性の要請の全体構造は、「最高善の現実存在を命令する実践的な法則（最高善の促進は義務）→最高善の現実存在の可能性（最高善の可能性の要請）→最高善の可能性の条件の要請」である。同じ論理は、前提という言葉によって次のように語られている。

「純粋実践理性の要求は、最高善を私の全力を尽くして促進するために或るもの（最高善）を私の意志の対象にするという義務に基づいている。しかしその際、私は最高善の可能性、従ってまたそのための条件、つまり神、自由、不死性を前提しなければならない」[(2)]（5. p. 142）。

ここから読み取れるのは、「最高善を促進する義務→最高善の可能性を前提する→最高善の可能性のための条件を前提する」である。前提という言葉は、要請とも言い換えられる。このことは本節の冒頭の引用から明らかであるが、『判断力批判』の言葉によって確認できる。

「すべての人倫法則の最上の原理が要請であるとすれば、同時にそれらの法則の最高の客体の可能性が、従って我々がこの可能性を考えうる条件も、それによってともに要請される」（5. p. 470）。

ここで三つの要請が語られている。(1)「すべての人倫法則の最上の原理が要請である」、(2)「それらの法則の最高の客体の可能性が要請される」、(3)「我々がこの可能性を考えうる条件も要請される」。(2)の「それらの法則の最高の客体」は最高善を指しているから、(2)は最高善の可能性の要請を意味している。(3)の「我々がこの可能性を考えうる条件」が「最高善の可能性の条件」であることは明らかだろう。ここでもこれまで区別してきた二つの要請、つまり「最高善の可能性の要請→最高善の可能性の条件の要請」が見出される。(1)から『実践理性批判』の根本法則（道徳法則）が要請であることを読み取った〔第七節二〕。『判断力批判』においても「すべての人倫法則の最上の原理」は道徳法則を意味する[(3)]。

(1)(2)(3)から二つの問題が生じる。(1)から(2)(3)が要請されるが、(2)(3)は最高善の促進が義務であることから導かれていた。とすれば(1)の道徳法則と最高善の促進との関係が問われなければならない〔二〕。もう一つの問題は要請という言葉の意味に関わる。(1)の要請は実践的命題であった。そして(3)は『実践理性批判』の弁証論での要請（自由、神、不死性の要請）であり、理論的命題としての要請である〔第七節二〕。では(2)の要請は理論的命題なのか、実践的命題なのか〔三〕。まず最初の問題から始めよう。

二　道徳法則→最高善の促進（義務）？

『実践理性批判』は「道徳法則→最高善の促進（義務）」を一貫して主張している。「道徳法則は最高善を我々の努力の対象にすることを義務とする。……道徳法則は世界において可能な最高善を私のすべての行為の究極対象とすることを命令する」[4]（5, p. 129）。そして次のように断言している。

「最高善の促進は……我々の意志のアプリオリに必然的な客体であり、道徳法則に不可分に結びついているから、最高善の不可能性はまた道徳法則の虚偽性をも証明するにちがいない。それ故実践的な規則に従った最高善が不可能であるならば、最高善を促進することを命令する道徳法則もまた幻想であり、空虚な妄想された目的に基づいており、従ってそれ自体が虚偽であるにちがいない[5]」（5, p. 114）。

こうしたカントの言明をそのまま認めることができるだろうか。「最高善の不可能性はまた道徳法則の虚偽性をも証明する」と本当に主張できるとは思えない。道徳法則を確立する分析論は、最高善を論じる弁証論の正否から独立だからである。幸福を含む最高善の可能性・不可能性に依存するとすれば、カント倫理学の核心をなす自律思想が崩壊してしまうだろう。

カントの主張は「AならばB」においてBが虚偽であれば、Aも虚偽である、という論理を前提している。つまり、道徳法則から最高善の促進という義務が論理的・分析的に導出されることを前提している。しかし道徳法則が最高善の促進を命令するということ、つまり「道徳法則→最高善の促進（義務）」は成立するのだろうか。

道徳法則から最高善の促進（義務）を導けるとは思えない。最高善の促進という義務は、『基礎づけ』における定言命法の諸法式に含まれていないし、『人倫の形而上学』の徳論における「同時に義務である目的」のうちにも入っていない。『基礎づけ』でも『人倫の形而上学』でも最高善の促進という義務がまったく触れられていないということは、そのような義務が道徳法則から導けないことを示している。

「道徳法則→最高善の促進（義務）」は、自律思想を否定するが故に、また道徳法則から導けないが故に、認めることができない。こうした批判の例として、和辻とベックを引用しよう。

「しかし分析論の立場からは、実践理性の対象が幸福を含まねばならぬということは決して出てくるはずがない。いわんや幸福を含んだものとしての最高善が、道徳法則からして義務として我々に命ぜられるということは、充分の根拠をもった主張とは言えない。次章においてカントが示すところは、ただ完全に善きもの（das vollendete Gut）という概念が幸福を含まねばならぬということだけである。人にとっての善きものはなるほどそうであろう。しかし彼が分析論第二章で取り扱った善きこと（das Gute）は、完全となるために幸福を要しない。もし幸福を要するとすれば自律の立場は倒れてしまう[6]」。

「カントは理性のこの命令を導入することにほとんど不用意である。定言命法のいかなる法式もこの内容をもっていなかった。法が我々に要求するものにカントが直接に関わることになる『人倫の形而上学』において最高善は、『実践理性批判』においてその概念を展開させたから、「同時に義務である目的」のうちに含まれていない。そして何故理性のこの命令が十分に詳述されないかを理解することは容易である。つまりそれは存在しないのである[7]」。

我々は和辻の批判を認めるし、ベックの指摘も認める。しかし最高善の促進という義務が存在しない、ということにはならない。最高善の促進（義務）を認めないとすれば、カント哲学の核心を否定することになるだろう。何故ならカントにとって哲学は、人間理性の究極目的の教説、最高善の教説だからである［第十二節七］。最高善の促進を義務と認めねばならない。

「道徳法則→最高善の促進（義務）」を認めないことは『実践理性批判』におけるカントの主張を否定することであるが、しかしそれは勝手な外からの変更でない。カント自身が後に「道徳法則は最高善を促進することを命令する」という説を放棄し、道徳法則と最高善の促進の関係を新たに捉え返している。こうした新たな立場は『宗教論』において見出されるだろう。

最高善に関する我々の立場は、「道徳法則→最高善の促進（義務）」を否定すること、しかし「最高善の促進（義務）→最高善の可能性の要請→最高善の可能性の条件の要請」を肯定することである。この解釈はカントの外に出ることによってでなく、カントのテキスト（『宗教論』、『理論と実践』、『人倫の形而上学』）に定位することによって可能となる。[8]「最高善の促進という義務→最高善の可能性の要請」の論理［三］、「最高善の可能性の条件の要請」の意味［四］を明らかにしよう。そして最高善の促進という義務が要請であることを示したい［五、六、七］。

三　最高善の可能性の要請

「我々は最高善を促進するように努めるべきである（それ故最高善はやはり可能でなければならない）」（5, p. 125）。

「義務に属するのは、世界における最高善の実現と促進だけであり、それ故最高善の可能性が要請されうる」（5, p. 126）。

「最高善を促進するように努めるべきである」という義務から最高善の可能性が導かれている。この導出の論理とは何か、を問わねばならない。Sollen（義務）からの導出としては、「なすべきが故になしうる」という論理がある［第一節七］。ここでもこの論理が働いているだろう。「最高善の可能性」という言葉は「円の可能性」と同じ表現である。円の可能性について次のように言われていた［第四節二］。

「円の可能性は、一つの固定点の周りでの一直線の運動によって円を描くという実践的命題に先立って、単に蓋然的であるのでなく、円が定義自身によって構成されることによって、円の定義のうちに与えられている。……円を描くという命題は定義から生まれる実践的な系（つまりいわゆる要請（Postulat））である。図形の可能性、それどころか図形の可能性のあり方が定義のうちにすでに与えられていないとすれば、実践的な系は決して要求されえないのである」(11, p. 53)。

ここで問題となっているのはユークリッド幾何学の要請三、つまり「あらゆる中心と距離をもって円を描く」という要請である。要請は「定義から生まれる実践的な系」、「実践的な命法」(8, p. 418 n.) であり、実践的命題として、「何かをなすべきであると要求されれば、それをなすことができる、という前提以上のものを含んでいない」(5, p. 31)。円を描くという要請は円の可能性を要請するが、それは円を描くことができること、円を構成(作図)するという行為の可能性を意味している。同じことが「最高善の可能性」についても言えるだろう。つまり「最高善の可能性」は最高善を実現・促進するという行為の可能性(最高善を促進できる)を意味する。

「自由によって実現されるべき世界における最高善」について、「その目的の実現のために実践的な純粋理性によって命令されており、従って可能であると想定されねばならない」(5, p. 469) と言われている。実践理性が最高善を実現するべきであると命令するが故に、それは可能である、つまりなしうる。ここに「なすべきが故になしうる」という論理が使われている。最高善を実現することが義務であるが故に(なすべきが故に)、最高善を実現することは可能である(なしうる)[9]。

実践的命題としての要請は「何かをなすべきであると要求されれば、それをなすことができる」という前提、「なすべきが故になしうる」という前提を含んでいる。「最高善を促進するように努めるべきである(義務)」ことから最高善の可能性が要請されるとすれば、この要請は実践的命題としての要請であり、「なすべきが故になしうる」を含意している。最高善を促進すべきであるが故に(なすべきが故に)、最高善を促進しうる(なしうる)、つまり最高善の可能性が要請される。

「最高善の促進(義務)→最高善の可能性の要請」のうちに「なすべきが故になしうる」の論理が働いているとすれば、この要請は実践的命題としての要請である。しかしさらに「最高善の可能性の要請→最高善の可能性の条件の要請」がなされる。最高善が可能であるためには、最高善の可能性の条件として自由、魂の不死性、神の現存在が要請される[10]。この三つの要請が「純粋実践理性の要請」と呼ばれる。この要請の論理を検討しよう。

四　自由の要請と神と不死性の要請

「……自由は我々が知っている道徳法則の条件である。しかし神と不死性の理念は道徳法則の条件でなく、この法則によって規定された意志の必然的な客体の条件、つまり我々の純粋理性を単に実践的に使用する際の必然的な客体の条件であるにすぎない」(5, p. 4)。

「この法則によって規定された意志の必然的な客体」とは最高善である。自由が道徳法則の条件として要請されるように、神と不死性は最高善の条件として要請される[11]。この区別にもかかわらず、自由、神、不死性の要請は最高善の可能性の条件の要請としてまとめられ、「純粋実践理性の要請」と呼ばれる。まとめられるとすれば、同じ論理が見出されるからだろう。この要請（理論的命題としての要請）の論理を明らかにしたい。まず自由の要請を見ることにしよう。

「自由は道徳法則の条件である」(5, p. 4) とされるが[12]、さらに「道徳法則は自由を要請する」[13] (5, p. 94) とも言われている。この二つのテーゼと「なすべきが故になしうる」の論理を組み合わせることによって、自由の要請は次のように解釈できる［第一節八］。

道徳法則は実践的命題としての要請であり、「なすべきが故になしうる」を前提する。つまり「なしうる」という行為の可能性を要請する。そして道徳法則が「なすべきが故になしうる」を要請するからこそ、「道徳法則がなければ知られないままであっただろう自由を、自己のうちに認識する」(5, p. 30)。しかし自由は「なしうる」と同一視されるのでなく、「なしうる」という行為の可能性の条件である。道徳法則が自由（道徳法則の条件）を要請する論理は、次のようにまとめることができる。道徳法則（なすべきという義務）→義務としての行為の可能性の要請（なすべきが故になしうる）→行為の可能性の条件（「なしうる」の条件）としての自由の要請。自由の要請は

「行為の可能性の要請」（実践的命題としての要請）でなく、自由という対象を要請することであり、理論的命題としての要請である。

自由が道徳法則の条件であるのに対して、神と不死性は最高善の条件であるとされる。最高善をめぐる論理を想起しよう［一、三］。「最高善の促進（義務）→最高善の可能性の要請→最高善の可能性の条件の要請」。「最高善の促進（義務）→最高善の可能性の要請」において「なすべきが故になしうる」の論理が働いている［二］。つまり最高善の可能性の要請は、実践的命題としての要請を意味する。これは道徳法則における「なすべきが故になしうる」の論理の働きと同じである。自由の場合、「なしうる」の条件として自由が要請された。この要請は理論的命題としての要請であった。同様に「最高善の可能性の要請」は、最高善の到達可能性（なしうる）の条件を要請しているのであり、理論的命題としての要請である。自由の要請と神と不死性の要請は、実践的命題と理論的命題としての要請という視点から見て、完全にパラレルである。「道徳法則が命じる義務→義務としての行為の可能性の要請→行為の可能性の条件としての自由の要請」—「最高善を促進するという義務→最高善の可能性の要請→最高善の可能性の条件としての神と不死性の要請」。このパラレル性が成立するとすれば、最高善の促進は道徳法則と同じ身分、つまり実践的命題としての要請であることになるだろう。

自由の要請において働いているのは、道徳法則それ自体でなく、義務であるという論点だけである。義務であることに基づいて「なすべきが故に（義務であるが故に）なしうる」という論理が働くのである。それ故最高善の促進が義務であるとすれば、「なすべきという義務→義務としての行為の可能性の要請→行為の可能性の条件としての自由」という論理が成り立つ。つまり最高善の促進は義務の遂行条件としての自由を要請する。しかし円を描く、嘘をつかないといった行為とは異なり、最高善の促進という行為の可能性（最高善の可能性）は自由だけでなく、神と不死性を前提しなければならない。最高善の促進という義務は、自由、神、不死性を要請するのである。

道徳法則と最高善の促進がともに、実践的命題としての要請であるとすれば、次に両者の関係を明らかにしなければならない。道徳法則が最高善の促進を命令することを、つまり道徳法則が最高善の促進を義務とすることを我々は否定した。ではいかなる関係として理解できるのだろうか。そうした考察においても要請という視点が有効に働くだろう。一七九三年に出版された『宗教論』と『理論と実践』に定位しよう。

五　実践理性は道徳法則を超えて自己を拡張する

「あらゆる人が世界において可能な最高善を究極目的（Endzweck）とすべきであるということは、アプリオリな実践的な総合命題であり、しかも純粋理性によって課せられた客観的-実践的命題である。何故ならそれは、世界における義務の概念を超え出て、義務の結果（効果）を付け加えるが、結果は道徳法則のうちに含まれていないし、それ故道徳法則から分析的に展開されえないからである」（6, p. 7）。

『宗教論』の序文の註においてカントはこのように書いている。「世界において可能な最高善を究極目的とすべきである」という命題は、「最高善を促進せよ」と同じことを述べている、と理解することができる。『実践理性批判』においても最高善は「純粋実践理性の究極目的（Endzweck）」（5, p. 129）であるから、最高善（究極目的としての）を促進することは、最高善を究極目的とすることを意味する。ここで着目すべきなのは、最高善を究極目的とすべきであるという命題が、「道徳法則から分析的に展開されえない」と指摘されていることである。最高善は促進されるべき目的であり、目的は行為の結果としてあるが、道徳法則は格率の普遍性という形式に関わるだけであって、行為の結果（効果）を命令しない。最高善を究極目的とせよという実践的命題は、道徳法則から分析的に展開されえない総合命題である。とすれば道徳法則が直接的に最高善の促進を命令することはないだろう。最高善の促進は道徳法則が命令する義務の概念を超え出ている。しかしそのような命題を純粋理性が課すとは、いかなることなのか。同じ註は次のように表現している。

「世界において可能な最高善をあなたの究極目的とせよという命題は、アプリオリな総合命題である。その命題は道徳法則そのものによって導入されるが、にもかかわらずその命題によって実践理性は道徳法則を超えて自己を拡張する」(6, p. 7)。

ここで「実践理性は道徳法則を超えて自己を拡張する」という極めて重要なテーゼが語られている。「道徳法則を超えて自己を拡張する」のだから、最高善を究極目的とせよ（最高善を促進せよ）という命題は、「アプリオリな実践的な総合命題」(6, p. 7) であり、「道徳法則から分析的に展開されえない」(6, p. 7) のである。しかしさらに自己を拡張する実践理性のうちに意志という契機をも見なければならない。『宗教論』の出版と同じ年（一七九三年）に発表された『理論と実践』は、次のように書いている。

「純粋理性によって課せられ、すべての目的の全体を一つの原理のもとに包括する究極目的（我々の協力によっても可能な最高善としての世界）の要求は、さらに形式的な法則の遵守を超えて客体（最高善）の産出へと自己を拡張する非利己的な意志の要求である」(8, p. 280)。

ここでも「さらに形式的な法則の遵守を超えて客体（最高善）の産出へと自己を拡張する」こと、つまり道徳法則を超えて自己を拡張することが語られている。最高善という究極目的の要求は、非利己的な意志の要求である。つまり最高善を究極目的とすることは、道徳法則を超えて自己を拡張する純粋実践理性の意志である。最高善を究極目的として要求することは意志の要求とされている。こうした意志の要求は要請（実践的命題としての）として解釈できるだろう。要請は「要求命題（Heischesatz）」(29, p. 51) とされるのだから。

最高善を促進せよ、という実践的命題が要請であることを示すために、『人倫の形而上学』法論を検討しよう。法論は要請論として展開されているのだから［第九節］、そこに手がかりを見出せるだろう。

六　実践理性は自己を拡張する

(a)「その命題［世界において可能な最高善をあなたの究極目的とせよという命題］によって実践理性は道徳法則を超

えて自己を拡張する」（6, p. 7）。

(b)「実践理性はアプリオリな要請〔実践理性の法的要請〕によって自己を拡張する」（6, p. 247）。

(a)は『宗教論』の言葉であり〔五〕、(b)は『人倫の形而上学』法論からの引用である。この二つのテーゼは、それぞれ最高善の促進と実践理性の法的要請に関する核心的なテーゼである。ともに「実践理性は自己を拡張する」と言われている。そして「その命題によって」―「アプリオリな要請によって」という同じ構造をもっている。しかも最高善を究極目的とすることは純粋実践理性の意志であり〔五〕、実践理性の法的要請も、実践理性の意志である〔第九節四〕。このように(a)と(b)の平行性が言えるとすれば、「世界において可能な最高善をあなたの究極目的とせよという命題」は、実践理性の法的要請と同様に、実践的命題としての要請として捉えることができるだろう。さらに(a)において「道徳法則を超えて自己を拡張する」とされているが、(b)においては何を超えて自己を拡張するのだろうか。この問いに答えることを通して倫理学と法論の平行性、さらに最高善の促進が要請であることを示すことができる。

　実践理性の法的要請は、「権利一般についての単なる概念から引き出すことのできない権能」（6, p. 247）を我々に与える、とされている。このことは、実践理性が「経験的占有という概念を超えて自己を拡張するアプリオリな命題」（6, p. 250）を要請することと関係するだろう。経験的占有について『人倫の形而上学』法論の第六節は次のように書いている。

「すべての法命題はアプリオリな命題である。何故ならそれは理性の法則（理性の命令（dictamina rationis））だからである。経験的占有についてのアプリオリな法命題は分析的である。何故ならこの命題は、経験的占有から矛盾律に従って帰結する以上のことを言わないからである。つまり、私が或る物件の所持者である（それ故その物件と物理的に結びついている）とすれば、私の同意なしにその物件に作用を及ぼす（例えば私の手からリンゴを奪う）者は、内的な私のもの（私の自由）に作用を及ぼしそれを減少させ、従って彼の格率において法の公理と完全に矛盾する、という以上のことを言わないからである。それ故適法的な経験的占有についての命題は、自分自身に関する人格の権利を超え出ない」(6, pp. 249-250)。

私が現に今手にリンゴをもっていることは経験的占有である。そのリンゴを奪う行為は私の自由を侵し、「法の公理」に反している。「法の公理」は「あなたの選択意志の自由な行使が、普遍的法則に従ってあらゆる人の自由と両立しうるように外的に行為せよ」(6, p. 231) という普遍的な法の法則を指している。[14]「内的な私のもの (私の自由)」、「自分自身に関する人格の権利」は生得的権利を意味する。「経験的占有についてのアプリオリな法命題は分析的である」とは、経験的占有が普遍的な法の法則の次元、生得的権利の次元にあることを意味している。しかし経験的占有でない英知的占有はこの次元を超え、英知的占有についての法命題は総合的である。

「経験的占有という概念を超えて」(6, p. 250) とは「普遍的な法の法則を超えて」であり、「権利一般」は生得的権利を指していることになる。とすれば実践理性の法的要請は、普遍的な法の法則を超えて、その法則から引き出すことのできない権能を我々に与えるだろう。実践理性は、普遍的な法の法則を超えて自己を拡張し、それから分析的に導かれえない命題を要請する。(a) における「道徳法則を超えて自己を拡張する」に対応するのは、(b) においては「普遍的な法の法則を超えて自己を拡張する」である。つまり「道徳法則－最高善の促進」の関係と「普遍的な法の法則－実践理性の法的要請」の関係は、同型である。そしてこの同型性から、倫理学と法論との平行性、そして最高善の促進が要請であることが導かれる。

道徳法則は倫理学のアルケーであり、要請であるが［第七節八］、同様に普遍的な法の法則は法論のアルケーであり、要請である［第九節二］。そして「道徳法則－最高善の促進」と「普遍的な法の法則－実践理性の法的要請」が同型であり、最高善の促進と実践理性の法的要請は、その特徴が一致している。倫理学と法論がこのように対応しているのであれば、そして道徳法則と普遍的な法の法則と実践理性の法的要請がすべて要請として捉えられているのであれば、最高善の促進もまた、要請として理解できるだろう。要請に定位して、倫理学と法論の平行性を語ることができる。

倫理学において、実践理性は道徳法則を要請する。それによって『実践理性批判』の分析論が可能となる。しかし最高善を促進せよ、という命題（実践的命題としての要請）によって、実践理性は道徳法則を超えて自己を拡張する。こうして自己を拡張する実践理性は、最高善の可能性を要請し、さらに最高善の可能性の条件を要請する。

法論において、実践理性は普遍的な法の命題を要請する。それによって内的な私のもの・あなたのもの（生得的権利）の次元が可能となる。しかし実践理性の法的要請によって、実践理性は普遍的な法の法則を超えて自己を拡張する。こうして自己を拡張する実践理性は、外的な私のもの・あなたのもの（獲得的権利）の次元を切り拓き、さらに公法の要請によって、私法から公法への移行がなされる［第九節一］。

最後に、カント自身が最高善の促進を要請と理解していたことを、論文「哲学における永遠平和条約」（一七九六年）に即して確認しよう。

七　「最高善を促進せよ」は要請である

「これら三つの対象は超感性的なものの理念であるというまさにその理由で、理論的な顧慮においていかなる客観的実在性もそれらに与えられえないから、それにもかかわらずそれらに実在性が与えられるべきであるならば、実在性は実践的な顧慮においてのみ、道徳的‐実践理性の要請として帰属させることができる」(8, p. 418)。

論文「哲学における永遠平和条約」は、神、自由、不死性についてこのように語っている。この要請が『実践理性批判』における純粋実践理性の要請（神、自由、不死性の要請）と完全に同じであることは明らかだろう。ここでカントは「要請」という語に註を付している。

「要請は、その可能性についてのいかなる説明も（それ故またいかなる証明も）できない、アプリオリに与えられる実践的な命法である。それ故人は物件を、あるいはそもそも何らかの対象の現存在を要請するのでなく、主体の行為の格率（規則）だけを要請するのである。――ところで或る目的（最高善）を目指すことが義務であるならば、私がまた次のことを想定することは正当である。つまり、たとえそれが超感性的であっても、そのもとでのみ義務のこの遂行が可能である条件は存在すること、そして我々は（理論的顧慮において）こうした条件の認識に到達できないということ、である」（8, p. 418 n.）。

註の前半の意図ははっきりしている。「道徳的‐実践理性の要請」という用例が、「アプリオリに与えられる実践的な命法」という要請の本来的な意味とは異なることを示すためである。三つの対象（神、自由、不死性）に実在性を与えることは、理論的である。例えば「神が存在する」（神に実在性を与える）という命題は実践的命題でなく、理論的な命題である。このように「何らかの対象の現存在を要請する」といった理論的要請に対して、要請の本来の意味として「実践的な命法」が対置される。「主体の行為の格率（規則）だけを要請する」‐「何らかの対象の現存在を要請する」というこの対比は、『実践理性批判』の序文における「行為の可能性の要請」‐「対象の可能性の要請」の対比と同じである［第七節二］。「……せよ」という実践的な命法（実践的命題としての要請）は、その行為の可能性を要請するが、しかし「その可能性についてのいかなる説明も（それ故またいかなる証明も）できない」。ユークリッド幾何学においてこうした要請から出発して、それに基づいて証明がなされる。それによって証明が可能となる要請そのものは、証明されえない。

では「ところで」以下の後半は、何のために書かれたのだろうか。一見すると、『実践理性批判』の弁証論の主張を繰り返しているように見える。「道徳法則に対する尊敬によって最高善を必然的に目指すことと、そこから生じる最高善の客観的実在性を前提することは、実践理性の要請によって、思弁理性が確かに課題として提起したが解決できなかった概念へと行き着く」（5, p. 132）。しかし弁証論と同じことはすでに「道徳的‐実践理性の要請」として本文に書かれているのだから、註で繰り返す必要はないだろう。註の前半が本文での要請（弁証論での要請）と対比される実践的命題としての要請を語っているとすれば、註の全体もまた同じ意図のもとで書かれているだろう。

本文で書かれていないのは、「或る目的（最高善）を目指すことが義務であるならば、そのもとでのみ義務のこの遂行が可能である条件（die Bedingungen, unter denen allein diese Leistung der Pflicht möglich ist）は存在する」という論点である。確かにこの論点もまた『実践理性批判』のうちにあると思うかもしれない。「最高善の促進（義務）→最高善の可能性の要請→最高善の可能性の条件の要請」。しかし「そのもとでのみ義務のこの遂行が可能である条件」という表現に着目しなければならない。この表現は「義務のこの遂行が可能である」という媒介項を含んでいる。つまり「(a)最高善を目指すことが義務である→(b)義務のこの遂行が可能である→(c)そのもとでのみ義務のこの遂行が可能である条件は存在する」。(a)→(b)のうちに、「義務であるが故に、義務の遂行が可能である」、つまり「なすべきが故に（義務であるが故に）なしうる（義務の遂行が可能である）」の論理を見出しうる。これは実践的命題としての要請である。

「そのもとでのみ義務のこの遂行が可能である条件は存在すること」を想定するとは、行為の可能性の条件を要請することであり、「行為の可能性の要請」＝「主体の行為の格率（規則）だけを要請する」を含んでいる。「最高善を目指すことが義務である→義務のこの遂行が可能である」が成り立つことは「なすべきが故になしうる」の論理が働いていることを意味するから、最高善を目指すという義務（最高善を目指せ）は実践的命題としての要請である。註の後半は、確かに理論的命題としての要請を語っているが、それは最高善を目指すという義務を要請として理解していることになる。最高善を目指すことは義務である→義務の遂行が可能であることを要請する（実践的命題としての要請）→義務のこの遂行が可能である条件を要請する（理論的命題としての要請＝「道徳的‐実践理性の要請」）。最高善を目指すという義務は、本来の意味での要請として、つまり「その可能性についてのいかなる説明も（それ故またいかなる証明も）できない、アプリオリに与えられる実践的な命法」＝要請として提示されているのである。

「その命題［世界において可能な最高善をあなたの究極目的とせよという命題］によって実践理性は道徳法則を超えて自己を拡張する」（6, p. 7）。本節はこのカントの言葉を重視したが、この言葉は最高善の促進という義務に対するいくつかの基本的な批判を退けることができるだろう。カント倫理学についての基本的なテキストは『基礎づけ』、『実践理性批判』、そして『人倫の形而上学』の徳論である。こうしたテキストに即した批判を検討しよう。『実践理性批判』の分析論と弁証論の関係に即して、「幸福を含んだものとしての最高善が、道徳法則からして義務として我々に命ぜられるということ」が否定される。こうした和辻の批判はそのまま認められる［二］。しかしそれは最高善の促進という義務を否定することへと導くのでなく、「実践理性は道徳法則を超えて自己を拡張する」ことへ導くのでなければならない。

最高善の促進という義務は、『基礎づけ』における定言命法の諸法式に含まれていないし、『人倫の形而上学』の徳論における「同時に義務である目的」のうちにも入っていないのだから、そうした義務は存在しない、とベックは主張する［二］。しかし『基礎づけ』の定言命法も徳論の「同時に義務である目的」もともに道徳法則の次元に属している。最高善に関する義務は道徳法則を超えているのだから、『基礎づけ』と『人倫の形而上学』の徳論において言及されていないとしても、少しも奇妙ではない。

最高善を促進せよという義務は実践的命題としての要請であった。こうした主張を奇異に感じるかもしれない。しかし道徳法則そのものもまた、実践的命題としての要請なのである［第七節］。実践的命題としての要請は「なすべきが故になしうる」という論理を含む。この論理に従って、道徳法則（なすべきという義務）は、なすべき行為の可能性（なしうる）を要請する。同様に、最高善を促進せよ（なすべきという義務）は、なすべき行為の可能性（なしうる）を要請する。行為の可能性は、最高善を促進するという行為が可能であるということであり、「最高善の可能性」とも表現される。そして実践的命題としての要請を前提して、理論的命題としての要請がなされる。行為の可能性の要請→行為の可能性の条件（「なしうる」の条件）としての自由の要請。同様に、最高善の可能性の要請→最高善の可能性の条件としての神、不死性の要請。自由、神、不死性が形而上学の三つのテーマであるとすれば、実践的命題としての要請こそが形而上学の次元を切り拓くことができる。

『純粋理性批判』の分析論の頂点をなす根本法則は要請であった。そして弁証論の中心主題である最高善の促進も要請として理解できる。カント倫理学は「要請としての倫理学」である。さらに法論を要請論として読むことができる。カント実践哲学（倫理学、法論）は要請論である。そのことを示すのが第九節の課題となる。

第九節　要請論としての法論

「あなたの選択意志の自由な行使が、普遍的法則に従ってあらゆる人の自由と両立しうるように外的に行為せよ、という普遍的な法の法則は、確かに拘束性を私に課す法則であるが、しかし私がこの拘束性のために私の自由をこの条件へと自ら制限すべきことを決して期待していないし、まして要求してもいない。そうではなく、理性はただ、私の自由がその理念において制限されているということ、そして実際にも他人によって制限されうるということを語るにすぎない。そして理性はこのことを、それ以上いかなる証明もできない一つの要請として（als eine Postulat）語るのである。――徳を教えることでなく、単に何が正しいかを述べることが意図されているなら、人は自らこの法の法則を行為の動機として示す必要はないし、示すべきでもない」(6, p. 231)。

『人倫の形而上学』の「法論への序論」においてカントはこのように書いている。ここで注目したいのは、「普遍的な法の法則」がはっきりと「要請」と語られていることである。法の法則は「……行為せよ」という命法で表現されているから、実践的命題としての要請である。この命法は『実践理性批判』の根本法則とパラレルであるから、法の法則が要請であれば、根本法則も要請であるだろう［第七節］。ともかく普遍的な法の法則が要請であるとすれば、カントの法論は要請論として展開されているだろう。少なくとも要請という視点からカントの法論を捉え返すことができる。まず法論において三つの要請が語られていることの確認から始めよう。

一　法論における三つの要請

法論において要請として一般に問題とされるのは「実践理性の法的要請」である。確かにこの法的要請は法論の中心概念である。[1] しかし法論は三つの要請を語っている。

(a)普遍的な法の法則「あなたの選択意志の自由な行使が、普遍的法則に従ってあらゆる人の自由と両立しうるように外的に行為せよ」(6, p. 231)。

(b)実践理性の法的要請「外的なもの(使用しうるもの)が誰かのものにもなりうるように、他者に対して行為することは法の義務である」(6, p. 252)。

(c)公法の要請「すべての他者との避けられない共存の関係において、自然状態から法的状態へ、つまり配分的正義の状態へ移行すべきである」(6, p. 307)。

(a)は「……外的に行為せよ」であり、(b)は「法の義務」として「……他者に対して行為せよ」と言い換えることができ、[2] (c)は「……移行すべきである(移行せよ)」という義務を表現している。これらが要請であるとすれば、それはすべて理論的命題でなく、実践的命題としての要請である。

次に三つの要請が『人倫の形而上学』法論においていかなる位置を占めているかを確認しよう。法論は第一部「私法」と第二部「公法」から成り立っている。私法は自然状態における自然法、公法は国家状態における国家法を意味する。法論を貫く中心テーマは「私のもの・あなたのもの」である。「私のもの・あなたのもの」は権利を意味し、内的な生得的権利と外的な獲得的権利に区別される。[3]

「内的な私のもの・あなたのもの」は生得的な権利とされ、自由を意味する。自由は普遍的な法の法則によって可能である。「生得的権利は唯一である。／自由（他者の強制する選択意志からの独立性）は、それが普遍的法則に従ってあらゆる他者の自由と両立できるかぎり、唯一の根源的な、その人間性の故にあらゆる人間に帰属する権利である」（6, p. 237）。「普遍的法則に従ってあらゆる他者の自由と両立できるかぎり」という言葉から明らかなように、生得的権利は、普遍的な法の法則の下で捉えられている。生得的権利と言われているが、自動的に与えられる単なる所与でなく、法によって可能となる権利である。いかなる権利も「自由の法則の所産」（23, p. 135）であり、法則によって初めて可能となる。(4)「内的な私のもの・あなたのもの」は普遍的な法の法則という要請によって可能となる。

「外的な私のもの・あなたのもの」は、実践理性の法的要請によって可能となる。このことは(b)から明らかである。さらにはっきり次のように言われている。「英知的占有の可能性は、従ってまた外的な私のもの・あなたのものの可能性は洞察されえず、実践理性の要請から推論されねばならない」（6, p. 255）。

法論の第一部から第二部への移行、自然状態から法的状態への移行を可能にするのは、(c)「公法の要請」である。この要請は次のように表現されている。「あらゆる人に自分のものが確保されうる社会へ、他人とともに入れ（suum cuiqui tribue）」（6, p. 237）。「あらゆる人に自分のものが確保されうる社会」という法的状態において、suum cuiqui tribue（各人に彼のものを配分せよ）という配分的正義が可能となる。「（内的・外的な）私のもの・あなたのもの」が確保されるのは、公法の要請によってである。

法論の展開を導いているのは三つの要請である。自然状態（私法状態）における「内的・外的な私のもの・あなたのもの」は、(a)「普遍的な法の法則」と(b)「実践理性の法的要請」によって可能となる。(5)それが第一部「私法」において成立する権利である。第二部「公法」は法的状態において成立する配分的正義がテーマであるが、法的状態（配分的正義）への移行を要請するのが公法の要請であるから、第二部「公法」は(c)「公法の要請」によって可能となる。(6)

次に三つの要請の意味と射程について考察しよう。まず(a)「普遍的な法の法則」から始めよう。

二　要請としての法の法則と道徳法則

本節の冒頭の引用に立ち返ろう。普遍的な法の法則は、直前で語られている「正しい行為を私の格率にする」(6, p. 231) という倫理学の要求との対比のもとで提示されている。「徳を教えることでなく、単に何が正しいかを述べることが意図されているなら、人は自らこの法の法則を行為の動機として示す必要はないし、示すべきでもない」(6, p. 231)。「徳を教える」―「単に何が正しいかを述べる」の対比は、倫理学と法論との対比である。倫理学が要求するのは、「この法の法則を行為の動機として示す」ことであり、「正しい行為を私の格率にする」(6, p. 231) ということである。それに対して法の法則は行為の動機に関して関知しない。「……外的に行為せよ」という法の要請は、「何が正しいか」を述べるだけであり、外的行為の適法性だけを要求する。

法の法則と倫理学の法則が対比されているが、対比は同じレベルにあるものの間の一つの関係である。法の法則と倫理学の法則はともに、自然の法則と区別された自由の法則に属する。

「自由の法則は自然法則と区別され、精神的(moralisch)と呼ばれる。自由の法則が単なる外的な行為とその合法則性にだけ関わるかぎり、法理的(juridisch)と呼ばれる。それに対してそれ(法則)自身がさらに行為の規定根拠であるべきであると要求するとき、自由の法則は倫理的(ethisch)である。そしてその場合法理的法則との一致は適法性であり、倫理的法則との一致は道徳性(Moralität)である、と言われる」(6, p. 214)。

ここで自由の法則は自然法則(Naturgesetz)と対比され、moralisch と呼ばれている。自然と対比された moralisch という形容詞は、狭い意味での「道徳的」でなく、法をも含んだ人間の自由に関わる精神的な次元を意味する。[7] "Etwas Moralisches(Tugend=oder Rechtspflicht)" (8, p. 277) という形で言われる。[8] それに対して、すぐ後に登場する Moralität は法を含まない狭い意味で使われている。

重要なのは法理的法則（法の法則）と倫理的法則がともに自由の法則とされているという共通性である。自由の法則である法の法則が要請であるとすれば、同じ自由の法則である倫理学の法則もまた要請であろう。「正しい行為を私の格率にする」という倫理学の要求は、『実践理性批判』において根本法則（道徳法則）として定式化されている。普遍的な法の法則と並べてみよう。

(1)「あなたの選択意志の自由な行使が、普遍的法則に従ってあらゆる人の自由と両立しうるように外的に行為せよ」(6, p. 231)。

(2)「あなたの意志の格率が、つねに同時に普遍的立法の原理として妥当しうるように行為せよ」(5, p. 30)。

ともに原理の定言命法であり、(1)が普遍的な法の法則として要請（法的要請）であるとすれば、(2)は普遍的な道徳法則として要請（道徳的要請）であろう。法的‐実践理性が普遍的な法の法則を「それ以上いかなる証明もできない一つの要請」(6, p. 231) として語るとすれば、倫理的‐実践理性もまた普遍的な倫理の法則を「それ以上いかなる証明もできない一つの要請」として語るだろう。

「同時に普遍的な法則として妥当しうる格率に従って行為せよ」という定言命法（道徳法則）について論じている文脈において、「実践的法則が数学の要請と同様に証明できないが確然的である」(6, p. 225) と語られている。道徳法則は数学の要請と同様に、実践的命題としての要請である。そのことは「すべての人倫法則の最上の原理が要請である」という『判断力批判』の言葉からも読み取ることができた［第七節二］。さらにもう一度遺稿の言葉を引用しよう。「道徳的‐実践理性の証明できない確実な総合命題は、道徳的要請である、つまり、行為する或る仕方を無条件的に（或る意図の達成のための手段としてでなく）命令する純粋理性の定言命法である」(23, p. 256)。

カントにおいて倫理学と法論は、実践哲学の二部門をなす。カント法論は要請としての普遍的な法の法則をそのアルケーとしている。カント倫理学が道徳法則（定言命法）をそのアルケーとしていることは誰も否定しないだろう。そうであるとすれば、法論とパラレルに、倫理学は要請としての道徳法則をそのアルケーとしている、と言うことができる。そして実際にそうであることは、第七節において証明された。

カント倫理学において立法する意志は根本法則を要請として意志する（sic volo, sic jubeo）［第七節九］。つまり立法する意志（倫理的 - 純粋理性）は根本法則を意志し（sic volo）、要請する（sic jubeo）。同じことが法的 - 純粋理性に対しても言えるだろう。立法する意志（法的 - 純粋理性）は普遍的な法の法則を意志し（sic volo）、要請する（sic jubeo）。

普遍的な法の法則と道徳法則がともに要請として対応していることを確認したので、次に実践理性の法的要請［三、四］、そして公法の要請［五］を検討しよう。

三　演繹は要請に基づく

「そのような占有の可能性は、従って非経験的な占有という概念の演繹は、外的なもの（使用しうるもの）が誰かのものにもなりうるように、他者に対して行為することは法の義務である、という実践理性の法的要請に基づいている」（6, p. 252）。

実践理性の要請は『人倫の形而上学』法論において何度も言及されているが、(b)はこのような文脈において定式化されている。このように語られているのは、法論第一部第一編の第六節「外的対象の純粋に法的な占有（可想的占有）という概念の演繹」においてである。第六節の冒頭を、(1)(2)(3)を付して引用しよう。

「(1)いかにして外的な私のもの・あなたのものは可能かという問いは今や、(2)いかにして純粋に法的な（英知的な）占有は可能かという問いに還元され、そしてこの問いはさらに(3)いかにしてアプリオリな総合的な法命題は可能かという第三の問いに還元される」（6, p. 249）。

(2)が(3)に還元されるとは、(2)が(3)から演繹されること、つまり「外的対象の純粋に法的な占有（可想的占有）という概念の演繹」を意味する。(3)は批判哲学の核心的な問い「いかにしてアプリオリな総合命題は可能か」に属する。しかし「アプリオリな総合的な法命題」とは、いかなる命題を意味しているのか。「英知的占有の可能性は……実践理性の要請から推論されなければならない」(6, p. 255)。これは⑵が⑶から演繹されることに対応しているから、「アプリオリな総合的な法命題」は、実践理性の法的要請、つまり「外的なもの（使用しうるもの）が誰かのものにもなりうるように、他者に対して行為せよ」という実践的命題を指している。そうであるとすれば、⑶「いかにしてアプリオリな総合的な法命題は可能か」という問いは、「実践理性の法的要請として可能である」と答えられたことになる。

⑵の「純粋に法的な（英知的な）占有」は⑶の「アプリオリな総合的な法命題」から、つまり実践理性の法的要請から演繹されることになる。このことは、純粋に法的な（英知的な）占有が非経験的な占有であるから、本項の冒頭に引用した言葉がはっきり語っている。「非経験的な占有という概念の演繹は、……実践理性の法的要請に基づいている」(6, p. 252)。

ここから演繹と要請の関係を抽出すれば、「演繹は要請に基づいている」というテーゼが得られる。このテーゼは『実践理性批判』における演繹と要請の関係と同型である。つまり自由という概念の演繹は、要請としての純粋実践理性の根本法則に基づいている。しかも自由が可想的な概念であるのと同様に、非経験的な占有も可想的占有（possessio noumenon）である。ここで法論の第六節と第七節の言葉を並べてみよう。

(i)「原理が基づく自由の概念は、その可能性の理論的な演繹ができず、理性の事実（Faktum）としての理性の実践的な法則（定言命法）からのみ推論されうる」(6, p. 252)。

(ii)「英知的占有の可能性は、従ってまた外的な私のもの・あなたのものの可能性は洞察されえず、実践理性の要請から推論されねばならない」(6, p. 255)。

(i)と(ii)が同じ文章構造をもち、ともに「推論される（geschlossen werden, gefolgert werden）」と言っている。そして自由の概念も英知的占有と同様、非経験的な概念である。(i)と(ii)は正確に対応している。とすれば「英知的占有の可能性は実践理性の要請から推論される（演繹される）」ように、自由の概念が「理性の事実である理性の実践的法則（定言命法）」から推論される（演繹される）。理性の事実は要請としての位置を占めている。(i)(ii)はともに「演繹は要請に基づく」ことを語っている。

「いかにしてアプリオリな総合命題は可能か」という問いは、批判哲学の基本的な問いである。『純粋理性批判』はこの問いに「経験の可能性の条件として」と答えた。法論においてこの問いは「いかにしてアプリオリな総合的な法命題は可能か」として問われる。そして法論はこの問いに「実践理性の法的要請として可能である」と答えている。そうした試みに対して、『実践理性批判』は道徳法則の演繹の不可能性を主張することによって、「いかにして定言命法は可能か」という問いを放棄したとされる。しかし理性の事実は要請として捉え直されているのである。そのことは法論とパラレルに、「いかにしてアプリオリな総合的な道徳命題は可能か」という問いに「道徳的要請として可能である」と答えたことになる［第十二節六］。演繹の不可能性は否定的・消極的な事柄としてでなく、根本法則（道徳法則）を要請として捉えるという肯定的・積極的なテーゼを背景にしている、と理解できるだろう［第七節九］。

四　実践理性はアプリオリな要請によって自己を拡張する

「いかにしてアプリオリな総合的な法命題は可能か」という問いがいかに答えられているかをもう少し詳しく見てみよう。英知的占有についての法命題はアプリオリな総合的な命題であるから［第八節六］、この問いは「いかにして経験的占有という概念を超えて自己を拡張するアプリオリな命題は可能か」（6. p. 250）と表現し直される。言い換えられたこの問いは第六節の第三段落における最後の言葉であるが、ルートヴィッヒの組み替えに従えば、この後に第二節「実践理性の法的要請」が挿入される。(9) 第二節は次のように始まっている。

「私の選択意志のあらゆる外的な対象は、私のものとしてもつことが可能である。つまり、その格率が法則になるとすれば、その格率によって選択意志の対象がそれ自体持主のないもの（res nullius）にならざるをえない、そのような格率は法に反している」（6, p. 246）。

実践理性の法的要請は、「私の選択意志のあらゆる外的な対象は、私のものとしてもつことが可能である」と表現されている。「私のものとしてもつことが可能である」は、もつという行為の可能性を要請するという、実践的命題としての要請である。行為の可能性とは行為できることであるから、実践理性の法的要請は能力の要請として表現される。「実践理性によればあらゆる人に、彼の選択意志の外的対象を自分のものとしてもつ能力が与えられている」[10]（6, p. 257）。第二節の最後の段落（第三段落）において次のように言われている。

「この要請を純粋理性の許容法則（lex permissiva）と呼ぶことができるが、これは我々が権利一般についての単なる概念から引き出すことのできない権能を我々に与える。つまり、我々の選択意志の或る対象に関して、我々が最初にそれを占有したという理由で、他のすべての人がその使用を控えるという、そうでなければ存在しなかった権能である。理性はこのことが原則として妥当することを意志する、しかもアプリオリな要請によって自己を拡張する実践理性として意志する」[11]（6, p. 247）。

第二節のこの最後の言葉のうちに、「いかにしてアプリオリな総合的な法命題は可能か」という問いへの答え、言い換えれば「いかにして経験的占有という概念を超えて自己を拡張するアプリオリな命題は可能か」という問いに対する答えを読み取ることができる。つまり「経験的占有という概念を超えて自己を拡張するアプリオリな命題」は、「アプリオリな要請によって自己を拡張する実践理性」が意志することによって可能となる。アプリオリな総合的な法命題は、「アプリオリな要請」、自己を拡張する実践理性が意志する要請である。

「実践理性はアプリオリな要請によって自己を拡張する」（6, p. 247）。これが実践理性の法的要請についての核心的なテーゼである。「アプリオリな要請によって自己を拡張する」のだから、実践理性の法的要請は、アプリオリな総合的な法命題（「外的なもの（使用しうるもの）が誰かのものにもなりうるように、他者に対して行為せよ」）

である。「自己を拡張する」が故に、「権利一般についての単なる概念から引き出すことのできない権能を与える」(6, p. 247) のである。経験的占有は普遍的な法の法則の次元にあるのだから、「経験的占有を超えて」は、「普遍的な法の法則を超えて」を意味する〔第八節六〕。実践理性は法的要請によって、普遍的な法の法則を超えて自己を拡張するのである。しかも「理性はこのこと〔要請〕が原則として妥当することを意志する」(6, p. 247) のだから、意志の契機をはっきり読み取ることができる。実践理性の法的要請は実践理性の意志である。要請は実践的命法であるから、次のように言い表わすことができる。法的‐実践理性はかく意志し (sic volo)、かく要請する (sic jubeo)。

五　公法の要請と自然法

「自然状態における私法から、今や公法の要請が生じる。つまり、すべての他者との避けられない共存の関係において、自然状態から法的状態へ、つまり配分的正義の状態へ移行すべきである」[12] (6, p. 307)。

(c)はこのように語られている。私法から公法の要請が生じるとはいかなることか。(a)「普遍的な法の法則」と(b)「実践理性の法的要請」によって、「内的な私のもの・あなたのもの」(自由という生得的権利) と「外的な私のもの・あなたのもの」(獲得的権利) が自然状態において可能となるが、しかし真に現実化していない。「私のもの・あなたのもの」が真に現実的になるのは、法的状態においてであるから、(a)(b)から(c)「自然状態から出て法的状態へ移るべきである」という公法の要請が生じる[13]。

「移るべきである」という Sollen の背景にある意志は、いかなる意志なのか。法的状態とはすべての人間が公法という強制法の下にあることである。強制法の下にあるのは何故なのか。『理論と実践』(一七九三年) は次のように書いている。

「自由な人間は強制法の下に立っている。何故なら理性自身がそのように意志するからである。しかも、いかなる経験的な目的（そうしたものはすべて幸福という普遍的な名の下に包括される）も顧慮しない純粋なアプリオリに立法する理性がそのように意志するからである」（8, p. 290）。

自然状態から法的状態（強制法の下に立っている状態）へ移行すべきという公法の要請は、「純粋なアプリオリに立法する理性」が意志するのである。立法する意志がかく意志し（sic volo）、かく要請する（sic jubeo）。このことは(a)「普遍的な法の法則」［二］と(b)「実践理性の法的要請」［四］についても同じように言える。カント倫理学において sic volo, sic jubeo がその通奏低音としてあるように［第七節］、sic volo, sic jubeo はカント法論をその根底から支えている。

「自然状態から法的状態へ」は『永遠平和のために』（一七九五年）においても語られている。

(1)「……私は彼に、私とともに共同体的‐法的状態に入るか、あるいは私の近辺から離れ去るかを強要できる。――それ故以下のすべての条項の根底にある要請は、互いに相互に影響し合いうるすべての人間は何らかの市民的体制に属さねばならない、ということである」（8, p. 349）。

(2)「無法則状態にある人間に対して自然法に従って妥当すること、つまり『この状態から出て行くべきである』は、国家に対して国際法に従って妥当しうるわけではない」（8, p. 355）。

(1)「何らかの市民的体制に属さねばならない」と(2)「この状態から出て行くべきである」は、『人倫の形而上学』法論における公法の要請と同じことを意味している。しかしこれを(1)では要請と呼んでいるが、(2)では自然法とされている。カント当時「自然状態から法的状態へ」は、(2)のように自然法と考えられていた。しかしカントはそれを要請（公法の要請）として捉え返した。このことは公法の要請だけでなく、「約束を守るべきである」といった典型的な自然法についても当てはまる。[14]「約束を守れ」という定言命法について、カントは「純粋な（法概念に関して空間と時間のすべての感性的条件を捨象する）理性の要請（ein Postulat der reinen Vernunft）」（6, p. 273）と書いている［第七節五］。自然法を要請として捉えることは、いかなる意味をもっているのか。

自然法は「あらゆる人間の理性によってアプリオリに認識できる法」（6, p. 296）である。[15] その意味において自然法は理性法と呼ばれる。これを要請として捉え返すことは、理性が単に自然法を認識するだけでなく、自然法を要請として意志することを意味する。確かに理性は自然法の創始者ではない。しかし理性は自然法の立法者、自然法の拘束性の創始者である［第四節六］。この意味においてカント法論は倫理学と同様、意志主義である。自然法を要請として捉え返すことのうちに、カントの意志主義を読み取ることができる。

『人倫の形而上学』の法論は自然法にとらわれ、批判哲学ではない、という批判がなされてきた。[16] カントの法論を要請論として解釈することは、法論を批判哲学として捉えることを意味するだろう。しかしこうした主張をするためには、批判哲学とは何か、に答えねばならない。さしあたりここでは、批判哲学を確立した『純粋理性批判』と『人倫の形而上学』との関係を見ることにしよう。Recht を介してこの二つの著作は密接に結びついているのである。

六　『純粋理性批判』から『人倫の形而上学』法論へ ―― Recht を介して

以下において Recht というドイツ語のままで引用するが、それは Recht が何を意味するのかを問題とするからである。『純粋理性批判』は Recht について次のように書いている。

「Recht はまったく現象できず、Recht の概念は悟性のうちにあり、行為の一つの性質（moralisch な性質）を表わしている」（A44=B61）。

「Recht はまったく現象できない」とはいかなる意味なのだろうか。Recht が「行為の一つの性質（moralisch な性質）」とされている。moralisch は legal と対比された狭い意味での「道徳的」を意味するのでなく、physisch と対比された広義の意味、つまり物理的・自然的と対比された「精神的」を意味する［二］。Recht が行為の精神的な性質であるとすれば、Recht は法とか権利を意味するのでなく、正しさ（正）を意味するだろう。[17] 或る行為は正しく、また別の行為は正しくない。そして行為は感性的に知覚できるが、行為の正しさは感性的に知覚できるわけではない。その意味で行為の正しさ（Recht）は現象しない。

「Recht はまったく現象できない」というテーゼは、『人倫の形而上学』法論へ直接に導く。法論は「法的な占有（rechtliches Besitz）」（6, p. 249）を「現象における占有（Besitz in der Erscheinung）」（6, p. 249）と峻別する。法的な占有は「感性的占有」でなく、「英知的占有（intelligibeles Besitz）」（6, p. 245）であるから、感性的に現象せず、Recht の概念は「悟性のうちにある」。『純粋理性批判』は Recht を介して、『人倫の形而上学』法論に直接に結びついているのである。『純粋理性批判』が語った「行為の精神的性質としての Recht」は、『人倫の形而上学』の「法論への序論」において「Recht の普遍的原理」として定式化されている。

「普遍的な法則に従ってあらゆる人の自由と両立できるあらゆる行為は、あるいはその格率によって各人の選択意志の自由が普遍的な法則に従ってあらゆる人の自由と両立できるあらゆる行為は、正しい（recht）」（6, p. 230）。

行為が正しいと言われているが、ここで問題となっているのは「Recht の精神的概念（der moralische Begriff）」（6, p. 230）である。Recht は行為の精神的性質として語られている。「Recht の普遍的原理」は「正しさ（正）の普遍的原理」である。Recht の基本的な意味は「正しさ（正）」である。

「法論への序論」において「Recht の義務の一般的区分」と「Recht の一般的区別」が論じられている。前者の区分に即して、Recht の基本的意味（正・正しさ）が三つの派生的な意味（法則、権利、正義）へと展開することを読み取った［第二節四］。ここでは後者に定位して Recht の意味を解明しよう。Recht は「体系的な教説としての Recht」[18]（6, p. 237）と「他者を義務づける（moralisch な）能力」（6, p. 237）に区分されている。これは客観的な Recht と主観的な Recht の区別である[19]。つまり前者は法則（法）としての Recht であり、後者は権利としての Recht である。Recht が法則と権利へと区分されるのだから、Recht そのものは法則と権利に対する上位概念である。それ故法則（法）とも権利とも訳すことはできない[20]。上位概念としての Recht は正しさ（正）である。正しさが客観的正（法則・法）と主観的正（権利）に区分される。そして客観的正と主観的正が真に実現するのが法的状態においてであり、そこにおいて正は公的正義として現われる。

「Recht はまったく現象できない」というテーゼを介して、『純粋理性批判』と『人倫の形而上学』法論を結びつけた。さらに Recht の定義を介して両者は関わっている。『純粋理性批判』方法論は言う。「定義に到達することは素晴らしいことであるが、しかししばしば非常に困難である。いまだに法学者は Recht の概念に対する定義を求めている」（A731=B759）。法論は Recht とは何かを正面から問うている。

七　Was ist Recht?

『人倫の形而上学』「法論への序論」のBは、“Was ist Recht?”という表題であるが、次のように始まっている。「この問いは、法学者が同語反復に陥りたくなければ、つまり普遍的な解答の代わりに或る国において或る時代に法律が欲したものを指示するだけにしたくなければ、法学者を困惑に陥らせるだろう。それは真理とは何かという有名な問いが論理学者を困惑に陥らせるのと同様である。何が法律に属するのか（何が合法的なのか）（Was Rechtens sei（quid sit juris））、つまり或る場所において或る時代に法律が語ること、語ったことを、法学者はやはり示すことができるだろう。しかし法律が欲するものがまた正しい（recht）か否かは、そして人が一般に Recht と Unrecht を認識できるための普遍的基準は、法学者に隠されたままであろう。法学者が可能な実定的立法のための基礎を築くために、しばらく経験的な原理を見捨て、判断の源泉を単なる理性のうちに求め（法律はそのための手引きとして立派に役立つけれど）ないとすれば、隠されたままだろう」（6, pp. 229-230）。

ここで「Recht とは何か」と「真理とは何か」という二つの問いが対応する形で考えられている。真理は認識の本質的な性格であるから、それと対になるのは行為の性質としての「正（正しさ）」であろう。理論と実践をめぐる基本的な対比は「真－正」である。では法学者の困惑とはいかなることか。それと類比的に語られている論理学者の困惑から明らかにすることができるだろう。論理学者の困惑は『純粋理性批判』へ導く。ここで『純粋理性批判』の当該箇所、そしてそれと関係する『論理学』を引用しよう。

(1)「それによって人が論理学者を窮地に陥らせると思った古い有名な問い、不幸な循環論証に関わらざるをえないという状態へ、あるいは自分の無知、従って自分の全技術の空虚さを告白せざるをえないという状態へ論理学者を追い込もうと試みた問いは、真理とは何か、という問いである。真理が認識とその対象との一致であるという真理の名目的定義（Namenerklärung）は、ここでは与えられ、前提されている。しかし人が知りたいのは、何があらゆる認識の真理の普遍的で確実な基準であるか、である」[21]（A57–58=B82）。

(2)「真理は認識と対象との一致に存する、と人は言う。この単なる名目的定義（Worterklärung）に従えば、私の認識は真として妥当するために客体と一致しなければならない。ところでしかし私が客体を私の認識と比較できるのは、私が客体を認識することによってだけである。それ故私の認識は自ら自己の真を確認することになるが、しかしそれは真理にとって十分であるには程遠い。何故なら客体は私の外にあり、そして認識は私のうちにあるのだから、私はつねにやはり、客体についての私の認識が客体についての私の認識と一致しているか否かを、判定できるだけである。定義におけるこうした循環を古人は循環論証と名づけた。そして実際にこうした論理学者の誤りは、つねにまた懐疑論者によって非難されたのである」[22]（9, p. 50）。

(1)は「法論への序論」が「真理とは何かという有名な問いが論理学者を困惑に陥らせる」と言っている事態を述べている。そして(1)での「不幸な循環論証」が何を意味しているかは、(2)から読み取ることができる。しかし循環論証とは具体的に何を意味するのか。

真理の名目的定義は認識と対象（客体）との一致である。「このリンゴは赤い」を認識Eとしよう。この私の認識Eが真であるとは、客体（このリンゴが赤いという事態）と一致していることを意味する。一致しているかどうかを知るためには、認識と客体を比較しなければならない。しかし比較するためには、客体を知っていなければならない。客体を知らなければ、認識と客体が一致しているかどうか、判定しえないからである。客体を知るとは、「このリンゴが赤い」という事態を私が認識することである。しかしこの認識は客体についての私の認識であり、認識Eと同じである。[23] とすれば認識と客体の一致は、私の認識Eと私の認識Eが一致することを意味する。

私の認識Eが真であることを保証するのは客体である。しかし客体は私の認識Eとしてのみある。「私はつねにやはり、客体についての私の認識が客体についての私の認識と一致しているか否かを、判定できるだけである」。つまり「客体についての私の認識と客体についての私の認識との一致は同語反復的な基準」(24, p. 718) でしかない。同じように「Rechtとは何か」という問いを向けられた法学者は、「同語反復に陥る」(6, p. 229) だろう。

(1)によれば「真理とは何か」という問いによって、論理学者は「あらゆる認識の真理の普遍的で確実な基準」を示すことが求められている。同様に「Rechtとは何か」という問いによって、法学者は「RechtとUnrechtを認識できるための普遍的基準」を示すことが求められている。すぐ前に「法律が欲するものがまた正しい (recht) か否か」と言われているのだから、RechtとUnrechtは「正と不正」を意味するだろう。しかし法学者はそうした「普遍的な解答」の代わりに、「或る国において或る時代に法律が欲したもの」、「法律が欲するもの」を示すことしかできない。それは「Recht (正しさ) とは何か」への答えでなく、「何が法律に属するのか (何が合法的なのか) (Was Rechtens sei (quid sit juris))」に答えているだけである。こうした次元の答えによれば、Xの正しさは、Xと「法律が欲するもの」(=G) との一致 (合法性) にある。「法律が欲するものがまた正しいのか否か」、つまりGの正しさを問うことを法学者はしない。[24] 問えば同語反復に陥ってしまうからである。Xの正しさはXとGとの一致にあるから、Gの正しさを問えば、Xの位置にGが代入される。つまりGの正しさは、GとGとの一致にある。これは真理の場合に陥る同語反復と同じである。

以上の考察によって「Rechtとは何か」と問われているRechtは、「正 (正しさ)」を意味することが確認された。それとともに、Rechtを介しての『純粋理性批判』と『人倫の形而上学』法論との結びつきも明らかとなった

［六、七］。そうであるとすれば、法論は『純粋理性批判』において確立した批判哲学に属する、と言えるだろう。

第三章は純粋実践理性の根本法則、そして最高善の促進が実践的命題としての要請であること［第七、八節］、カント法論が要請論であること［第九節］を証示した。その試みは同時に、カント実践哲学（倫理学と法論）が批判哲学に属するか否か、という問題に突き当たった［第七節九、第九節三、六、七］。しかしこの問題に正面から取り組むためには、批判哲学とは何か、という問いにまず答えなければならない。この問いに答えること、そして要請としてのカント倫理学が批判哲学に属することを示すことが第四章「哲学」の課題である。

註

第七節

（1）「すべての命法は仮言的に、あるいは定言的に命令する。仮言命法は、人が意志する（あるいは人がそれを意志することが可能である）他のものに達するための手段として、可能な行為の実践的必然性を表象する。定言命法は、他の目的との関係なしにそれだけで、客観的‐必然的なものとして行為を表象する命法であろう」（4, p. 414）。「仮言命法は、行為が何らかの可能的な意図にとって、あるいは現実的な意図にとって善い、と語るだけである。可能的な意図にとって善い場合、仮言命法は蓋然的‐実践的原理であり、現実的な意図にとって善い場合、仮言命法は実然的‐実践的原理である。何らかの意図との関係なしに、つまり何らかの他の目的なしに、行為をそれだけで客観的に必然的なものとして表明する定言命法は、確然的‐実践的な原理として妥当する」（4, pp. 414-415）。

（2）「三種類の命法がある。つまり熟練の命法、思慮の命法、人倫の命法である。……熟練の命法は蓋然的であり、思慮の命法は実用的であり、人倫の命法は道徳的である。蓋然的命法は、規則としてではあるが、任意の目的に対する意志の必然性が示される、と語る。手段は実然的に言明されるが、目的は蓋然的である。例えば、三角形や四角形や六角形が描かれるべきであるとすれば、人は以下の規則に従って行なわねばならない」（27, p. 245）。

（3）「理論的命題とは、対象に関係し、対象に帰属しているもの、帰属していないものを規定する命題である。実践的命題とは、客体の必然的な条件として、それによって客体が可能になる行為を言い表わす命題である」(9, p. 110)。「一、他の概念に対する概念の関係を表現する理論的命題。二、概念に対する行為の関係を表現する実践的命題」(24, p. 468)。

（4）確かに「実践的要請」は「理論的要請」(9, p. 112; 16, p. 673) と対比されるが、しかしカントは「実践的要請」という言葉をルーズに使うこともある。「実践的要請によって理念に客体がやはり与えられたことによって、理性一般の理論的認識は拡張されたのである」(5, p. 135)。「無条件的に自由な選択意志の概念は、あらゆる人が現実に想定している実践的要請である」(17, p. 588)。これらの場合、実践的要請は純粋実践理性の要請、つまり理論的命題としての要請を意味している。

（5）カントの論文「哲学における永遠平和条約」は「道徳的-実践的理性の要請」という語に註を付している［第九節七］。「要請は、その可能性についてのいかなる説明も（それ故またいかなる証明も）できない、アプリオリに与えられる実践的な命法である。それ故人は物件を、あるいはそもそも何らかの対象の現存在を要請するのでなく、主体の行為の格率（規則）だけを要請するのである」(8, p. 418 n.)。実践的な命法としての要請は、「これらの法則が実践的要請として必然的である」という言明と同じことを意味している。つまり「純粋な実践的法則＝実践的要請」は実践的な命法としての要請である。ここまではベックも気づいていた。しかし残念なことに、「この原則は要請でない」(5, p. 132) という言葉によって否定されていると解釈してしまった (L. Beck, *A Commentary on Kant's Critique of Practical Reason*, p. 253 n. 45, p. 259 n. 4)。ベックは要請という言葉の多義性の前で途方に暮れているだけである。「第一一章と第一二章において、カントは「要請」という語をややルーズに使っていること、そして実践的要請のリストは場所によって変わっていることが述べられた。『実践理性批判』の内部においてさえ多少の相違がある。神、自由、不死の可能性と現実性、そして最高善の可能性、さらに道徳法則そのものが、要請と名づけられている」(ibid., p. 259)。最高善の可能性の要請、そして最高善の可能性の条件の要請については、本書第八節参照。

（6）カントによれば、要請は幾何学だけでなく、算術にもある。「確かに算術は公理をもっていない。……しかしそれに対して算術は要請、つまり直接的に確実な実践的判断をもっている。……確かに3＋4＝7という判断は単なる理論的な判断であるように思えるし、また客観的に考察してもそうである。しかし主観的には、＋は二つの与えられた数から第三の数を見出す総合のあり方を表示し、そして解決の指示や証明を必要としない課題を表示している。従ってこの判断は要請である」(10, pp. 556-557)。

（7）Cf. M. Friedman, *Kant and the Exact Sciences*, Harvard University Press, 1992, p. 189 n. 35; D. Koriako, *Kants Philosophie der Mathematik*, Felix Meiner, 1999, p. 241.

（8）『原論』一八四頁。

（9）これが現在の一般的な要請と公理の理解である。「共通概念（κοιναὶ ἔννοιαι）は公理（ἀξιώματα）という表現で呼ばれることも多い。要請（公準）と同様、証明せずに成立を認める命題であるが、一見して分かるとおり、特定の対象に限定されず、幾何学・数論など数学の諸学科に共通のものである」（『原論』一八六頁）。

（10）Proclus, *A Commentary on the First Book of Euclid's Elements*, p. 142.

（11）Ibid., p. 143.

（12）Ibid., p. 143.

（13）Euclide, *Les Éléments*, vol. 1, Presses universitaires de France, 1990, p. 123 n. 301.「バーゼル版とグレゴリー版において、要請四、五は共通概念一〇、一一のうちに見出される」（*Euclidis Elementa*, vol. I, ed. by E. S. Stamatis, Teubner, 1969, p. 9 n.）。

（14）伊東俊太郎「ユークリッドと『原論』の歴史」（中村幸四郎他訳『ユークリッド原論』共立出版、二〇一一年、四七九頁）。

（15）「第一巻の第二九命題まで、人は第一一公理を先延ばしできる」（J. H. Lambert, Theorie der Parallellinien, in: *Die Theorie der Parallellinien*, Johnson Reprint Corporation, 1968, p. 154, p. 163）。クラインの論文「いわゆる非ユークリッド幾何学について」（一八七一年）も要請五を第一一公理として言及している。「ユークリッドの第一一公理（Axiom）は、周知のように、三角形の内角の和が二直角に等しいという命題と同値である」（F. Klein, *Gesammelte mathematische Abhandlungen*, vol. 1, Springer, 1921, p. 256）。

（16）Ch. Wolff, *Philosophia rationalis sive logica*, p. 259.

（17）「要請とは、証明や立証なしにその承認が要求される存在についての主張である」（H. G. Zeuthen）。「要請とは、そこから他の存在する図形が構成的に組み立てられる或る基本図形の数学的存在、つまり直線、円、それらの交点の数学的存在を保証するという課題をもっている」（O. Becker）。Cf. Á. Szabó, *Anfänge der griechischen Mathematik*, Oldenbourg, 1969, p. 367. 伊東俊太郎他『数学史』（筑摩書房、一九七五年、一〇一–一〇二頁）参照。「最初の三つの要請は線分の現実存在、直線への線分の連続的延長の現実存在、円の現実存在を要求する」（G. Büchel, *Geometrie und Philosophie*, Walter de Gruyter, 1987, pp. 79–80）。

（18）「四、五は、古写本によっては、『要請』でなく『共通概念』の方に入っていることを、[H-M] や [St] の脚註に断ってある。両者の区別は古くから明確ではなかったわけである。……公理または共通概念としては、必ずしも幾何学に関係のない一般的に認められた命題を挙げ、公準または幾何学的公理では、特に幾何学的な命題で今後展開される理論の基礎として要請すべきものを挙げる、ということであろう。その立場からは、四、五はこの位置にある方が自然であろう。他の写本では、四、五は第一〇および第一一の公理とされている」（彌永昌吉・伊東俊太郎・佐藤徹『ギリシャの数学』共立出版、一九七九年、八八–八九頁)。「或る註釈者によれば、要請は幾何学的な内容をもっている陳述であるが、それに対して共通概念はすべての科学に適合するより普遍的な本性についての陳述である。他の註釈者は要請と共通概念を異なった仕方で区別し、或るものを構成できるようにする陳述（要請一、二、三）を『要請』と呼び、或るものがつねに真であると主張する陳述（要請四、五と共通概念）を『公理』と呼ぶ」(R. Hartshorne, *Companion to Euclid*, University of California, 1997, p. 27)。

(19) 「実践的に証明できる命題は問題であり、しかし実践的に証明できない命題は要請である」(24, p. 280)。

(20) Ch. Wolff, *Philosophia rationalis sive logica*, pp. 258-259.「原則は、或るものが存在することか、あるいは或るものがなされうることを示す。……ラテン語において、最初の種類の原則は公理（Axiomata）と呼ばれ、他の種類の原則は要請（Postulata）と呼ばれる」(Ch. Wolff, *Anfangs-gründe aller Mathematischen Wissenschaften*, in: *Gesammelte Werke*, I. Abt. vol. 12, G. Olms, 1973, p. 17)。要請は実践的命題として「或るものがなされうる（getan werden können)」ことを示す。つまり要請は「何かをなすべきであると要求されれば、それをなすことができる、という前提以上のものを含んでいない」(5, p. 31)。

(21) 「要請（要求命題、要求)。直接的に理解できる実行可能性についての実践的命題（それ故信仰真理としての実践理性の要請（第八一節）とは異なる)」(W. T. Krug, *Handbuch der Philosophie und der philosophischen Literatur*, F. A. Brockhaus, 1828, p. 177)。第八一節は次のように書かれている。「実践的信仰もそれ自身、要求（postulatum）と呼ぶことができる。何故なら実践的信仰は理性の立法に基づき、あらゆる実践的法則は人間への要求として自らを告知する」(ibid., p. 92)。カント自身は次のように書いている。「実践的な意図における理性の使用の必要に基づく理性信仰は、理性の要請と呼ぶことができるだろう」(8, p. 141)。

(22) この場合の「約束を守るべき」は法論に属し、法義務として論じられている。約束の義務はもともと法論に属する。「倫理学は法則（契約は遵守されねばならない（pacta sunt servanda)）とこれに対応する義務を法論から与えられたものとして受け取る。それ故結ばれた約束は守られねばならないという立法は、倫理学のうちにでなく、法論のうちに存する」(6, pp. 219-220)。

(23) 『原論』第一巻の冒頭にある定義一九は直線図形を定義している。「直線図形とは、複数の直線によって囲まれる図形であり、まず、三本の線によって囲まれるものは三辺形、また、四本の線によるものは四辺形、また、四本より多い線によるものは多辺形である」(『原論』一八三頁)。

(24) 『原論』第一巻の命題二〇は次のように表現されている。「あらゆる三角形の、二辺はどんな仕方でとられても残りの辺より大きい」(『原論』二一〇頁)。

(25) Cf. M. Friedman, *Kant and the Exact Sciences*, p. 83, pp. 90-91.

（26） Cf. ibid., p. 57; P. Unruh, *Transzendentale Ästhetik des Raumes: Zu Immanuel Kants Raumkonzeption*, Königshausen & Neumann, 2007, p. 292.

（27） 「純粋実践理性の法則の下での判断力の規則は次のものである。あなたの企てる行為が、あなた自身がその一部である自然の法則に従って生起するとすれば、その行為をあなたの意志によって可能なものと見なしうるかどうか、あなた自身に問え。この規則に従って実際に誰でも、行為が人倫的に善か悪かを判定する」（5, p. 69）。このような判定において、原理の定言命法と具体的な定言命法は単に対比されているのでなく、定言命法の形式的契機と実質的契機として切り離されずに結びついている。

（28） 課題（Aufgabe）というドイツ語は、problema（問題）の訳として用いられている。証明できない実践的命題としての要請に対して、証明できる実践的命題は「課題、つまり問題」（29, p. 51）である。「課題（problema）」（16, p. 680）。

（29） 命題Ⅰ、Ⅱ、Ⅲ……という形で展開されたカントの論文として、「火について」（一七五五年）、「形而上学的認識の第一原理」（一七五五年）、「自然モナド論」（一七五六年）がある。すべてケーニヒスベルク大学の哲学部にラテン語論文として提出された。特に「自然モナド論」は定義（Definitio）から始まり、定理（Theorema）、問題（Problema）へと展開する。そして註解（Scholion）と系（Corollarium）が付されている。

（30） 「私はこの論文において、きわめて厳格に従ったわけではないが（そのためには私がこれに費やさねばならなかった以上の時間が必要だったろう）、数学的方法を模倣した……」（4, p. 478）。

（31） 「Erklärung による definitio のヴォルフの翻訳は、言語の用法として定着できなかった。Erklärung の他の意味が後の言語の用法において勝利をおさめた」（Ch. Wolff, *Gesammelte Werke*, I. Abt. vol. 1, p. 264 n. 24）。

（32） Ch. Wolff, *Anfangs-gründe aller Mathematischen Wissenschaften*, p. 5.

（33） Ibid., p. 17. 「すべての証明できない判断は、それがすべての判断の根拠であるかぎり、原則（Grund Satz）と呼ばれ、理論的であるか、実践的であるか、である。実践的に証明できない命題は要請と呼ばれる」（24, p. 278）。「一、公理。直接的な確実さについての理論的命題。……二、要請（要求命題、要求）。直接的に理解できる実行可能性についての実践的命題（それ故信仰真理としての実践理性の要請（第八一節）とは異なる）。両者は原則（基礎命題あるいは基本命題）と見なされうる」（W. T. Krug, *Handbuch der Philosophie und der philosophischen Literatur*, p. 177）。

（34） 「形而上学者は道徳法則の妥当性を、それ自身道徳的でない或る原理から証明することはできない。カントができると考えたとすれば、彼は誤っていたのである。しかしどの程度『基礎づけ』において自由を非道徳的な原理とカントが見なしているかは疑わしい」（H. J. Paton, *The Categorical Imperative*, p. 204）。「いかなる道徳的な考察を考慮することなしに確立された自由の非道徳的概念によって道徳性が正当化されうる、と想定することは、――カントは『基礎づけ』において想定したかもしれない――誤りである。道徳的自律の根本的原理についての我々の意識は――『実践理性批判』によれば――『理性の事実』と呼ばれうる。つまりそれは巧妙な議論によって、自由の意識といった理性の先行的所与から引き出すことはできない。何故なら自由の意識は先立って与えられていないからである」（ibid., p. 221）。

（35）「直接的に確実なアプリオリな判断は、それから他の判断が証明されるが、それ自身が他の判断に従属されえないならば、原則（Grundsatz）と呼ばれうる。そのためにそれはまた原理（始元）（Prinzip（Anfang））とも名づけられる」（9, p. 110）。ラテン語 principium は、Anfang, Grundsatz, Prinzip とドイツ語訳された。『羅独－独羅学術語彙辞典』二九一－二九二頁参照。

（36）拙著『アインシュタイン　物理学と形而上学』（創文社、二〇〇四年）二六一－二六三頁参照。

（37）この見解をアインシュタインは一九一八年の「探究の原理」（マックス・プランクの六〇歳誕生祝典にベルリン物理学会で）において語っている。「それ故物理学者の最高の課題は、それから純粋な演繹によって世界像が獲得されうる最も一般的な基本法則を探し出すことである。こうした基本法則に通じる論理的な道はなく、ただ経験への感情移入に支えられた直観のみがある」（The Collected Papers of Albert Einstein, vol. 7, Princeton University Press, 2002, p. 57）。

（38）「それが明らかに何らの動機をそなえていないのに命令するというその威信ともども、おそらく最初は奇異の感を抱かせるにちがいない（befremden）」という言葉は、『実践理性批判』第七節を想起させる。「この事態は十分奇異の感を抱かせ（Die Sache ist befremdlich genug）、それと同じようなことは他のすべての実践的認識のうちにもない。何故なら可能な普遍的立法というアプリオリな思想が、それ故単に蓋然的である思想が、経験や何らかの外的意志から何も借りることなしに法則として無条件的に命令されるからである」（5, p. 31）。

（39）カントは『自然科学の形而上学的原理』の序文においてニュートンの言葉を引用している。「ニュートンは彼の『自然哲学の数学的諸原理』の序文において（幾何学はそれが要請する機械的操作の二つだけを、つまり直線と円を描くという操作だけを必要とする、と註記した後に）、次のように言う。『外部よりもたらされたこのように少数の原理から、かくも多くの帰結が生み出されるということこそ、幾何学が誇りとするところです』」（4, pp. 478-479）。

ニュートンは次のように書いている。「なぜかと申しますと、直線や円を描くということは、それに幾何学はもとづいているのですが、力学に属することだからです。幾何学はそれらの線を描くことを教えるものではなく、要請するものです。幾何学は、その敷居をまたぐ前にまず直線や円を正確に描くことが教えられてあることを求め、次にそういった操作によってどのように問題が解かれるかを告げるものだからです。直線や円を描くことは問題ではありますが、幾何学の問題ではありません。この問題を解くことは力学に求められ、幾何学ではその解の使い方が教えられるのです。そして外部よりもたらされたこのように少数の原理から、かくも多くの帰結が産みだされるということこそ、幾何学が誇りとするところです」（河辺六男訳『自然哲学の数学的諸原理』中央公論社、一九七一年、五六頁）。少数の原理は「直線や円を描く」という要請を指している。つまり幾何学は少数の要請から多くの帰結が生み出されるのである。

（40）A. Schopenhauer, *Die beiden Grundprobleme der Etik*, p. 146.

第八節

（1）カントはここで「根源的な最高善」と「派生的な最高善」を語っている。前者は神であり、後者は「最善の世界」を意味する。こうした区別は『純粋理性批判』方法論（A810-811=B838-839）や論文「思考の方向を定めるとはどういうことか」（8, p. 139）においてもなされている。また進歩論文においても「根源的な最高善」（20, p. 295）、「派生的な最高善」（20, p. 307）が語られている。しかし『判断力批判』以降の著作においてカントはこうした区別を語らなくなる。以下特に断らないかぎり、最高善という語は「派生的な最高善」の意味で使う。

　最高善は徳と幸福からなる。「徳と幸福が一緒になって一人格における最高善の所有を形成するが、しかしその際、幸福が人倫性と厳密に比例して配分されて、可能な世界の最高善を形成する……」（5, p. 110）。そしてカントが最高善の概念を確立するのは、最高善をめぐるストア派とエピクロス派との対立の検討を通してである（5, pp. 111-112）。

　こうしたカントの考察はデカルトのうちにも見出しうる。「スエーデン女王クリスティーヌ宛の手紙」（一六四六年一一月二〇日）は次のように書いている（*Œuvres philosophiques de Descartes*, vol. III, Garnier, 1973, pp. 745-746）。「神こそが最高善（le Souverain Bien）であることは明白です。何故なら神は被造物と比較不可能なほど完全だからです」。「最高善は善をなそうとする堅固な意志と、その意志が生み出す満足にのみ存します」。「この方法によって古人の最も相反する最も有名な二つの説を和解させると私は思います。二つの説とは、最高善を徳つまり名誉にあるとしたゼノンの説と、快楽という名が与えられた満足にあるとしたエピクロスの説です」。

（2）「最高善を促進すること、従ってその可能性を前提することは、客観的に（しかし実践理性によってのみ）必然的である……」（5, p. 145）。「客体を実践的に必然的に前提することは、選択意志の客体としての最高善の可能性を、従ってこの可能性の条件（神、自由、不死）を前提することである」（9, p. 68 n.）。

（3）「すべての人倫法則の最上の原理」は、『判断力批判』の同じ節（第九一節）において語られる道徳法則を意味する。「道徳法則が促進することを課す究極目的は、義務の根拠ではない。何故なら義務の根拠は道徳法則のうちにあるからである。道徳法則は形式的な実践的原理として、欲求能力の客体（意欲の実質）を顧慮せずに、それ故何らかの目的を顧慮せずに、定言的に導く」（5, p. 471 n.）。「信仰は道徳法則の約束への信頼である。しかしそれは道徳法則に含まれている約束でなく、私が置き入れる約束、しかも道徳的に十分な根拠から置き入れる約束である。何故なら、たとえ不確実であるとしても、理性が究極目的の到達可能性を同時に約束することなしに、そしてそれとともに、そのもとで我々の理性が究極目的の達成可能性を思惟できる唯一の条件への信憑を正当化することなしに、究極目的は理性の法則によって命令されることはできない」（5, p. 471 n.）。

（4）「道徳法則は我々の自由の使用の形式的な理性条件として、実質的な条件としての何らかの目的に依存することなしに、それだけで我々を拘束する。しかしそれにもかかわらず道徳法則はまた、しかもアプリオリに我々に、それを目指して努力するのが我々にとって義務であるような究極目的を定める。そしてこの究極目的は、自由によって可能な世界における最高善である」（5, p. 450）。

（5）「そのような創始者・統治者を、我々が来世と見なさねばならないような世界における生とともに、理性は想定せざるをえない、あるいは道徳法則を空虚な妄想と見なさざるをえないと分かる。何故なら同じ理性が道徳法則と結びつけるその必然的な結果は、かの前提なしにはなくならざるをえないからである」（A811=B839）。

（6）『和辻哲郎全集』第九巻、岩波書店、一九七七年、二九二頁。

（7）L. W. Beck, *A Commentary on Kant's Critique of Practical Reason*, p. 244.

（8）『実践理性批判』は「道徳法則→最高善の促進（義務）」を主張し、それ故「最高善の不可能性はまた道徳法則の虚偽性をも証明する」と言う。しかし一七九三年に出版された『宗教論』と『理論と実践』はもはやこの見解を採っていない［五］。しかし『判断力批判』（一七九〇年）は『純粋理性批判』の立場にとどまっている。「道徳法則はアプリオリに我々に究極目的を定める。その究極目的を目指して努力することを道徳法則は我々に義務づける。そしてこの究極目的は、自由によって可能な世界における最高善である」（5, p. 450）。

（9）最高善という究極目的について次のように言われている。「究極目的は、それが到達可能であるかぎり、義務でもある。そして逆に、究極目的が義務であれば、それはまた到達可能でなければならない」（8, p. 418）。ここでも「なすべきが故になしうる」という論理が使われている。究極目的（最高善）に到達することが義務であるが故に（なすべきが故に）、究極目的（最高善）は到達可能である（なしうる）［第十二節七］。

（10）「三つの理論的概念……、つまり自由、不死、神を前提することなしに、最高善は可能ではない」（5, p. 134）。

（11）『実践理性批判』以外においても、自由の要請と神、不死の要請は区別されている。『純粋理性批判』において要請されるのは神と不死（来世）だけであって、自由の要請は語られていない。「神と来世は純粋理性が我々に課する拘束性から、同じ理性の原理に従って切り離しえない二つの前提である」（A811=B839）。『判断力批判』において神の現存と魂の不死は最高善の可能性の条件として要請される「信仰の事柄（res fidei）」（5, p. 469）であるが、自由の理念は「事実（res facti）」（5, p. 468）とされている。

（12）「道徳法則（この法則は自由の条件の下でのみ可能である）」（5, p. 473）。「自由の理念は道徳法則の条件である……」（9, p. 93）。

（13）「いかにして自由は可能であるか、そしていかにして人はこの種の因果性を理論的に積極的に表象しなければならないかは、これによって洞察されるのでなく、ただこのような因果性があるということが、道徳法則によって、そして道徳法則のために要請される」（5, p. 133）。「自由の概念は法の概念や義務の概念がそれに基づきうる基礎でなく、逆に義務の概念が自由の概念の可能性の根拠を含み、自由の概念は定言命法によって要請される」（21, p. 16）。

（14）「一人格の意志が外的自由の公理、能力の要請、およびアプリオリに統合されていると考えられた意志の普遍的な立法に適合しているかぎり、このすべての諸人格を一人格の意志によって、物件の使用に関して拘束するという、諸人格に対する一人格の関係」（6, p. 268）。「外的自由の公理」（6, p. 268）も普遍的な法の法則を指している。

第九節

（1）「『実践理性の法的要請』の中心的な証明アイディアは、カント全集二三巻の伝承された『下準備』のうちに見出されない」（B. Ludwig, *Kants Rechtslehre*, Felix Meiner, 1988, p. 3 n. 8, cf. p. 121）。「……私法の中心的な証明アイディアが最初に印刷本に現われることを我々が考慮すれば、『所有権の導出』の見出された解決が『人倫の形而上学』の決定稿を執筆するきっかけであった、という推測が自ずと心に浮かぶ。『人倫の形而上学』は他の点では全体として完全に構想されており、ほとんど三〇年前から予告されていたのである」（ibid., p. 125）。「実際カントが彼の法論の本質的な思想に到達したのはその出版の直前であり——この点においてこの晩年の著作は三批判書と異ならない」（R. Brandt, "Das Erlaubnisgesetz, oder : Vernunft und Geschichte in Kants Rechtslehre", in: *Rechtsphilosophie der Aufklärung*, Walter de Gruyter, 1982, p. 237）。

（2）実践理性の法的要請は定言命法である。「外的な私のもの・あなたのものに関する定言命法は法の法則である」（23, p. 256）。「選択意志の外的使用に関する実践理性の要請は意志の定言命法であるとすれば、それとパラレルに道徳の定言命法も要請であろう［一二］。

（3）「他者を義務づける（精神的）能力としての、つまり他者に対する法則的根拠（titulum）としての権利（Recht）。その上位区分は生得的権利と取得的権利への区分である。生得的権利はすべての法的行為に依存せずにあらゆる人に生まれつき帰属している権利である。取得的権利はそのために法的行為が必要とされる権利である。／生得的な私のもの・あなたのものは、内的な私のもの・あなたのもの（meum vel tuum internum）とも名づけられうる。何故なら外的な私のもの・あなたのものはつねに取得されねばならないからである」（6, p. 237）。

（4）確かに生得的権利は「すべての法的行為に依存せずにあらゆる人に生まれつき帰属し」（6, p. 237）、「すべての法的行為に先立つ」（8, p. 292）。しかし生得的権利に対しても、「すべての権利は法則に依存する」（8, p. 294）というテーゼが成り立つ。生得的権利が平等なのは、「普遍的な自由の法則に従って相互に制限しあう選択意志の作用と反作用の同等性のうちにある」（8, p. 292）からである。「普遍的な自由の法則」は「普遍的な法の法則」を意味するから、生得的権利は普遍的な法の法則に依存する。

（5）確かに第一部「私法」は「外的な私のもの・あなたのもの」だけを論じている。しかしこのことは「内的な私のもの・あなたのもの」が私法に属していないことを意味するわけではない。「生得的な、従って内的な私のもの・あなたのものに関しては、多くの権利でなく、ただ一つの権利が存在するだけだから、内容上極めて不等な二つの分肢からなるこの上位区分は序説の中に入れ、法論の区分は外的な私のもの・あなたのものにのみ関わることができる」（6, p. 238）。

（6）三つの要請は「外的なものの獲得の原理」のうちに読み取ることができる。「私が（外的自由の法則に従って）私の支配下に置くもの、そして私が（実践理性の要請に従って）私の選択意志の客体として使用する能力をもつもの、最後に私が（可能な統合した意志の理念に適って）私のものにしようと意志するもの、それは私のものである」（6, p. 258）。「外的自由の法則」は「普遍的な法の法則」という要請であり、「実践理性の要請」は「実践理性の法的要請」である。「立法のために普遍的に現実に統合した意志の状態は国家状態である」（6, p. 264）から、「可能な統合した意志」が現実的になるのは、「公法の要請」によって成立する国家状態においてである。「意志が外的自由の公理、能力の要請、およびアプリオリに統合していると考えられる意志の普遍的な立法に適っているかぎり……」（6, p. 268）。ここにも三つの要請が働いている。

（7）カントにおいて moralisch は、ほとんどの場合、狭義の「道徳的」を意味するが、しかし「精神的」といった広い意味で使われることもある。カントにおける moralisch という語をすべて機械的に「道徳的」と訳すことは誤解を生み出すだろう。『人倫の形而上学』からいくつかの例を挙げてみよう。

「他者を義務づける（moralisch な）能力としての権利（Recht）」（6, p. 237）。権利は他者を強制して或ることをさせる能力であるが、それは物理的・身体的な（physisch）能力でなく、法的制度に基づいた精神的な能力である。権利を狭い意味での「道徳的」能力（?）と思う人はいないだろう。

physisch と対比された moralisch は「精神的」（擬制的）を意味する。「国家の元首とは、執行権をもっている（moralisch か physisch な）人格である。……moralisch な人格として見れば、元首は執政体、政府と呼ばれる」（6, p. 316）。physisch な人格は個々の人間としての人格である。moralisch な人格は精神的人格（法的人格、擬制的人格）であり、「政府」（6, p. 316）、「法廷（Gerichtshof）」（6, p. 297, p. 438）、「人民」（6, p. 320）、「国家」（6, p. 343; 8, p. 344）などを指す。

moralisch は animalisch と対比される。「自己自身に対する完全義務」は、「動物的存在者（animalisches Wesen）としての自己自身に対する義務」（6, p. 421）と「単に精神的存在者（moralisches Wesen）としての自己自身に対する義務」（6, p. 429）に区分される。この対比は、「動物性－精神性」の対比である。

「moralisch な友情（ästhetisch な友情と区別して）とは、二つの人格がそれぞれのひそかな判断や感覚を互いに打ち明け合い（Eröffnung）、それが相互の尊敬と両立しうるかぎり、二つの人格の完全な信頼である」（6, p. 471）。moralisch な友情は決して道徳的な友情（?）でなく、「心情の友情（Freundschaft der Gesinnung）」である。「……あらゆる人は彼が心を打ち明けられる（sich eröffnen）友人、彼の心情と判断をあらいざらいしゃべることのできる友人を求める。その友人には何も隠せないしその必要もない。その友人と彼は完全に心を伝えることができる。それ故こうしたことに心情と社交の友情が基づいている」（27, p. 427）。moralisch な友情と区別された感性的な友情は「欲求の友情（Freundschaft der Bedürfnisse）」に対応するだろう。「それに従えば人格がその生の欲求に関して相互的な備えを互いに頼りにできる欲求の友情」（27, pp. 424-425）。

確かに現在のドイツ語において moralisch はほとんどの場合狭い意味での「道徳的」を意味するが、しかし die moralische Unterstützung は「道徳的支援」でなく、英語の moral support と同様に「精神的支援」を意味している。

ルソーにおける moral の意味については、拙著『純化の思想家ルソー』七五－七九頁、一一二－一一五頁参照。Cf. Duden, *Das große Wörterbuch der deutschen Sprache*, in: *zehn Bänden*, 6, Dudenverlag, 1999, p. 2639.

（8）「第一の意味における（倫理としての）モラル（Moral）に政治は容易に同意し、人間の権利をその統治者のために犠牲にする。しかし第二の意味における（法論としての）モラルの前に政治は跪かねばならず、……」（8, p. 386）。「モラル（Moral）は法論（正しさの教理（doctorina iusti））と徳論（誠実さの教理（doctorina honesti））からなっている」（23, p. 386）。

（9）I. Kant, *Metaphysische Anfangsgründe der Rechtslehre*, Philosophische Bibliothek 360, ed. by B. Ludwig, Felix Meiner, 1998, p. 57.

（10）「外的取得の原理は次のとおりである。私が（外的自由の法則に従って）私の支配力のうちへもたらすもの、そして私が（実践理性の要請に従って）私の選択意志の客体として使用する能力をもつもの、最後に私が（可能な統合された意志の理念に適合して）私のものにしようと意志するもの、それが私のものである」（6, p. 258）。「一人格の意志が外的自由の公理、能力の要請、およびアプリオリに統合されていると考えられた意志の普遍的な立法に適合しているかぎり、このすべての人格を一人格の意志によって、物件の使用に関して拘束するという、諸人格に対する一人格の関係」（6, p. 268）。

（11）この要請を「許容法則」と呼ぶことについては、石田京子「カント法哲学における許容法則の位置づけ」（『日本カント研究』8、理想社、二〇〇七年）参照。Cf. W. Kersting, *Wohlgeordnete Freiheit. Immanuel Kants Rechts- und Staatsphilosophie*, p. 195.

（12）「それなしにはあらゆる人の自由が生じない同等性の原理に従ったすべての人の統合された意志としての、外的公法の要請」（8, p. 429）。

（13）「市民体制は、それによって各人に自分のものが単に確保される法的状態にすぎず、本来自分のものが形成され規定されるのでない。……市民体制以前に（あるいは市民体制を無視して）外的な私のもの・あなたのものは可能であると想定されねばならない」（6, p. 256）。「公法の状態は私法の状態において考えられうる以上のあるいは以外の人間の間の義務を含んでいない。私法の実質は両者において同じである」（6, p. 306）。

（14）契約・約束の履行が自然法に属することはヒューム『人間本性論』からも明らかである。「我々は三つの基本的な自然法を、つまり所有の安定性の自然法、合意による所有の移転の自然法、約束の履行の自然法を今や調べ終えた」（D. Hume, *A Treatise of Human Nature*, Clarendon, 1973, p. 526）。

（15）「自然法（ius naturale）は、行為の自然本性から理性によって洞察されるかぎりでの法である」（27, p. 273）。キケロ『国家について』とロック『国家統治論』における自然法については、拙著『純化の思想家ルソー』一二二ー一二四頁参照。ルソーにおける自然法については、同書八〇ー九〇頁参照。

（16）「カントは彼の『人倫の形而上学』において法論に対して批判的方法を放棄し、当時支配的な自然法の軌道上にとどまった」（R. Stammler, *Theorie der Rechtswissenschaft*, Buchhandlung des Waisenhauses, 1923, p. 22）。「批判的ー超越論的な基礎づけが欠けており、カントは形而上学的な自然法にとらわれている……」（O. Höffe, *Immanuel Kant*, p. 213）。

しかし近年、カント法論の批判哲学との関係を積極的に評価する研究が積み重ねられている。『人倫の形而上学』法論のうちに「批判」としての構造を明らかにする試みとして、高橋洋城「カント『法論』における「批判」の構造とその射程」（『法の理論25』成文堂、二〇〇六年、一〇三ー一三五頁）参照。

（17）同じ問題を『判断力批判』は論じている。Cf. H. Vaihinger, *Kommentar zu Kants Kritik der reinen Vernunft*, vol. 2, Union

Deutsche Verlagsgesellschaft, 1922, p. 452.「……美しいものの概念は単に完全性の混乱した概念であり、善いものの概念は完全性の判明な概念であるが、それ以外には内容と起源の点で同一であるかのような区別は無効である。何故ならその場合両者の間に種別的な相違がなく、趣味判断は或るものを善いと言明する判断と同様に、認識判断であることになるだろうからである。例えば普通の人が詐欺は unrecht であると言う場合、自分の判断を混乱した理性原理に基づかせ、哲学者は判明な理性原理に基づかせるが、しかし根本において両者は同一の理性原理に基づかせる、というのとそれは同様である」（5, p. 228）。これは『純粋理性批判』の当該箇所と同様に（cf. A44=B61–62）、ライプニッツ－ヴォルフ哲学に対する批判である。「詐欺は unrecht である」という例が出されている。詐欺は行為であるから、unrecht は行為の一つの性質を表わしている。そしてこの場合 unrecht という形容詞は「正しくない、不正である」と訳すしかない。とすれば「行為の一つの性質」とされる Recht は、unrecht に対応する recht、つまり「正、正しさ」を意味する。

（18）「Recht（scientia）は、それに従って何が正しく何が正しくないか（was Recht und Unrecht sey）が規定される法則の総体である」（23, p. 262）。

（19）「周知のごとく Recht という表現は、二重の意味において、客観的な意味と主観的な意味において使われる。客観的な意味における Recht は、国家によって運用された法原則の総体、生活の法律的な秩序であり、主観的な意味における Recht は、抽象的な規則が人格の具体的な権限のうちに具体的に流入したものである」（R. von Ihering, *Der Kampf um's Recht*, Manz, 1921, p. 4）。二重の意味において使われる Recht は「正、正しさ」を意味する。「Recht の重さをそれによって計る秤を一方の手にもっている正義の女神は、Recht をそれによって確保する剣を他方の手に携えている。秤なき剣は裸の暴力であり、剣なき秤は Recht の無力である」（ibid., p. 1）。この Recht も「正、正しさ」と訳すことができる。

（20）Recht は法と権利に対する上位概念である。それは生物が植物と動物に対する上位概念であることと同じである。Recht が「法＝権利」、「法ないし権利」などと訳されることがあるが、それは生物が「植物＝動物」、「植物ないし動物」と呼ばれることと同じである。ヘーゲルの Rechtsphilosophie を「法の哲学」と訳さないとすれば、「正（正しさ）の哲学」とすべきだろう。

（21）「真理とは何か」という問いについては、久保元彦『カント研究』（創文社、一九八七年）二六九－三〇四頁参照。

（22）definitio nominalis（名目的定義）は Namenerklärung, Worterklärung と、そして definitio realis（実在的定義）は Sacherklärung とドイツ語訳された。『羅独－独羅学術語彙辞典』九二頁参照。「単なる名目的定義（Namen=Erklärung oder Nominal=Definition）とは、人が任意に或る名前に与えたい意味を含む定義である。従って単にその対象の論理的本質を特徴づけるにすぎない、つまり単にその対象を他の客体と区別することに役立つにすぎない。それに対して実在的定義（Sach=Erklärungen oder

る定義である」(9, p. 143)。Real=Definitionen) は、対象の可能性を内的特徴から表現することによって、その内的な規定の点でその客体の認識に十分であ

(23)「私の判断は客体と一致すべきである。さて私が客体を私の認識と比較できるのは、私が客体を認識することによってのみである。循環論証」(16, p. 251)。Cf. 24, p. 81.

(24)「立法学者的な法学者は私のもの・あなたのものを保証する法則を、自分の理性のうちにでなく、公に与えられ最高の場において裁可された法典のうちに求める。法則の真理と適法性の証明、同様にそれに対してなされた理性の異議に対する弁護を、人は法学者から当然要求できない。何故なら法令が初めて或ることが正しいことを決定するのであり、法令自身も正しいかどうかと問うことは、法学者によってばかげたこととしてはっきり拒否されるにちがいないからである」(7, pp. 24-25)。

第四章　哲　学

カント哲学は批判哲学と呼ばれる。要請としてのカント倫理学は、批判哲学といかなる関係にあるのか。まず批判哲学を可能にしたコペルニクス的転回を解明しなければならない［第十節］。コペルニクス的転回は新たな形而上学の構想を可能にした。この構想を超越論的哲学に焦点を当てて明らかにしよう［第十一節］。カント倫理学を要請から理解することは、倫理学を批判哲学のうちに正確に位置づけることを可能にするだろう。そしてその試みは、最後にカント哲学を世界概念という視点から、つまり人間理性の究極目的についての学としての哲学という視点から見ることになるだろう［第十二節］。

第十節　コペルニクス的転回

「我々は物について、我々が自ら物のうちへ置き入れるもののみをアプリオリに認識する」（BXVIII）。『純粋理性批判』第二版の序文においてカントは「思考法の変革された方法」をこのように表現している。ここにコペルニクス的転回の核心を読み取ることができる。それ故冒頭の引用文をコペルニクス・テーゼと名づけよう。コペルニクス的転回を明らかにするために、第二版の序文においてコペルニクスがどのように登場しているかを見ることから始めよう。そこからカントの思考法の革命がコペルニクス的転回と呼ばれるようになったのだから。

一　コペルニクスがモデル？

「すべての我々の認識は対象に従わねばならない、と人はこれまで想定していた。しかし我々の認識がそれによって拡張されるだろう或るものを、対象についてアプリオリに概念によって見つけるすべての試みは、この前提のもとで水泡に帰した。それ故一度、対象は我々の認識に従わねばならないと想定することによって、我々が形而上学の課題においていっそうよく前進しないかどうか、試みたらいいだろう。この想定は、対象が我々に与えられる前に対象について或るものを確定すべき、対象のアプリオリな認識という要求された可能性と、確かにいっそうよく一致する。こうしたことは、コペルニクスの最初の思想と事情が同じである。コペルニクスは、全星群が観測者のまわりを回転すると想定した場合、天体運動の説明がうまくいかなかったので、観測者を回転させ、それに対して星を静止させるなら、いっそう成功しないかどうかを試みた」(BXVI)。

カントは彼が導入した思考法の変革をコペルニクスの思想に対応させている。しかしこの対応をいかに理解すべきなのか。確かにコペルニクスの独自性は地球の公転運動の主張にあり、コペルニクスの革命は「地球中心説から太陽中心説へ」と定式化される。しかしカントのコペルニクス的転回を「地球中心説から太陽中心説へ」に即して解釈することは誤りである(1)。何故ならここで太陽にはまったく言及されていないからである。「認識－対象」の二項関係に対応しているのは、「地球－太陽」でなく、「観測者－全星群」の二項関係である。「すべての我々の認識は対象に従わねばならない」→「対象は我々の認識に従わねばならない」と「全星群が観測者のまわりを回転する」→「観測者を回転させ、それに対して星を静止させる」との平行関係は明らかである。ここでカントが念頭に置いているのは、地球の公転運動でなく、日周運動である。カントが想定しているコペルニクスは『天球回転論』第五章のコペルニクスである。そこには次のように書かれている。(2)

「一方、大地が宇宙の真中に静止していることは、一般に多くの著者たちの間に一致を見ており、彼らは、その反対のことを思うことが考ええないこと、あるいは笑うべきこととさえ見なしているほどである。……というのは、場所的変化であると見なされるものはすべて、見られるものの運動のゆえであるか、あるいは見る者の運動のゆえであるか、あるいは当然ながら両者の不等な変化のゆえに起こるからである。……しかるに、大地とは、天界のあの回転が眺められる我々の眼に再現されるような場所である。したがってもし何らかの大地の運動が大地に認められるならば、外側に存在するものすべてのうちにそれと同じものが現われるであろう。ただし、通り過ぎゆくものどものごとく、方向は逆である。日周回転はことにそのようなものである。というのは、日周回転は、大地およびその周囲に存するものすべてを除けば、宇宙全体を取り込んでいるように思われるからである。……万物を含みまた浮き彫りにしている天はあらゆるものの共通の場所であるから、含むものよりむしろ含まれるものに、場所づけるものよりむしろ場所づけられるものになぜ運動が帰属さるべきでないか、はただちに明らかとなるわけではない(3)」。

ここで問題となっているのは、日周運動という天体の見かけの運動が「万物を包むものとしての天－包まれるものとしての大地」という二項関係のどちらの運動によって生ずるか、である。コペルニクスは運動の相対性に基づいて「大地が宇宙の真中に静止している」という説の反対が想定可能であると考え、天体の運動は大地（観測者）の運動から生ずる、と想定した(4)。彼は「観測者を回転させ、それに対して星を静止させた」のである(5)。つまり「観測された運動を天の対象のうちにでなく、観測者のうちに求める」（BXXII）ことがコペルニクスの核心である。それ故コペルニクスに定位すれば、コペルニクス的転回の意味はペイトンの言葉によって言い尽くされるだろう。「コペルニクスは天体の見かけの運動を、地球の観測者に由来すると説明した。同様にカントは実在の見かけの性質を、認識者の心に由来すると説明する」[6]。

コペルニクス的転回といった言葉はカント自身が使っているわけではない。しかし『純粋理性批判』が導入した思考法の革命はコペルニクス的転回と一般的に呼ばれている。コペルニクスに即した記述は印象深いし、見事な比喩になっているからである。しかしコペルニクス的転回の意味を正確に知ろうとして、コペルニクスについてカントが何を語っているのかを調べたとしても、ほとんど何の成果も得られない。コペルニクスへの言及は極めて少ないからである。とすればカントはコペルニクスの科学的方法論を主題的に考察して、その方法に倣ってコペルニクス的転回に至ったわけではないだろう。カントは地球の公転周期というコペルニクスの独自性を問題にしていないし、カント自身がコペルニクスをモデルとして思考法の変革をしたわけではない。「対象－認識」関係の逆転が遂行されたのは、「対象が我々に与えられる前に対象について或るものを確定すべき、対象のアプリオリな認識という要求された可能性」のためであった。しかしコペルニクスにおいて「観測者を回転させ、それに対して星を静止させた」としても、天体の運動についてのアプリオリな認識が可能となるわけではない。観測者（大地）の運動をアプリオリに認識することなどできないからである。言い換えれば、コペルニクスに依拠するかぎり、「我々は物について、我々が自ら物のうちへ置き入れるもののみをアプリオリに認識する」というコペルニクス・テーゼを捉えることができないのである。確かにコペルニクスへの言及は見事な比喩ではあるが、しかし比喩にすぎない。

コペルニクス的転回のモデルは、コペルニクスのうちにではなく、数学と自然科学に求めなければならない[7]。「理性認識としての数学・自然科学と形而上学との類比が許すかぎり、数学・自然科学を試みに模倣する」(BXVI) ことによって、「対象は我々の認識に従わねばならない」と想定してみる、とカントは言っている[8]。

数学と自然科学は平行的に描かれている。両者は「理性の二つの理論的認識」(BX) である。ともに長い間「手探りの状態（Herumtappen）」(BXI, XIV) が続いたが、「思考法の革命（Revolution der Denkart）」(BXI, XII) によって「光が差し込んだ（ein Licht ging auf）」(BXI, XIII) のであり、こうして「学の確実な道（der sichere Weg（Gang） einer Wissenschaft)」(BX, XIV) に達した。「思考法の革命」が何であったかは、コペルニクスでなく、数学と自然科学に即して明らかになるだろう。

二　二等辺三角形

「二等辺三角形を証明した最初の人に（その人がタレスと呼ばれたにせよ何と呼ばれたにせよ）、光が差し込んだ。何故なら、彼が図形のうちに見たものやあるいはまた図形の単なる概念を追究して、いわば図形からその性質を学び取るのでなく、彼が概念に従って自らアプリオリに考え入れ（構成によって）描出したものによって、図形の性質を産出しなければならないということ、そして彼が確実に或るものをアプリオリに知るために、彼が概念に従って自ら事物のうちに置き入れたものから必然的に帰結したもの以外の何ものも事物に付与してはならないということ、を彼は見出したからである」[9]（BXI-XII）。

第二版序文のこの箇所に、シュッツ宛のカントの手紙（一七八七年六月二五日）は言及している。「序文XI頁の下から三行目に綴りの誤りが見られます。二等辺三角形（ユークリッド幾何学原論、第一巻、定理五）の代わりに、そこでは等辺三角形になっています」[10]（10, p. 489）。つまりここでカントが念頭に置いているのは、『原論』第一巻の命題五である。「二等辺三角形の底辺における角は互いに等しい。そして等しい直線が延長されると、底辺の下の角は互いに等しくなる」[11]。

(a)「図形からその性質を学び取る」と(b)「概念に従って自らアプリオリに考え入れ（構成によって）描出したものによって、図形の性質を産出する」が対比されている。(a)は(a1)「図形のうちに見たものを追究する」と(a2)「図形の単なる概念を追究する」に区別されている。(a1)は経験のうちに与えられた図形を測定するといった経験的な操作であり、アポステリオリな経験的認識にすぎない。それに対して、数学（幾何学）はアプリオリな認識である。(a2)と(b)の対比は、哲学と数学との対比を表現している。『純粋理性批判』はこの対比を哲学者と幾何学者の対比として描いている。(a2)「図形の単なる概念を追究して、いわば図形からその性質を学び取る」ことは、「直線や角や三という数の概念を分析し判明化できるが、しかしこれらの概念のうちにまったく存しない他の性質に至ることができない」(A716=B744)のである。幾何学者が行なう(b)は、『原論』第一巻の命題三二を証明することによって例示されている[第七節六]。

第二版の序文でカントが念頭に置いているのは、『原論』第一巻の命題五であった。それ故命題五に定位して、「光が差し込んだ」の内実が理解できるだろう。(b)「概念に従って自らアプリオリに考え入れ(構成によって)描出したものによって、図形の性質を産出する」と言われていたが、それは「二等辺三角形をABGとし、辺ABが辺AGに等しいとし……」という命題五の提示である。これは命題三二を証明する幾何学者が最初に三角形を構成することと同じである。「概念に従って自らアプリオリに考え入れたもの」とは、幾何学者が定める二等辺三角形の定義であり、「二つだけの等しい辺をもつもの」という第一巻の定義二〇である。「(構成によって)描出したもの」とは、定義に従って構成(作図)された二等辺三角形であり、この構成によって二等辺三角形という図形の性質が産出される。図形の性質は所与でなく、構成(作図)によって産出される。この産出された図形の性質は「彼が概念に従って自ら事物のうちに置き入れたもの」と言われ、「必然的に帰結したもの」とは、命題五において証明されたもの、命題五の結論である。「ゆえに、二等辺三角形の底辺における角は互いに等しい。そして等しい直線が延長されたとき、底辺の下の角は互いに等しくなる。これが証明されるべきことであった」。カントはユークリッド幾何学をモデルとしているのである。数学における「思考法の革命」を確定するために、本項の冒頭で引用した最後の部分をもう一度見てみよう。

「彼が確実に或るものをアプリオリに知るために、彼が概念に従って自ら事物のうちに置き入れたものから必然的に帰結したもの以外の何ものも事物に付与してはならない」。

「必然的に帰結したもの」は、図形に勝手になすりつけられるのでなく、図形が必然的にもっている性質である。

とすれば「必然的に帰結したもの」は「概念に従って自ら事物のうちに置き入れたもの」（構成された図形の性質）と別のものではなく、それ自身がすでに「概念に従って自ら事物のうちに置き入れたもの」なのである。[12]従って「彼が概念に従って自ら事物のうちに置き入れたもののみをアプリオリに知る」というテーゼが成り立つ。これは「思考法の変革された方法」、つまり「我々は物について、我々が自ら物のうちへ置き入れるもののみをアプリオリに認識する」（BXVIII）というコペルニクス・テーゼと同じである。

三　実験的方法

「ガリレイが彼自身によって選ばれた重さをもった球を斜面に転がり落としたとき、……すべての自然科学者に光が差し込んだ。彼らが理解したのは、理性は理性が自らその構想に従って産出するもののみを洞察するということ、理性は恒常的法則に従った自らの判断の原理をもって先行し、自らの問いに答えるように自然に強制しなければならないが、自然だけによっていわば習歩紐で歩行を教えられてはならないということ、であった。何故ならそうでなければ、予め構想された計画に従ってなされない偶然的な観察は、理性がやはり求め必要とする一つの必然的法則のうちで結びつくことなど決してないからである」（BXII-XIII）。

自然科学者（ガリレイ、トリチェリ、シュタール）の実験の場面が描かれている。カントは自然科学の実験的方法をモデルとしているのである。[13]「理性が自らその構想（Entwurf）に従って産出するもの」は、それに対して「予め構想された計画に従ってなされない偶然的な観察」が対比されているから、「理性が実験（予め構想された計画に従ってなされた実験）によって産出するもの」と理解できる。[14]自然の真の姿は、所与として観察されるのでなく、実験によって産出される。これは、図形の性質が所与でなく、産出されたものである、という数学での対比とパラレルである。

実験は仮説によって導かれているから、「恒常的法則に従った自らの判断の原理」は仮説を意味するだろう。実験的方法は「仮説－実験」の方法である。「理性は、一方の手には、互いに一致する現象がそれに従ってのみ法則と見なされうる自らの原理をもって、そして他方の手には、理性がその原理に従って案出した実験をもって、自然に向かわねばならない」（BXIII）。実験は仮説に従って考案されるのだから、ここでも「原理」は仮説を意味する。一方の手に仮説をもって、そして他方の手に実験をもって、つまり仮説を検証（反証）する実験を行なうことによって、「自らの問いに答えるように自然に強制しなければならない」（BXIII）。これをカントは「自らが提出する問いに答えるように証人に強制する」（BXIII）という裁判官の比喩によって見事に表現している。こうしてカントは自然科学における「思考法の革命」を次の着想のうちに求めている。

「理性が自ら自然のうちに投げ入れたものに従って、理性が自然から学ばねばならず、理性が自分自身だけではそれについて何も知らないだろう或るものを、自然のうちに求める（自然になすりつけるのでない）」（BXIII-XIV）。

理性が自然から学ばねばならないものは、実験を通して知られる経験的な自然法則である。ガリレイが実験によって自然から学んだのは落下の法則であり、それは「理性が自分自身だけではそれについて何も知らない」とされる経験的な自然法則である。では「理性が自ら自然のうちに投げ入れたもの」とは何か。それは実験によって自然のうちに投げ入れられたもの、つまり仮説である。自然科学における実験は、自然のうちに仮説を投げ入れることである。これは数学（幾何学）における構成とパラレルである。つまり構成は事物のうちに概念（図形の定義）を投げ入れることである。こうして数学と自然科学との平行性は次のように表現できる。理性は構成（実験）によって定義（仮説）を投げ入れ、それによって図形の性質（自然の性質）を産出する。

しかしコペルニクス・テーゼは、この実験的方法においてはどうなっているのだろうか。数学においては、「概念に従って自ら事物のうちに置き入れたもののみをアプリオリに知る」というテーゼが成り立っていた［二］。しかし自然科学の着想のうちには「アプリオリに認識する（アプリオリに知る）」という契機は語られていない。認識（知）の契機は「理性は理性が自らその構想に従って産出するもののみを洞察する」というテーゼのうちに見出せるが、そこでも「アプリオリに」という言葉は語られていない。自然科学の記述のうちに「アプリオリ」という言葉が見出せないのは当然である。実験的方法は「理性が自分自身だけではそれについて何も知らないだろう或るもの」を求めるのだから、それが求める認識は経験的認識であって、アプリオリな認識ではありえない。とすれば実験的方法のうちにコペルニクス・テーゼを読み取ることができない。カントは誤解しているのだろうか。

四　経験的な原理に基づいているかぎりでの自然科学

「私はここでは、経験的な原理に基づいているかぎりでの（so fern sie auf empirische Prinzipien gegründet ist）自然科学のみを検討しよう」（BXII）。

ガリレイなどの実験を描写する直前に、このように書かれている。カントは「経験的な原理に基づいているかぎりで」という限定を付している。しかも「経験的」という言葉が強調されている。このことは、ガリレイなどの実験で示される方法が「経験的な原理に基づいているかぎりでの自然科学」に属していること、そして他方で「経験的」でない原理（アプリオリな原理）に基づいている自然科学（純粋自然科学）が存在することを示している。(15) しかも本来ここで例示されるべきなのは、実験的方法でなく、純粋自然科学である、ということをもカントは意識している。このことを明確に知った上で、カントは実験的方法を語っている。カントは確信犯である。

純粋自然科学が例示されるべきであることは、第二版の序文そのものが示している。コペルニクス的転回の意味は、「理性認識としての数学・自然科学と形而上学との類比が許すかぎり、数学・自然科学を試みに模倣する」（BXVI）ことのうちにある。数学と自然科学の平行性は、両者が「理性の二つの理論的認識」（BX）である、という指摘から始まっている［二］。理性認識において「或るものがアプリオリに認識されねばならない」（BIX）。数学と自然科学の平行性は、認識のアプリオリ性にあるのであって、実験的方法という経験性のうちにあるのではない。そうであるとすれば、カントは理性認識という視点から自然科学を考察すべきであった。そしてこの意味での平行性は、カントにおいて成り立っているのである。第二版序文の背景にある『プロレゴメナ』を見ることにしよう。その第三六節の最後に重要なテーゼが語られている。

「悟性はその法則（アプリオリな）を自然から汲み取るのでなく、法則を自然に指定する」（4. p. 320）。

「自然から汲み取る」－「自然に指定する」が対比されている。この対比はコペルニクス的転回での対比、つまり「我々の認識は対象に従わねばならない」－「対象は我々の認識に従わねばならない」という対比に正確に対応している。自然法則に即して言えば、この対比は経験的法則とアプリオリな法則との対比を表現している。ガリレイが実験によって知ろうとした落下の法則は経験的法則の一つである。[16] 確かに実験は裁判官のように「自らの問いに答えるように自然に強制」するが、しかしその場合でもやはり自然法則を自然から汲み取っているのである。悟性が法則を自然に指定するのは、裁判官の資格においてでなく、立法者の資格においてである。[17] 実験的方法が提示する裁判官モデルは立法者としての悟性を示すことができない。実験的方法はコペルニクス的転回のモデルとして相応しくない。

アプリオリな法則は「自然の普遍的な法則」、普遍的な自然法則であり、アプリオリに認識されうる。「普遍的な自然法則はアプリオリに認識されうる」（4. p. 319）。このテーゼは、コペルニクス・テーゼを想起させるだろう。実際第三七節において、アプリオリな法則（普遍的な自然法則）は、「悟性が投げ入れた法則（solche, die der Verstand hinein gelegt）」（4. p. 320）と言われている。[18]「置き入れる」、「投げ入れる」という言葉に相応しいのは、裁判官でなく立法者である。悟性が立法するアプリオリな法則において、「我々は物について、我々が自ら物のうちへ置き入れるもののみをアプリオリに認識する」というコペルニクス・テーゼが成り立つ。『オープス・ポストゥム』は次のように書いている。

「我々が知覚の集積から取り出すものでなく、我々が経験の可能性のために（それ故形式的な原理に従って）投げ入れる（hineinlegen）ものが、この科学［物理学］を成立させる。この科学において自然研究（観察と実験による（durch Observation und Experiment））は現象の現象から出発する……」[19]（22, p. 322）。「我々が経験の可能性のために投げ入れる（hineinlegen）もの」は「悟性が投げ入れた法則（solche, die der Verstand hinein gelegt）」（4, p. 320）であり、普遍的な自然法則（アプリオリな法則）であろう。そしてこの「経験の可能性のために投げ入れるもの」が自然の経験を可能にし、物理学を学として成り立たせる。こうして成立した物理学において、観察と実験による経験的な自然研究が行なわれる。物理学を学として成立させたのは、観察と並ぶ実験（実験的方法）でなく、「経験の可能性のために投げ入れるもの」（悟性が投げ入れるアプリオリな自然法則）なのである。

ではアプリオリな自然法則とは具体的にいかなるものなのだろうか。『プロレゴメナ』第一五節は「完全にアプリオリに成立する普遍的な自然法則」（4, p. 295）の例を挙げている。「実体は残り持続する」（実体の持続性、エネルギー保存則）、「生起するすべてのものは、つねに原因によって、恒常的法則に従って予め規定されている」（因果律）[20]［第五節二］。こうしたアプリオリな命題は純粋自然科学に属しており、「いかにして純粋自然科学は可能か」（4, p. 294）という問いのもとで論じられる。このことは同じ問いを立てている『純粋理性批判』第二版の序論へ導く。

「自然科学（物理学）はアプリオリな総合的判断を原理として自らのうちに含んでいる」（B18）とされ、その例が挙げられている。「物体的世界のすべての変化において、物質の量は不変のままである」、「運動のすべての伝達において、作用と反作用はつねに互いに等しくなければならない」。この例が挙げられているのは、第二版の序論のⅤであり、「いかにして純粋自然科学は可能か」（B20）という問いが立てられているのは、序論のⅥである。第二版の序論のⅤとⅥは第一版の序論に対応箇所がなく、まったく新たに書き加えられた箇所である。この書き加えの背景に『プロレゴメナ』があるが、第二版の序文もまったく新たに書き改められた。第二版における序文と序論の書き換えは連動している。

第二版の序論のⅥは、「純粋理性の本来的課題は、いかにしてアプリオリな総合的判断は可能か、という問いのうちに含まれている」(B19)として、『プロレゴメナ』と同様に、四つの問いを立てる。「いかにして純粋数学は可能か」、「いかにして純粋自然科学は可能か」、「いかにして自然的素質としての形而上学は可能か」、「いかにして学としての形而上学は可能か」。これらの問いの対象は、純粋数学、純粋自然科学、形而上学(素質としての、学としての)である。これは第二版の序文における核心的な問題、つまり「理性認識としての数学・自然科学と形而上学との類比が許すかぎり、数学・自然科学を試みに模倣する」(BXVI)とパラレルである。純粋数学と純粋自然科学は「理性の理論的学」(B14)、つまり「理性の二つの理論的認識」(BX)である。とすれば序文における自然科学は、実験的方法でなく、純粋自然科学からその例を挙げるべきだったのである。

実験的方法は経験的法則の次元に属し、アプリオリ性が欠けている。しかし数学と自然科学の平行性はその出発点を理性認識(アプリオリな認識)のうちに見ていた。アプリオリな自然法則に対してだけ、コペルニクス・テーゼが成り立つ。そして第二版における序文と序論との連動から見ても、純粋自然科学の命題(アプリオリな法則)がモデルとならねばならない。

カントは経験的法則とアプリオリな法則を混同しているのだろうか。[21] しかし混同という批判がカントに当てはまらないことは、本節四の冒頭で引用した言葉がはっきり示している。カントは確信犯であるが、何故そのようなことをしたのだろうか。

実験的方法が書かれているのは、第二版の序文である。『純粋理性批判』第一版は難解故に理解されなかった。理解へと読者を導くために『プロレゴメナ』は書かれた。[22] この同じ役割を第二版の序文は果たそうとしている。そのためにカントは読者の立場を取り、[23] どうすれば読者に『純粋理性批判』の基本的狙いを理解してもらえるかに腐心している。理解しやすさのために、コペルニクスとの平行性が印象深く語られた。自然科学の実例として実験的方法を語るのも、理解しやすさのためである。カントは読者に訴えかける分かりやすい実例を必要としていたのであり、読者に自明でない純粋自然科学など実例として利用できなかった。

カントのこの努力は報いられた。第二版の序文におけるコペルニクスへの言及から「コペルニクス的転回」という言葉が生まれ、日常語として通用するまでになった。そして実験的方法は『純粋理性批判』にアプローチする導きの糸となったし[24]、またカントの科学理解の的確さを示すものとして評価されてきた[25]。

しかしコペルニクスはコペルニクス的転回のモデルではなかった〔一〕。同様に実験的方法について深く考察し、それをモデルとしてコペルニクス的転回に至った、というわけではない。実験的方法とは何かをさらに知ろうとして、実験についてカントがどう考えていたのかを調べても、得るところはない[26]。実験について主題的に論じていると言えるのは、第二版の序文だけである。とすればカントは実験的方法を導きの糸としてコペルニクス的転回に至ったわけでも、『純粋理性批判』を構想したわけでもない[27]。

カントは本来純粋自然科学を例として論じるべきであった。そのことは我々が外からカントに押しつけていることでなく、カント自身が『プロレゴメナ』において行なっていることなのである。『プロレゴメナ』第三八節を見ることにしよう。

五　法則を自然から汲み取るのでなく、自然に指定する

「悟性はその法則（アプリオリな）を自然から汲み取るのでなく、法則を自然に指定する」（4.p.320）という命題について、『プロレゴメナ』第三七節は次のように言う。

「この見たところ大胆な命題を我々は実例によって解明しよう。その実例は次のことを示すだろう。我々が感性的直観の対象において発見する法則は、とりわけそれが必然的なものとして認識される場合、たとえその法則が、我々が経験に帰する自然法則にほかのすべての点において類似しているとしても、我々自身によってすでに、悟性

が投げ入れた法則と見なされるのである」（4, p. 320）。

こうして次の第三八節において、「悟性はその法則（アプリオリな）を自然から汲み取るのでなく、法則を自然に指定する」（4, p. 320）というテーゼがその実例によって解明される。このテーゼは「自然から汲み取る」—「自然に指定する」という対比によって、コペルニクス的転回を言い表わしている〔四〕。それ故第三八節は、『純粋理性批判』第二版の序文と同じ問題を扱っていることになる。「悟性が投げ入れた法則」（4, p. 320）をアプリオリに認識できること、つまりコペルニクス・テーゼが問題となるのである。『純粋理性批判』の第二版序文とその問題構制が同じであることは、『プロレゴメナ』第三八節が最初に、『原論』第三巻からの命題を挙げていることからも明らかであろう。

「互いに交わり同時に円と交わる二つの直線は、どれほど偶然に引かれたとしても、やはりいつでも規則正しく分割されて、一方の直線の部分からなる長方形は、他方の部分からなる長方形に等しくなる。ここで私は問う。『この法則は円のうちにあるのか、それとも悟性のうちにあるのか』。つまり、この図形は、悟性から独立にこの法則の根拠を自らのうちに含んでいるのか、それとも悟性は、自らの概念（つまり半径の相等性）に従って図形を自ら構成することによって、同時に、幾何学的比例をなして互いに交わる弦の法則をこの図形のうちに投げ入れる(hineinlegen)のか。この法則の証明を辿れば、悟性がこの図形の構成の根底に置いた条件、つまり半径の相等性からのみ、この法則は導き出されることができる、ということにすぐに気づくだろう」（4, pp. 320-321）。

『純粋理性批判』第二版の序文では『原論』第一巻の命題五であったが〔二〕、ここで語られているのは、第三巻の命題三五である[28]。「もし円の中の二つの直線が互いを切るならば、一方の直線の二切片に囲まれる長方形は、他方の直線の二切片に囲まれる長方形に等しい」。問いとして二つの選択肢が提示されているが、(a)「図形からその性質を学び取る」と(b)「概念に従って自らアプリオリに考え入れ（構成によって）描出したものによって、図形の性質を産出する」という序文での対比と同じである。「自らの概念（つまり半径の相等性）に従って図形を自ら構成する」とは、円の定義に従って作図することであり、二等辺三角形の定義に従って作図することに対応している。「半径の相等性からのみ、この法則は導き出されることができる」と分かるのは、命題三五の証明からであり、その証明において「彼が概念に従って自ら事物のうちに置き入れたものから必然的に帰結したもの以外の何ものも事物に付与してはいない」（BXII）のである。

『プロレゴメナ』第三八節と『純粋理性批判』第二版の序文との対応は明らかである。この対応は、ユークリッド幾何学からの例示だけでなく、次に自然科学の問題を扱うことにおいても成り立っている。「悟性が投げ入れた法則」（4. p. 320）を実例によって示すことが、第三八節の狙いである。「投げ入れる」という言葉は、『プロレゴメナ』第三八節において「この図形のうちに投げ入れる（hineinlegen）」として幾何学においても使われ、第二版の序文においては、「理性が自ら自然のうちに投げ入れたもの」として自然科学において使われていた。「投げ入れる」「置き入れる」という言葉は、序文でのコペルニクス的転回における鍵概念である。第二版の序文は『プロレゴメナ』第三八節を背景にして、書かれているのである。

カントが『原論』第三巻の命題三五から始めたのは、円の性質から円錐曲線の性質へ一般化し、さらに円錐曲線を介して物理学的天文学へ至るためである(29)。そこにおいて自然法則としての万有引力の法則（逆自乗則）がテーマとなる。そして幾何学の場合と同型の問いが立てられる。

「それ故ここに法則に基づく自然がある。この法則を悟性はアプリオリに、しかもとりわけ空間の規定の普遍的な原理から認識する。ここで私は問う。この自然法則は空間のうちにあるのか、……それともこの自然法則は悟性のうちにあるのか……」（4. p. 321）。

「空間－悟性」というこの二者択一は、幾何学における「円－悟性」の二者択一と同型である。いかなる理由によってカントは「自然法則は悟性のうちにある」と主張できるのだろうか。「引力は、あらゆる引き合う点からの距離の自乗に反比例して減少するが、それはこの力が伝播する球面が増加するのと対応している」（4. p. 321）。伝播する力が一定の量であれば、球面の面積が増加するのに反比例して、力は減少する。球面の面積は半径の自乗に比例するから、半径（あらゆる引き合う点からの距離）の自乗に反比例して、引力は減少する。「空間の規定の普遍的な原理」とは、球面に関する原理、つまり球面の面積は半径の自乗に比例するという原理であろう。そしてその原理から悟性はアプリオリに逆自乗則という自然法則を認識する。[30] 円の例（命題三五）から理解されるように、図形の性質は、図形を構成する悟性に由来する。「空間を円の形態、円錐の図形、球の図形へと規定するのは、これらの構成の統一の根拠を含むかぎりでの悟性である」（4. pp. 321-322）。従って逆自乗則という自然法則は悟性のうちにある。それ故逆自乗則は「悟性が投げ入れた法則」の実例であり、「この法則を悟性はアプリオリに認識する」。それ故ここにコペルニクス・テーゼが成り立つ。そうであるとすれば、第二版の序文においても自然科学の実例として、実験的方法でなく、逆自乗則を挙げることができただろう。そしてそうした方が理性認識の例として相応しかっただろう。何故そうしなかったのか。

『プロレゴメナ』第三八節においては、逆自乗則がアプリオリな自然法則の実例とされているが、これは第一五節で挙げている実例（保存則、因果律）とは明らかに異なっている。保存則、因果律は一応アプリオリな自然法則と見なすことが可能だが、しかし逆自乗則は同じ意味においてアプリオリな法則とは言えないだろう。[31] アプリオリな自然法則の実例が揺れ動いていることは、そうした法則が属するとされる純粋自然科学が確立していないからである。「純粋自然科学について、かなりの数の人がその現実性をまだ疑いうるだろう」（B21 n.）とカントは書かざるをえなかった。

読者の理解を助けるために書かれた第二版の序文において、カントは読者に自明でない純粋自然科学を例として挙げることができなかった。「経験的な原理に基づいているかぎりでの」（BXII）と書いたとき、カントは『プロレゴメナ』第三八節におけるアプリオリな自然法則の分かりにくさを想起していただろう。そして分かりやすさのために確信犯として、純粋自然科学にまったく言及せず、「経験的な原理に基づいているかぎりでの自然科学のみを検討」したのである。

第二版の序文で語られたコペルニクス的転回は、コペルニクスをモデルとして構想されたのではないし、実験的方法の適用によって可能になったのでもない。コペルニクスも実験的方法も、コペルニクス的転回を印象深く、分かりやすく読者に伝えるための戦略（キャッチフレーズ）なのである。[32] コペルニクス的転回のモデルがコペルニクスでも実験でもないとすれば、残るのは数学である。

六　コペルニクス的転回のモデルは数学

「理論的部門をその全範囲にわたってそしてすべての部分相互関係において考え抜くことによって、私は本質的なことがまだ欠けていることに気づきました。それは私の長い形而上学的研究において他の人と同じように私が無視していたものであり、しかも実のところこれまでそれ自身隠されていた形而上学の全秘密を解く鍵となるものです。つまり私は、我々のうちで表象と呼ばれているものが対象に関係するのは、いかなる根拠に基づいているのか、と自問したのです」(10, pp. 129-130)。

ヘルツ宛の手紙（一七七二年二月二一日）においてカントは、『感性と理性との限界』の構想を述べた後にこのように書いている。表象と対象の関係は二つの可能性に区分される。

(1)「表象は、主観が対象によって触発される仕方のみを含む」。

(2)「我々のうちで表象と呼ばれているものは、客観に関して能動的である、つまり神の認識が事物の原型として考えられるように、対象でさえ表象によって産出される」(10, p. 130)。

この二つの可能性は、コペルニクス的転回の二つの選択肢に対応している。つまり(1)は「我々の認識は対象に従わねばならない」に、そして(2)は「対象は我々の認識に従わねばならない」に対応している。これは『純粋理性批判』におけるカテゴリーの超越論的演繹の問題である。[33] コペルニクス的転回は(2)の可能性を追究することのうちにあるが、ヘルツ宛の手紙も同じである。ヘルツ宛の手紙は(2)の可能性を数学のうちに見出している[34]。

「このような知性的表象が我々の内的活動に基づいているとすれば、それによって決して産出されない対象と知性的表象との一致はどこから来るのでしょうか。……数学においては、これはありえます。何故なら、我々の前にある客観が量であり量として表象されうるのは、我々が1を何度か取り上げてその表象を産出することによってのみだからです。それ故量の概念は自己活動的であり、その原則はアプリオリに見出されます。しかし質の関係においては、いかにして私の悟性はまったくアプリオリに物の概念を自ら形成し、事物はその概念に必然的に一致しなければならないのか、いかにして悟性は物の可能性についての実在的な原則を構想し、経験はその原則に忠実に一致し、にもかかわらずその原則が経験から独立であるのか。こうした問いは、どこから悟性能力に物自身とのこの一致が生じるかという我々の悟性能力に関する謎をつねに残します」(10, p. 131)。

ここで(2)の可能性、つまり「対象(事物、経験)は我々の認識(悟性の概念と原則)に従わねばならない」ことが謎として提起されている。この謎は「いかにしてアプリオリな総合命題は可能か」という問いとして定式化されることになる。そのモデルは数学である。数学において「量の概念は自己活動的であり、その原則はアプリオリに見出されうる」とされる[35]。自己活動的に自ら産出したもの・作ったもの(量の概念と原則)はアプリオリに見出される(認識される)。ここからコペルニクス的転回への道が通じている。その核心は「我々は物について、我々が自ら物のうちへ置き入れるもののみをアプリオリに認識する」(BXVIII)というコペルニクス・テーゼのうちにあったからである。「我々が自ら物のうちへ置き入れるもの」とは「我々が自ら産出するもの(作るもの)」を意味するだろう。コペルニクス的転回のモデルは数学である。

コペルニクス的転回は、「思考法の革命」によって形而上学が「学の確実な道」を歩むことを可能にするために構想された[一]。ヘルツ宛の手紙における数学論は「判明性」論文に由来するが[第四節二、そこでカントは「手探りの状態」の哲学(形而上学)と「学の確実な道」を歩む数学とを対比している。ここからカントをコペルニクス的転回に導いたものが数学であったことが読み取れるだろう。「哲学的認識はたいていの場合臆見の運命をもち、その輝きが持続しない流星のようなものである。それは消えてしまうが、しかし数学は残る。形而上学は疑いもなくすべての人間的洞察のうちで最も難しいものであるが、しかしいまだ一つの形而上学も書かれていない」(2, p. 283)。

ヘルツ宛の手紙の背景にあるのは、ヒュームの警告であり、ヒュームをきっかけとしてカントはコペルニクス的転回へと導かれた［第十一節三］。『プロレゴメナ』は次のように書いている。

「ヒュームの問題のこの完全な、創始者の予想に反することになる解決は、純粋悟性概念に対しては、そのアプリオリな起源を救い、普遍的な自然法則に対しては、悟性の法則としてのその妥当性を救うが、それはこの解決がそれらの概念と法則の使用を経験にのみ制限するという仕方においてである。何故なら概念と法則の可能性は経験に対する悟性の関係のうちにのみその根拠をもっているからである。しかしそれは、概念と法則が経験から導出されるのでなく、経験が概念と法則から導出されるという仕方においてである。このようなまったく逆の結合のあり方をヒュームは決して思いつかなかったのである」(4, p. 313)。

「概念と法則が経験から導出されるのでなく、経験が概念と法則から導出される」というテーゼは、「我々の認識は対象に従わねばならない」のでなく「対象は我々の認識に従わねばならない」(BXVI) というコペルニクス的転回のテーゼと同じである。カントはヒュームに対して「経験が概念と法則から導出される」というテーゼを対置した。ヒュームは「悟性が……経験の創始者でありうるということを思いつかなかった」(B127)［九］。

「経験が概念と法則から導出される」という逆の結合のあり方をカントが発想しえたのは、カントが数学をモデルにしていたからである。純粋自然科学に属するアプリオリな総合命題（「普遍的な自然法則」）としてカントが挙げるのは、保存則や因果律であった［四］。しかしヒュームは因果律（原因と結果の概念の結合に関わる総合命題）を「主観的必然性を客観的と考える長い習慣」(4, p. 277) にすぎないとし、因果律がアプリオリな総合命題であることを否定した〔第十一節三〕。それ故ヒュームに対してカントが一貫して対置できたのは、純粋自然科学でなく、数学である。『純粋理性批判』は次のように書いている。「ヒュームはそのようなアプリオリな総合命題がまったく不可能であることを発見したと信じた。……我々の課題をその普遍性においてはっきりと見たならば、ヒュームはすべての純粋哲学を破壊するような主張に決して陥らなかっただろう。何故ならその場合ヒュームは、純粋数学が確かにアプリオリな総合命題を含んでいるので、彼の議論に従えば、純粋数学も存在しえないことを洞察しただろうからである。そうだとすれば、このような主張に対してヒュームを彼の健全な悟性がおそらく守っただろう」(B19–20)。ヒュームに対してカントの提示するアプリオリな総合命題のモデルが数学であることは、『プロレゴメナ』と『実践理性批判』においても一貫している[36]。ヒュームの問題を契機としてカントはコペルニクス的転回を構想するに至るが、その導きの糸は数学である。

コペルニクス的転回のモデルが数学であるとすれば、数学のうちにコペルニクス的転回の核心を見出すことができるだろう。

七　自ら作りうるもののみを洞察する

カントは哲学と数学を鋭く対比している。ヘルツ宛の手紙においては量と質として区別している〔六〕。『純粋理性批判』の方法論においては、「量の概念のみが構成される」(A713=B741) とされ[37]、次のように対比される。「哲学的認識は概念からの理性認識であり、数学的認識は概念の構成からの理性認識である」(A713=B741)。にもかかわらず数学がコペルニクス的転回のモデルであるとは、いかなることなのか。概念からの構成は、『純粋理性批判』の序文において二等辺三角形の証明を例として語られていたが〔二〕、方法論においては、算術が例として挙げられている。例えば3という量の概念は1＋1＋1という操作によって構成される[38]。こうした数学観は『プロレゴメナ』においても主張されている。

「数学において私は、私が概念によって可能であると表象するすべてのものを、私の思惟によって自ら作る（構成する）（selbst machen（konstruieren））ことができる。2に他の2を次々と（nach und nach）付け加え、4という数を自ら作る……」（4, p. 370）。

この足し算の例は、ヘルツ宛の手紙での「1を何度か取り上げてその表象を産出する」（10, p. 131）ことと同じである。数学を特徴づける「概念の構成」は、「自ら作ること」を意味する。数学の対象は「私の思惟によって自ら作ることができる（selbst machen können）」。とすれば、ヘルツ宛の手紙のうちに、数学において「自ら作りうるものはアプリオリに認識される」というテーゼを読み取ることができる。一七六〇年代末から一七七〇年代初頭に書かれたとされる遺稿のうちに、次のテーゼが見出される。「我々が自ら作りうるもののみを我々は概念把握する（Wir begreifen nur, was wir selbst machen können.）」（16, p. 345）。このテーゼは『判断力批判』において次のように表現されている。

「人が概念に従って自ら作り（selbst machen）、実現することのできるもののみを、人は完全に洞察する[39]」（5, p. 384）。

これと同様のテーゼをカントは繰り返し語っている。「我々が自ら作りうるもののみを、我々は理解し、他人に伝えることができる」（11, p. 515）。「我々が自ら作りうるもののみを、我々は根本的に理解する」（12, p. 57）。「我々が自ら作りうるもの以外に、我々は洞察しない」（22, p. 353）。こうしたテーゼを「我々が自ら作りうるもののみを、我々は洞察する」（自ら作りうるもののみを洞察する）と定式化しよう。

しかし「洞察する」とはカントにおいて何を意味するのか。「或るものをアプリオリに認識することは、洞察することを意味する」（18, p. 43）。それ故、「自ら作りうるもののみを洞察する」とは「自ら作りうるもののみをアプリオリに認識する」を、つまりコペルニクス・テーゼと同じことを意味する[40]。

「洞察する」という言葉は認識の一段階として登場する。カントは遺稿において認識の段階を六段階に区分している（16, p. 343）。表象する、知覚する、識別する、理解する、洞察する、概念把握する。[41] 第五、六段階を引用しよう。「五、或るものを洞察すること（perspicere）。或るものを理性によって認識すること。（或るものをアプリオリに理解すること）（根拠によって、つまり可能な根拠か現実的な根拠によって）」、「六、或るものを概念把握すること。ある意図にとって十分に洞察すること。（自ら作りうる）（理性によって完全に洞察すること）」（16, p. 343）。第六段階が「理性によって完全に洞察すること」とも言われているから、洞察と概念把握の違いは完全性にある。第六段階における「自ら作りうる（selbst machen können）」という言葉に注意しよう。第六段階において「我々が自ら作りうるもののみを我々は概念把握する」（16, p. 345）というテーゼが成立する。このテーゼは、この断章において「我々が作りうるもの以外に、我々は洞察しない」（16, p. 344）と表現されている。これは「自ら作りうるもののみを洞察する」というテーゼと同じである。とすればこのテーゼにおける「洞察する」は「理性によって完全に洞察する」という意味で使われているだろう。

概念把握の例として、『論理学』は数学を挙げている。「数学者が証明するもの以上のことは、例えば円の中のすべての直線は比例しているという以上のことは、何も概念把握されえない」[42]（9, p. 65）。とすれば、「自ら作りうるもののみを洞察する（概念把握する）」というテーゼのモデルは、数学のうちに求められる。[43]

八　ホッブズとヴィーコ、そしてカント

「我々が自ら作りうるもののみを、我々は洞察する」というテーゼの典型例は数学に求められる。それはカントに当てはまるだけでなく、ホッブズ、ヴィーコにも妥当する。『数学の教授たちに与える六つのレッスン』におけるホッブズの献辞とヴィーコ『学問の方法』から引用しよう。

(a)「学問のうちで、或るものは証明可能であり、他のものは証明不可能である。証明可能なものとは、その対象の構成が学者自身の力のうちにあるものである。学者は自らの証明において、彼自身の操作の結果を演繹する以上

のことはしない。その理由は次のことである。つまりあらゆる対象の知識は、その対象の原因、産出、構成について前もって知ることに由来するからである。従って原因が知られているところでは証明は可能だが、原因が探し求められるところでは証明は不可能である。それ故幾何学は証明可能である。何故なら、そこから我々が推論する線と図形は、我々自身によって引かれ描かれるからである。そして政治哲学も証明可能である。何故なら我々は自ら国家を作るからである。しかし自然物体について我々はその構成を知らず、結果から構成を探すから、我々が探し求める原因が何であるかについての証明は存在せず、原因であるかもしれないものについての証明が存在するだけである[44]」。

(b)「それゆえ、幾何学的方法の力によって真理として引き出された自然学のことがらは単に真らしいだけのことであり、また幾何学から確かに方法は得ているにしても、証明を得ているわけではないのである。われわれが幾何学的ことがらを証明するのは、われわれが［それらを］作っているからである。もしかりに、われわれが自然学的ことがらを証明できるとしたら、われわれは［それらを］作っていることになってしまうであろう。というのも、事物の本性を形づくる真の形相はただ至善至高の神の中にのみ存在しているからである[45]」。

ホッブズとヴィーコはまったく同じことを言っている。(1)自ら作るものは証明可能である。(2)その典型例は幾何学のうちに求められる。(3)自然物体（自然学的事柄）は証明可能ではない。

(1)は「自ら作りうるもののみを洞察する」というテーゼと同じである。そして(2)もカントにおいて妥当する[46]。しかし(3)に対してカントは異なった立場を取る。(1)のテーゼが自然にも適用されると考えているからである。ここにカントの独自性を見出すことができる。

「我々は自ら国家を作る」と言えるという理由から、ホッブズは(1)のテーゼを幾何学から政治哲学へと拡張する[47]。それに対してカントは(1)のテーゼを自然科学へと拡張する。しかしそのような拡張は(3)に反する。(3)の根拠は、「自然物体について我々はその構成を知らない」から、つまり自然物体を自ら作りえないからである。(1)の前提のもとで(3)を否定するとすれば、我々は自然物体（自然学的事柄）を作っていることになってしまう。しかし自然を作ることは我々には不可能であり、「至善至高の神」のみに可能なことである。にもかかわらずカントが「我々は自然を自ら作っている」と主張するとすれば、いかなる意味においてなのか。

この問いはカント自身の問いであった。ヘルツ宛の手紙は、「我々のうちで表象と呼ばれているものが、客観に関して能動的である」という可能性を追究していた［六］。その一つの可能性は、神（原型的知性）が対象そのものを表象によって産出する場合である。しかし模型的知性である有限な我々にはそのようなことは不可能である。純粋悟性概念は「客観によって引き起こされるのでも、客観そのものを産出するのでもない」（10, p. 130）。とすればカントもまた(3)を認めねばならないように見える。いかなる意味でカントは「自然を自ら作る」と主張するのだろうか。それは物自体の創造者でなく、現象の創造者としてである。

九　現象の創造者

カントは『実践理性批判』において、神の創造は「物自体そのものの創造」であり、「神が現象の創造者（Schöpfer）である、ということは矛盾である」（5, p. 102）、と語っている。[48] 神が現象の創造者でないとすれば、現象の創造者は人間であろう。人間は「現象の本源的原理（principium originarium）」（18, p. 440）である。人間と神との対比は次のように言い表わされる。

「物の現象は我々の感性の所産である。神は物自体の創始者（Urheber）である」（17, p. 429）。現象が「我々の感性の所産」であるとすれば、「神は物自体の創始者である」とパラレルに、我々は現象の創始者（創造者）であろう。我々は物そのものを作ることができない（物そのものの創造者でない）が、現象を作ることができる（現象の創造者である）。[49] 物自体の創造者である神について次のように言われる。

「神はすべての物を、それが自体そのものとしてあるあり方（wie sie an sich selbst sind）を認識する、つまり、悟性の直観によってアプリオリに直接的に認識する。何故なら神は、すべての可能性の根拠をそのうちにもっている、すべての存在者の存在者であるから」(28, p. 1052)。

ここで働いているのは「自ら作りうるもののみを洞察する（アプリオリに認識する）」というテーゼである。神の創造は「物自体そのものの創造（Schöpfung der Dinge an sich selbst）」(5, p. 102) である。つまり神は物自体そのものを作るから、「物が自体そのものとして（an sich selbst）あるあり方」をアプリオリに認識する。それに対して有限な存在者（人間）は次のように語られる。

「しかし有限的な存在者は、自己自身から他の物を認識することができない。何故なら彼は物の創始者（Urheber）でないから。ただし単なる現象は別であり、彼は現象をアプリオリに認識することができる[50]」(18, p. 433)。

ここで働いているのも、「自ら作りうるもののみを洞察する（アプリオリに認識する）」というテーゼである。有限な存在者は物の創造者でないから、つまり物そのものを作りえないから、自己自身から（アプリオリに）物を認識できない。それに対して彼が現象をアプリオリに認識することができるのは、彼が現象を作るから、つまり現象の創造者だからである。

現象の創造者という思想は、『純粋理性批判』において「すべての総合的判断の最高原則」として言い表わされている。

「経験一般の可能性の条件は、同時に経験の対象の可能性の条件である[51]」(A158=B197)。

悟性は「経験の創始者（Urheber）」(B127) であり[52]、悟性のうちに「経験一般の可能性の条件」がある。それ故最高原則は、次のように表現できる。経験の創造者は、経験の対象の創造者、つまり現象（経験の対象）の創造者である。このテーゼは『プロレゴメナ』の次のテーゼのうちに読み取ることができる。「経験一般の可能性は同時に、自然の普遍的な法則である」(4, p. 319)。

現象と物自体の区別の背後に、「自ら作りうるもののみを洞察する（アプリオリに認識する）」というテーゼを見なければならない。我々がアプリオリに認識するものがあるとすれば、それは我々が自ら作りうるものである。自然についてのアプリオリな認識があるとすれば、我々は自然を自ら作りうるのでなければならない。しかし自然そのものを産出することは、神には可能であるが、有限な存在者である人間には不可能である。にもかかわらず作ると言えるためには、神が作る自然とは区別された自然を想定しなければならない。我々は自然そのもの（物自体としての自然）でなく、現象としての自然を作る。

コペルニクス的転回の核心は「自ら作りうるもののみを洞察する（アプリオリに認識する）」というテーゼのうちにあり、このテーゼが現象と物自体の区別へと導く。だからこそ、第二版の序文は、コペルニクス的転回の成果として、この区別を論じているのである。「我々のアプリオリな理性認識は現象にのみ関わり、それに対して事物自体そのものは確かにそれ自身で現実的なものであるが、しかし我々によって認識されえないものとして放置しておく」（BXX）。

本節はコペルニクス的転回を主題としたが、この発想をカントが獲得したのはいかにしてなのか。ヒュームの警告こそがカントを独断のまどろみから目覚めさせ、コペルニクス的転回へ導いた。それは存在論の変革を引き起こし、カント独自の超越論的哲学の理念が確立する。超越論的哲学に定位して批判哲学に光を当てることが第十一節の課題である。

第十一節　超越論的哲学

(A)「対象に関わるのでなくむしろ、対象一般についての我々のアプリオリな概念に関わるすべての認識を、私は超越論的と名づける。そのような概念の体系は超越論的哲学と呼ばれるだろう」（A11-12）。

(B)「対象に関わるのでなくむしろ、その認識様式がアプリオリに可能であるべきかぎりにおける、対象についての我々の認識様式に一般に関わるすべての認識を、私は超越論的と名づける。そのような概念の体系は超越論的哲学と呼ばれるだろう」(B25)。

(C)「狭義におけるいわゆる形而上学は、超越論的哲学と純粋理性の自然学からなる。超越論的哲学は、与えられている客観を想定することなしに、対象一般に関係するすべての概念と原則において、悟性と理性そのものだけを考察する(存在論)。純粋理性の自然学は、自然を、つまり与えられた対象の総体(それらの対象が感官に与えられていようと、あるいは別の種類の直観に与えられていようと)を考察し、それ故自然学(単に合理的でしかないが)である」(A845=B873)。

(A)と(B)は『純粋理性批判』の第一版と第二版の序論からの、そして(C)は「超越論的方法論」の第三章「純粋理性の建築術」からの引用である。(B)は(A)の書き換えであるが、ともに「超越論的」の定義を通して超越論的哲学を規定している。(C)は超越論的哲学を明確に定義しているのだから、(A)(B)は(C)とともに、超越論的哲学に定位して解釈されねばならない。しかしそのためにまず必要なのは、「超越論的」という語を「経験に先行し、経験を可能にする」(cf. 4. p. 373 n.)といった経験の可能性から理解すれば十分だ、とする安易な解釈態度を捨てることである。何故ならそうした態度では(A)(B)(C)を理解できないし、『純粋理性批判』における「超越論的」の多様な用例に対しても無力だからである。少なくとも一度はその用例の多様性・多義性といった泥沼に入らなければ[1]、カントにおける「超越論的」、「超越論的哲学」の意味と射程を語ることなどできない。しかしその泥沼に足を取られないためには、解釈を導く視点が不可欠である。カントにおける超越論的哲学は、存在論の変革から生まれた。(A)(B)(C)が超越論的哲学の規定であり、存在論のカント的変革を表現しているという基本視点によって、カントが「超越論的」という語を基本術語として改めて定義した基本的な動機と背景を捉えることができるだろう。(A)(B)はドイツ語表現の問題を含んでおり、それが訳と内容解釈に関わるので、(A)(B)のドイツ語の検討から始めねばならない。

一　nicht sowohl...sondern と überhaupt

(A) Ich nenne alle Erkenntnis transzendental, die sich nicht sowohl mit Gegenständen, sondern mit unsern Begriffen a priori von Gegenständen überhaupt beschäftigt. Ein System solcher Begriffe würde Transzendental-Philosophie heißen.（A11-12）

(B) Ich nenne alle Erkenntnis transzendental, die sich nicht sowohl mit Gegenständen, sondern mit unserer Erkenntnisart von Gegenständen, so fern diese a priori möglich sein soll, überhaupt beschäftigt. Ein System solcher Begriffe würde Transzendental-Philosophie heißen.（B25）

(A)(B)のドイツ語表現において問題となるのは、nicht sowohl...sondern という言い方、そして überhaupt という語である。まず最初の問題から始めよう。

nicht sowohl...sondern は現在では使われていないが、この古語的表現の意味は、ドイツ語を母国語とする者にとっても一義的に決まらない。(1) nicht...sondern と(2) zwar...aber という二つの読みがともに可能である。あるいは(3) nicht so sehr...als vielmehr や(4) nicht unmittelbar...sondern といった複雑な読みも考えられる[2]。しかし(A)(B)の解釈における基本的な読みの対立は、対象に関わる認識を超越論的と名づけることを認めるのか、認めないのか、にある。(1)の読みによれば、対象に関わる認識は超越論的でないが、(2)(3)(4)の読みにおいては、対象に関わる認識を超越論的と名づけることが認められる。いかなる読みを採用するかは、ドイツ語表現だけで一義的に決められず、超越論的哲学の解釈によってのみ決定される。

本書は(A)(B)の nicht sowohl...sondern を nicht...sondern と同じ意味に理解する。それ故「……でなくむしろ」と訳しているが、nicht...sondern と読んでいる。この読みが正しいことは本節が示すことになるが、予め簡単にその理由を挙げておきたい。

(A)(B)は「超越論的」の定義であるが、『プロレゴメナ』においても「超越論的という語は……」で始まる二つの定義（4, p. 293, p. 373 n.）がなされている。その二つの定義はどちらも対立表現（niemals...sondern nur, nicht...sondern）である。そして超越論的という語は「物に対する我々の認識の関係を意味するのでない」（4, p. 293）、「すべての経験を超え出るものを意味するのでない」（4, p. 373 n.）とされているが、それは(A)(B)の「対象に関わるのでなくむしろ」と同じことを言っているだろう。とすれば(A)(B)も nicht...sondern として読むべきである。

(A)(B)は超越論的哲学を規定しているから、形而上学講義と『オープス・ポストゥムム』におけるその規定を見てみよう。形而上学講義によれば、超越論的哲学において「客観でなくむしろ（nicht...sondern vielmehr）、我々の理性そのものが考察される」が、「我々が客観に関わることなしに（ohne, daß wir uns mit dem Object beschäftigen）」（28, p. 363）である。『オープス・ポストゥムム』は次のように書いている。「超越論的哲学は現実存在すると想定された或るものに関わる（sich beschäftigt）のでなく（nicht...sondern）、自らの思惟する主観である人間の精神にのみ関わる」（21, p. 78）。

形而上学講義と『オープス・ポストゥムム』はともに、対立表現（nicht...sondern vielmehr, nicht...sondern）であり、しかも(A)(B)と同じ言い方 mit...sich beschäftigen が使われている。ラテン語 objectum はドイツ語において Object（Objekt）（客観）と表記され、Gegenstand（対象）と訳されるから、「客観に関わることなしに」と「対象に関わるのでなくむしろ」は同義である。『オープス・ポストゥムム』における「現実存在すると想定された或るもの（etwas was als existirend angenomen wird）に関わるのでなく」という表現は、(C)の「与えられている客観を想定することなしに（ohne Objekte anzunehmen）」を想起させる。超越論的哲学は「現実存在すると想定された或るもの」という対象に関わらない、つまりそうした対象に関わる認識は超越論的と呼ばれることはない。形而上学講義と『オープス・ポストゥムム』と同様に(A)(B)も、対象（Gegenstand=Object）に関わる認識を超越論的と名づけないのである。超越論的哲学における「我々の理性そのものが考察される」、「人間の精神にのみ関わる」という規定は、(C)の「悟性と理性そのものだけを考察する」という性格づけと同じである。(C)は従来の存在論を超越論的哲学と呼び変えるということだけでなく、存在論のカント的変革を言い表わしている。(C)と同様に(A)(B)もまた、存在論の変革、つまり「対象に関わる認識」とされている存在論を「人間の精神にのみ関わる」超越論的哲学へ変革することを表現しているだろう。nicht sowohl...sondern は nicht...sondern と読むべきである。

(A)(B)は存在論のカント的変革を表現している、というテーゼが本節を導く基本視点となるが、形而上学講義は存在論という表題のもとで次のように語っている。

「我々はここで対象（Gegenstände）を考察しなければならないのでなく、我々の純粋な理性認識の原理そのものを考察する。それ故またこの学を存在論と呼ぶことは適切でありえない。何故ならその場合我々が物を対象としてもつというようなことを意味するだろうからである。……この学に対する最も適切な名は超越論的哲学である」（28, p. 391）。

Japanologie（日本学）が Japan を対象とする学（...logie）であるのと同様に、存在論（Ontologie）は on（ὄν=ens=Ding）という対象についての学である。つまり存在論という名は「我々が物を対象としてもつ」こと、物という対象を考察することを意味してしまうが、しかし本当は「対象を考察しなければならないのでなく、我々の純粋な理性認識の原理そのものを考察する」。それ故存在論という名の代わりに、超越論的哲学という名を用いるべきである［七］。(A)(B)は存在論のカント的変革を表現しているのだから、つまり「対象に関わる認識」という従来の存在論の規定に対して新たなカント的規定を対置させているのだから、(A)(B)を対立表現（nicht...sondern）として読むことは当然である。形而上学講義からさらに引用しよう。

「真の超越論的哲学を人はもっていなかった。人はこの語を使い、それを存在論と理解した。しかし我々は（容易に見て取れるように）そのように解さない。存在論において人は物一般について語る、それ故本来物について語っていない――人は物を思惟するという悟性の本性に関わっている（mit...sich beshäftigt）――我々はここで、我々が物をそれによって思惟する概念、つまり純粋理性概念をもつ。――従って存在論は純粋悟性と純粋理性の原理についての学である」(29, p. 752)。

超越論的哲学という語が存在論と理解されていることに対して、カントは真の超越論的哲学を対置している。存在論と理解されると、物を対象とする学と捉えられるが、しかし本来は「我々が物をそれによって思惟する概念」に関わっている。これは(A)と同じことを主張している。つまり真の超越論的哲学は「対象に関わるのでなくむしろ、対象一般についての我々のアプリオリな概念に関わる」。(A)(B)における「対象に関わるのでなくむしろ」は、カント以前の存在論(超越論的哲学)の理解への批判を言い表わしている。(A)(B)における nicht sowohl...sondern は nicht...sondern と読まなければならない。

「存在論において人は物一般について(von Dingen überhaupt)語る」と言われているが、それはカント当時存在論が「物一般についての学」と規定されていたからである。そして(A)(B)(C)で使われている überhaupt という語の背景にあるのは、物一般についての学という伝統的な存在論の規定である[七]。nicht sowohl...sondern をめぐって少し先走りすぎたが、その考察は「存在論＝物一般についての学」という規定を通して überhaupt という語に導かれる。

überhaupt という語は(A)から(B)への書き換えに関わっている。この書き換えにおいて、超越論的と呼ばれるべき認識が、(a)「対象一般についての我々のアプリオリな概念に関わるすべての認識」から(b)「その認識様式がアプリオリに可能であるべきかぎりにおける、対象についての我々の認識様式に一般に関わるすべての認識」へと変わっている。しかし(A)(B)の前後の箇所は基本的に書き換えられていないのだから、(a)と(b)は同じ認識を指示していると考えなければならない。

(A)において überhaupt は Gegenständen の直後に置かれている。(C)は超越論的哲学(存在論)を規定しているが、その規定のうちに「対象一般(Gegenstände überhaupt)」という語が登場している。とすれば(A)においても、

Gegenständen と überhaupt を結びつけて「対象一般」と読むことができる。Gegenstände überhaupt の überhaupt は副詞であって、Gegenstände überhaupt betrachtet（一般的に考察された対象）を表現している。対象（物）一般は超越論的哲学（存在論）のテーマである［七］。

(a)「対象一般についての我々のアプリオリな概念に関わるすべての認識」を超越論的哲学（存在論）と解釈するポイントは「対象一般」という語にある。しかし(B)においては、(A)において結びついていた Gegenständen と überhaupt という二つの語が、so fern の句の挿入によって切り離されている。これによって überhaupt を Gegenständen に掛けて読むことが難しくなる。それ故テキストの修正が提案される。「überhaupt という語は beschäftigt の前の代わりに、Gegenständen の後に置かれねばならない[3]」。

テキストを修正すれば、(b)は「その認識様式がアプリオリに可能であるべきかぎりにおける、対象一般についての我々の認識様式に関わるすべての認識」となる。この修正において「対象一般についての我々の認識様式」は存在論を意味することになる。しかしその場合、超越論的と名づけられるのは、「対象一般についての我々の認識様式＝存在論」でなく、存在論に関わる認識である。数学に関わる認識がメタ数学と呼ばれて数学と区別されるように、存在論に関わる認識はメタ存在論であって、存在論と区別されるべきである。メタ存在論が存在論の基礎づけを意味するかどうかは別としても、テキストの修正案を受け入れると、「(b)＝存在論に関わる認識」は「(a)＝存在論」と一致しない。(a)と(b)の指示対象が同じであるということは、(a)と(b)の一部分でなく、(a)の全体と(b)の全体が指示するものが同じだということである。(a)と(b)は全体として、その指示対象（Bedeutung）が同じであるが、その指示の仕方（Sinn）が異なる［九］。

テキストの修正は(a)＝(b)とならないという難点を生み出すだけでなく、そもそも修正はテキストの改ざんであって、解釈者の恣意にすぎない。可能なかぎりテキストはそのままの形で読まねばならない[4]。(B)において überhaupt を無理に Gegenständen に掛けて読む必要はなく、beschäftigt に掛けて読むことができる。「一般」という語は副詞であり、対象を考察する仕方・観点を意味している〔七〕。そうであるとすれば、「一般」という副詞を「関わる」という動詞に掛けて読むことに文法上の問題はない[5]。この読みにおいて「一般」は、「……に一般に関わる」という認識のあり方（考察の仕方・観点）を言い表わしている。カントは「対象一般についての学」としての存在論を「対象を一般に考察する学」、特殊なものを捨象して一般に考察する学と考えていた。「一般」という語は、一般的な対象（Gegenstand-überhaupt）といった一定の対象を指示しているのでなく、超越論的哲学の考察の観点を意味する。それ故「……に一般に関わる認識」は超越論的認識を意味しうるだろう〔九〕。überhaupt の検討によって、Ⓐ Ⓑが存在論の問題圏のうちを動いていることが分かる。このことは nicht sowohl...sondern を nicht...sondern と読むことと結びつく。Ⓐ Ⓑを対立表現として読むことは、Ⓐ Ⓑを存在論のカント的変革の表現として理解することなのだから。そしてⒸによれば、存在論は超越論的哲学として捉え返されている。Ⓐ Ⓑ Ⓒの解釈を導くのは、存在論のカント的変革という基本視点である。

以上でⒶ Ⓑにおける nicht sowohl...sondern と überhaupt をめぐる問題の検討は終わったことにしよう。この検討においてⒶ Ⓑが超越論的哲学の規定であることを前提にしてきた。このことを改めて確認しなければならない。

二　純粋理性の批判・超越論的哲学・形而上学

Ⓐ Ⓑを解釈するために見逃してはならないことは、Ⓐ Ⓑに共通な最後の言葉が「そのような概念の体系は超越論的哲学と呼ばれるだろう」であって、「そのような概念の体系は超越論的批判と呼ばれるだろう」となっていない、ということである。しかし一般にⒶ Ⓑが主題的に考察される場合、この最後の言葉は引用されず、無視されてしまう。そしてⒶ Ⓑが超越論的批判としての『純粋理性批判』の規定であることが自明の前提とされる。しかし批判と超越論的哲学ははっきり区別されねばならない。

Ⓐ Ⓑを理解するための最初の一歩は、Ⓐ Ⓑにおける「超越論的」の定義が超越論的哲学を規定するためになされ

たのであって、決して『純粋理性批判』を直接に規定するためではない、という確認である。[6] この確認によって『純粋理性批判』に縛られずに、より広い視野のもとで(A)(B)の意味と射程を捉えることができるだろう。

『純粋理性批判』第一版の序論は「I 超越論的哲学の理念」と「II 超越論的哲学の区分」からなり、(A)はIの最後の段落において語られている。表題から明らかなように、(A)は「超越論的哲学の理念」を明確にするために提示された。第二版において(B)は「VII 純粋理性の批判という名の特殊な学の理念と区分」に属する。しかし第二版においても、(B)の前後は第一版と変わっていない。それ故(B)もまた超越論的哲学の規定であって、その規定に基づいて「純粋理性の批判という名の特殊な学の理念」が定められている。(A)(B)が超越論的哲学の規定であって、批判の規定でないことは、(A)(B)の直前の言葉からも明らかである。

「我々は純粋理性とその源泉と限界を単に判定するにすぎない学を、純粋理性の体系への予備学と見なすことができる。そのような学は、純粋理性の理説と呼ばれてはならず、純粋理性の批判と呼ばれねばならないだろう……」(A11=B25)。

純粋理性の批判がこのように規定された後に(A)(B)が語られているのだから、(A)(B)がもう一度批判を規定することなど考えられない。しかも批判と超越論的哲学ははっきり区別されている。批判は「純粋理性の体系への予備学」であり、体系には属さない。[7] それに対して、超越論的哲学は「純粋理性の理説」として純粋理性の体系に属している。そして(A)(B)に続けて、「しかし超越論的哲学という名は最初としては(なお)過多である」(A12=B25)と語り、批判と超越論的哲学を区別している。[8]

批判が形而上学(超越論的哲学—本来的な形而上学)への予備学であることは、遺稿においてもはっきり書かれている。

「形而上学に超越論的哲学が先行する。超越論的哲学は論理学と同様に客観を扱うのでなく、純粋理性のすべての認識(また純粋数学)の可能性と(範囲)総体と限界を扱う。それは純粋理性認識の論理学である。/超越論的哲学に理性一般の批判が先行する」(18, p. 285)。

「超越論的哲学に理性一般の批判が先行する」とは、「純粋理性の批判は超越論的哲学への予備学である」(28, p. 703; 29, p. 948) と同じ意味であり、[9] 超越論的哲学は「純粋理性の批判の所産である」[10] (29, p. 949) とも表現される。この関係は『純粋理性批判』序論において、「超越論的哲学は……純粋理性の批判がその全計画を構想すべき一つの理念にすぎない」(A13, cf. B27) と言い表わされている。

同様に「形而上学に超越論的哲学が先行する」とされているのだから、それは「超越論的哲学は形而上学への予備学である」を意味するだろう。形而上学講義はまさにそのことを語っている。「アプリオリな対象の認識を含む応用形而上学 (Metaphysica applicata) は、純粋理性の体系をなし、純粋理性認識の体系は厳密な意味での形而上学と呼ばれる。超越論的哲学は本来的な形而上学の予備学である」(29, p. 752)。「形而上学に超越論的哲学が先行する」とされる形而上学は「応用形而上学」=「本来的な形而上学」、つまり特殊形而上学を意味する。特殊形而上学のために超越論的哲学が先行し、さらに超越論的哲学のために批判が先行する。この「純粋理性批判－超越論的哲学－特殊形而上学（本来的な形而上学）」の関係こそが、(A)(B)の背景にあるだろう。(A)(B)は超越論的哲学を規定し、そのように規定された超越論的哲学との関係のうちで、純粋理性の批判という学が位置づけられるのである。

純粋理性の批判は形而上学への予備学として、形而上学そのものから区別される。しかしカントは(C)の文脈において二つの可能性を語っている。

「純粋理性の哲学は、アプリオリなすべての純粋認識に関して理性の能力を探究する予備学（予備訓練）であって、批判と呼ばれるか、あるいは第二に純粋理性の体系（学）、体系的連関における純粋理性からの全哲学的認識（真なる認識と見せかけの認識）であって、形而上学と呼ばれるか、である。もっともこの形而上学という名は批判を含めた純粋哲学の全体に与えることもできる……」(A841=B869)。

カントは批判を「純粋理性の体系への予備学」、つまり形而上学への予備学と規定するとともに、また批判を形而上学に含める可能性も認めている。では後者の場合、批判は形而上学のうちでいかなる位置を占めるのか。批判は「超越論的批判」（A12=B26）とされているのだから、批判は超越論的と呼ばれる認識に、つまり超越論的哲学に属することになる。「超越論的哲学に必然的に純粋理性の批判が属する」（29, p. 784）。その場合超越論的哲学は、純粋理性の批判と存在論からなるとされる。「超越論的哲学は、純粋理性の批判と存在論という二つの部門をもっている」[11]（18, p. 100）。そして純粋理性の批判がカント独特の超越論的哲学の核心をなしているから、両者は等置される。『形而上学の進歩に関する懸賞論文』（以下「進歩」論文と略）は次のように書いている。

「超越論的哲学、つまりすべてのアプリオリな認識一般の可能性についての教説は、純粋理性の批判であり、……形而上学の基礎づけをその目的としてもっている」（20, p. 272）。

この等置は「進歩」論文だけでなく、遺稿や形而上学講義においても繰り返し語られている。[12] ヘルツ宛の手紙（一七七三年末頃）においても、はっきり「本来は純粋理性の批判である私の超越論的哲学」（10, p. 145）と書かれている。『プロレゴメナ』は超越論的哲学を次のように規定している。

「すべての形而上学に必然的に先行する超越論的哲学全体はそれ自身単に、ここで提出された問いの完全な解決、ただ体系的秩序と詳細さにおける解決にほかならない」（4, p. 279）。

「ここで提出された問い」とは「いかにしてアプリオリな総合命題は可能か」（4.p. 276）である。[13] この問いの完全な解決が超越論的哲学とされるが、これは「超越論的哲学、つまりすべてのアプリオリな認識一般の可能性についての教説」（20, p. 272）と同じ規定である。この問いは四つの主要な問いに分かれる。「一、いかにして純粋数学は可能か。／二、いかにして純粋自然科学は可能か。／三、いかにして形而上学一般は可能か。／四、いかにして学としての形而上学は可能か」（4, p. 280）。「この課題の解決が批判の本質的な内容である」（4, p. 280）と言われているのだから、『プロレゴメナ』のこの四つの問いに、批判（『純粋理性批判』）も答えていることになる。実際『純粋理性批判』第二版の序論は『プロレゴメナ』と同じように、「いかにしてアプリオリな総合判断は可能か」（B19）

と問い、同じ四つの問いを挙げている。この問いに答えるのは「純粋理性の批判と呼ばれうる特殊な学」(B24) である[14]。『プロレゴメナ』との対応から読み取れるように、『純粋理性批判』の感性論は一に、分析論は二に、弁証論は三に、そして方法論は四に答えている。とすれば『純粋理性批判』は超越論的哲学と同一視されていることになるだろう。『プロレゴメナ』は「いかにして自然そのものは可能か」という問いについて次のように書いている。

「この問いは、超越論的哲学がおよそ触れることができ、またその限界と完成としてそれへと導かれなければならない最高の点である」(4, p. 318)。

「いかにして自然そのものは可能か」という問いは、「いかにして質料的意味における自然は可能か」と「いかにして形相的意味における自然は可能か」という二つの問いを含んでいる。前者に答えることは「いかにして純粋数学は可能か」に答えることと同じであり、『純粋理性批判』の感性論が答える。後者に答えることは「いかにして純粋自然科学は可能か」に答えることと同じであり、『純粋理性批判』の分析論が答える (cf. 4, p. 318)。とすれば『純粋理性批判』は超越論的哲学と見なされていることになる。

『プロレゴメナ』において超越論的哲学は、「いかにしてアプリオリな総合命題は可能か」と「いかにして自然そのものは可能か」という二つの問いによって規定されている。ではこの二つの問いはいかに関係しているのか。アプリオリな総合命題があるとすれば、それは経験の可能性の条件としてのみ認められる[15]。そして経験の可能性の条件は普遍的な自然法則であり、自然そのものを可能にする[16]。アプリオリな総合命題と自然を結びつけるのは、経験の可能性という概念である。それ故次のように言われる。

「超越論的哲学の最高の課題は、いかにして経験は可能か、である」[17] (20, p. 275)。

超越論的哲学が「いかにして経験は可能か」を問うことから、『プロレゴメナ』における「超越論的」の定義へと導かれる。

(D)「超越論的という語は、すべての経験を超え出るものを意味するのでなく (nicht...sondern)、確かに経験に

（アプリオリに）先行するが、しかし単に経験認識を可能にすること以上の何ものにも定められていないものを意味する」（4, p. 373 n.）。

『プロレゴメナ』は『純粋理性批判』第一版が被った誤解を取り除くために書かれたのだから、[18] (D)における「超越論的」の定義は、(A)の「超越論的」の定義を念頭に置いているだろう［一六］。(D)の定義はnicht...sonderと なっているから、それに対応する(A)の nicht sowohl...sondern も nicht...sondern として読まねばならない。「すべての経験を超え出るもの」は超感性的なもの（超越的なもの）としての対象を意味する。そして「確かに経験に（アプリオリに）先行するが、しかし単に経験認識（Erfahrungserkenntnis）を可能にすること以上の何ものにも定められていないもの」は「経験に先行し、経験を可能にするもの」である。[19]「超越論的」は「経験に先行し、経験を可能にする」ことから定義されている。[20] (A)の「対象一般についての我々のアプリオリな概念」はカテゴリーと解釈でき、[21] カテゴリーは「経験に先行し、経験を可能にする」と言えるから、(D)から(A)を理解することができる。(D)の定義が存在論のカント的変革から生まれたことは、遺稿から読み取ることができる。

「存在論は物一般についての学、つまり物の我々のアプリオリな（つまり経験から独立な）認識の可能性についての学である。それは物自体そのものについて何も我々に教えることができず、そのもとで我々が経験一般において物を認識できるアプリオリな条件についてのみ教えることができる。つまり経験の可能性の原理を教えることができる」（18, p. 394）。

ここで存在論が二つの仕方で特徴づけられている。「物一般についての学」という規定は、カント当時の存在論の定義である［七］。「物の我々のアプリオリな（つまり経験から独立な）認識の可能性についての学」とされた存在論は、カント独自の規定であり、「いかにしてアプリオリな総合命題（認識）は可能か」を問う超越論的哲学を意味する。その問いを問うことは「いかにして経験は可能か」を問うことであるから、このように規定された存在論（超越論的哲学）は「そのもとで我々が経験一般において物を認識できるアプリオリな条件」、「経験の可能性の原理」を教えることになる。存在論の二つの規定のうちに、「存在論から超越論的哲学へ」という存在論の変革を読み取ることができる。(D)は存在論の変革を表現している。

(A)(B)における「対象一般」「一般に」という語は、「物一般についての学」という伝統的な存在論の規定に由来している。それ故確かに(A)(B)は伝統的な存在論に立ち返ることなしに理解できない。しかし(A)(B)における超越論的哲学の規定も、(D)と同様に存在論のカント的変革を表現している。とすれば(A)(B)は、伝統的な存在論からだけでなく、存在論の変革という視点から理解されねばならない。

(D)から(A)(B)に光を当てれば、(A)(B)を読む指針が得られる。(1) nicht sowohl...sondern を nicht...sondern として読むこと、(2)存在論のカント的変革の表現として解釈すること。

(1)についてはすでに本節一において論じたので、(2)について改めて主題的に考察することにしよう。何故カントは存在論を変革しなければならない、と考えたのだろうか。ヒュームの警告こそが、カントを独断のまどろみから目覚めさせ、存在論の変革へ導いたのである。

三　独断のまどろみからの目覚め

「私は素直に告白するが、デイヴィド・ヒュームの警告こそが、何年も前に初めて私の独断のまどろみを破り、思弁的哲学の領野における私の研究にまったく異なる方向を与えたものであった」(4. p. 260)。

『プロレゴメナ』序文においてカントはこのように書いている。ヒュームの警告は形而上学の可能性・不可能性に関わり、それによって『純粋理性批判』への道が切り拓かれる。しかし独断のまどろみとそこからの目覚めとは具体的に何を意味しているのか。そしていつカントはヒュームの警告を受けたのか。ここに『純粋理性批判』への道における「カントとヒューム」という問題がある。『純粋理性批判』への道においてカントは、形而上学への予備学として現象学を構想していた。ヒューム問題が形而上学の可能性に関わり、現象学が形而上学への予備学であるとすれば、ヒュームの警告は現象学の構想に大きな影響を与えたはずである。カントにおける現象学という問題は、ヒューム問題と切り離して論じることはできない。逆に現象学の構想に定位することによって、いつヒュームの警告を受けたのか、という時期を確定することが可能となるだろう。「カントとヒューム」〔三〕と「カントと現象学」〔四〕という二つの問題は、「カントとヒュームと現象学」という一つの問題圏を形作っているのである。

まず「カントとヒューム」問題を考察するために、その手がかりを『プロレゴメナ』に求めよう。ヒュームは『プロレゴメナ』序文において、最初に次のように登場する。

「ロックとライプニッツの試み以来、あるいはむしろ形而上学の成立以来、その歴史の及ぶかぎり、この学の運命に関して、デイヴィド・ヒュームが形而上学に加えた攻撃より決定的になりえただろう出来事は何も起こらなかった。……／ヒュームは主として、形而上学のただ一つの、しかし重要な概念、つまり原因と結果の結合の概念（従ってまた、力と働きというその派生概念）から出発して、この概念を自分の胎内で産出したと称する理性に、釈明するように要求した。いかなる権利をもって理性は、或るものが、それが措定されると、それによってまた別の或るものが必然的に措定されねばならないという性質でありうる、と考えるのか。何故なら原因の概念はこのことを意味しているのだから。そのような結合をアプリオリにかつ概念から考えることが理性にとってまったく不可能であることを、ヒュームは反論の余地なく証明した……アプリオリに成立すると理性が称するすべての認識は、偽りのスタンプを押された普通の経験にほかならない。そのことは形而上学がまったく存在しないこと、そしてまた存在しえないことを意味する」（4. pp. 257-258）。

ヒュームの警告は形而上学の可能性・不可能性に関わっている。『プロレゴメナ』第五節においてヒュームの問いが問題となっている。「私に或る概念が与えられているとき、私がその概念を超え出て、その概念に、そのうちにまったく含まれていない別の概念を、しかも後の概念が必然的に前の概念に属するという仕方で、結合できるということが、いかにして可能か」（4. p. 277）。この問いにヒュームは、経験によってのみ、と答え、次のように結論する。「必然的と考えられたすべてのアプリオリな認識は、或ることを真であると思う長い習慣、従って主観的必然性を客観的と考える長い習慣にほかならない」（4, p. 277）。ヒュームの問いは、原因と結果の概念の結合に関わる総合命題についてであるから、ヒュームは限定された形であるが、「いかにしてアプリオリな総合命題は可能か」と問うたことになる。[22] そして習慣にすぎないというヒュームの答えによれば、アプリオリな総合命題は不可能となる。形而上学がアプリオリな総合命題から成り立っているとすれば、形而上学は不可能である。[23]

それ故カントは「いかにしてアプリオリな総合命題は可能か」（4, p. 276）という課題を掲げ、次のように言う。「この課題の解決に形而上学の存亡が、それ故形而上学の存立が完全にかかっている」（4, p. 276）。ヒュームこそが、独断のまどろみからカントを目覚めさせ、「いかにしてアプリオリな総合命題は可能か」という問いへとカントを導いたのである。この問いを問うのがカント独自の超越論的哲学であるから、ヒュームの警告が存在論の変革へ導いたのである。

独断のまどろみから目覚めたカントの具体的な姿を見なければならない。『プロレゴメナ』の序文と『純粋理性批判』第二版の分析論から、(Ⅰ)(Ⅱ)として(1)(2)を付して引用しよう。

(Ⅰ)「(1)原因の概念が理性によってアプリオリに考えられ、そのような仕方ですべての経験から独立の内的真理をもち、従って単に経験の対象に制限されていないもっとはるかに広い範囲の有用性をもっているかどうか。これについてヒュームは解明を期待した。(2)まさに問題なのは、この概念の起源（Ursprung）であって、この概念の使用の不可欠性ではなかった。この概念の起源が突き止められさえすれば、この概念の使用の条件とそれが妥当しうる範囲とは、自ずから明らかになっただろう」（4, p. 259）。

(Ⅱ)「(1)ヒュームは悟性がこれらの概念そのものによって、そのうちで悟性の対象が出会われる経験の創始者でありうるということを思いつかなかったので、彼は必要に迫られてそれらの概念を経験から……導出した。(2)しかしその後、これらの概念とそれらが作り出す原則とによって経験の限界を超え出る（hinausgehen）ことが不可能であると説明した点で、ヒュームはきわめて首尾一貫していた」（B127）。

(Ⅰ)の(2)と(Ⅱ)の(1)は概念の起源に関わり、(Ⅰ)の(1)と(Ⅱ)の(2)は経験を超え出る可能性について語っている。(Ⅱ)の(1)によれば、原因の概念は経験に由来するから、原因の概念と原則によって経験の限界を超え出ることは不可能である。(Ⅰ)の(1)における「単に経験の対象に制限されていないもっとはるかに広い範囲の有用性」は否定される。「ヒュームは極めて首尾一貫していた」と言われているから、カントはこの論理を認めている。ヒュームを批判するためには、「原因の概念が経験に由来する」という概念の起源を問い直さねばならない。「まさに問題なのは、この概念の起源（Ursprung）」である。カントはこの問題に対して何をしたのか。

カントはこのヒュームの問題を普遍化し、原因と結果との結合の概念だけでなく、すべての結合の概念（純粋悟性概念）を「唯一の原理から」（4. p. 260）導出した。「唯一の原理から」とは、「共通の原理から、つまり判断する能力から」（A80-81=B106）であり、判断表からカテゴリー表を導くというカテゴリーの形而上学的演繹を意味する。そしてその後で「これらの概念の演繹」（4. p. 260）、つまりカテゴリーの超越論的演繹を試みている。ヒュームによってカントは演繹の問題へ導かれた。だからこそ『純粋理性批判』において「カテゴリーの超越論的演繹への移行」という表題のもとで、(Ⅱ)が語られたのである。演繹によってカントは、カテゴリーが「経験から導出されるのでなく、純粋悟性から生まれる」（4. p. 260）という結論に至る。

以上の考察は起源の問題についてであった。しかし(Ⅰ)の(1)と(Ⅱ)の(2)における「経験を超え出る可能性」の問題はどう働いているのか。「ヒュームの警告」の射程を捉えるために、『純粋理性批判』方法論におけるヒュームを見ることにしよう。

「因果性の原則をすべての経験を超え出て使用すること（einen über alle Erfahrung hinausgehenden Gebrauch zu machen）ができないという我々の理性の無能力から、経験的なものを超え出る（hinausgehen）という理性一般のすべての僭称の無効性をヒュームは推論した。／……この検閲が不可避的に、原則のすべての超越的使用に対する懐疑に導くことは、疑いない」（A760–761=B788–789）。

これは基本的に(II)と同じことを述べている。悟性概念と原則によって経験の限界を超え出ることの不可能性が、ここでは「因果性の原則をすべての経験を超え出て使用することができないという我々の理性の無能力」と言われ、「経験的なものを超え出るという理性一般のすべての僭称の無効性」のうちに形而上学の不可能性が読み取れる。しかしカントはヒュームの推論のうちに「懐疑論的な混乱」（A767=B795）を見る。

「しかし我々はまたアプリオリに我々の概念を超え出て（hinausgehen）、我々の認識を拡張できると信じている。このことを我々は、少なくとも経験の客観でありうるものに関して純粋悟性によって試みるか、あるいは、経験において決して現われえない物の性質や対象の現存在に関して純粋理性によって試みるかである。我々の懐疑論者ヒュームは、この二種類の判断を区別すべきであったが、区別しなかった。そして彼は、まさに自分自身からの概念の増大を、そしていわば経験によって受胎していない我々の悟性（理性とともに）の自己出産を不可能と見なし、従って悟性と理性のすべての誤って考えられた原理を空想されたものと見なした」（A764–765=B792–793）。

ここで二つの判断が区別されている。(a)「経験の客観でありうるものに関して純粋悟性によって試みる」、(b)「経験において決して現われえない物の性質や対象の現存在に関して純粋理性によって試みる」。ヒュームの「懐疑論的な混乱」は(a)と(b)を区別せずに、(b)が不可能であることから(a)の不可能性をも主張した。「ヒュームは悟性の根拠づけられた要求と理性の弁証論的僭称の区別を知らない」（A768=B796）のである。ヒュームの問題は悟性と理性の区別、純粋悟性概念（カテゴリー）と純粋理性概念（理念）との区別という問題を含んでいる。[24]

『純粋理性批判』はヒュームの懐疑論をきっかけとして成立したが（cf. 5, p. 52）、ヒュームの懐疑論の核心にあるのは、「因果性の原則をすべての経験を超え出て使用することができないという我々の理性の無能力から、経験的なものを超え出るという理性一般のすべての僭称の無効性を推論する」（A760=B788）ことにある。この推論のうちにカントは「懐疑論的な混乱」を見出し、「悟性の根拠づけられた要求と理性の弁証論的僭称の区別」を対置した。「悟性の根拠づけられた要求」は分析論（概念の分析論、原則の分析論）によって正当化される。そして「理性の弁証論的僭称」は純粋理性の超越的使用として弁証論において批判される。感性論はすでに教授就任論文『可感界と可想界の形式と原理』（以下就任論文と略）において基本的に確立していた。それはほとんどそのまま『純粋理性批判』のうちに取り入れられている。しかし就任論文において悟性と理性の区別はなされていない[25]。ヒュームの警告を通して、カントは悟性と理性の独自の区別に至る、つまり分析論－弁証論という超越論的論理学の構想が可能になったのである[26]。

ヒュームの問題は『純粋理性批判』の分析論だけでなく、弁証論の問題をも包括している。ここから「独断のまどろみ（der dogmatische Schlummer）」をめぐる一つの問題に光を当てることができる。この言葉は本項の冒頭に引用した『プロレゴメナ』の序文だけでなく、その第五〇節「宇宙論的理念」の冒頭、そしてガルヴェ宛の手紙（一七九八年九月二一日）においても登場する[27]。本項の冒頭の引用を(i)とし、(ii)(iii)として引用しよう。

(ii)「純粋理性の超越的使用におけるこの所産は、純粋理性の最も注目に値する現象であり、それはまた哲学をその独断のまどろみから目覚めさせ（erwecken）、哲学を理性の批判という困難な仕事に向かわせるように、何よりも強力に働きかける」（4, p. 338）。

(iii)「そこから私が出発した点は、神の現存在、不死性などの研究でなく、純粋理性の二律背反です。……この二律背反が独断のまどろみから初めて私を目覚めさせ（aufwecken）、理性そのものの批判へと駆り立て、理性の見かけ上の自己矛盾というスキャンダルを取り除いたのです」（12, pp. 257-258）。

(i)(ii)(iii)は共通に、独断のまどろみからの目覚めが理性の批判（『純粋理性批判』）へと駆り立てた、と言っている。しかし目覚めさせたのは、(i)によればヒュームの警告であり、(ii)(iii)によれば宇宙論的理念における二律背反である。目覚めさせたのはヒュームなのか、二律背反なのか。あるいは二者択一でなく、ヒュームと二律背反は一つのことなのか。(ii)によれば二律背反が生じるのは「純粋理性の超越的使用」によってであるが、先に言及したように、超越的使用はヒュームの文脈においても登場する（A760-761=B788-789）。とすればヒュームと二律背反は超越的使用という共通項をもっている。「進歩」論文を見てみよう。

「他の奇妙な現象が、可能的経験のすべての限界を超えて理念によって拡張されたと誤って思われている知という安楽椅子の上でまどろんでいる理性を、ついに目覚めさせねばならなかった。それは次のような発見である。確かに可能的経験に制限されるアプリオリな命題は、十分に調和しているだけでなく、アプリオリな自然認識の体系をもなしているが、それに対して経験限界を踏み超えるアプリオリな命題は、似た起源をもっているように見えるにもかかわらず、ときには相互に矛盾し、ときには自然認識に向けられている命題と矛盾する。そして相互に消耗し合い、それによって理論的領野においてすべての信頼を理性から奪い、無際限の懐疑主義を導入するように見える。／こうした不幸に抗するには、純粋理性自身が、つまりアプリオリに或るものを認識する能力一般が、正確で詳細な批判に服する以外にいかなる手段もない」（20, pp. 319-320）。

ここで「まどろんでいる理性（schlummernde Vernunft）を目覚めさせる（aufschrecken）」こと、そして理性の批判が語られている。この記述は(i)(ii)(iii)とまったく同じ事態を表現している。しかしここでポイントとなるのは、「可能的経験に制限されるアプリオリな命題」と「経験限界を踏み超えるアプリオリな命題」との区別である。これは「悟性の根拠づけられた要求と理性の弁証論的僭称の区別」（A768=B796）と同じである。カントが悟性と理性の区別に至ったのは、先に論じたように、ヒュームの警告・懐疑論をきっかけとしてであった。そして「経験限界を踏み超えるアプリオリな命題は……ときには相互に矛盾し、ときには自然認識に向けられている命題と矛盾する」と言われているから、ここで念頭に置かれているのは二律背反である。[28] とすればヒュームの警告と二律背反は別々の事態でなく、一つの事態として考えられていることになる。(i)と(ii)を語っている『プロレゴメナ』は二律背反〈理性の抗争〉について次のように書いている。

「理性の自己自身とのこの抗争から脱することは、人が感官世界の対象を事物自体そのものと考え、それが実際そうであるもの、つまり単なる現象と考えないかぎり、まったく不可能であるから、読者はこの抗争について決定を下すために、すべての我々のアプリオリな認識の演繹と、私がそれについて与えた演繹の吟味にもう一度取り組まざるをえなくなる」（4, p. 347）。

二律背反の解決のために演繹という課題に取り組まなければならない。しかし演繹の課題にカントを導いたのは、ヒュームの警告であった。とすれば二律背反とヒュームの警告は一つの事態であろう。しかしこのことは上で引用した『プロレゴメナ』の序文からも読み取れる。(I)の(1)は「原因の概念」によって経験の限界を超え出る可能性が問われているが、それは第三の二律背反に対応するだろう。「因果性のカテゴリーは与えられた結果に対する原因の系列を呈示するが、この系列において人は条件づけられたものとしての結果から条件としての原因へと上昇し、理性問題に答えることができる」（A414=B441-442）。ヒュームが問題としたのは「因果性の原則をすべての経験を超え出て使用する」（A760=B788）という可能性であり、それは『純粋理性批判』において第三の二律背反として定式化されることになる。(I)の(1)は二律背反の問題であり、それが(I)の(2)の「概念の起源」へ、つまりカテゴリーの演繹へ導いたのである。

『純粋理性批判』は「ヒュームの問題を最大限に拡張して仕上げたもの」（4, p. 261）であり、カントの課題はヒュームの問題を普遍化することであった。「因果性の原則をすべての経験を超え出て使用することができないという我々の理性の無能力」（A760=B788）というヒュームの指摘に対して、カントは悟性と理性の区別によって答える。この区分は『純粋理性批判』の分析論と弁証論の構想を可能にする。この区別に基づいて、ヒュームの問題は普遍化される。ヒュームの問題は、因果の概念の起源、そして因果の概念によって経験を超え出る可能性という二つの問題を含んでいる。最初の問題に対してカントはヒュームの因果の概念をすべてのカテゴリー（純粋悟性概念）へと普遍化し、カテゴリーの演繹（形而上学的、超越論的）を試みる。これが『純粋理性批判』の分析論の核となる。この普遍化は第二の問題の普遍化と連動している。つまり因果の概念による経験の超出可能性は、すべてのカテゴリー（量、質、関係、様相）によって経験を超え出る可能性へと普遍化される。これが『純粋理性批判』の弁証論の核心をなす二律背反論となる。ヒュームの問題の普遍化によって、因果の概念は関係のカテゴリーの一つとなり、同様に因果の概念によって経験を超え出ることができないというヒュームの問題は、関係のカテゴリーによる二律背反、つまり第三の二律背反として位置づけられる。「ヒュームの問題を最大限に拡張」するという課題のうちに、カテゴリーの演繹だけでなく、二律背反も含まれている。

カントの独断のまどろみを直接に破ったのは、ヒュームが指摘した理性の無能力、「因果性の原則をすべての経験を超え出て使用することができないという我々の理性の無能力」（A760=B788）である。「すべての経験を超え出て使用すること」は超越的使用である。経験の限界を超え出る超越的使用の典型は、宇宙論的理念をめぐる二律背反である。[29]純粋理性の超越的使用によって生まれた宇宙論的理念は二律背反に陥ることによって、独断のまどろみから目覚めさせる。「デイヴィド・ヒュームの警告こそが、何年も前に初めて私の独断のまどろみを破る」（4, p. 260）ことは、「二律背反が独断のまどろみから初めて私を目覚めさせる」（12, pp. 257–258）ことなのである。それ故ヒューム問題と二律背反は、現象と物自体との区別という同じ解決をもつ。[30]

カントを独断のまどろみから目覚めさせたのは、ヒュームか二律背反かという二者択一でなく、カテゴリーの演繹と二律背反という二つの問題へとカントを導いた「ヒュームの警告」という一つのことである。[31]

それではいつカントはヒュームの警告を受けたのか。[32]そしてカントの「独断のまどろみ」とは具体的にいかなることなのか。一般に独断のまどろみはヴォルフ－ライプニッツ学派の独断論という形で曖昧に捉えられている。しかしそうした理解では、カント自身における独断のまどろみの具体的意味、ヒュームの警告からカントが受けた衝撃、さらに目覚めの具体的あり方と時期も曖昧になってしまうだろう。

『プロレゴメナ』が回想しているように、ヒュームの警告を受けたカントは、ヒュームの問題を普遍化し、カテゴリーの演繹（形而上学的演繹、超越論的演繹）を試みた。この試みはヘルツ宛の手紙（一七七二年二月二一日）

のうちに読み取ることができる。「完全に純粋な理性のすべての概念を、一定の数のカテゴリーへともたらそうと試みたのです。しかしそれはアリストテレスのような仕方ではありません」(10, p. 132)。アリストテレスが「いかなる原理ももっていなかったので、出くわすままに、根本概念をかき集めた」(A81=B107, cf. 4, p. 323) のに対して、カントはカテゴリーを「唯一の原理から」導出したのである。これは形而上学的演繹である。この手紙はさらに「我々のうちで表象と呼ばれているものが対象に関係するのは、いかなる根拠に基づいているのか」(10, p. 130) と問い、超越論的演繹の問題にも言及している［第十節六］。ヘルツ宛の手紙のカントはすでにヒュームの警告を受けていたことになる。しかもこの手紙は就任論文に言及している。

「私は就任論文において、知性的表象の本性を単に消極的に表現することで、つまり知性的表象が対象による心の変容でないだろうと表現することで満足していました。しかしそれなら対象によって何らかの仕方で触発されることなしに対象に関係する表象がいったいいかにして可能かについて、私は黙って放置しました。感性的表象は物を現象するがままに表象し、知性的表象は物をあるがままに表象する、と私は言いました。……」(10, pp. 130–131)。

「……いかにして可能かについて、私は黙って放置しました」という言葉は、カントが就任論文のうちに彼自身の独断論を見ていることを示している。独断論とは「概念(哲学的概念)からの純粋な認識だけによって、理性が長い間使用してきた原理に従って、理性がそうした認識に達した仕方と権利を問い合わせることなしに、前進するという不遜」(BXXXV) である。この手紙でカントが言及しているのは、「感性的に認識されたものは現象するがままの物の表象であり、知性的に認識されたものは存在するがままの物の表象である」(2, p. 392) という就任論文のテーゼである。「知性的表象は物をあるがままに表象する」=「知性的に認識されたものは存在するがままの物の表象である」、これによって形而上学が可能になる――これは形而上学をめぐるカント自身の独断論、カントの独断のまどろみを表現している。「対象によって何らかの仕方で触発されることなしに対象に関係する表象がいったいかにして可能か」という問いは、まどろみからの目覚めを意味し、「いかにしてアプリオリな総合命題は可能か」という問いへと発展する。ヒュームの警告がカントをこの問いへ導いたのである。

カントがヒュームの警告を受けたのは、一七七〇年八月二一日（就任論文）と一七七二年二月二一日（ヘルツ宛の手紙）の間においてである。この時期にカントは形而上学への予備学として現象学を構想していた。ヒューム問題は形而上学の可能性・不可能性に関わるのだから、ヒュームの警告は現象学の構想に大きな影響を与えただろう。いつヒュームの警告を受けたのか、という時期をさらに絞り込むためにも、現象学の構想に定位して、就任論文から『純粋理性批判』への道を見ることにしよう。

四　現象学から『純粋理性批判』へ

『純粋理性批判』への道における現象学という言葉の用例として一般に挙げられるのは、ランベルト宛の手紙（一七七〇年九月二日）とヘルツ宛の手紙（一七七二年二月二一日）である。

(1)「感性の最も普遍的な法則は、純粋理性の概念と原則のみが重要である形而上学において、誤って大きな役割を演じています。単に消極的な学（一般現象学（phaenomologia generalis））であるが、まったく特殊な学が形而上学に先行しなければならないと思われます。その学において、感性の原理に対してその妥当性と限界が規定されます……」(10, p. 98)。

(2)「……私は『感性と理性の限界』というような表題を付けうるだろう著作を計画しました。私はその著作のうちに二部門、つまり理論的部門と実践的部門を考えました。第一部は二章構成であり、一、現象学一般（phaenomologie überhaupt）、二、形而上学しかもその本性と方法に関してのみ、です。第二部は同様に二章構成であり、一、感情、趣味、感性的欲望の普遍的原理、二、人倫性の第一根拠、です」(10, p. 129)。

まず(2)の構想と『純粋理性批判』との関係を考えてみよう。『純粋理性批判』は「超越論的原理論」と「超越論的方法論」という二部構成である。「超越論的原理論」は「第一部門　超越論的感性論」と「第二部門　超越論的論理学」からなり、第二部門は「第一部　超越論的分析論」と「第二部　超越論的弁証論」からなる。いかにして『感性と理性の限界』の構想は『純粋理性批判』となったのか。

⑵の構想を語っているヘルツ宛の手紙は、また著作の構想を次のように書いている。「私は形而上学の源泉とその方法と限界を含むその第一部を最初に仕上げ、その後に人倫の純粋な原理を仕上げるでしょう」（10, p. 132）。ここでも二部門が考えられており、第一部が⑵での理論的部門に、「人倫の純粋な原理を仕上げる」のが⑵での実践的部門に対応する。「形而上学の源泉とその方法と限界を含むその第一部」、つまり⑵の『感性と理性の限界』における「一、現象学一般、二、形而上学しかもその本性と方法に関してのみ」が『純粋理性批判』へと発展する。「形而上学しかもその本性と方法に関してのみ」という言葉が示唆するように、この第一部第二章は『純粋理性批判』の方法論に対応するだろう。とすれば『感性と理性の限界』第一部の二章構成は、『純粋理性批判』の「超越論的原理論」と「超越論的方法論」という二部構成となるだろう。現象学一般の構想は原理論（感性論、分析論、弁証論）として実現することになる。しかし現象学一般の最も核心的な問題とは何だったのか。

一つの有力な解釈によれば、カントにおける現象学は「仮象に関する学」というランベルトの現象学に由来し、「一般現象学」＝「現象学一般」は『純粋理性批判』の弁証論として実現された[33]。確かにカントにおける現象学という語はランベルトに由来するだろう。しかしランベルトの現象学をどう理解するかがまず問題だし、カントとランベルトの現象学が同じ意味であることに何の保証もない[34]。さらに「一般現象学」と「現象学一般」が同じ構想であることも自明ではない。しかも現象学一般の構想を語るヘルツ宛の手紙のうちに、弁証論を示唆する論述は何も見当たらない。そこで論じられているのは、分析論の問題（演繹問題）である〔三〕。このことだけでも、現象学の核心が弁証論にあるという主張を疑うのに十分だろう。カントにおいて現象学が何を意味しているかは、カント自身がこの語をいかに使っていたかに基づいてしか、決定できない[35]。

(1)は就任論文（一七七〇年八月二一日）のすぐ後に書かれているから、一般現象学の構想は就任論文の思想圏にある。就任論文は『純粋理性批判』へと発展するのだから、一般現象学の構想も『純粋理性批判』に結びつくだろう。(1)において「まったく特殊な学が形而上学に先行しなければならない」とされるが、形而上学への予備学という構想は就任論文において語られている。「純粋悟性の用法の第一原理を含む哲学は形而上学である。感性的認識と知性的認識の区別を教える学は、形而上学への予備学である」(2, p. 395)。

形而上学に先行しなければならない消極的な学は、「形而上学への予備学」である。この予備学は「感性的認識と知性的認識の区別を教える学」であり、「感性の最も普遍的な法則」と「純粋理性の概念と原則」との混同を防がねばならない。こうした混同、すり替えへの批判は、超越論的仮象への批判としての弁証論になるだろう。(36) しかし一般現象学において「感性の原理に対してその妥当性と限界が規定」される。つまり感性の原理の限界だけでなく、その妥当性も規定される。感性の原理の妥当性を規定することは、就任論文の第三章「可感界の形式の原理について」においてなされており、『純粋理性批判』の感性論となるだろう。

確かに一般現象学の構想は『純粋理性批判』の感性論と弁証論へと引き継がれる。しかし一般現象学は「純粋理性の概念と原則のみが重要である形而上学」への予備学であるから、「純粋理性の概念と原則」をも予め考察しなければならない。(37) そうでなければ「感性的認識と知性的認識の区別を教える」ことはできないだろう。「純粋理性の概念と原則」を論じるのは『純粋理性批判』の分析論（概念の分析論、原則の分析論）である。とすれば一般現象学は『純粋理性批判』の原理論（感性論、分析論、弁証論）へと発展することになる。しかし一般現象学の核心はどこにあるのか。それを決定できるのは、カントにおける一般現象学という語の用例だけである。(1)以外のカント自身の用例を検討することにしよう。

「一般現象学（Phaenomologia generalis）、一般理性学（Noologia generalis）は、いかなる経験によっても与えられていない普遍的な認識の規則のみを目的としてもっている。応用理性学（die Angewandte noologie）は、経験の根拠によってではないとしても、経験によって与えられるものに適用され、それは理論的、つまり形而上学であるか、あるいは実践的、つまり道徳である」(17, p. 440)。

ランベルト宛の手紙(一七七〇年九月二日)が語る「一般現象学(phaenomologia generalis)」という語は、一七六九年末から一七七〇年秋に書かれたとされる遺稿において、このように使われている。カントにおける一般現象学が何を意味するかは、この遺稿の用例を無視して論じることなどできないだろう。

この遺稿はバウムガルテン『形而上学』の「形而上学のプロレゴメナ」(第一―三節)に関して書かれているので、一般現象学は形而上学の構想のうちで位置づけられている。理性学という言葉は「純粋理性の体系」(A841=B869)としての形而上学を指しうるから、(38)「一般理性学―応用理性学」は「一般形而上学―応用形而上学(Metaphysica applicata)」、つまり「一般形而上学(超越論的哲学)―特殊形而上学」を意味するだろう[五]。そして応用理性学は理論と実践へと区別されている。こうした理性学の構想は次のように言われている形而上学構想と同じである。「一、純粋理性の原理について、つまり超越論的哲学。二、客観、つまり自然と自由へと適用された応用形而上学」(18, p. 326)。

「一般現象学、一般理性学は……もっている(Phaenomologia generalis, Noologia generalis haben...)」(17, p. 440)と書かれている。hatという単数形であれば、「一般現象学、つまり一般理性学」という意味になるが、habenという複数形であるから、一般現象学と一般理性学は区別されている。しかし「いかなる経験によっても与えられていない普遍的な認識の規則のみを目的としてもっている」という共通性格がある。一般現象学のこの性格は、感性論や弁証論でなく、分析論を特徴づけている。一般現象学の核心にあるのは、分析論である。

一般現象学と一般理性学(一般形而上学=超越論的哲学)が共通性格をもつとされ、一緒に扱われている。一般現象学は形而上学に先行する「形而上学への予備学」として構想され、純粋理性の批判へと発展する。それ故批判は形而上学への予備学として形而上学と区別されるが、しかし「この形而上学という名は批判を含めた純粋哲学の全体に与えることもできる」(A841=B869)。この場合批判は超越論的哲学に属することになり、超越論的哲学は批判と存在論からなる〔二〕。「我々は形而上学を次のように区分する。／一、純粋理性の批判と存在論――それは内在的な超越論的概念を含む。／二、哲学の超越的部門……」(28, p. 656)。「一般現象学、一般理性学は、いかなる経験によっても与えられていない普遍的な認識の規則のみを目的としてもっている」という遺稿の言葉は、「純粋理性の批判と存在論――それは内在的な超越論的概念を含む」と表現されていることになる。「内在的な超越論的概念を含む」のは、分析論である。一般現象学の核心にあるのは、分析論である。

しかし「いかなる経験によっても与えられていない普遍的な認識の規則」を扱う一般現象学は、重大な困難に直面する。カントはベルヌーイ宛の手紙(一七八一年一一月一六日)において回想している。

「一七七〇年に私は我々の認識の感性を、規定された限界標識によって十分によく知性的なものから区別できました。……しかし今や我々の認識の知性的なものの起源が、私にとって新たな思いがけない困難となりました」(10, pp. 277–278)。

「我々の認識の感性を、規定された限界標識によって十分によく知性的なものから区別」することは、一七七〇年の就任論文において「感性的認識と知性的認識の区別を教える学」(2, p. 395)の課題として、そしてランベルト宛の手紙において「感性の原理に対してその妥当性と限界」(10, p. 98)を規定するという一般現象学の課題として語られていた。そして認識の感性と知的なものとの区別は、就任論文の基本テーゼのうちに言い表わされている。「感性的に認識されたものは現象するがままの物の表象であり、知性的に認識されたものは存在するがままの物の表象である」(2, p. 392)。このテーゼに即して就任論文の執筆後に生じた困難を理解できる。「認識の知性的なもの」は「知性的に認識されたものは存在するがままの物の表象である」というテーゼに関わる。ヘルツ宛の手紙(一七七二年二月二一日)は就任論文の基本テーゼを批判していたのだから〔三〕、すでに「認識の知性的なもの」をめぐる困難をはっきり自覚している。

しかし困難の自覚は前年のヘルツ宛の手紙（一七七一年六月七日）にまで遡ることができる。この手紙は「内的困難」（10, p. 121）について語り、「私の理論に……本質的なものが欠けている」と述べている。このことは就任論文に対する態度の変化のうちに現われている。ランベルト宛の手紙（一七七〇年九月二日）においては就任論文を発行する予定であったが（cf. 10, p. 98）、この手紙においては「欠陥をもっており、新しい版を出すに値しないと思われます」（10, p. 123）と批判的に書かれている。欠陥とは何か。この手紙は「感性だけでなく悟性という人間の心の能力の主観的原理に基づくものを、まさに対象に関わるものから区別するという確実で判明な洞察」（10, p. 122）を語っている。この洞察は就任論文の基本テーゼへの批判を意味する。「知性的に認識されたものは存在するがままの物の表象である」という見解に対して、「我々の認識の知性的なものの起源」が問題となり、「感性だけでなく悟性という人間の心の能力の主観的原理に基づくものを、まさに対象に関わるものから区別する」ことになる。つまり感性の限界だけでなく、悟性（＝知性）の限界をも問うことになる。

では「我々の認識の知性的なものの起源（Ursprung）」が、私にとって新たな思いがけない困難」（10, p. 278）となったのは何を契機としてなのか。ヒュームの問題は「概念の起源（Ursprung）」（4, p. 259）に関わっているから、この困難をカントに知らしめたのはヒュームの警告であろう。「知性的に認識されたものは存在するがままの物の表象である」（2, p. 392）という独断のまどろみからカントを目覚めさせたのはヒュームであった〔三〕。ヒュームの警告によってカントは「我々が経験において関わる対象は決して物自体そのものでなく、単に現象である」（5, p. 53）という結論に至る。それは「知性的に認識されたものは存在するがままの物の表象である」（2, p. 392）という就任論文のテーゼへの批判である。このテーゼへの批判はヘルツ宛の手紙（一七七一年六月七日）においてなされている。感性の限界だけでなく、理性の限界をも問うことは、独断のまどろみからの目覚めを意味する。カントがヒュームの警告を受けたのは、一七七〇年九月二日（ランベルト宛の手紙）から一七七一年六月七日（ヘルツ宛の手紙）の間においてである。[39] このヘルツ宛の手紙において『感性と理性の限界』の構想が初めて語られることになる。

「私は今『感性と理性の限界』という表題のもとで、感官世界に対して規定される根本概念と法則の関係を趣味論と形而上学と道徳との本質をなすものの構想とともに含んでいる著作を、いささか詳細に仕上げることに取り組んでいます」(10, p. 123)。

『感性と理性の限界』の構想は、(2)にも語られている。ヒュームの警告を受けた後において同じヘルツに宛てて書かれており、『感性と理性の限界』という同じ表題であるから、二つの構想は同じであろう。「趣味論と形而上学と道徳との本質をなすものの構想」における「趣味論」は、第二部第一章「感情、趣味、感性的欲望の普遍的原理」に、「形而上学」は第一部第二章「形而上学しかもその本性と方法に関してのみ」に、そして「道徳」は第二部第二章「人倫性の第一根拠」に対応する。このように対応しているとすれば、「感官世界に対して規定される根本概念と法則の関係」は、第一部第一章「現象学一般」が扱うことになる。「感官世界に対して規定される根本概念と法則」は、感性論や弁証論のテーマでなく、分析論のテーマ(概念の分析論、原則の分析論)である。「現象学一般」の核心をなすのは、感性論でも弁証論でもなく、分析論である。

「形而上学への予備学」として構想された(1)の「一般現象学」と(2)の「現象学一般」は、ともにその核心を分析論のうちにもっている。しかし両者の構想は同じでなく、二つの構想の間にヒュームの警告がある。(1)の「一般現象学」においては「感性の原理に対してその妥当性と限界が規定される」だけであったが、(2)の「現象学一般」においては感性だけでなく、理性の限界も問われることになる。

現象学の構想の変容は、存在論の変革、カント固有の超越論的哲学の確立と平行的である。(A)(B)の解釈は存在論のカント的変革を背景にしてのみ可能である。その変革によって「一般形而上学－特殊形而上学」の区別基準が確立し［五］、「超越論的－超越的」の区別が導入される［六］。(A)(B)の「対象一般」「一般に」という語は「物一般についての学」という存在論の規定に由来し、存在論の変革は「存在論から超越論的哲学へ」と表現できる［七］。

こうした解明を通して、(A)と(B)に正面から取り組むことができるだろう［八、九］。

「一般形而上学（超越論的哲学）－特殊形而上学」という形而上学の二部門への手がかりを、カントに固有な超越論的哲学を初めて語っているヘルツ宛の手紙（一七七二年二月二一日）に求めよう。

五　形而上学の本質的に異なった二部門

「私はこのような仕方で、それなしには形而上学の本性と限界を規定することができない知性的認識の源泉を追究しました。それによって私はこの学を本質的に異なった部門へと区別し、超越論的哲学を試みました、つまり完全に純粋な理性のすべての概念を、一定の数のカテゴリーへともたらそうと試みたのです。しかしそれはアリストテレスのような仕方ではありません。……今や私は、理論的認識および単に知性的であるかぎりでの実践的認識の本性を含む純粋理性の批判を提示できます。私は形而上学の源泉とその方法と限界を含むその第一部を最初に仕上げ、その後に人倫の純粋な原理を仕上げるでしょう。第一部に関しては、およそ三ヶ月以内に出版するでしょう」(10, pp. 131-132)。

三ヶ月以内に出版されると言われた第一部は、『純粋理性批判』としてその九年後の一七八一年に出版される。この手紙は「『純粋理性批判』の真の出生時刻[40]」を告げるものである。

「知性的認識の源泉を追究」することの背景に、「我々の認識の知性的なものの起源（Ursprung）が、私にとって新たな思いがけない困難」（10, p. 278）となったという事情がある。つまりこの手紙は、ヒュームの警告を受けたカントの姿を描いている［三］。ヒュームの警告は形而上学の可能性・不可能性に関わり、「まさに問題なのは、この概念の起源」であるから、「それなしには形而上学の本性と限界を規定することができない知性的認識の源泉を追究」したのである。

この手紙において初めてカント独自の超越論的哲学が語り出される。[41]　超越論的哲学が「完全に純粋な理性のすべての概念」によって規定されているが、それは(A)(B)における「そのような概念の体系は超越論的哲学と呼ばれるだろう」という言葉に遠く呼応しているだろう。「知性的認識の源泉」を問うことを通してカント独自の超越論的哲学の理念が確立したのである。[42] 知性的認識の源泉は人間の心（主観）に求められるから、遺稿と形而上学講義は超越論的哲学を次のように規定している。

(E)「超越論的哲学は対象を考察するのでなく、そこから人間の心にアプリオリな認識が生じる源泉と限界に関して、人間の心を考察する」（18, p. 16）。

(F)「超越論的哲学は主観に関わるのであって、客観に関わるのでない」[43]（28, p. 364）。

超越論的哲学は「対象を考察するのでなく（客観に関わるのでなく）、人間の心を考察する（主観に関わる）」という対立表現は、(A)(B)を想起させる。(A)(B)も超越論的哲学の規定であるから、対立表現（nicht...sondern）として読まねばならない。対立表現は存在論のカント的変革を表現しているのである。

「この学［形而上学］を本質的に異なった部門へと区別し、超越論的哲学を……」という言葉から明らかなように、超越論的哲学は形而上学の一部門をなしている。アリストテレスにおけるカテゴリーへの言及は、カントがここでアリストテレス存在論の問題圏のうちを動いていることを示している。それ故「完全に純粋な理性のすべての概念を一定の数のカテゴリーへともたらす」試みは存在論に属する。つまりカントは超越論的哲学を存在論（一般形而上学）として位置づけている。この理解は(C)と同じである。とすればカントが「この学を本質的に異なった部門へ区別する」と語ったとき、彼の念頭にあったのは「一般形而上学（超越論的哲学）－特殊形而上学」という形而上学の体系である。

超越論的哲学の理念の確立によって、「一般形而上学－特殊形而上学」の区別基準もカント独自のものとなる。このことを遺稿（18, p. 9）に即して確認しよう。この遺稿において「自然の形而上学と人倫の形而上学」と括弧で書かれ、その下に形而上学（狭義の形而上学、つまり自然の形而上学）が、ツリー状に分類されている。形而上学

（Metaphysica）はまず Generalis と Specialis とに、つまり一般形而上学（Metaphysica generalis）と特殊形而上学（Metaphysica specialis）に区分されている。そしてそれぞれに対して次のように書かれている。

(G)「一般的（allgemeine）、つまり理性と理性の概念がそれ自身で客観をなす（超越論的哲学）」－「特殊的（besondere）、つまり理性から区別された客観に応用される」（18, p. 9）。

さらに一般形而上学（超越論的哲学）は、純粋理性の批判と存在論に分類されている。これは「形而上学という名は批判を含めた純粋哲学の全体に与えることもできる」（A841=B869）とされた分類に従っている〔二〕。そして特殊形而上学は「内在的（世界のうちに）－超越的（世界そのものと世界の外）」に区分され、前者は合理的物理学と合理的心理学へ、そして後者は宇宙論と神学へ下位区分されている。この区分は『純粋理性批判』の方法論と同じである[44]。

一般形而上学は「理性と理性の概念がそれ自身で客観をなす（超越論的哲学）」と言われている。つまり一般形而上学は超越論的哲学であり、理性と理性の概念を考察する。この規定は(E)(F)の「人間の心を考察する（主観に関わる）」と同じである。特殊形而上学は「理性から区別された客観に応用される」と言われ、応用形而上学と呼ばれる。「形而上学の第一部門をまた純粋形而上学（Metaphysica pura）と名づけることができるだろう。……第二部門は応用形而上学（Metaphysica applicata）であり、純粋理性の知識であり、純粋理性の体系をもたらす[45]」（28, p. 360）。応用形而上学としての特殊形而上学は「純粋理性の対象の知識」であり、この規定は(E)(F)の「対象を考察するのでない（客観に関わるのでない）」に対応する。つまり形而上学の二部門において、対象の認識であるのは超越論的哲学でなく、特殊形而上学である。(A)(B)の「対象に関わる認識」は超越論的哲学に属するのでなく、特殊形而上学に属する。超越論的哲学の理念の確定は、形而上学の二部門を本質的に異なるものとして規定することを可能にする。この二部門は遺稿において次のように規定されている。

(H)「純粋理性の哲学。一、主観的部門、二、客観的部門。前者は超越論的哲学、純粋理性そのものの考察である。後者は対象の認識である。後者、つまり自然の形而上学と人倫の形而上学」（18, p. 18）。

二部門が「純粋理性そのものの考察」－「対象の認識」とされているが、この対比は(E)における「人間の心を考察する」－「対象を考察する」の対比に対応するだろう。この対比は「主観的部門－客観的部門」と表現されるが、これは(F)における「主観に関わる」－「客観に関わる」の対比に対応する。「人間の心を考察する（主観に関わる）」のであって、「対象を考察する（対象に関わる）」のでない、と超越論的哲学を規定すること、つまり超越論的哲学のカント独自の理念の確立は、同時に形而上学の本質的に異なる二部門の成立を意味する。この論点を確保することによって、「超越論的－超越的」の区別にも光を当てることができるだろう。

六　認識の起源に関しては超越論的、客観に関しては超越的

「超越論的と超越的は同一でない」（A296=B352）。

超越論的弁証論の序論の「Ⅰ　超越論的仮象について」において、カントはこのように書いている。にもかかわらず現在に至るまで、カント自身が「超越論的」と「超越的」を混同している、と非難されてきた[46]。しかし「超越論的－超越的」はカント以前において区別されず、カントが初めてこの区別を導入した[47]。それ故混同を非難する前になすべきことは、何故カントだけが「超越論的－超越的」の区別を必要としたか、を問うことである。この問いに答えることなしに、「超越論的－超越的」の区別の意味と射程を捉えることはできないだろう。遺稿はこの区別を語っている。

「我々は形而上学を、理性の内在的使用を含む部門と、理性の超越的使用を含む部門に区分した。超越的と超越論的は十分に区別されねばならない」（29, p. 768）。

「超越論的－超越的」を区別しなければならないのは、形而上学を「理性の内在的使用を含む部門－理性の超越的使用を含む部門」に区分することに由来する。これは(G)(H)と同じように「一般形而上学（超越論的哲学）－特殊

形而上学」の区分を表現している。この区分はまた、「内在的部門、原理的－形而上学あるいは超越論的－形而上学」と「超越的部門、建築術的形而上学、本来的な形而上学は客観に応用される」（28, p. 823）とも表現されている。一般形而上学は「超越論的哲学」、「超越論的－形而上学」であり、形而上学の超越論的部門として、超越的部門としての特殊形而上学と対比される。「超越論的－超越的」の区別は、「一般形而上学（超越論的哲学）－特殊形而上学（超越的部門）」の区分を背景としているだろう。

では「超越論的－超越的」という形容詞はそれぞれ何を意味しているのか。カント独自の超越論的哲学の理念によって、この問いに答えることができる。超越論的哲学の理念が確立することによって、形而上学の新たな区分原理が見出される。形而上学は本質的に異なる二部門、つまり「主観的部門」（超越論的哲学）と「客観的部門」（対象の認識）からなる［五］。このような形而上学の構想が生まれたのは、「我々の認識の知性的なものの起源（Ursprung）」（10, p. 278）という問題との格闘によって、「感性だけでなく悟性という人間の心の能力の主観的原理に基づくものを、まさに対象に関わるものから区別するという確実で判明な洞察」（10, p. 122）を獲得したからである［四］。この洞察が得られたのは、ヒュームの警告をきっかけにして「概念の起源」（4. p. 259）が問われたからである［三］。「概念の起源」を問うことが、「主観的原理に基づくもの」と「対象に関わるもの」との区別へとカントを導いた。「主観的原理に基づくもの」は人間の心の能力を起源とするものであり、認識の起源に関する。これと区別されるのは「対象（客観）に関わるもの」である。この区別こそが「超越論的－超越的」の区別を必然的にするだろう。遺稿は(G)を述べた後に、次のように書いている。

(I)「認識は、認識の起源に関しては超越論的と名づけられ、いかなる経験においても見出されえない客観に関しては超越的と名づけられる」（18, p. 10）。

これは「一般形而上学（超越論的哲学）－特殊形而上学」の区分という文脈のうちで語られているのだから、「超越論的－超越的」の区分もまた形而上学の光の下で捉えることができる。(G)における「理性と理性の概念」は経験的起源をもたないから、それを扱う認識（一般形而上学）は超越論的と名づけられる、つまり超越論的哲学である。「理性から区別された客観に適用される」から、そうした客観を扱う認識（特殊形而上学）は「客観に関しては超越的」と名づけられ、形而上学の超越的部門をなす。形而上学の区分を特徴づけている(H)からも見てみよう。(H)は「(1)主観的部門（純粋理性そのものの考察）－(2)客観的部門（対象の認識）」を対比し、(1)を超越論的哲学としていた。純粋理性は「そこから人間の心にアプリオリな認識が生じる源泉」（18. p.16）であり、「源泉＝起源（Ursprung=Quelle）」であるから、(1)は「認識の起源に関しては超越論的と名づけられる」。それに対して特殊形而上学は「対象の認識」であり、その対象は経験のうちに与えられえない超感性的なもの（世界・魂・神）である。そして「対象＝客観（Gegenstand=Object）」であるから、(2)は「いかなる経験においても見出されえない客観（Object）に関しては超越的と呼ばれる」、つまり「客観的部門（obiectiver Theil）」（18, p. 18）、「超越的部門」（28, p. 823）である。「超越論的－超越的」の区分は、形而上学の第一部門（超越論的哲学としての一般形而上学）と形而上学の第二部門（超越的部門としての特殊形而上学）の区分を背景にしている。

(I)は対概念から理解することができる。「超越論的」の対概念は「経験的」であるが、それは「認識の起源に関して」の対比である[48]。つまり認識が経験に由来する（経験的起源）か、あるいは主観の能力（純粋直観・純粋悟性・純粋理性）に由来する（超越論的起源）か[49]。「超越的」の対概念は「内在的」であるが、それは認識がいかなる対象に関わるかの対比、「対象に関して」の対比である。つまり認識が経験のうちに与えられうる対象に関わる（内在的）か、あるいは「いかなる経験においても見出されえない客観（対象）」に関わる（超越的）か[50]。

(I)は認識を超越論的と呼ぶか、超越的と呼ぶかを定義している。このことは(A)(B)を想起させるだろう。(A)(B)はいかなる認識を超越論的と呼ぶかを語っているのだから。認識が超越論的と名づけられるのは「認識の起源に関して」であって、「客観＝対象に関して」ではないから、カントは「対象に関わる認識」を超越論的と名づけないのである。(A)(B)における nicht sowohl...sondern は nicht...sondern と読まねばならない。

(A)(B)を(I)から理解できるとすれば、(I)に定位して『純粋理性批判』における「超越論的－超越的」の用例も理解できるだろう。理念(純粋理性概念)は超越論的理念と呼ばれ、超越的であるとされている(A327=B383-384)。「超越論的－超越的」が混同されていると非難される一つの理由は、同じ概念が超越論的とも超越的とも呼ばれるからである。しかし「超越論的－経験的」、「超越的－内在的」という対概念が混同されることはない。(I)から明らかなように、この対概念は「認識の起源に関して」と「対象に関して」という異なった視点からの対比であるから、「超越論的－超越的」は相互排除の関係にはない。理念としての自由は次のように規定されている。

「自由はこの意味において純粋な超越論的理念であり、この理念は第一に経験から借用されたものを含まないし、第二にその対象はいかなる経験においても規定的に与えられえない……」(A533=B561)。

「経験から借用されたものを含まない」とは、その認識が経験的起源をもたないことであり、理念が超越論的であるのは、「認識の起源に関して」である。[51]「その対象はいかなる経験においても規定的に与えられえない」のは、理念の対象が「いかなる経験においても見出されえない客観」だからであり、その意味において理念は超越的である。[52] 理念が超越論的・超越的であることは、(I)から理解できる。

「超越論的－超越的」の混同の典型的な例として挙げられるのは、「超越論的使用－超越的使用」をめぐる用例である。『純粋理性批判』は、カテゴリーの「超越論的使用、つまり経験限界を超えて拡がる使用(der über die Erfahrungsgrenze hinausreichende Gebrauch)」(A296=B352-353)を語っている。そして『プロレゴメナ』は純粋悟性概念(カテゴリー)の使用について「すべての可能な経験を超え出る使用(der Gebrauch, der über alle mögliche Erfahrung hinausgeht)を私は超越的と名づける」(4, p. 315)と書いている。「超越論的使用－超越的使用」の区別、つまり「経験限界を超えて拡がる使用」と「すべての可能な経験を超え出る使用」の区別など読み取れるのだろうか。[53] (I)からの理解を試みよう。

超越論的使用は純粋悟性概念と純粋理性概念の両方に使われる。[54] 概念の超越論的使用とは経験に依存せずに、経験的起源をもたない概念だけを使用して認識を得ようとすることである。超越論的使用は「経験限界を超えて拡がる」とされるが、「経験限界を超えて」は「経験的起源をもたない」と理解すべきだろう。超越論的使用の「超越論的」は、「認識の起源に関して超越論的」である。それに対して、超越的使用の「超越的」は、「いかなる経験においても見出されえない客観に関しては超越的」である。つまり超越的使用は概念の使用によって「いかなる経験においても見出されえない客観」という超感性的な対象、「すべての可能な経験を超え出る」ものを認識しようとするのである。しかしそれは特殊形而上学（本来的な形而上学）の対象である。「すべての可能な経験を超え出る(über alle mögliche Erfahrung hinausgeht)」という言葉は、『プロレゴメナ』における「超越論的」の定義、つまり(D)を想起させる。(D)の前後を含めて改めて引用しよう。

「私によってあれほどさまざまに示されたその意味が評者によって決して捉えられなかったが（このように評者はすべてを粗略に見たのである）、超越論的という語は、すべての経験を超え出るものを意味するのでなく、確かに経験に（アプリオリに）先行するが、しかし単に経験認識を可能にすること以上の何ものにも定められていないものを意味する。この概念が経験を踏み超えるならば、概念の使用は超越的と呼ばれ、内在的な使用、つまり経験に制限された使用と区別される」(4, pp. 373-374 n.)。

この箇所は『純粋理性批判』第一版の書評に対して書かれているから、「私によってあれほどさまざまに示された」とカントが書いたとき、「超越論的という語」の意味を規定している(A)を念頭に置いていただろう。ここで「超越論的」の規定が nicht...sondern という対比によって表現されているから、(A)の nicht sowohl...sondern も同様に理解すべきである[55]［一］。

「超越論的」は「すべての経験を超え出るもの」を意味しないとされる。カントがこのように言ったのは、「この著作は……超越的観念論の体系である」(4, p. 373) という評者の言い方に対する註においてである[56]。カントは「超越論的－超越的」の区別を念頭に置いている。実際「すべての経験を超え出るもの (etwas, das über alle Erfahrung hinausgeht)」という表現は、「すべての可能な経験を超え出る使用（der Gebrauch, der über alle mögliche Erfahrung hinausgeht)」という超越的使用の規定と同じである。「すべての経験を超え出るもの」は、「いかなる経験においても見出されえない客観に関しては超越的」である。

超越論的と呼ばれるのは「確かに経験に（アプリオリに）先行するが、しかし単に経験認識を可能にすること以上の何ものにも定められていないもの」である。「経験に（アプリオリに）先行する」は、経験的起源をもたないことを意味し、「認識の起源に関しては超越論的」である。「単に経験認識を可能にすること以上の何ものにも定められていない」と書いたときカントの念頭にあったのは、(A)における「対象一般についての我々のアプリオリな概念」（カテゴリー）であろう。だから「この概念が経験を踏み超えるならば、概念の使用は超越的と呼ばれ……」と続けられているのである。「経験を踏み超える」とは「いかなる経験においても見出されえない客観」を認識するためにカテゴリーを使用すること、つまり超越的使用を意味する。しかしカテゴリーは「内在的な使用、つまり経験に制限された使用」のみが可能であり、カテゴリーは経験の可能性の条件として「経験認識を可能にする」。つまり超越論的を「経験に先行し、経験を可能にする」ことから捉えるのは、カント固有の超越論的哲学の理念に由来する〔二〕。

これまでの考察を導いてきた基本視点は、「存在論から超越論的哲学へ」という存在論のカント的変革であった。しかし(A)(B)における超越論的と呼ばれるべき認識の内実、つまり(a)「対象一般についての我々のアプリオリな概念に関わるすべての認識」と(b)「その認識様式がアプリオリに可能であるべきかぎりにおける、対象についての我々の認識様式に一般に関わるすべての認識」の内実そのものは何も解明されていない。その解明のためにも「存在論から超越論的哲学へ」という視点は有効であろう。「存在論から」、つまり伝統的な存在論に立ち返ることにしよう。(A)(B)(C)に登場する überhaupt という語の背景にあるのは、物一般についての学という伝統的な存在論の規定である。

七　存在論から超越論的哲学へ

「すべての我々の純粋理性認識が基づくすべての根本概念と根本原則の学は存在論である。しかしこの学は本来存在論と呼ばれない。何故なら物一般を対象としてもつことは、いかなる対象ももたず、論理学におけるように単に認識を扱うことと同じだからである。存在論という名は、まるで存在論が一定の対象をもっているかのごとく表示する。しかし存在論は、理性の本質と区別される対象をもたず、悟性と理性そのものを考察する、つまりその純粋な使用における（あるいは純粋理性と純粋悟性の）それらの根本概念と根本原則を考察する。最も適切な名は超越論的哲学であろう」(29, p. 786)。

形而上学講義はこのように語っている。存在論は「物一般を対象としてもつ」とされるが、これは物一般についての学という伝統的な存在論の規定である。「存在論は物一般についての学である……」[57](18, p. 394)。しかしカントにおいて存在論は、「悟性と理性そのものを考察する、つまりその純粋な使用における（あるいは純粋理性と純粋悟性の）それらの根本概念と根本原則を考察する」ことになる。それは存在論と呼ばれずに、超越論的哲学と呼ばれるべきである。この規定はⒸ「対象一般に関わるすべての概念と原則において、悟性と理性そのものだけを考察する（存在論）」と同じである。カントは物一般についての学である存在論を彼固有の超越論的哲学へと変革しているのである。この変革をⒶⒷⒸは宣言しているのだから、その意味を理解するためには、カント当時の存在論に立ち返り、カントを西洋存在論の伝統のうちで捉えることが必要である。

ヴォルフはドイツ語著作において、そしてラテン語著作『第一哲学あるいは存在論』第一節において、存在論について次のように書いている。

「すべての物は、それが物体あるいは精神と魂に関わるにしろ、若干の点において相互に類似しているから、人はまた、すべての物一般（Dinge überhaupt）に帰属するものを、そして何において物一般の一般的な相違が見出されるかを考量しなければならない。そしてそこにおいて物の一般的な認識が取り扱われる哲学の部門を人は存在論あるいは根本学と名づける[58]」。

「存在論あるいは第一哲学は、存在者一般の学、あるいは存在者であるかぎりでの存在者の学（scientia entis in genere, seu quatenus ens）である[59]」。

ドイツ語とラテン語のこの二つのテキストは同じことを語っている。存在論と等置される「根本学（Grund-Wissenschaft）」は「第一哲学（philosophia prima）」のドイツ語訳である。そして存在論のテーマは「物一般（Ding überhaupt）」であるが[60]、それは「存在者一般（ens in genere）」のドイツ語訳である。何故なら in genere は überhaupt に、そして ens は当時ほとんどの場合、「物」（Ding）と訳されていたのだから[61]。さらにこの二つのテキストはアリストテレス『形而上学』の言葉を背景としている。

「存在者であるかぎりでの存在者と、これに自体的に属するものを考察する或る学がある」（1003a21-22）。

「すべての物一般（Dinge überhaupt）に帰属するもの」が「これに自体的に属するもの」に、そして「存在者であるかぎりでの存在者（ens quatenus ens）」が「存在者であるかぎりでの存在者（τὸ ὂν ᾗ ὄν）」に対応していることは、その言葉から明らかである。ヴォルフの存在論は、アリストテレス存在論によって、その問題構制が規定されている。アリストテレスにおける ὂν ᾗ ὄν を考察する学は、ラテン語において ens quatenus ens=ens in genere の学として、そしてドイツ語において「物一般についての学」として表現される[62]。

バウムガルテン『形而上学』の第四節において、存在論は「存在者のより一般的な述語の学（scientia praedicatorum entis generaliorum）」とされているが[63]、この定義もまた「物一般についての学」という規定と同じである。そのドイツ語訳の第四節に対する註において、「存在者のより一般的な述語」について次のように言われている。「存在論において登場する述語は、或る種類に属するかぎりでの物に帰属するのでなく、それが物であるかぎりで帰属するのだから、述語は、アリストテレス、スコラ学者、ヴォルフによってさらに、物一般の学、あるいはそれが物であるかぎりでの物についての学（Wissenschaft des Dinges überhaupt, oder sofern es ein Ding ist）によって説明されることができた[64]」。この註は当時の存在論についての理解をはっきり示している。「存在者のより一般的な述語の学」は「物一般についての学」という規定と同じであること、「物一般」とは「それが物であるかぎりでの物」を意味すること。そして「物」は当時 ens（ὄν）の訳語であったから、「それが物であるかぎりでの物」とは、ens quatenus ens（τὸ ὂν ᾗ ὄν）の文字通りの翻訳であることである。

存在論は物一般についての学であるが、「一般」はいかなる仕方で「物」と関係しているのだろうか。ランベルトは次のように書いている。

「一般に考察された物（Ding überhaupt betrachtet）の理論は、文字通りの意味で存在論と呼ばれる[65]」。

überhaupt は überhaupt betrachtet として「考察される」という動詞の副詞であり、「考察の仕方、観点」を表現している。「物一般」の「一般」は、「考察される対象のあり方」でなく、「対象を考察する観点」を意味する。このことはアリストテレスの ὂν ᾗ ὂν からも確認できる。確かにアリストテレス存在論の解釈において古代から、ὂν ᾗ ὂν を「存在者そのもののあり方」（第一実体、さらに神）とするか、「存在者を考察する観点」とするか、という論争がある[66]。しかし、ᾗ が「考察の観点」を意味することは否定しえないだろう[67]。それ故 ὂν ᾗ ὂν の学を「それが物であるかぎりでの物の学」と理解することは正しいのである。

ここで本項の冒頭で引用されたカントの言葉に立ち返ろう。カントは存在論という名を拒否し、超越論的哲学という名称を選んでいる。存在論（Ontologie）という名が表示するのは、ὂν（ens=Ding）という対象についての学である。それは生物学（Biologie）という名が生命（βίος）という一定の対象についての学を意味するのと同じである。しかし存在論は物という一定の対象を考察するのではない［一］。

形而上学講義は存在論について次のように書いている。「存在論は物一般を扱う。それはすべての特殊なものを捨象する」（28, p. 541）。「物一般を扱う」とは「すべての特殊なものを捨象する」という仕方で物を考察することである。当時の存在論と同様に、カントにおいても「一般」は対象を考察する仕方・観点を意味している。それ故「一般」は副詞として理解されている。

「物一般について／ここで我々は客観を一般に（generaliter）考察する」[68]（28, p. 410）。

存在論が物一般を扱うとすれば、それは物を一般的に考察することであり、物の特殊性をすべて捨象するのであるから、一定の対象をもっていない。一定の対象をもたないならば、考察の対象として残るのは、悟性や理性がそれによって物を思惟する根本概念と根本原則だけである。[69]カントにおいて存在論は、「悟性と理性そのものを考察する」超越論的哲学へと変容する。

存在論という名は、ὄν（ens=Ding）という対象についての学を思わせる不適切な言い方である。存在論の本来のテーマは悟性と理性に起源をもつ根本概念と根本法則である。それは経験的起源をもたない超越論的起源のものである。「認識の起源に関しては超越論的」であるから、存在論は超越論的哲学と呼ばれねばならない。(A)(B)の「対象に関わるのでなくむしろ」という表現は、「存在論＝対象に関わる認識」という誤った見解を否定し、正しい名称として超越論的哲学を提示している。[70]「対象に関わる認識」は超越論的認識ではない。nicht sowohl...sondern は nicht...sondern と読まねばならない。そして(C)は存在論を単に超越論的哲学と言い換えたのでなく、存在論という不適切な名に代えて、超越論的哲学という最も適切な名を設定したのである。『純粋理性批判』は存在論という名をはっきり退けている。

「悟性の原則は現象の解明の単なる原理にすぎず、物一般についてアプリオリな総合的認識（例えば因果の原則）を体系的な理説において与えると僭称する存在論という尊大な名は、純粋悟性の単なる分析論という謙虚な名に席を譲らねばならない」（A247=B303）。

「存在論という尊大な名」と言われているのは、存在論という名が ὄν（ens=Ding）という対象についての学を意味するから、つまり存在論が「物一般についてアプリオリな総合的認識（例えば因果の原則）を体系的な理説において与えると僭称する」からである。「物一般についての学」としての存在論において、カテゴリーを「(我々が物を直観する様式への顧慮なしに) 物一般に関係づけ」(A246=B303)、それによって物一般についての認識が得られると考えられていた。物を純粋思惟によって一般的に (überhaupt) 考察することによって、物がそれ自体としてあるというあり方を認識できるとされていたのである。存在論という尊大な名が意味するのは、この「物一般の認識への要求」である。[71] カントはこの要求を否定する。「純粋悟性概念による対象一般の思惟は、純粋悟性概念が感官の対象に関係づけられるかぎりでのみ、我々において認識となりうる」(B146)。確かに「純粋悟性概念による対象一般の思惟」はそれとして認められている。しかし「純粋悟性概念は、単なる思惟形式にすぎず、それによって未だいかなる一定の対象も認識されない」(B150)。純粋悟性概念のみによっては対象の認識が成り立たない、つまり経験的起源をもたない概念だけを使用して対象の認識を得ることは不可能である。これがカテゴリーの超越論的使用として批判される。『純粋理性批判』は分析論の成果を次のようにまとめている。「純粋悟性概念は決して超越論的に使用されえず、つねに経験的に使用されうるだけである。そして純粋悟性の原則は可能的経験の一般的条件への関係においてのみ、感官の対象に関係づけられうるが、しかし決して (我々が物を直観する様式への顧慮なしに) 物一般に関係づけられえない」(A246=B303)。

「存在論から超越論的哲学へ」という変革は、学の名称の変更だけでなく、「物一般についての学」から「対象一般についての我々のアプリオリな概念に関わるすべての認識」への規定変更のうちにも示される。(A)を主題的に扱わねばならない。

八　対象一般についての我々のアプリオリな概念に関わる認識

(A)が「存在論から超越論的哲学へ」という変革を表現しているとすれば、その変革は「対象一般についての我々のアプリオリな概念に関わるすべての認識」という規定のうちに読み取ることができる。この規定が「物一般についての学」という存在論の規定と異なる点は二つある。第一に、「物一般」でなく「対象一般」という語が使われている。それは(C)においても同じである。しかしその言い換えだけであれば、「物一般についての学（認識）」が「対象一般についての学（認識）」とされれば十分である。しかし単に「対象一般に関わる認識」とされているのでなく、より複雑に「対象一般についての我々のアプリオリな概念に関わるすべての認識」と表現されている。これが第二の違いである。まず最初の論点を検討するために、『純粋理性批判』と形而上学講義から引用しよう。

(1)「そこから人が超越論的哲学を始めるのをつねとしている最高の概念は一般に、可能なものと不可能なものへの区分である。しかしすべての区分は区分された概念を前提するから、さらにより高次の概念が挙げられねばならない。この概念は対象一般という概念である（蓋然的に理解され、対象が或るものであるか無であるかは未決定）」（A290=B346）。

(2)「全人間的認識の最上の概念は客観一般という概念であって、物と非物という概念でも、可能なものと不可能なものという概念でもない。何故なら後者は対立したものだからである。対立したものをさらにもっているあらゆる概念は、この区分を含んでいるより高次の概念をさらに要求する。二つの対立したものはより高次の客観の区別である。それ故可能なものと不可能なものという概念や物と非物という概念は決して人間的認識の最上概念ではありえない」（28, p. 543）。

(1)は超越論的哲学について、(2)は存在論について語っている。そして(1)(2)はともに「可能なものと不可能なもの」という概念に対して、「最高の概念」として「対象一般」（客観一般）を対置させている。ここで念頭に置かれている超越論的哲学（存在論）は、バウムガルテン『形而上学』第一部「存在論」であり、それは第一章「可能なもの」から始まっている。この章に対してカントは形而上学講義において次のように批判している。「そのもとにすべての他の基礎概念が従属させられる最上概念は、対象一般の概念であり、表象において基礎に置かれる。それに対して著者は可能性の概念を最初の概念と見なし、同時にそれに対して無の概念を対置させている」[72]（29, p. 960）。

(2)において、物（Ding=ens）は非物（Unding=non ens）という対立概念をもっているから、「物と非物の概念」が最上概念でありえない、とされていることに着目しよう。超越論的哲学（存在論）は「一般」という観点に立つから、最上概念から出発しなければならない。それ故超越論的哲学（存在論）は、対立概念をもつ「物」という概念を用いて「物一般についての学」と規定するのでなく、「対象一般」という概念によって規定されねばならない。[73]『純粋理性批判』の分析論は「反省概念の多義性に対する註解」によって終わっている。その註解の最後に、カテゴリー表に従った無の概念の区分表が掲げられている。何故分析論の最後に無の問題が論じられるのか、という当然の問いが生まれるだろう。無の問題は次のように導入されている。「我々が超越論的分析論を去る前に、我々はさらに或るものを付け加えねばならない。それはそれ自体として特別な重要性をもたないが、にもかかわらず体系の完全性のために必要と思われる」（A290=B346）。それに続けて(1)が語られているのだから、「対象一般」という最高概念によって、先の問いに答えられるだろう。ens に対立する non ens は Unding と訳されるだけでなく、Nichts とも訳される。[74] 物一般の概念であるとすれば、その概念は ens の概念でありうるが、しかし non ens（Nichts）の概念とはなりえない。それに対して対象一般は ens と non ens を下位分類としてもつ最高概念であるから、対象一般の概念であるカテゴリーは、ens だけでなく、non ens（Nichts=nihil）をも扱いうる。このことを示すために、分析論の最後にカテゴリーに従った無の表を掲げたのである。これが「体系の完全性のために必要」であることの意味である。このことは(1)に続けて書かれた言葉から読み取れるだろう。「カテゴリーは対象一般と関係する唯一の概念であるから、対象が或るものであるか無であるかという対象の区別は、カテゴリーの順序と指示に従って進行するだろう」（A290=B346）。

(A)(C)において物一般でなく対象一般という言葉が用いられていることのうちに、ens（=ὄν）の学としての存在論が、カントにおいて対象一般を最高概念とする超越論的哲学へと変容したことを読み取らねばならない。第一の違いを考察したことにして、第二の相違に移ろう。

「対象一般に関わる認識」とされているのでなく、「対象一般についての我々のアプリオリな概念に関わるすべての認識」とされているのは、何を意味するのだろうか。形而上学講義は次のように書いている。

「対象一般を扱う学は、それによって悟性が思惟する概念のみを扱うだろう、それ故悟性と理性の本性のみを、それがアプリオリに何か或るものを認識するかぎりにおいて扱うだろう。――それは超越論的哲学であり、客観についてアプリオリに何かを言うのでなく、アプリオリに何か或るものを認識するという悟性や理性の能力を探究する。それ故超越論的哲学は内容に関する、悟性や理性の自己認識である。それは論理学が形式に関わる、悟性や理性の自己認識であるのと同様である」(29, p. 784)。

「対象一般を扱う学」(存在論)が「それによって悟性が思惟する概念のみを扱う」とされる理由は、「物一般についての学」(存在論)を超越論的哲学へと変革する際の論点と同じである［七］。対象一般を扱う学が問題となっているのだから、「それによって悟性が思惟する概念」は「対象一般についての我々のアプリオリな概念」を意味する。つまり「それによって悟性が思惟する概念のみを扱う」ことは、「対象一般についての我々のアプリオリな概念に関わる」ことである。それ故(A)の定式のうちに、従来の存在論のカントによる変革を読み取ることができる。さらに「客観についてアプリオリに何かを言うのでない」とされるが、これは(A)における「対象に関わるのでなくむしろ」という言明に対応している。従ってそれに対比されている「対象一般についての我々のアプリオリな概念に関わる」ことは、「アプリオリに何か或るものを認識するという悟性や理性の能力を探究する」ことを含意している。何故なら「対象一般についての我々のアプリオリな概念」は「アプリオリに何か或るものを認識するという悟性や理性の能力」に由来するのだから。[75] この規定は(C)における「対象一般に関わるすべての概念と原則において、悟性と理性そのものだけを考察する」と同じである。[76] それ故(A)(C)における超越論的哲学の定式のうちに、「悟性や理性の自己認識」を読み取ることができるだろう。

以上で(A)の解明は終わったことにして、次に(B)を検討することにしよう。

九　対象についての認識様式に一般に関わる認識

(A)から(B)への書き換えにおいて、超越論的と呼ばれるべき認識が、(a)「対象一般についての我々のアプリオリな概念に関わるすべての認識」から(b)「その認識様式がアプリオリに可能であるべきかぎりにおける、対象についての我々の認識様式に一般に関わるすべての認識」へと言い換えられている［一］。それ故(B)を解釈するためのポイントは、(b)を理解することにある。そのためにまず、超越論的認識が関わる「その認識様式がアプリオリに可能であるべきかぎりにおける、対象についての我々の認識様式」とは何かを明らかにしなければならない。

「対象についての我々の認識様式」が何を指すのかについては、二つの解釈の可能性がある。数学・自然科学か、形而上学か、である。[77] 何故なら(B)が語られる前に、「V 理性のすべての理論的学のうちにアプリオリな総合的判断が原理として含まれている」という表題のもとで、数学と自然科学と形而上学が問題となっているからである。数学と自然科学という認識様式がアプリオリであることは、次のように表現されている。「数学的判断はすべて総合的」（B14）であり、「純粋数学の概念は、純粋数学が経験的認識でなく、単にアプリオリな純粋認識を含んでいる（enthalte）、ということをすでに必然的に伴っている」[78]（B15）。「自然科学（物理学）はアプリオリな総合的判断を自らのうちに原理として含んでいる（enthält）」（B17）。それに対して形而上学については次のように書かれている。「形而上学のうちには、……アプリオリな総合的認識が含まれているべきである（In der Metaphysik...sollen synthetische Erkenntnisse a priori enthalten sein）」（B18）。数学と自然科学の場合、enthält（enthalte）であり、それに対して形而上学の場合、enthalten sein sollen となっている。[79] この違いは so fern の句において ist でなく sein soll となっていることに正確に対応している。「その認識様式がアプリオリに可能であるべきかぎりにおける（so fern diese a priori möglich sein soll）」という挿入句は、「対象についての我々の認識様式」が数学・自然科学でなく、形而上学を指していることを示している。[80]

しかしそれはいかなる形而上学なのか。この問いは重要である。何故ならカントにおいて形而上学は本質的に異なった二部門、つまり一般形而上学（存在論）と特殊形而上学（本来的な形而上学）から成り立っているのだから［五］。「対象についての我々の認識様式」を存在論と解釈することは、テキスト上の根拠がないだけでなく、難点をもっている。まず so fern の句によって切り離された überhaupt を Gegenstände と結びつけ、「対象一般」と読まねばならない。そうすれば、確かに「対象一般についての我々の認識様式」となり、存在論を意味しうるが、しかし超越論的と名づけられるのは、「対象一般についての我々の認識様式＝存在論」に関わる認識である。存在論に関わる認識はメタ存在論であって、存在論そのものと区別される。とすればこの読みは(A)(C)と一致しない［二］。

テキストをそのまま読めば、「対象についての我々の認識様式」は特殊形而上学（本来的な形而上学）を意味する。何故なら「超越論的哲学は対象を考察するのでなく」（18, p. 16）、特殊形而上学が「対象の認識」（18, p. 18）なのだから［五］。このことを序論に即して確認しよう。(B)が書かれている第二版の序論は、形而上学を次のように規定している。

「純粋理性そのものの不可避の課題は、神、自由、不死性である。しかしその究極意図が自分のあらゆる装備をもって本来それらの課題の解決にのみ向けられている学は、形而上学と呼ばれる」（B7）。

この形而上学の規定は第二版で新たに書き加えられたものであり、(B)の書き換えと連動しているだろう。「神、自由、不死性」は本来的な形而上学の対象である。[81] とすれば「その認識様式がアプリオリに可能であるべきかぎりにおける、対象についての我々の認識様式」は本来的な形而上学（特殊形而上学）を意味しているだろう。(B)は序論のⅦのうちに書かれているが、その前の「Ⅵ 純粋理性の普遍的な課題」において「いかにして自然素質としての形而上学は可能か」が問われている。Ⅵも第二版において新たに書き加えられたのであるが、この問いは『プロレゴメナ』の「超越論的主要問題の第三部、いかにして形而上学一般は可能か」（4, p. 327）と同じ問いである。この第三部は『純粋理性批判』の弁証論に対応し、心理学、宇宙論、神学を批判的に論じている。これらは特殊形而上学のテーマである。とすれば(B)の「対象についての我々の認識様式」における対象は、魂、宇宙（世界）、神という特殊形而上学の対象であろう。第二版の序論Ⅵで自然素質としての形而上学の例として挙げられているのは、「世界は始まりをもつか、あるいは永遠から存在しているのか」（B22）という問いであるが、これは特殊形而上学（宇宙論）のテーマである。第二版の序論においてカントが形而上学として念頭に置いているのは、本来的な形而上学（特殊形而上学）である。「対象についての我々の認識様式」が形而上学を指すとすれば、その形而上学は存在論（超越論的哲学）でなく、本来的な形而上学である。

では「対象についての我々の認識様式（つまり特殊形而上学）に一般に関わる」とは何を意味するのか。「一般」という副詞は特殊なものを捨象して考察する仕方を意味している。そして特殊形而上学は「宇宙論、心理学、神学」からなっている[82]。特殊形而上学の対象は「宇宙（世界）・魂・神」であり、特殊な対象である。従って特殊な対象についての認識様式に一般に関わるとは、そうした対象の特殊性を捨象して考察することを意味する。言い換えれば、(A)の「対象一般についての我々のアプリオリな概念に関わる」ことと同じである。同じであるからこそ、つまり「対象一般についての我々のアプリオリな概念」を念頭に置いているからこそ、「そのような概念の体系は超越論的哲学と呼ばれるだろう」という箇所を第二版においてもそのままにしているのである。

しかし何故「特殊形而上学という認識様式に一般に関わる認識」が必要なのだろうか。そうした認識は超越論的哲学を意味するのだから、「一般形而上学（超越論的哲学）－特殊形而上学（本来的な形而上学）」の関係を見なければならない。(G)の対比を想起しよう［五］。「一般的、つまり理性と理性の概念がそれ自身で客観をなす（超越論的哲学）」－「特殊的、つまり理性から区別された客観に応用される」。特殊形而上学において「客観に応用される」のは、一般形而上学（超越論的哲学）が扱う「理性の概念」である[83]。特殊形而上学は宇宙（世界）・魂・神を客観（対象）とするが、『純粋理性批判』はそれを超越論的理念と名づけている。そして「超越論的理念はもともと無条件的なものへと拡張されたカテゴリーに他ならない」（A409=B436）。つまり特殊形而上学の対象の認識のために

「対象一般についてのアプリオリな概念」(カテゴリー)を応用しなければならない。特殊形而上学という応用形而上学が可能であるために、それに先立って、応用されるべき「対象一般についてのアプリオリな概念」を考察する学、つまり一般形而上学(超越論的哲学)が先行しなければならない。「一般に(überhaupt=generaliter)関わる」という言葉は一般形而上学(Metaphysica generalis)が動いている次元を表現している。「対象についての我々の認識様式に一般に関わるすべての認識」は、特殊形而上学(対象についての我々の認識)に先立つべき一般形而上学(超越論的哲学)を意味する。

(A)の「対象一般についての我々のアプリオリな概念に関わるすべての認識」と(B)の「対象についての我々の認識様式に一般に関わるすべての認識」は、超越論的哲学(一般形而上学)という同じものを指示している。では何故書き換えられたのか。確かに(A)は「存在論から超越論的哲学へ」という存在論の変革を表現している。しかし超越論的哲学と特殊形而上学の関係については何も語っていない。それに対して(B)は「特殊形而上学に一般に関わる認識」として超越論的哲学を規定することによって、両者の関係を明確にしている。特殊形而上学が利用せざるをえない対象一般の概念を主題的に論じるのが超越論的哲学なのである。超越論的哲学は、特殊形而上学(本来的な形而上学)が可能であるために、それに先行しなければならない認識である[84][二]。カントは書き換えによって、『プロレゴメナ』で語ったことを表現しようとしたのである。

「この学[超越論的哲学]は形而上学の可能性を初めて決定すべきであり、それ故すべての形而上学に先行しなければならない」(4, p. 279)。

「純粋理性の批判－超越論的哲学－特殊形而上学(本来的な形而上学)」という構想において目指されているのは、本来的な形而上学である。カントにおいてこの形而上学はいかにして可能となるのか。この問いは要請としての倫理学の確認を経て、要請としての哲学という理念へ導くだろう。

第十二節　要請としての哲学

「批判哲学の起源は行為の帰責能力に関する道徳（Moral）である」(20, p. 335)。カントは「進歩」論文の草稿においてこのように書いている。第四章の課題は、要請としての倫理学が批判哲学に属するか、という問いに答えることであった。本節はこの問いに答えることを試みるが、しかし「批判哲学の起源は道徳である」というテーゼによって、問いの方向は逆転し、世界概念による哲学へと導かれるだろう。まず批判哲学を確立した『純粋理性批判』へ立ち返り、コペルニクス的転回が形而上学にもたらしたことの確認から始めよう。そして最後に要請としての哲学という理念に至るだろう。

一　形而上学の第一部門と第二部門

コペルニクス的転回は形而上学の可能性のために遂行された。数学をモデルとしたコペルニクス的転回がもたらした「思考法の変革された方法」は、「我々は物について、我々が自ら物のうちへ置き入れるもののみをアプリオリに認識する」(BXVIII) というコペルニクス・テーゼのうちにある。このテーゼは「自ら作りうるもののみを洞察する」と表現できる〔第十節六〕。とすればコペルニクス的転回に基づく形而上学は「自ら作る（selbst machen）」という基本性格をもっているだろう。コペルニクス・テーゼを語った後に、『純粋理性批判』第二版の序文はコペルニクス的転回が形而上学にもたらす成果を次のように書いている。

「この試みは望み通り成功し、形而上学に、その第一部門において、学の確実な道を約束するが、形而上学がアプリオリな概念に関わり、それに対応する対象が経験のうちに概念に適合して与えられうるからである。何故なら思考法のこの変革に従えば、人はアプリオリな認識の可能性を極めてよく説明できるからであり、さらに、対象の総括としての自然の根底にアプリオリにある法則に十分な証明を与えることができるからである。この二つのことは従来のやり方に従えば不可能であった。しかしアプリオリに認識する我々の能力のこの演繹から、形而上学の第一部門において奇異な結果、第二部門が取り扱う形而上学の全目的に一見極めて不利な結果が生ずる。つまり、我々の能力によって我々は可能的経験の全体を決して超え出ることができない、という結果であるが、しかし超え出ることこそがこの学の本質的な要件なのである」(BXIX–XX)。

カントはここで形而上学を第一部門と第二部門に区分しているが、この区分は『純粋理性批判』の超越論的分析論と超越論的弁証論の区別でない。[1]「分析論－弁証論」は、『純粋理性批判』に属する「超越論的論理学」の区別にすぎない。純粋理性の批判としての『純粋理性批判』は形而上学への予備学であって、形而上学の第一部門と第二部門を包括することはありえない。形而上学の第一部門と第二部門とは、カントの形而上学構想の基本的な区分、つまり一般形而上学(存在論＝超越論的哲学)と特殊形而上学(本来的な形而上学)との区分である[2][第十一節五]。このことは「進歩」論文からも明らかである。「存在論は、すべての悟性概念と原則の体系を形成する学(形而上学の部門として)であるが、それらの悟性概念と原則が感官に与えられる対象に関わり、それ故経験によって確証されうるかぎりにおいてである。存在論は、実際形而上学の究極目的である超感性的なものに関わらない。それ故存在論が形而上学に属するのは、ただ予備学として、本来的な形而上学のロビーや前庭としてである。そして存在論は超越論的哲学と名づけられる。何故ならそれはすべての我々のアプリオリな認識の条件と第一の要素を含んでいるからである」(20, p. 260)。

形而上学の第一部門(超越論的哲学)に対しては、二つの成果が生じるとされている。「アプリオリな認識の可能性を極めてよく説明できる」のは、「我々は物について、我々が自ら物のうちへ置き入れるもののみをアプリオリに認識する」(BXVIII)という基本テーゼが成立するからである。「自ら物のうちへ置き入れるもの」とは、我々が自然のうちへ投げ入れるものであり、それは経験の可能性の条件として機能する。我々が投げ入れるものが経験

（自然の経験）を可能にするから、それは同時に自然の普遍的な法則である。「経験一般の可能性は同時に、自然の普遍的な法則であり、経験の可能性の原則はそれ自身、自然の法則である」（4, p. 319）。これによって、「対象の総括としての自然の根底にアプリオリにある法則に十分な証明を与えることができる」。この「自然の根底にアプリオリにある法則」は、「我々が自ら物のうちへ置き入れるもの」、我々が自ら作るものである。形而上学の第一部門を特徴づけるのは「自ら作る」という性格である［一二］。

経験の可能性の原則はアプリオリに認識される。しかしこの原則は、経験的使用にのみ役立つにすぎず、経験を超えて使用することができない。「我々の能力によって我々は可能的経験の全体を決して超え出ることができない」のである。(3) しかし形而上学の第二部門（本来的な形而上学）にとって超え出ることこそが「この学の最も本質的な事柄」である。(4) とすれば第一部門にとっての成果は、第二部門にとっては「一見極めて不利な結果」となる。このことは実践的領域に導くことになるが［一三］、しかしその前に「自ら作る」という基本性格が形而上学を規定していることを確認しておきたい。そのために「進歩」論文に手がかりを求めよう。

二　形而上学――自ら作る（selbst machen）

カントにとって形而上学は「超越論的哲学（存在論＝一般形而上学）－本来的な形而上学（特殊形而上学）」の二部構成である［一］。第一部門である超越論的哲学がテーマとするカテゴリーについて、「進歩」論文は次のように書いている。

「合成は感官に属すことができず、我々がそれを自ら作らねばならない（selbst machen müssen）ので、合成は感性の受容性に属するのでなく、アプリオリな概念として悟性の自発性に属する」（20, pp. 275–276）。

超越論的哲学は経験の可能性の原理をアプリオリな悟性概念（カテゴリー）と原則に求めるが、それを悟性が自ら作る。これは『純粋理性批判』第二版の序文が語っていたことと同じである。

形而上学がアプリオリな認識であるとすれば、超越論的哲学だけでなく、第二部門である本来的な形而上学もまた、selbst machen から捉えられているだろう。本来的な形而上学について「進歩」論文は次のように主張している。

「我々は我々に対する道徳法則の要求にのみ従って、神、実践的性質における自由、不死性という客観を自ら作る（selbst machen）……」（20, pp. 298–299）。

神、自由、不死性は本来的な形而上学の三つのテーマである。超越論的哲学の場合と同様に、本来的な形而上学も「自ら作る」という性格によって特徴づけられている。これが偶然でないことは、『宗教論』において神概念についてこの言葉が使われていることからも明らかだろう。「あらゆる人間は神を作る、それどころか道徳的概念に従って、……人間を作った者を神において崇拝するために、そのような神を自ら作らねばならない（selbst machen müssen）……」[5]（6, pp. 168–169）。

「自ら作る」という言葉は、数学、コペルニクス的転回、形而上学を特徴づけている。数学における「自ら作る（構成する）（selbst machen（konstruieren））」（4, p. 370）という構成概念、コペルニクス的転回における「自ら作りうるもののみを洞察する」というテーゼ［第十節七］、そして形而上学（超越論的哲学－本来的な形而上学）における「自ら作る」という性格づけ。ここに見出される「自ら作る」という言葉の共通性は、決して偶然でなく、「数学→コペルニクス的転回→超越論的哲学（存在論）→本来的な形而上学」という一貫した展開を示している。

「自ら作る」が形而上学を特徴づけているとすれば、「自ら作りうるもののみを洞察する」というコペルニクス的転回のテーゼが形而上学に妥当するだろう。「学としての形而上学」について『プロレゴメナ』は、「形而上学は完成と堅固な状態へもたらされうる」（4, p. 366）と主張し、その理由を次のように語っている。「何故なら理性はここでは自分の認識の源泉を対象とその直観（それによって理性がさらにもっと多くのものを教えられることはありえない）のうちにではなく、自分自身のうちにもっているからである。理性が自分の能力の根本法則を完全にかつすべての誤解に抗して確定的に表現されれば、純粋理性がアプリオリに認識できるものは、それどころか純粋理性が根拠をもって問いうるものも、残らないのである」[6]（4, p. 366）。つまり「純粋理性がアプリオリに認識できるもの」、「純粋理性が根拠をもって問いうるもの」は残らず解明される。「自分の認識の源泉を自分自身のうちにもっているもの」（自ら作りうるもの）について、「純粋理性がアプリオリに認識できるものは残らない」、つまりすべてをアプリオリに認識できる（洞察できる）。ここに「自ら作りうるもののみを洞察する」というテーゼが働いていることは明らかだろう[7]。

三　『純粋理性批判』第二版から『実践理性批判』へ

『純粋理性批判』第二版の序文に立ち返ろう。第二部門（本来的な形而上学）にとっての「一見極めて不利な結果」に対して、新たな領域が切り拓かれることになる[8]。「超感性的なもののこの分野におけるすべての前進が思弁理性に否認されたあとに、無条件的なものというあの超越的な理性概念を規定する所与が実践的認識において見出されないかどうか、そしてそのような仕方で形而上学の願いに従って、実践的意図においてのみ可能な我々のアプリオリな認識によってすべての可能な経験の限界を超え出る所与が見出されないかどうか、を試みることが我々に依然として残されている」（BXXI）。

ここでカントは思弁理性から実践理性へ移るが、それは『実践理性批判』への移行を意味している。『純粋理性批判』第二版の序文は『実践理性批判』を念頭に置いているのである。第二版の序文は一七八七年四月という日付になっている（BXLIV）。すでにそれ以前の一七八六年一一月八日に、ボルンはカントへの返信において「純粋実践理性の批判」に言及している。「私はすでに前から純粋実践理性の批判の重要な付加をとても喜んでいます」（10, p. 471）。『純粋理性批判』に「純粋実践理性の批判」が付け加えられる出版予定があったのである[9]。しかしこの計画は実現せず、現行の『実践理性批判』が執筆される。カントはシュッツ宛の手紙（一七八七年六月二五日）で書いている。「来週にハレに印刷のために送ると私が思えるほどに、私は私の実践理性批判を仕上げました」(10, p. 490)。そして九月には出版社のもとに届いている。[10] こうした経過のうちで書かれた第二版の序文は、当然『実践理性批判』を念頭に置いているだろう。

「すべての可能な経験の限界を超え出る所与(Data)」は「理性の実践的所与(Data)」(BXXII)であるが、「所与」という言葉は、『実践理性批判』へ導く。「……実践的な純粋理性は必然的に原則から始めなければならず、それ故その原則はすべての学にとって第一の所与(Data)として基礎に置かれねばならない……」(5, p. 91)。『実践理性批判』は第一章「純粋実践理性の原則について」から始まるが、その原則の核心に「純粋実践理性の根本法則」が位置する。この根本法則が「理性の事実(Faktum)」と呼ばれるのだから、「第一の所与」(そして『純粋理性批判』の「理性の実践的所与」)のうちに、理性の事実が含まれているだろう。このことは「理性の事実(道徳法則)から自由へ」という論点[第一節二]からも示すことができる。『純粋理性批判』第二版の序文は次のように語っている。

「道徳が我々の理性のうちにある根源的な実践的原則を理性のアプリオリな所与(Data)として引き合いに出すことによって、道徳は必然的に(最も厳密な意味における)自由を我々の意志の性質として前提する……」(BXXVIII)。

これは『実践理性批判』における「自由は道徳法則の存在根拠(ratio essendi)である」(5, p. 4)に対応している。「道徳法則は自由の認識根拠(ratio cognoscendi)である」(5, p. 4)というテーゼは、第二版の序文での言葉「傾向性のすべての要求に反する義務の単なる明晰な記述が自由の意識を引き起こす」(BXXXII-XXXIII)のうちに見出すことができる。さらに第二版で書き直された「誤謬推理」における「道徳法則の意識が最初に私に開示するあの驚嘆すべき能力」(B431)は自由を意味する。[11] つまり『基礎づけ』とは異なる「道徳法則から自由へ」という立場を『純粋理性批判』第二版は取っているのである[第三節五]。

「無条件的なものというあの超越的な理性概念を規定する所与」（BXXI）とは道徳法則であり、道徳法則から「神、自由、不死性」（BXXX）という無条件的なものへ至ることができる。神の現存在（神学）、意志の自由（宇宙論）、魂の不死性（心理学）は特殊形而上学（形而上学の第二部門）の三つのテーマである。『実践理性批判』においてこの三つのテーマは「純粋実践理性の要請」である。

コペルニクス的転回の成果のうちで、「理性の実践的所与（Data）」（BXXII）、「理性のアプリオリな所与としての根源的な実践的原則」（BXXVIII）が位置づけられている。そして「所与（Data）」のうちに理性の事実が読み取れるとすれば、『実践理性批判』における理性の事実は批判哲学に属することになる。

しかし「理性の事実」説は批判哲学以前の独断論への後退である、カント倫理学は批判哲学に属さない、と批判されている。こうした批判に対して、これまでの我々の考察に基づいて答えることを試みよう。

四　要請としてのカント倫理学

本書は『実践理性批判』の根本法則に光を当てることを課題としてきた。その狙いは三つのテーゼによって示すことができる。

(1)根本法則は理性の事実として与えられる〔第一章〕。
(2)根本法則は立法する意志が与える〔第二章〕。
(3)根本法則は要請である〔第三章〕。

理性の事実とされた根本法則は、意志の要請（実践的命題としての要請）として定立されるのである〔第七節九〕。

『実践理性批判』の分析論の核心である根本法則が要請であるのと同様に、『実践理性批判』の弁証論の出発点をなす最高善の促進も要請である〔第八節〕。この意味においてカント倫理学は要請論として理解されねばならない。

同様に『人倫の形而上学』法論もまた要請論として解釈することができる［第九節］。カント実践哲学（倫理学と法論）は実践的命題としての要請から捉えられねばならない。

最高善の促進が義務であることから、その可能性の条件として神、自由、不死性が要請され、本来的な形而上学への道が切り拓かれる。実践的命題としての要請が理論的命題としての要請（純粋実践理性の要請）を通して、本来的な形而上学を可能にするのである［第八節七］。

以上のことが「要請としてのカント倫理学」という書名が主張しようと試みたことである。しかしこの試みは何度も、カント倫理学が批判哲学に属するか否か、という問いに突き当たった。カント倫理学を要請論として捉えることは、この問いにいかに答えることができるのか。そもそも批判哲学とは何か、を問わなければならない［第四章］。

批判哲学はコペルニクス的転回によって可能となった哲学である［第十節］。コペルニクス的転回によって立法者としての悟性が明らかとなった。悟性が法則を自然に指定するのは、裁判官としてでなく、立法者としてである［第十節四］。それと平行的に、理性は立法者として、道徳法則（根本法則）を立法する。純粋実践理性は根本法則を要請として意志する［五］。

カントをコペルニクス的転回へ導いた問いは、「いかにしてアプリオリな総合命題は可能か」であった［第十節六］。「いかにしてアプリオリな理論的な総合命題は可能か」に対して、理論哲学は「経験の可能性の条件として」と答える［第九節三］。それに対応して表現すれば、「いかにしてアプリオリな実践的な総合命題は可能か」に対して、実践哲学は「意志の要請として」と答える［六］。

「カント倫理学は批判哲学に属するか」という問いに対して、肯定的に答えることができるだろう。しかしこの問いに対する最終的な答えは「批判哲学の根源は道徳である」（20. p. 335）というテーゼのうちに求められねばならない。このことは世界概念としての哲学へ導き、カント哲学を要請として捉えることに至るだろう［七］。

五　立法者としての人間

コペルニクス的転回は、「すべての我々の認識は対象に従わねばならない」から「対象は我々の認識に従わねばならない」への転回である［第十節二］。『純粋理性批判』は自然と自由という二つの対象を語っている。「人間理性の立法（哲学）は二つの対象、自然と自由をもち、それ故自然法則と人倫法則を、最初に二つの特殊な哲学的体系において、しかし最後に唯一の哲学的体系において含んでいる。自然の哲学は現実存在するすべてのものに関わり、人倫の哲学は現実存在すべきものにのみ関わる」（A840=B868）。

コペルニクス的転回によって可能となった哲学（批判哲学）は、人間を立法者として定立する。『純粋理性批判』は自然法則の立法について悟性の立法を語る。「悟性はそれ自身自然に対する立法である、つまり悟性なしには自然はどこにも存在しないだろう……」（A126）。『実践理性批判』は人倫法則（道徳法則）について理性の立法を語る。「純粋理性は自己を根源的に立法するもの（私はかく意志し、かく命令する）として告知する」（5, p. 31）。「対象は我々の認識に従わねばならない」は、『純粋理性批判』においては悟性の立法によって自然という対象が可能となることであるが、それとパラレルに『実践理性批判』においては理性の立法によって善悪という対象が可能となることである。カント倫理学におけるコペルニクス的転回は、「対象としての善の概念が道徳法則を規定し可能にするのでなく、逆に道徳法則が善の概念を規定し可能にする」（5, p. 64）というテーゼのうちに読み取ることができる。「実践理性の批判における方法の逆説」は「すべての我々の認識は対象に従わねばならない」から「対象は我々の認識に従わねばならない」へのコペルニクス的転回である。[12] それは他律から自律への転換を意味する［第六節九］。

立法は自律である。実践理性の立法について次のように言われていた。「意志の自律はすべての道徳法則と、それに適った義務の唯一の原理である」（5, p. 33）。自然の立法についても自律が語られる。「経験によって認識されるすべての法則は他律に属するが、しかしそれによって経験がそもそも可能である法則は自律に属する」(18, p. 250)。コペルニクス的転回は自然の哲学と人倫の哲学において自律思想を可能にした。それ故意志の自律という思想のうちにコペルニクス的転回を見ることができるのである。「一七八五年における、意志の自律というアイディアの発見は、カントの思想の発展において決定的な転機を示している。カントはこのアイディアを、コペルニクス的転回が理論哲学において占める位置と類比的な位置を実践哲学において占めているものとして提示する」[13]。

三批判書の最後を飾る『判断力批判』も「反省的判断力の自律」(5, p. 389)を語る[14]。自律思想が三批判書を貫いているとすれば、理性の自律を語るカント倫理学は批判哲学に属するだろう。批判哲学は自律、自己立法の思想であり、人間を立法者として捉える。「根源的に立法するもの(私はかく意志し、かく命令する)」として人間を捉えるカント倫理学は、二つの立法を語る『純粋理性批判』に即してだけでなく、次のように語る『判断力批判』に即しても、批判哲学に属しているのである。

「純粋理性の批判は……三つの部門から成り立つ。つまり純粋悟性の批判、純粋判断力の批判、そして純粋理性の批判である。これらの能力は、アプリオリに立法するものであるから、純粋と呼ばれる」(5, p. 179)。

六　経験の可能性の条件と要請

カント批判哲学を特徴づけるのは、「いかにしてアプリオリな総合命題は可能か」という問いである。この問いを『基礎づけ』は「いかにして定言命法は可能か」と問うたが、しかし『実践理性批判』は「理性の事実」説によってこの問いを放棄した。とすれば「理性の事実」説は批判哲学に属さないことになる。こうした解釈を検討し直さねばならない。「根本法則は理性の事実として与えられる」〔第一章〕にとどまってはならず、「根本法則は立法する意志が与える」〔第二章〕、「根本法則は要請である」〔第三章〕へと歩みを進めなければならない。つまり根本法則について「理性の事実」は最後の言葉でなく、倫理学において意志の要請(実践的命題としての要請)として定立される〔四〕。

「いかにしてアプリオリな総合命題は可能か」という問いに対して、理論哲学としての超越論的哲学は「経験の可能性の条件として可能である」と答えた〔一〕。コペルニクス的転回によって、存在論（超越論的哲学）は、経験の可能性の条件を探究する学となった〔第十一節二、六〕。悟性が立法する自然法則は経験の可能性の条件である。[15]『純粋理性批判』は「純粋悟性のすべての総合的原則の体系」についての結論を次のように書いている。「純粋悟性のすべての原則は経験の可能性のアプリオリな原理以上の何ものでもない。そしてこの経験にのみすべてのアプリオリな総合命題も関係している、それどころかアプリオリな総合命題の可能性はそれ自身全面的にこの関係に基づいている」（B294）。

理論哲学において「いかにしてアプリオリな総合命題は可能か」が悟性の立法によって答えられるとすれば、実践哲学においても同様に、立法（実践理性の立法）によって答えられるだろう。

『実践理性批判』において実践理性が立法するのは、根本法則であり、根本法則はアプリオリな実践的な総合命題である。しかし根本法則は意志の要請であった〔第七節〕。そうであるとすれば、実践哲学において「いかにしてアプリオリな総合命題は可能か」という問いは「意志の要請として可能である」と答えられたことになる。

倫理学とともにカント実践哲学を構成する法論は、「いかにしてアプリオリな総合的な法命題は可能か」と問い、「実践理性の法的要請として可能である」と答えている。法論とパラレルに倫理学においても、「いかにしてアプリオリな総合的な道徳命題は可能か」という問いに「実践理性の道徳的要請として可能である」と答えうるだろう〔第九節三〕。ここでもう一度遺稿の言葉を想起しよう。「道徳的－実践理性の証明できない確実な総合的命題は、道徳的要請である」（23, p. 256）。

「いかにしてアプリオリな総合命題は可能か」という問いに対して、理論哲学は「経験の可能性の条件として」と答え、実践哲学は「要請（道徳的、法的）として」と答える。「経験の可能性の条件として」と答える理論哲学が批判哲学に属するのと同じ意味において、「意志の要請として」と答えるカント実践哲学は批判哲学に属する。

批判哲学はコペルニクス的転回によって可能となった。コペルニクス的転回のモデルは、コペルニクスでも実験的方法でもなく、数学であった〔第十節二、六〕。もう一度数学に立ち返ろう。

数学におけるポイントは、「概念に従って自ら事物のうちに置き入れる」「概念に従って自らアプリオリに考え入れ（構成によって）描出したものによって、図形の性質を産出する」、「産出する、置き入れる」ことは一種の「作る」であり、それは数学において概念の構成である。ここから、「自ら作りうるもののみをアプリオリに認識する」というコペルニクス的転回の核心的テーゼが導かれた。「数学において私は、私が概念によって可能であると表象するすべてのものを、私の思惟によって自ら作る（構成する）（selbst machen（konstruieren））ことができる」（4, p. 371）。

しかし数学において「自ら作る（構成する）」ことは要請によって可能となる。「数学における要請は、それによって我々が対象を自らに初めて与え、その概念を産出する総合だけを含む実践的命題である」（A234=B287）。この要請（実践的命題としての要請）をモデルとして、実践哲学が構想される。倫理学においては「純粋実践理性の根本原則は要請である」というテーゼが生まれ〔第七節〕、そして法論においては「普遍的な法の法則は要請である」というテーゼが生まれるだろう〔第九節〕。『判断力批判』は次のように書いている。

「すべてのアプリオリな理論的認識に対する根拠を含む自然概念は、悟性の立法に基づいていた。――感性的に条件づけられていないアプリオリな実践的指令に対する根拠を含む自由概念は、理性の立法に基づいていた」（5, p. 176）。

悟性の立法と理性の立法が平行的に語られている。この平行性は、コペルニクス的転回のモデルである数学から光を当てることができる。数学における構成をモデルとして、理論哲学におけるコペルニクス的転回が構想された。悟性の立法は数学の構成（「自ら作る（構成する）」）をモデルとしているのである。さらに構成を可能にする要請をモデルとして、実践哲学（倫理学と法論）が構想される。カント実践哲学はコペルニクス的転回によって可能となった批判哲学に属する。

七　要請としてのカント哲学

以上の考察［三、四、五、六］から、カント倫理学が批判哲学に属することが示された。しかし倫理学が批判哲学に属するか、という問いは、逆転されねばならない。本節の冒頭で引用したように、カントは「進歩」論文の草稿において次のように書いている。

「批判哲学の起源は行為の帰責能力に関する道徳（Moral）である」（20, p. 335）。

カント倫理学（道徳）は批判哲学の構想から生まれ、それに属するというより、逆に批判哲学の構想が道徳から生まれたのである。道徳法則は自由を意識させると同時に、「すべての行為の帰責能力を意識させる」[16]（6, p. 26 n.）。批判哲学を成立させた背景に、道徳法則を核心とするカント倫理学が潜んでいる。そうであるとすれば、倫理学が批判哲学に属することは当然であろう。しかし道徳は批判哲学の起源にあるとともに、さらにカント哲学そのものの核心にある。こうして哲学の世界概念へと導かれる。

「哲学は、すべての認識の、人間理性の本質的目的に対する関係についての学（人間理性の目的論）であり、哲学者は理性の技術者でなく、人間理性の立法者である」（A839=B867）。

本質的目的は一つの最高の目的としての究極目的に収斂する。[17]「究極目的は人間の全使命以外の何ものでもなく、人間の使命についての哲学は道徳と呼ばれる」[18]（A840=B868）。世界概念による哲学は「哲学＝道徳」のうちに求められる。[19]そして「哲学者は人間理性の立法者である」のだから、「哲学は人間理性の立法である」（25, p. 1042）。

哲学は究極目的を立法する。究極目的は最高善であるから、[20]哲学は「最高善の教説」とされる。[21]「哲学における永遠平和条約」（一七九六年）は次のように書いている。

「哲学とは、すでにその名前が示しているもの、つまり知恵の探究（Weisheitsforschung）である。しかし知恵は究極目的（最高善）への意志の合致である。そして究極目的は、それが到達可能であるかぎり、義務でもある。そして逆に、究極目的が義務であれば、それはまた到達可能でなければならない。行為のそのような法則は道徳的と呼ばれる」(22)（8, pp. 417-418）。

哲学（Philosophie）は φιλοσοφία として、知恵（σοφία）を愛し求めること（φιλεῖν）、「知恵の探究」を意味する。そして知恵は究極目的（最高善）に関わる。「知恵の教説」としての哲学は、人間理性の究極目的の教説、最高善の教説である。(23) しかし注目すべきことは、ここで「なすべきが故になしうる」という論理が働いていることである。究極目的（最高善）に到達することが義務であるが故に（なすべきが故に）、究極目的（最高善）は到達可能である（なしうる）。「なすべきが故になしうる」は要請（実践的命題としての要請）の基本的特徴であるから、究極目的の教説である哲学は要請としてあることになる。そのことは哲学が最高善の教説であることからも確認できる。最高善の促進という義務は要請であったのだから［第八節］。

世界概念による哲学が要請であることは、「哲学＝道徳」から理解できるだろう。カント倫理学（道徳）は要請論として解釈できるのだから［三］。カント倫理学を要請として捉える試みは、最後に「要請としての哲学」という理念に到達したのである。

註

第十節

（1）コペルニクスの独自性は地球の公転運動の主張にある。「ピュタゴラス派の地動説は、地球の日周運動（自転）を主張するものであるのに対し、コペルニクスの太陽中心説において重要なのはむしろ地球の公転運動である」（高橋憲一訳・解説『コペルニクス・天球回転論』みすず書房、一九九三年、一七六頁)。しかしコペルニクス的転回を「地球中心説から太陽中心説へ」と定式化することに対して、「地球－太陽」関係への言及がまったくないという指摘だけでなく、ラッセルの典型的な批判が妥当する。「カントは自分が『コペルニクス的革命』をもたらしたと語ったが、しかし『プトレマイオス的反革命』をもたらしたと語ったとすれば、カントはより正確であったろう。何故なら彼は、コペルニクスがそこから人間を引きずり降ろした中心へと人間を置き戻したからである」(B. Russell, *Human Knowledge, Its Scope and Limits*, George Allen and Unwin, 1948, p. 5)。Cf. M. Miles, "Kant's 'Copernican Revolution': Toward Rehabilitation of a Concept and Provision of a Framework for the Interpretation of the Critique of Pure Reason", in: *Kant-Studien* 97, 2006, pp. 1-32; T. Knapp, *Die Kopernikanische Wende*, Lit, 2008, pp. 21-27.

確かにカントはコペルニクスの太陽中心説を知らなかったわけではない。「地球から見ると、惑星は或るときは後退し、或るときは静止し、或るときは前進する。しかし理性のみができることであるが、太陽からの視点を取れば、惑星はコペルニクスの仮説に従って絶えず規則的な進行を続けている」(7, p. 83)。しかしコペルニクス的転回を「太陽－惑星－地球(観測者)」の三項関係に定位して解釈することは誤っている。「全星群と観測者」の二項関係であり、太陽も惑星も語られていないからである。「太陽－惑星－地球」の三項関係において、惑星の見かけの運動は地球と惑星の運動という二つの運動に起因することになる。これではコペルニクス的転回が提示する二者択一にならないだろう。

カントは「こうしたことは、コペルニクスの最初の思想と事情が同じである」(BXVI)と言っている。この「コペルニクスの最初の思想」という言葉は、日周運動を意味しているだろう。Cf. H. Blumenberg, *Die Genesis der kopernikanischen Welt*, Suhrkamp, 1975, pp. 703-705. 中島義道『時間と自由』(講談社、一九九九年)二八四頁参照。コペルニクスが「地球を動かす」ことに決意した経緯については、高橋憲一訳・解説『コペルニクス・天球回転論』一八〇－一八六頁参照。

(2) Cf. N. K. Smith, *A Commentary to Kant's 'Critique of Pure Reason'*, Macmillan, 1979, p. 24.

(3) 『コペルニクス・天球回転論』一二三－一二四頁。

(4) 「要請五　天空に現われる運動は何であれ、それは天空の側にではなく地球の側に由来していること。したがって、近隣の諸元素とともに地球全体は、その両極を不変にしたまま、日周回転で回転しており、天空と究極天は不動のままである」(『ニコラウス・コペルニクスの小論』『コペルニクス・天球回転論』八四頁)。「恒星と太陽の客観的に見える運動は単なる見かけであり、我々自身の運動の天体への投影に由来する」(ibid., p. 24)。

(5) 「あらゆるもののうち恒星天球が最初で最も高く、自らと万物とを含み、またそれゆえに不動である。すなわち、残りすべての星々の運動と位置がそれに関連させられるようなあらゆるものの場所である」(『コペルニクス・天球回転論』三八頁)。

（6）H. J. Paton, *Kant's Metaphysic of Experience*, vol. 1, Humanities Press, 1970, p. 75.

（7）「形而上学の従来のやり方を変更する試み、我々が幾何学者と自然科学者の実例に従って形而上学の全面的な革命を企てることによって変更する試みのうちに、純粋思弁理性のこの批判の仕事が存している」（BXXII）。

（8）「理性認識としての数学・自然科学と形而上学との類比が許すかぎり、数学・自然科学を試みに模倣する」（BXVI）のは、形而上学が数学・自然科学（物理学）と同様にアプリオリな理論的認識と考えられているからである。アプリオリな認識は「端的にすべての経験から独立に生じる認識」（B3）であり、「確かに経験は或るものがそのような性質であることを我々に教えるが、しかしそれが別様でありえない（nicht anders sein können）ことを教えない。それ故第一に、同時に必然性を伴って考えられる命題があれば、その命題はアプリオリな判断である」（B3）。

　こうしたカントの認識の捉え方はアリストテレスを想起させる。「三つの理論的な哲学、つまり数学、自然学、神学が存在するだろう」（1026a18-19）（アリストテレスからの引用は、OCT（Oxford Classical Texts）による。以下同）。アリストテレス『形而上学』の神学は後に形而上学と呼ばれるようになるのだから、そして自然学（φυσική）は物理学（Physik）であるから、三つの理論的な認識（学知）はカントとアリストテレスにおいて対応している。そしてアリストテレスにおいて学知の対象は「必然的に存在する」（1072b10）、つまり「別様でありえない（μὴ ἐνδεχόμενον ἄλλως）」（1072b13）。「我々が学知するものは別様でありえない。……それ故学知されるものは必然的に存在する」（『ニコマコス倫理学』1139b20-23）。

（9）二等辺三角形を証明した最初の人がタレスであると伝えているのは、プロクロスである。「我々は昔のタレスに、この定理と他の多くのものの発見を負っている。何故なら彼が、すべての二等辺三角形の底辺の上にある角は等しいということを知り言明した最初の人である、と言われているからである。しかし彼はいくらか古めかしい仕方で等しい角を似ていると呼んだ」（Proclus, *A Commentary on the First Book of Euclid's Elements*, p. 195）。

（10）gleichseitig – gleichschenklig の区別は重要である。ユークリッド幾何学の定義二〇は次のようになっている。「三辺形のうち、等辺三角形（ein gleichseitiges Dreieck）とは三つの等しい辺をもつもの、二等辺三角形（ein gleichschenkliges Dreieck）とは二つだけ等しい辺をもつもの、不等辺三角形とは三つの不等な辺をもつものである」（F. Engel, *Die Theorie der Parallellinien*, Johnson Reprint Corporation, 1968, p. 7）。

（11）『原論』一九三頁。

（12）「それとも悟性は、自らの概念（つまり半径の相等性）に従って図形を自ら構成することによって、同時に、幾何学的比例をなして互いに交わる弦の法則をこの図形のうちに投げ入れる（hineinlegen）のか」（4, p. 320）。カントはこれを肯定する。同様に、二等辺三角形の概念に従って図形を自ら構成することによって、同時に、「二等辺三角形の底辺の上にある角は互いに等しく、等しい辺が延長されるとき、底辺の下の角は互いに等しい」という性質をこの図形のうちに投げ入れるのである。

(13) 自然科学者の実験を描写している箇所に、註が付されている。「私はここで、その最初の始まりもよく知られていない実験的方法（Experimentalmethode）の歴史の糸を正確に辿っているわけではない」(BXIII)。

(14) ハイデガーはこの Entwurf（構想、企投）のうちに「自然自身の数学的企投（Entwurf）」(GA2, 479) を読み取った。「このように企投された自然の『光のうちで』初めて、『事実』というようなものが見出され、企投に基づいて規制的に限界づけられた実験に対して発端に置かれることができる」(GA2, 479)。ハイデガーは「予め構想された計画に従ってなされた実験」でなく、実験や観察を可能にする次元、自然そのものを可能にする次元を見出している。拙著『意味・真理・場所――ハイデガーの思惟の道――』（創文社、一九九二年）一一九–一二五頁参照。確かに自然を可能にする次元に、カントが語る「立法者としての悟性」は属しているが、しかしこの次元はガリレイの実験のうちに読み取ることはできない。カントが論じているのは「経験的な原理に基づいているかぎりでの自然科学」(BXII) なのだから [四]。

(15) 「それは、ガリレイとトリチェリなどの名をあげたさい、わざわざ予め『経験的原理にもとづくかぎりにおいて……』、と断っていたが、そこにおいてカントがみずからの方法を『経験的原理にもとづくかぎりにおける』実験的方法に対立的なもの、もしくは別種のものと考えていたと解しえないだろうか」（岩田淳二『カントの外的触発論』晃洋書房、二〇〇〇年、一四頁）。

(16) 「我々が経験を介してのみ知りうる多くの自然法則が存在する。しかし現象の結合における合法則性、つまり自然一般を我々はいかなる経験によっても知るようになりえない。何故なら経験そのものが、アプリオリに経験の可能性の根底に存するそのような法則を必要とするからである。／それ故経験一般の可能性は同時に、自然の普遍的な法則である……」(4. pp. 318-319)。ガリレイの落下法則は「我々が経験を介してのみ知りうる多くの自然法則」の一つにすぎない。それに対して「アプリオリに経験の可能性の根底に存するそのような法則」=「自然の普遍的な法則」は、経験（実験）によって知るようになりえない、とされている。「経験一般の可能性は、総合的判断としての経験的認識の可能性である。それ故経験一般の可能性は、単なる比較された知覚から分析的に引き出される（人が普通信じているように）ことができない……」(20, p. 203 n.)。

(17) 「悟性はそれ自身自然に対する立法である、つまり悟性なしには自然はどこにも存在しないだろう……」(A126)。「自然の最上の立法は我々自身のうちに、つまり我々の悟性のうちになければならない」(4, p. 319)。「すべてのアプリオリな理論的認識に対する根拠を含む自然概念は、悟性の立法に基づいていた」(5, p. 176)。「悟性はその自然の超越論的立法において可能な経験的法則のすべての多様性を捨象する。悟性はこの超越論的立法において経験の形式に関して経験一般の可能性の条件のみを考察する」(20, p. 210)。悟性が立法するのは、「経験一般の可能性の条件を含む超越論的法則」(20, p. 203)、「超越論的悟性法則(自然一般としての自然の可能性の原理)」(20, p. 242) である。

(18) 「我々が自然と呼ぶ現象における秩序と規則性を、我々は自らもち込む (hineinbringen) のである。我々が秩序と規則性を、すなわち我々の心の本性を根源的に投げ入れた (hineinlegen) のでなければ、我々はそれを自然のうちにも見出すことができないであろう」(A125)。

こうしたカントの言葉は、エディントンが定式化した現代物理学の本質的洞察へ導くだろう。「我々が見たのは、科学が最も前へ突き進んだところで、精神が自然のうちに投げ入れた (hineinlegen) ものを精神は自然から再び取り戻したにすぎない、ということである。我々は未知なるものの岸において奇妙な足跡を発見した。我々はその起源を解明するために、次々と深遠な理論を考え出した。とうとう足跡の原因である存在者を復元することに我々は成功した。そして見よ、それは我々自身の足跡である」(W. Heisenberg, *Das Naturbild der heutigen Physik*, Rowohlt, 1955, p. 111)。

自然のうちに我々自身(精神)を見出すという論理は、ヘーゲル『精神の現象学』における悟性から自己意識への移行の論理、自然から精神への移行の論理である。「悟性は現象の内なるものにおいて……自分自身のみを経験する」(G. W. F. Hegel, *Werke in zwanzig Bänden 3*, Suhrkamp, 1970, p. 135)。ヘーゲルの念頭にあるのはノヴァーリスの言葉であろう。「或る人が成功した —— 彼はザイスにおける女神のヴェールを上げた ——。しかし彼は何を見たのか。彼は見た —— 奇跡の中の奇跡を —— 自分自身を」(Novalis, *Das dichterische Werk*, ed. by P. Kluckhohn und R. Samuel, W. Kohlhammer, 1960, p. 110)。金子武蔵訳『精神の現象学』上巻(岩波書店、一九七二年)五一〇頁参照。

(19) 「現象の現象 (Erscheinung der Erscheinungen)」という言葉は、『オープス・ポストゥムム』においてのみ使われている。「形而上学的に見て単に現象に数え入れられねばならないものは、物理的な観点においては事物自体そのもの(現象の現象)である……」(22, p. 329)。Cf. 22, p. 319, p. 326, p. 327, p. 333.「物理的な観点における事物自体そのもの(現象の現象)」は、『純粋理性批判』においては次のように言われている。「本来それ自身現象にすぎないもの、例えばバラは経験的な意味において、色に関して各々の眼に別様に現象しうる物自体そのものと見なされる」(A29–30=B45)。「確かに我々は虹を天気雨における単なる現象と呼ぶだろうが、しかしこの雨を事物自体そのものと呼ぶだろう」(A45=B63)。

(20) 普遍的な自然法則が例外なしに妥当するのは、それが経験の可能性の条件であり、自然そのものを可能にしているからである[第五節四]。それ故或る自然法則Aが普遍的な自然法則に反するとすれば、実験による検証・反証なしにアプリオリに、Aは自然法則の資格を失う。例えばAがエネルギー保存則や因果律を満足させないとすれば、Aは自然法則でありえない。アプリオリに成立する普遍的な自然法則は、経験的な自然法則が従わねばならない原理である。

カントにおける普遍的な自然法則と経験的な自然法則の次元の違いは、アインシュタインの原理理論における原理と自然法則との関係と同型である。原理理論は原理の次元の理論として、自然法則を制限する理論、「可能な理論の選択を制限する形式的な条件」を示す理論、つまり自然法則より高次の次元にある理論である。拙著『アインシュタイン　物理学と形而上学』二〇四頁参照。

（21）こうした混同をカント自身に帰すことによって、カント批判がなされる。科学のレベルではポパーの批判、そして哲学の分野では岩崎武雄の批判を引用しよう。「『悟性はその法則（アプリオリな）を自然から汲み取るのでなく、法則を自然に指定する』とカントが言ったとき、彼は正しかった。しかしその法則は必然的に真である、あるいは我々はその法則を自然に指定することに必然的に成功する、と考えるとき、カントは誤っていた。自然は非常にたびたび極めてうまく抵抗し、我々の法則を反駁されたものとして捨て去るように我々に強要する。しかし我々が生きているなら、我々はもう一度試みればいいのである」（K. R. Popper, *Conjectures and Refutations*, Routledge & K. Paul, 1972, p. 48）。「実験的方法とはすでに述べたようにわれわれがあらかじめ理性によって考えたことを対象のうちに投げ入れてみることによってその考えの正否を検討するということであった。……しかしこの投げ入れるものは経験から全く独立な主観の先天的形式というようなものではなく、経験的要素を含んだものであることを必要とするのである。このことはわれわれがカントの挙げているガリレイやトリチェリの場合を考えてみれば、容易に理解されることであろう。かれらは決して経験的要素を全く含まない先天的な原理を投げ入れてみたのではない。そうではなく、かれらはただ、こういう実験を行えばこういう結果が出るはずだという予想を立てて、それを実験的に確かめてみたのである。その予想が実験的に確かめられるのは、まさにその予想が経験的要素を含んでいるが故に外ならない」（岩崎武雄『カント「純粋理性批判」の研究』（『岩崎武雄著作集』第七巻、新地書房、一九八二年、二七－二八頁）。

（22）「人は『純粋理性批判』を不当に評価するだろう、何故なら人はそれを理解しないから。人はそれを理解しないだろう、何故なら人は確かにその本に目を通すが、しかし考え抜く意欲をもたないから。人はこうした努力をこの本に傾けようとしないだろう、何故ならこの著作は無味乾燥であり、難解であり、すべての慣れ親しんだ概念に逆らうし、その上冗長であるから。……しかし難解さに関しては、……苦情はもっともであり、この苦情に対して私はこの『プロレゴメナ』によって対策を講ずるだろう」（4, p. 261）。

（23）「第一版の序文において著者は著者として語っていた。第二版の序文において著者自身が再び読者となる」（H. Cohen, *Kom-*

mentar zu Immanuel Kants Kritik der reinen Vernunft, Georg Olms Verlag, 1989, p. 2）。

（24）高坂正顕「実験的方法としての超越的方法」（『高坂正顕著作集』第三巻、理想社、一九六五年、一八-五五頁）。

（25）Cf. K. R. Popper, *Conjectures and Refutations*, p. 189.

（26）カントが実験について主題的に考察した箇所は見出せず、次のような説明があるだけである。「我々は物体を、物体が自然には陥らないだろう或る状況のうちに置く。……実験において我々は物質の状態を変化させ、次にその結果に注目する」（29, pp. 102-103）。

（27）確かにカントは第二版の序文において、「自然科学者を模倣したこの方法は、純粋理性の要素を、実験によって確証されあるいは反駁されるもののうちに求める、ということのうちにある」（BXX n.）と主張している。さらに『形而上学の進歩に関する懸賞論文』においても同様の主張をしている。「純粋理性の二律背反は不可避的に我々の認識の制限へ立ち返る。そして以前に分析論においてアプリオリに独断的に証明されたことが、ここ弁証論において、理性が自分自身の能力に対して行ないういわば理性の実験によって異論の余地なく確証される」（20, pp. 290-291）。しかし実験的方法をモデルにカントが弁証論を構想したという事実などないし、弁証論を理解するのに実験モデルが役立つわけでもない。カントは分かりやすさを狙ったのである。「カントは難解な第一批判の立論構造をより分かりやすいモデルで説明する必要に迫られていた。そこに『コペルニクス的転回』を中核とする実験的方法が提示されたと推察される。……大胆に言えば、実験的方法とは、第一批判を作り上げた方法というよりは、むしろ第一批判で果たされた哲学の大革新を説明かつ検証する方法概念であったということである」（『カント事典』弘文堂、一九九七年、二一三頁）。

（28）Cf. M. Friedman, *Kant and the Exact Sciences*, p. 186; D. Koriako, *Kants Philosophie der Mathematik*, p. 285.

（29）『判断力批判』第六二節（5, pp. 362-363）も、円から『原論』第三巻の命題三五へ、そして円錐曲線、さらに重力の法則へと論を進めている。

（30）空間と逆自乗則との関係は、最初の論文『活力測定考』からカントの関心事であった。「空間の三次元は、実体の力がそれに従って互いに作用する法則に由来する、ということはありそうなことである」（1, p. 24）。「三次元性は、現実存在する世界における実体が、作用の強さが距離の自乗に反比例するという仕方で互いに作用することに由来すると思われる」（1, p. 24）。

（31）保存則や因果律は経験の可能性の条件であり、経験的な自然法則が従わねばならない原理の次元にある。しかし逆自乗則は経験の可能性の条件ではない。ニュートンの重力理論（質点の理論）は一般相対性理論（場の理論）によって書き換えられえたのである。拙著『アインシュタイン　物理学と形而上学』第一二節「人間精神の自由な創造」参照。

（32）　カントは『純粋理性批判』が理解されないことに激しい苛立ちを感じていた。このことは『プロレゴメナ』の付録での「研究をしないで『批判』に下された判断の見本」（4, p. 372）という言葉が示している。ガルヴェはカント宛の手紙（一七八三年七月一三日）で書いている。「あなたの体系の全体は、実際に役に立つべきであるなら、通俗的に表現されねばなりません」（10, p. 331）。これをカントは素直に認めている（一七八三年八月七日）。「あなたは通俗性の欠如に言及されていますが、それは私の著作に対してなしうる正当な非難です。何故なら実際あらゆる哲学的著作は通俗性をもちえなければならないからです」（10, p. 339）。第二版の序文におけるコペルニクスや実験への言及は、正確さ・厳密性でなく通俗性を狙っているのである。ここからコペルニクス的転回という言葉が生まれたことは、カントの試みが成功したことを示している。

（33）　ヘルツ宛の手紙での問題は、『純粋理性批判』「概念の分析論」の14「カテゴリーの超越論的演繹への移行」にそのまま再現されている。この箇所は演繹の核心を語っている（cf. AXVII）。「総合的な表象とその対象が一致し、必然的に互いに関係し合い、言わば互いに出会う二つの場合のみが可能である。対象のみが表象を可能にする場合か、表象のみが対象を可能にする場合かである。前者の場合には、この関係は経験的であるにすぎず、表象は決してアプリオリに可能ではない。……しかし後者の場合には、表象自体そのものは（意志を介しての表象の原因性はここではまったく問題でないから）自らの対象をその現存在に関して決して産出しないから、或るものを対象として認識することが表象によってのみ可能である場合に、表象は対象に関してアプリオリに規定する」（A92=B124-125）。

（34）　ヘルツ宛の手紙（一七七二年二月二一日）と密接に関係するとされる遺稿（cf. 14, XXXIX）は次のように書いている。「……我々の孤立した心の所産にすぎないものに対象が一致することは、そして我々が対象に指示する法則に対象が服していることは、いかにして生じるのか。そのようなアプリオリな認識が存在することは、純粋数学と形而上学が教えている。しかしその可能性の根拠を洞察することは重要な研究である」（17, p. 564）。ここでも形而上学と並べられているのは純粋数学であって、自然科学ではない。「理性は純粋概念の創造者であり、従って、また事物は理性がそれに付与した規定しかもっていない。／数学はこのような本性をもっている……」（24, p. 125）。

（35）　この数学観は「判明性」論文において確立している［第四節二］。「数学が定義によってその客体のうちに表象しようと意志しなかったものは、その客体のうちにも含まれていない。何故なら定義されたものの概念は定義によって初めて生じるのであり、定義が概念に与える以上の意味をまったくもっていないからである」（2, p. 291）。

（36）　Cf. 4, pp. 272–274; 5, pp. 13–14, p. 52.

（37）　「この形式のうちに二つの種類の理性認識の本質的な区別があるのであって、その質料あるいは対象の区別に基づくのではない。哲学は単に質を客観としてもち、数学はただ量を客観としてもつ、と言うことによって、哲学を数学から区別できると考えた人々は、結果を原因と見なしたのである。数学的認識の形式は、数学が量だけに関わりうることの原因である。何故なら量の概念だけが構成される、つまりアプリオリに直観のうちで描出されるが、しかし質は経験的直観以外のいかなる直観においても表出されないからである」(A714-715=B742-743)。

(38)「二つの数のうちの一つに対応する直観、例えば自らの五本の指、あるいは(ゼグナーが彼の算術においてしたように)五つの点を利用して、直観において与えられた五つの単位を7という概念に次々と(nach und nach)付け加えることによって、人はこの概念を超え出なければならない。何故なら私はまず7という数を取り上げ、そして5という概念に対して私の手の指を直観として利用することによって、5という数を形成するために私が予めひとまとまりにした単位を、五本の指というあの形象に即して、次々に7という数に加え、こうして12という数が生じるのを私は見る」(B15-16)。「それ故7という数は、3と4を一つの数にまとめるという課題の概念から、この概念の分析によって生じたのでなく、構成によって、つまり総合的に生じたのでなければならない。構成はアプリオリな直観において二つの数を合成するという概念を、つまり個別的に数え上げることを意味する」(10, p. 556)。

(39) Cf. J. J. Hintikka, *Knowledge and the Known*, Reidel, 1974, p. 127, p. 133 n. 5.

(40)「カントによれば、すべての本来的認識と洞察は何らかの仕方で、神的認識、原型的知性がそうであるような同じ性質をもたなければならない。つまり自らの措定する活動性における精神の自己洞察をもたねばならない。人は根本において、自身がその創造者であるもののみを認識できるのである。人間が自然の普遍的な法則連関を現実に洞察するならば、人間の悟性はそれ自身洞察された法則の自発的な創造者でなければならない。我々は物について、物が現象として我々の意識のうちに入ってくるかぎり、我々が物のうちに予め『投げ入れた』もののみを、アプリオリに認識する(『コペルニクス的転回』)」(H. Heimsoeth, *Metaphysik der Neuzeit*, R. Oldenbourg, 1929, p. 99)。「認識と理性は純粋に自発的である。認識する者は彼が自ら作るものを洞察する」(H. Heimsoeth, "Metaphysische Motive in der Ausbildung des kritischen Idealismus", in: *Kant-Studien, Ergänzungshefte* 71, 1971, p. 193)。これに付された註において、この認識概念がカントにおいてもっていた意味が語られている。「我々が自ら『作り』与えられたもののうちへ『投げ入れる』ものに我々のアプリオリな認識を制限すること」、「(自由の自発性に基づいた)人倫的で道徳形而上学的な認識がすべての理論的認識に優位していること」。

(41)『ペーリッツ論理学』も六段階に区別しているが、言葉が少し違う(24, p. 539)。『論理学』(9, pp. 64-65)においては認識を七段階に区別している。(1)表象する、(2)知覚する、(3)識別する、(4)認識する、(5)理解する、(6)洞察する、(7)概念把握する。しかし最後の段階が「概念把握する」であり、その前の段階が「洞察する」とされていることは共通である。

(42)「円の中のすべての直線は比例している」という命題は、おそらく『原論』第三巻の命題三五であろう。PA・PB=PC・PDという面積の相等性は、PA/PD=PC/PBという比の相等性としても表現できるからである。

(43)「近代の始まりとともに、思考は主に科学の侍女、体系化された知識の侍女となった。思考がそのとき極めて活動的になったとしても、私が自ら作るもののみを私は知ることができる、という近代の決定的な確信に従えば、現象によって隠された自然と宇宙の法則への鍵を与える科学の中の科学となったのは、数学、精神が自分自身とのみ戯れるように見える、すぐれて非経験的な科学であった」(H. Arendt, *The Life of the Mind*, Harcourt Brace Jovanovich, 1978, p. 7)。

二〇世紀における「作る」の思想については、佐藤徹郎「世界像の凋落——理論から制作へ——」(『溶けたユートピア』岩波書店、二〇〇一年)参照。

(44) Th. Hobbes, "Six Lessons to the Professors of the Mathematics", in: *The English Works of Thomas Hobbes of Malmesbury*, Scientia Verlag, 1966, vol. 7, pp. 183-184.

(45) ヴィーコ『学問の方法』(岩波書店、一九八七年)四〇-四一頁。

(46)「……それに対してカントは、ベーコン、デカルト、ガリレイによって手本を示された方向において、真なるものと自ら作ったものとの置換可能性についての根本命題を、自然の理論的認識に、つまり経験の対象のカテゴリー的構造に適用する。彼のコペルニクス的転回の最も明確なテキストは、『純粋理性批判』の第二版の序文にある」(K. Löwith, "Verum et factum convertuntur", in: *Sämtliche Schriften* 9, J. B. Metzlersche Verlagsbuchhandlung, 1986, p. 217)。

(47)「ユークリッドの論証方法——その疑いえない公理からの驚くべき定理の導出——こそが、他の領域においてその方法を熱心に模倣したいという欲望によってホッブズを燃え立たせたのである。……『小論』から『リヴァイアサン』に至るまで、彼の著作は第一原理の宣言から始まり、続いてその含意を高圧的に展開する」(J. W. N. Watkins, *Hobbes's System of Ideas*, Hutchinson, 1965, p. 68)。

(48)「神が現象を創造した、と人は本来的には言うべきではない。そうでなく、我々の認識しない物を創造したのである。その物に対応して我々のうちに感性が配置されている」(18, p. 414)。

(49) ハイデガーは「現象の創造者」というカントの思想を、存在論に定位して次のように表現している。「『存在論』、つまり存在理解を必要とするという人間の最も内的な有限性に基づいて、人間を『創造的である』と、それ故『無限である』と概念把握することに意味があり、その権利が成立するのか。だがしかし、まさに無限な者という理念は最も徹底的に存在論といったものを排斥するにもかかわらず」（GA3, p. 246）。拙著『意味・真理・場所――ハイデガーの思惟の道――』三〇七–三一〇頁参照。

（50）「創造者以外のいかなる存在者も他の物の実体を知ることはできない」（28, p. 204）。

（51）このテーゼによって、ヘルツ宛の手紙での「どこから悟性能力に物自身とのこの一致が生じるかという我々の悟性能力に関する謎」（10, p. 131）が解かれる。

（52）「超越論的観念論、つまり我々の悟性がその創始者であるものの観念論」（21, p. 15）。

第十一節

（1）カントにおける「超越論的」の用例の詳細な検討については、久呉高之「カントの Transzendental-Philosophie ―― 根本術語 transzendental に即して ――（上）」（『哲学誌』二八、一九八六年）七–六〇頁参照。

（2）nicht sowohl...sondern をめぐるさまざまな解釈については、cf. P. Unruh, *Transzendentale Ästhetik des Raumes : Zu Immanuel Kants Raumkonzeption*, Königshausen & Neumann, 2007, pp. 77–80.

⑴については、H. Vaihinger, *Kommentar zu Kants Kritik der reinen Vernunft*, vol. 1, Union Deutsche Verlagsgesellschaft, 1922, p. 471. ⑵については、H. Cohen, *Kommentar zu Immanuel Kants Kritik der reinen Vernunft*, p. 18. ⑶については、N. Hinske, *Kants Weg zur Transzendentalphilosophie*, W. Kohlhammer, 1970, pp. 28–29. ⑷については、T. Pinder, "Kants Begriff der transzendentalen Erkenntnis", in: *Kant-Studien* 77, 1986, pp. 10–11. ウンルーは⑴の読みを採用している。ハイデガーもⒶⒷを nicht...sondern と読んでいる。Cf. GA3, p. 16; GA25, p. 57.

カントにおけるⒶⒷ以外の nicht sowohl...sondern の用例を見てみよう。『純粋理性批判』は「自己自身をカテゴリーによって認識するのでなくむしろ（nicht sowohl...sondern）、……カテゴリーを自己自身によって認識する」（A402）と書いているが、これは明らかに対立を表現している。

「決疑論は学でもなければ、学の一部門でもない。何故なら学であれば、決疑論は教義学であることになるだろう。決疑論はいかにして或るものが見出されるかの教説でなくむしろ（nicht sowohl Lehre...sondern）、いかにして真理が探究されるべきかの訓練である」（6, p. 411）。『人倫の形而上学』のこの用例は、学＝教説と訓練との対比を表現しており、nicht sowohl...sondern は nicht...sondern という対立表現である。

エンチクロペディー講義においてカントは認識を客観的でなく主観的に考察し、哲学を模倣による認識（歴史的認識）と自らの思考による認識（理性認識）に区別する。この区別のもとで次のように語られる。「認識そのものでなくむしろ、哲学する方法が教えられねばならない（Nicht sowohl die Erkenntniß selbst, sondern die Methode zu philosophiren, muß unterrichtet werden.）」（29, p. 6）。そして哲学と対比的に、「人は数学を現実に学びうる」（29, p. 7）と言われる。エンチクロペディー講義と同じ文脈において『純粋理性批判』は次のように書いている。「人はすべての（アプリオリな）理性学のうちでただ数学のみを学びうるのであり、決して哲学（歴史的でないかぎり）を学びえず（niemals...sondern）、理性に関しては、せいぜい哲学することを学びうるだけである」（A837=B865）。カントはこの考えを一貫して主張している。「学生は考えを学ぶのでなく（nicht Gedanken, sondern）、考えることを学ぶべきである。……若者は哲学を学ぼうと考えるが、しかしこれは不可能である。何故なら彼は今や哲学することを学ぶべきだからである」（2, p. 306）。「哲学は学ばれえず（nicht...sondern）、哲学することが学ばれうる」（24, p. 813）。Cf. 14, p. 66; 25, p.1037. これらは明確な対立表現であるから、エンチクロペディー講義における nicht sowohl...sondern も nicht...sondern と読まねばならない。

　nicht sowohl A...als B も古語的表現であるが、Aが否定されているか否かは、ドイツ語を母国語とする者にとっても一義的に決まらない。Cf. Gesellschaft für deutsche Sprache, *Fragen und Antworten : sowohl als auch* (http://www.gfds.de/sprachberatung/fragen-und-antworten/übersichtsseite/sowohl-als-auch/). 二〇一〇年一二月二三日取得。そこではローザ・ルクセンブルク、シラー、ニーチェなどにおける nicht sowohl...als の用例が挙げられ、nicht...sondern と同義とされている。Cf. H. Paul, *Deutsches Wörterbuch*, Niemeyer, 1992, p. 814.

（3）　H. Vaihinger, *Kommentar zu Kants Kritik der reinen Vernunft*, vol. 1, p. 470. 「『一般』という語は、第一版もそうであるように、対象に属する」（H. Cohen, *Kommentar zu Immanuel Kants Kritik der reinen Vernunft*, p. 18）。「この語は、第一版の定義においては“Gegenstände”の直後におかれているのに対して、第二版の定義においては、“Gegenstände”から切り離され、“beschäftigt”の前におかれている。私は、この小論で、『対象一般』ということばに重要な意味を認めているのであるから、第二版における“überhaupt”の位置を不適切と見、この語は第二版においても本来“Gegenstände”のあとにおかれるべきであると主張する、ファイヒンガーたちの見解に賛成である」（久保元彦『カント研究』二四二頁）。Cf. T. Pinder, “Kants Begriff der transzendentalen Erkenntnis”, p. 21 n. 61.

（4）　(A)(B)に正面から取り組んだ先駆的な解釈として久保元彦『カント研究』がある。「『超越論的批判』としての『純粋理性批判』の根本的な意図は、『純粋理性批判』序論のなかにしるされている『超越論的』ということばの定義において、集約的に表現されている、と言ってよい。……第二版における定義変更の理由は、まさしく、超越論的批判の根本的な意図をより明確に表現すること、また、第一版の定義によっては述べられていない、この批判の固有の視点を規定すること、にある」（同書、二四六–

二四七頁）。(A)(B)の「超越論的」の定義は超越論的哲学でなく、「超越論的批判」（A12=B26）（『純粋理性批判』）を性格づけるためになされた、ということが前提されている。ほとんどの解釈が共有するこの前提は誤りであるが［二］、この前提のもとで、(A)から(B)への書き換えの理由が説明され、さらに(A)(B)のうちに「存在論のあらたな基礎づけ」が読み取られることになる。「結論を先に言うと、この定義のなかでは、『対象にかかわる認識』とは、『対象一般についての認識』とひとしく、存在論のことである、と解するのが最も妥当である、と私は考えている。カントは、『存在論』というよりも、むしろ『存在論にかかわる認識』を、換言すれば、『存在論』そのものというよりも、むしろ『存在論のあらたな基礎づけ』を、超越論的と名づけているのである」（同書、二三五頁）。この解釈を検討しよう。

(A)を存在論の基礎づけとするためには、(a)「対象一般についての我々のアプリオリな概念に関わるすべての認識」を存在論の基礎づけと解釈しなければならない。しかしそのために(a)の一部分である「対象一般についての我々のアプリオリな概念」を存在論と読まざるをえない。「『対象一般についてのわれわれのアプリオリな概念』であるような形而上学も、存在論以外のものではない」（同書、二二二頁）。その典拠として「存在論は、事物の認識のためのアプリオリな概念を含む学なのである」というカントの言葉が引用されている（同書、二二一頁）。しかしこの言葉が意味するのは、アプリオリな概念が存在論のテーマである、ということであって、「存在論＝アプリオリな概念」ではない。「存在論＝概念」とすることは、「動物学＝動物」とするカテゴリー・ミステイクを犯している。

(B)を存在論の基礎づけとするためには、ファイヒンガーの修正を採用する必要がある［註（3）］。「『対象一般についてのわれわれの認識様式』であるような形而上学とは、存在論のことである」（同書、二三二頁）。しかしこうしたテキストの修正は恣意的である。

(A)(B)を「『存在論』そのものというよりも、むしろ『存在論のあらたな基礎づけ』を、超越論的と名づけている」と読むために、(A)(B)の「対象に関わるのでなくむしろ」における「対象」を「対象一般」と読み換えねばならない。「この定義のなかでは、『対象にかかわる認識』とは、『対象一般についての認識』とひとしく、存在論のことである」（同書、二三五頁）。しかしこの読み換えは恣意的だろう。

「存在論というよりもむしろ存在論の基礎づけ」とする読みにおいても、カントにおける「存在論＝超越論的哲学」という用例を認めざるをえない。それ故「存在論の基礎づけ」解釈は、(A)(B)の nicht sowohl...sondern を nicht...sondern と読むことはできない。「カントは……『対象にかかわるのではなく（nicht...sondern）』と書いているのでもない」（同書、二三六頁）。「『対象にかかわるというよりもむしろ』という言い方は、『対象にかかわる認識』を、超越論的認識の領域からけっして除外するものではない。この場合には、存在論も超越論的認識であり、超越論的認識とは、存在論と存在論のあらたな基礎づけなのである。ただ、超越論的認識という同一の領域のなかで、存在論のあらたな基礎づけのほうが前景の位置を占め、存在論そのもののほうは後景にしりぞいている」（同書、二三六－二三七頁）。これはヒンスケの読みと同じである。ヒンスケは nicht sowohl...sondern について次のように主張している。「それは同じ事態が異なった程度において帰属する二つの項の比較、あるいは同一の事象を異なった程度において特徴づける二つの項の比較を意味し、nicht...sondern の単なる対立と基本的に区別される。それは力点の置き方の区別を意味し、一方を強調し、それに対して他方を背景へと押しやる」（N. Hinske, *Kants Weg zur Transzendentalphilosophie*, p. 29）。しかし超越論的哲学の規定において、カントは「力点の置き方の区別」といった曖昧な表現など一度も使っていない。だから久保もヒンスケも、「力点の置き方の区別」を示すカントの用例を一つも挙げることができないのである。本節が示しているように、カントにおける超越論的哲学の規定はすべて nicht...sondern という明確な対立表現である。

『純粋理性批判』を存在論の基礎づけとするのは、ハイデガーの解釈である。「純粋理性の批判は超越論的哲学の、つまり存在論の基礎づけとしての超越論的研究である。それは存在論一般の超越論的基礎づけである」（GA25, p. 59）。しかしハイデガー自身はⒶⒷを批判の規定でなく、超越論的哲学（存在論）の規定と理解しているし、nicht sowohl...sondern を nicht...sondern と読んでいる［註（2）参照］。

（5）　Cf. B. Erdmann, *Beiträge zur Geschichte und Revision des Textes von Kants Kritik der reinen Vernunft*, G. Reimer, 1900, pp. 28-29; P. Unruh, *Transzendentale Ästhetik des Raumes : Zu Immanuel Kants Raumkonzeption*, p. 80. überhaupt が動詞とともに用いられる用例については、cf. J. und W. Grimm, *Deutsches Wörterbuch*, 23, Deutscher Taschenbuch Verlag, 1991, p. 304.

（6）　従来の解釈は、ⒶⒷが『純粋理性批判』の規定であることを自明視し、その前提のもとでⒶからⒷへの書き換えの理由を説明している。Ⓐにおける「概念」という言葉では『純粋理性批判』の概念の分析論しか指しえない。Ⓐの「概念」からⒷの「認識様式」へ書き換えたのは、概念の分析論だけでなく、さらに原則の分析論を、あるいは感性論を、あるいは弁証論を、あるいはそのすべてを包括するためである。Cf. N. Hinske, *Kants Weg zur Transzendentalphilosophie*, pp. 37-39. ヒンスケ自身も同じ前提のもとで解釈している。第一版のⒶは「あまりにも一面的に分析論の問題、より正確には概念の分析論の問題に向けられている」のに対して、第二版のⒷは「弁証論の古い問題を超越論的なものの領野のうちに含める、あるいは少なくともそのように含めることを可能にする」（ibid., p. 39）。しかしⒶⒷが『純粋理性批判』の規定であるという前提が誤っている。さらにⒶからⒷへの書き換えを拡張のためとする解釈そのものも正しくない。何故ならⒷにおいても「そのような概念の体系は超越論的哲学と呼ばれるだろう」（B25）という言葉がそのまま残されているからである。

（7）「人間理性はその本性上、建築術的（architektonisch）である、つまり人間理性はすべての認識を可能的体系に属するものとして考察する」（A474=B502）。とすれば認識について論じている(A)(B)は、何らかの「可能的体系」を想定しているだろう。そのことは、(A)(B)の定義のあとに「純粋理性の哲学の完全な体系」（A12=B26）が語られていること、「建築術的」（A13=B27）という言葉が使われていることからも明らかである。「純粋理性の哲学」は(C)が提示されている文脈、つまり『純粋理性批判』方法論の第三章「純粋理性の建築術（Architektonik）」において語られ、予備学である批判と形而上学に二分されている（A841=B869）。『純粋理性批判』第二版の序文も「批判は方法についての論考であり、学の体系そのものではない」（BXXII）と書いている。

（8）純粋理性の批判と超越論的哲学の関係を少し詳しく見てみよう。『純粋理性批判』の序論は(A)(B)を提示した後に、次のように語っている。

「超越論的哲学はここでは、純粋理性の批判がこの建築物を形成するすべての部分の完全性と安全性を十分に保障して建築術的に、つまり原理からその全計画を企投すべき一つの理念にすぎない。この批判が未だそれ自身超越論的哲学と呼ばれないのは、批判が完全な体系であるために、人間のアプリオリな全認識の詳細な分析をも含まねばならないだろうということだけに基づいている」（A13, cf. B27）。

純粋理性の批判は、「この建築物［超越論的哲学］を形成するすべての部分の完全性と安全性を十分に保障」するとされているのだから、批判は超越論的哲学に先立つのであり、超越論的哲学そのものではない。それ故「この批判が未だそれ自身超越論的哲学と呼ばれない」という仕方で、純粋理性の批判と超越論的哲学が区別されている。その理由は「批判が完全な体系であるために、人間のアプリオリな全認識の詳細な分析をも含まねばならない」ということにある。「完全な体系」と呼ばれているのが超越論的哲学である。この問題について『純粋理性批判』の超越論的分析論は、カテゴリー表を提示した後に、次のように註記している。

「純粋悟性の真の根幹概念としてのカテゴリーは、同様に純粋であるその派生概念をももっている。こうした派生概念は超越論的哲学の完全な体系においては決して無視されえないが、しかし単に批判的な試みにおいて私は派生概念への単なる言及で満足できる」（A81-82=B107）。

『純粋理性批判』は派生概念を得るために「存在論の教科書」（A82=B108）を参照すればよいと言うが、カントの念頭にあるのはバウムガルテンである。「あらゆる良き存在論（例えばバウムガルテンの存在論）からかなり完全に引き出しうるすべての準賓位語（Praedicabilien）」（4. p. 326 n.）。「すべてのカテゴリーはバウムガルテンに従って単に分析的に取り扱われます。準賓位語、それどころかカテゴリーと時間・空間との結合も含めてです」（10, p. 494）。序論で言われた「人間のアプリオリな全認識の詳細な分析」は、カテゴリーだけでなく、その派生概念をも含まねばならないが、純粋理性の批判（「単に批判的な試み」）はそれを含んでいない。その意味において批判は「超越論的哲学の完全な体系」と区別されている。この区別は『プロレゴメナ』においても語られている。「私はそれらをその古い名称に従って正当にカテゴリーと名づけた。その際私は、それがカテゴリーの相互の結合によってにしろ、あるいは現象の純粋形式（空間と時間）との結合によってにしろ、あるいは未だ経験的に規定されていないかぎりでの現象の質料（感覚一般の対象）との結合によってにしろ、カテゴリーから派生する概念のすべてを準賓位語という名称のもとで完全に付け加えることを保留した。そのことは、超越論的哲学の体系が成立するべきであれば、なされることである。この超越論的哲学のために、私は理性そのものの批判に関わったのである」（4, p. 324）。

（9）「純粋理性の批判（それは超越論的哲学への予備学、予備訓練に他ならない）」（28, p. 651）。Cf. 28, p. 822.

（10）「人はまた超越論的哲学を存在論と名づける。そしてそれは純粋理性の批判の所産である」（29, p. 949）。「内在的な部門、原理的－形而上学あるいは超越論的－形而上学、存在論、純粋理性の批判の所産」（28, p. 823）。「超越論的哲学は批判の成果である」（29, p. 785）。

（11）「我々は形而上学を次のように区分する。／一、純粋理性の批判と存在論――それは内在的な超越論的概念を含む。／二、哲学の超越的部門、それは宇宙論と自然神学を含む部門である。――超越的なものに関して我々の認識は弁証論的である……」（28, p. 656）。

（12）Cf. 17, p. 558; 18, p. 22, p. 82; 29, pp. 11–12, p. 751.

（13）「超越論的哲学の一般的な課題、いかにしてアプリオリな総合命題は可能か」（B73）。「超越論的哲学の最高の課題が生じる、つまり『いかにしてアプリオリな総合的命題が可能か』」（22, p. 28）。「超越論的哲学（アプリオリな我々の認識の要素を提示する）は、アプリオリな総合的認識の可能性についての学である」（18, p. 101）。Cf. 22. p. 419.

（14）「純粋悟性の批判は、いかにしてアプリオリな総合命題は可能か、という普遍的な問いの解決を目的としてもつ探究から始まる」（8, p. 188）。

（15）「純粋悟性のすべての原則は経験の可能性のアプリオリな原理に他ならない。そして経験にのみすべてのアプリオリな総合命題は関係し、それどころかアプリオリな総合命題の可能性はそれ自身完全にこの関係に基づいている」（B294）。「純粋思弁理性のすべての原則は経験を可能にする以上のことを達成しない……」（5, p. 45）。

（16）「経験一般の可能性は同時に、自然の普遍的な法則であり、経験の可能性の原則はそれ自身、自然の法則である」（4, p. 319）。

(17)「アプリオリな総合的認識が存在するとすれば、その認識が経験一般の可能性のアプリオリな条件を含まねばならないという方策しかない。しかしその場合、その認識はまた経験一般の対象の可能性の条件を含んでいる。何故なら経験によってのみ経験の対象は我々にとって認識可能な対象でありうるからである。しかしそれに従ってのみ経験が可能であるアプリオリな原理は、対象の形式、つまり空間と時間そしてカテゴリーである。それは意識のアプリオリな総合的統一を含み、そのかぎり統一のもとに経験的表象が包摂されうるのである。／それ故超越論的哲学の最高の課題は、いかにして経験が可能か、である」(20, pp. 274-275)。

(18)『純粋理性批判』第一版に比して『プロレゴメナ』が印象深く強調した論点は、「いかにしてアプリオリな総合命題は可能か」という問い、そしてヒュームの警告である。これは『純粋理性批判』第二版においても踏襲されるが、この二つのことは別のことではない。ヒュームの警告をきっかけにして、カントは「いかにしてアプリオリな総合命題は可能か」という問いへ導かれたのだから［三］。『プロレゴメナ』はカント自身が実際に歩んだ『純粋理性批判』への道、『純粋理性批判』の誕生の現場をはっきり読者に提示することによって、『純粋理性批判』の試みを読者に理解させようとしたのである。

(19)「経験、つまり現象についての経験的認識（empirisches Erkenntnis）」(B234)。

(20)「あらゆるアプリオリな認識が超越論的と呼ばれねばならないのでなく、或る表象（直観あるいは概念）がもっぱらアプリオリに応用される、あるいは可能である、ということ、そしていかにしてかを、それによって我々が認識する認識のみが、超越論的と呼ばれねばならない」(A56=B80)。「すべての経験的真理に先行し、それを可能にする超越論的真理」(A146=B185)。「あらゆる経験の可能性の探究はもちろん超越論的である」(A343=B401)。

(21)「カテゴリーは対象一般に関係する唯一の概念である……」(A290=B346)。

(22)「第二の歩みは、いかにしてアプリオリな総合判断が可能か、という問いを単に提起したことである。……ヒュームは一つの事例を、つまりそれによってすべての形而上学者を困惑させた因果性の法則についての事例を挙げたというだけで功績をもっている」(20, p. 266)。

(23)『プロレゴメナ』に倣って書き換えられた『純粋理性批判』第二版の序論は、「純粋理性の本来的課題は、いかにしてアプリオリな総合判断は可能かという問いのうちに含まれている」(B19)と語った後に、ヒュームに言及している。「デイヴィド・ヒュームは、哲学者の中でこの課題に最も近づいたが、この課題を十分に明確にその普遍性において考えたとはとても言えず、結果とその原因との結合という総合命題（因果性の原理）のもとにとどまっただけである。ヒュームはそのようなアプリオリな総合命題がまったく不可能であることを発見したと信じた。そして彼の推論によれば、我々が形而上学と名づけるすべてのものは、実際に単に経験から借用され、習慣によって必然性の仮象をもらい受けたものを、理性洞察と誤認する単なる妄想に帰着するだろう」(B19-20)。ヒュームは「結果とその原因との結合という総合命題」を検討し、「そのようなアプリオリな総合命題がまったく不可能である」と主張した。何故ならアプリオリな総合命題とされているものは、「単に経験から借用され、習慣によって必然性の仮象をもらい受けたもの」にすぎないからである。形而上学はそうしたアプリオリな総合命題から成り立っているとされるから、ヒュームの主張は形而上学の不可能性を意味する。

(24)「ヒュームは原則におけるこの普遍的な経験論の体系に大いに満足しただろう。何故なら周知のように彼は、原因の概念における必然性のすべての客観的意義の代わりに、単に主観的な必然性、つまり習慣が承認されることだけを要求し、神、自由、不死についてのすべての判断を否認したのだからである」(5, p. 13)。

(25)『坂部恵集1』岩波書店、二〇〇六年、二〇六―二〇七頁参照。

(26)「理念つまり純粋理性概念とカテゴリーつまり純粋悟性概念とを、まったく異なった種類と起源と使用をもつ認識として区別することは、すべてのこうしたアプリオリな認識の体系を含むべき一つの学を基礎づけるための非常に重要な事柄であり、このような分離がなければ、形而上学は端的に不可能であるか、あるいはせいぜい一つの空中楼閣を作り上げる試みであろう……」(4, pp. 328-329)。「形而上学は端的に不可能である」はヒュームの懐疑論であり、「一つの空中楼閣を作り上げる試み」は独断論である。カテゴリーと理念の起源については次のように言われる。「私はカテゴリーの起源を悟性のすべての判断の四つの論理的な機能のうちに見出したのだから、理念の起源を理性推理の三つの機能のうちに求めるのはまったく自然なことであった」(4, p. 330)。

「しかし形而上学がこの区別をするに至るまでは、単に超感性的なものを対象としうる理念と、経験対象が適合するアプリオリな概念を形而上学は混同していた。理念の起源が他のアプリオリな純粋概念と異なりうることが、形而上学に考えつかなかったからである」(20, p. 319)。

(27)石川文康『カント　第三の思考』名古屋大学出版会、二〇〇二年、一一〇―一一六頁参照。Cf. H. Vaihinger, Commentar zur Kritik der reinen Vernunft, vol. 1, pp. 343-344.

(28)「進歩」論文は、弁証論の他の二つのテーマ(誤謬推理と理想)にまったく言及せず、二律背反のみを論じている。「進歩」論文における「経験限界を踏み超えるアプリオリな命題」は二律背反である。

矛盾が語られるのは二律背反だけである。「これらの理念を客観的な実体的なものとして我々が想定することを妨げるものは、宇宙論的理念だけである。宇宙論的理念において、理性がそのような理念を実現しようとすると、理性は二律背反に突き当たる

（心理学的理念と神学的理念はこのような二律背反をまったく含まない）。何故なら心理学的理念と神学的理念のうちに矛盾がないからである……」（A673=B701）。

二律背反は『純粋理性批判』においてすでに「まどろみ」という語と結びつけられている。二律背反によって、「単に一面的な仮象が生み出す空想的な確信のまどろみ（Schlummer）から理性は守られている」（A407=B434）。

(29)『純粋理性批判』出版直後にカントは次のように書いている。「私は純粋理性の二律背反という表題のもとで論述したことから始めてもよかったでしょう。そうすれば非常に華々しい論述となりえたでしょうし、こうした矛盾の源泉を探究しようという気を読者に起こさせたでしょう」（10, pp. 269-270）。矛盾の源泉は「感官の対象を物自体そのものと考える」（5, p. 344）ことのうちにあり、矛盾を回避するために「感官の対象を単に現象と見なす」（5, p. 344）へと導かれる。それは感性論が示すことになるだろう。二律背反は現象の超越論的観念性を示しているのである。「この二律背反から真の利益、なるほど独断的でないが批判的で理説的な利益が引き出されうる。つまりたとえば誰かが超越論的感性論における直接的証明に満足しないとすれば、現象の超越論的観念性を間接的に証明するという利益である」（A506=B534）。

『純粋理性批判』第二版の序論は次のように書いている。「例えば世界は始まりをもつか、あるいは永遠から存在しているのか等といった自然な問いに答える、すべての従来の試みにおいて、つねに不可避な矛盾が見出されたので、形而上学への単なる自然素質に、つまりそこから確かにつねに何らかの形而上学（それが何であろうと）が生じる純粋理性能力そのものに人は満足することはできない」（B22）。こうした問いへの答え、つまり「世界は始まりをもつ」あるいは「永遠から存在している」は、形而上学を成り立たせているアプリオリな総合命題、「経験限界を踏み超えるアプリオリな命題」である（cf. B18）。こうした命題は不可避の矛盾に陥るとされるが、これは『純粋理性批判』における第一の二律背反である。二律背反に直面して「純粋理性能力そのものに満足することはできない」ので、純粋理性の批判にまで至らねばならない。カントにとって二律背反は「経験限界を踏み超えるアプリオリな命題」のモデル・典型である。

(30) ヒュームの問題は次の結論に至る。「『すべてのアプリオリな総合原則は可能的経験の原理以外の何ものでもない』のであり、決して物自体そのものに関係させることはできず、経験の対象としての現象にのみ関係させることができる」（4, p. 313）。二律背反について同じことが語られている。「二律背反は、感官の対象を物自体そのものと考えるという普通極めて自然な前提を放棄し、むしろ単に現象と見なすことを理性に強制する……」（5, p. 344）。「純粋理性の弁証論（その二律背反の提示）において私は、可能的経験の対象が感官の対象として客観であり、物自体そのものとしてでなく、単に現象としてのみ認識されることを示そうとしました……」（11, p. 314）。

ヒュームに由来する「いかにしてアプリオリな総合命題は可能か」という問いが二律背反と密接に結びついていることは、ヘルツ宛の手紙（一七八九年五月二六日）からはっきり読み取れるだろう。「純粋理性の二律背反は十分な試金石を与え、おそらくマイモン氏に次のことを確信させるでしょう。人間悟性は神的悟性と種的に同一であり単に制限によって、程度の点で神的悟性と異なる、と人は想定できないこと。つまり人間悟性は神的悟性のように直観する能力でなく、単に思惟する能力として見なされねばならないし、思惟する能力が認識を生み出すために、それとまったく異なる直観の能力（受容性）を絶対に味方につける、よりよく言えば素材としてもたねばならないこと。そして後者つまり直観は我々に単に現象を提供するだけであり、事物そのものは理性の単なる概念であるから、完全に両者の混同から生じる二律背反は、アプリオリな総合命題の可能性を私の原則に従って演繹する以外に、決して解決されえないこと、です」（11, p. 54）。

二律背反の成立過程を辿ることによっても、ヒューム問題から生じるカテゴリーの演繹と二律背反（アンチノミー）との密接な連関が確認される。「……ここから我々が確認できることは、カテゴリー演繹の問題とアンチノミーの問題とが密接に連関していたということである。理性は経験を超えた極限の場面では、弁証的対立に捲きこまれ、その効力を失う。この洞察が、悟性概念の適用範囲に限界を設定し、他方ではその経験内的妥当性を救済するという演繹論の二重の課題を、カントに強いていたのである。そして逆に、この二重の課題が見通されてはじめて、否定的な（つまり理性批判としての）アンチノミー解決が可能になるのである（vgl. IV 347, XI 54）」（城戸淳「カントにおける『窃取』概念の変容——アンチノミー解決への形成過程」（日本哲学会編『哲学』五一、二〇〇〇年）、二一三頁）。

（31）　以下で確認されるように、カントの「独断のまどろみ」は、「感性的に認識されたものは現象するがままの物の表象であり、知性的に認識されたものは存在するがままの物の表象である」（2, p. 392）という就任論文のテーゼのうちに表現されている。「二律背反が独断のまどろみから初めて私を目覚めさせる」（12, pp. 257-258）のだから、二律背反の発見は就任論文以後のことになる。確かに就任論文における「すり替え」のうちに二律背反の萌芽を見ることができる。しかし就任論文は『純粋理性批判』の意味での二律背反、つまり「理性の自己自身との不一致」（A464=B492）、「理性の自己自身との抗争」（4, p. 347）としての二律背反を発見していない。発見していたとすれば、「感性的認識と知性的認識の区別を教える学」としての「形而上学への予備学」（2, p. 395）という構想にとどまっていなかったであろう。何故なら「感性的認識と知性的認識の区別」によって防げるのは、「すり替えの形而上学的誤謬」とされる「知性的なものと感性的なものとの混同」（2, p. 412）であって、「理性の自己自身との不一致」ではないからである。そのためには感性の限界だけでなく、理性の限界をも問わなければならない。それが『感性と理性の限界』という著作の構想となる［四］。

（32）この問題については、山本道雄「カントはいつ『デイヴィッド・ヒュームの警告』を受けたか」（山本道雄『カントとその時代――ドイツ啓蒙思想の一潮流――』晃洋書房、二〇〇八年、三四二―三五九頁）参照。

（33）「……『仮象に関する学』あるいは『真理を仮象と区別する学』を意味していた。……カントはランベルトのこの発想を受け、ランベルト自身は否定的であった世界全体を仮象とみなす観念的仮象の考えを押し進め、『純粋理性批判』の『超越論的弁証論』を、当初『現象学一般』あるいは『一般的現象学』として構想した。そのことは、『純粋理性批判』が理性固有の仮象、すなわち、超越論的仮象を批判することを主目的として着想されたことを思えば、納得される」（『カント事典』一五八頁）。「カントがランベルトおよびヘルツに宛てて予告した『現象学一般』とは、大方の見方とは逆に、現存する『純粋理性批判』における『仮象の論理学』としての『弁証論』であることが判明する」（石川文康『カント　第三の思考』一一八頁）。さらに石川文康「理性の現象学と精神の現象学」（『理想』第六七九号、二〇〇七年、五二頁）参照。「現象学 Phänomenologie　このことばが哲学史上、最初に学問名称としてもちいられたのは、カントの同時代人ランベルトによってである。それによれば、現象学とは『仮象に関する学』あるいは『真理を仮象から区別する学』を意味した。カントはこのランベルトの発想をうけて、世界を全体として判断するさいに理性がおちいる仮象をあばき、それを真理から区別する学を構想した。かかる学は最終的に『純粋理性批判』の弁証論として実現するが、当初はこの弁証論は『現象学一般』ないし『一般現象学』という名のもとに構想された」（犬竹正幸訳『自然科学の形而上学的原理』（『カント全集一二』）岩波書店、二〇〇〇年、二三六―二三七頁）。

（34）カントとランベルトの現象学の違いについては、中島義道「ランベルトの現象学」（『時間と自由』）参照。Cf. E. W. W. Orth, “Can “Phenomenology” in Kant and Lambert be connected with Husserlian Phenomenology?” in: *Kant and phenomenology*, Center for Advanced Research in Phenomenology, 1984, pp. 73–74.

（35）現象学という語はランベルト以来、さまざまな哲学者によって使用されてきた。ヘーゲルの現象学については、拙著『ヘーゲル現象学の理念』（創文社、二〇〇二年）参照。現象学をめぐるフッサールとハイデガーの関係については、拙著『意味・真理・場所――ハイデガーの思惟の道――』第五節「現象学」参照。ハイデガーの現象学がプラトンとアリストテレスという学的始元の取り返しであることについては、拙著『ハイデガー哲学の射程』第三章「現象学」参照。メルロ・ポンティの現象学については、拙論「心理学を超える道」（『哲学雑誌』第九二巻第七六四号、一九七七年）、「現象学の現象学――『知覚の現象学』における還元――」（『思想』一九七八年一〇月）参照。

（36）「知性的なものと感性的なものとの混同はすり替えの形而上学的誤謬（vitium subreptionis metaphysicum）であろう」（2, p. 412）。就任論文における「すり替え」という言葉は、『純粋理性批判』の弁証論の三つのテーマ（誤謬推理、二律背反、理想）

に関して、「超越論的すり替え（transzendentale Subreption）」（A402, A509=B537, A583=B611）として使われている。『純粋理性批判』における二律背反については、中島義道『『純粋理性批判』を嚙み砕く』（講談社、二〇一〇年）参照。

(37)　就任論文の第五章「形而上学における可感的なものと可想的なものに関する方法について」の最初の節において、次のように書かれている。「……純粋理性の法則の解明がそれ自身学の生成であり、この法則と偽の法則の区別が真理の基準である」（2, p. 411）。しかしカントは就任論文において、「この広範囲にわたる極めて重要な問題」（2, p. 411）を論じることはなかった。しかし形而上学への予備学である一般現象学はこの重要な問題を、つまり「純粋理性の法則の解明」を中心課題としなければならない。「光が光自身と闇を明らかにするように、真理は真理自身と虚偽との規範である」（スピノザ『エチカ』第二部定理四三）。

(38)　「形而上学は、すべての自然学を超えた理性学（Vernunftwissenschaft）である」（23, p. 139）。

(39)　一七七一年六月七日のヘルツ宛の手紙のうちに、ヒュームの警告を受けたカントの姿を見ることができるとすれば、一七七一年七月の『ケーニヒスベルク新聞』に載ったヒューム『人間本性論』（第一部第四章第七節）のハーマン訳が独断のまどろみからカントを目覚めさせた、とは言えないことになる。Cf. M. Kuehn, "Kant's Conception of "Hume's Problem"", in: *Journal of the History of Philosophy*, 21, 198, pp. 185-186; T. Knapp, *Die Kopernikanische Wende*, p. 36, pp. 118-119. 同様にビーティーの本の独訳（一七七二年の復活祭に出版）がきっかけとなったわけでもない。Cf. N. K. Smith, *A Commentary to Kant's 'Critique of Pure Reason'*, p. xxix. カントがヒュームの因果解釈を知ったのは、ヒューム『人間本性論』でなく、『人間知性研究』の独訳（一七五五年に出版）を通してであろう。そこには次のように書かれている。「あらゆる結果はその原因と異なった出来事である。それ故結果は原因のうちに発見されることはありえないし、結果をアプリオリに考え出したり考案することはまったく恣意的であるにちがいない」（D. Hume, *Enquires concerning the Human Understanding and concerning the Principles of Morals*, Oxford University Press, 1972, p. 30）。

(40)　E. Cassirer, *Kants Leben und Lehre*, p. 122.

(41)　カントは『純粋理性批判』以前に「超越論的」という語を三度使っている。ヘルツ宛の手紙はドイツ語であるが、それ以前の用例はラテン語である。「自然モナド論」（一七五六年）における「超越論的哲学（philosophia transcendentalis）」（1, p. 475）、就任論文における「超越論的意味における（in sensu transcendentalis）」（2, p. 389）。

(42)　この「知的認識の源泉」を追究する試みの核心は、『純粋理性批判』の分析論として結実する。「私が概念の分析論のもとで理解しているのは、……未だほとんど試みられていない悟性能力そのものの分析である。それは我々がアプリオリな概念をその誕生地としての悟性のうちにのみ捜し出し、その純粋な使用一般を分析することによって、アプリオリな概念の可能性を探究するためである。何故ならこうしたことは超越論的哲学の固有の仕事だからである」（A65–66=B90–91）。

（43）「超越論的哲学においては、客観でなくむしろ（nicht...sondern vielmehr）我々の理性そのものが考察される」（28, p. 363）。「我々は超越論的哲学において、客観でなく（nicht...sondern）理性そのものを考察する」（29, p. 756）。

（44）純粋理性の哲学は(C)が提示されている文脈、つまり『純粋理性批判』の「超越論的方法論」の第三章「純粋理性の建築術（Architektonik）」において語られている。すでに言及したように［二］、純粋理性の哲学は、「アプリオリなすべての純粋認識に関して理性の能力を探究する予備学」としての批判と「純粋理性の体系」としての形而上学に区分される。さらに形而上学は自然の形而上学と人倫の形而上学に二分される（A841=B869）。そして(C)が示すように、自然の形而上学は「狭義におけるいわゆる形而上学」とされ、超越論的哲学と純粋理性の自然学からなる。さらに純粋理性の自然学は「内在的－超越的」へと二分される。超越的自然学は超越論的世界認識（合理的宇宙論）と超越論的神認識（合理的神学）に分けられ、内在的自然学は合理的物理学と合理的心理学に分けられる。

（45）「この第一部門を純粋形而上学と名づけることができる。そして、対象へのアプリオリな原理の応用は応用形而上学であろう」（29, p. 751）。「哲学は、数学と同様に、二つの部門に分けることができる、つまり純粋哲学と応用哲学である。――形而上学は純粋哲学の体系である。形而上学という語は、自然の限界を超え出る学を意味する。（自然とは経験のすべての対象の総体である）」（28, p. 540）。

（46）こうした混同の指摘の古典的な例として、H. Vaihinger, *Commentar zur Kritik der reinen Vernunft*, vol. 1, pp. 467–470; vol. 2, pp. 351-355. M. Aebi, *Kants Begründung der "deutschen Philosophie"*, Verlag für Recht und Gesellschaft, 1947, pp. 58–61. H. J. Paton, *Kant's Metaphysic of Experience*, vol. 1, p. 144 n. 2; p. 232 n. 2. さらに久呉高之「カントの Transzendental-Philosophie ――根本術語 transzendental に即して――（上）」三四－三八頁参照。

（47）「カントはこの二つの術語［超越論的と超越的］を区別した最初の者である」（N. K. Smith, *A Commentary to Kant's 'Critique of Pure Reason'*, p. 73）。Cf. H. Knittermeyer, *Der Terminus transszendental in seiner Entwickelung bis zu Kant*, J. Hamel, 1920, p. 207.

（48）「認識の起源に関しては超越論的と名づけられる」ことから、『純粋理性批判』の認識が超越論的と名づけられていることが理解できる。『純粋理性批判』の「超越論的原理論」の最後の段落は次のように始まっている。「このようにすべての人間的認識は直観をもって始まり、そこから概念へ進み、理念をもって終わる。確かに人間的認識は三つのすべての要素に関してアプリオリな認識源泉をもっている……」（A702=B730）。直観、概念、理念が「アプリオリな認識源泉をもっている」が故に、それらを扱う感性論、分析論、弁証論は「認識の起源に関しては超越論的と名づけられる」のである。

(49)「純粋な理性認識の起源に関して、その認識が経験から導出されるか、あるいは経験から独立に、理性のうちにその源泉をもつか」(A854=B882)。

(50)「その応用が完全に可能的経験の制限のうちに保持されている原則を我々は内在的原則と名づけ、この限界を飛び超すべき原則を超越的原則と名づけよう」(A295-296=B352)。

(51) 超越論的理念において我々は「我々の理性のうちにのみその起源をもつ概念」(4, p. 349) に関わる。つまり理念は「認識の起源に関して超越論的」である。

(52)「理念は超越的であり、すべての経験の限界を乗り超える。それ故超越論的理念に合致する対象は経験において決して現われえない」(A327=B384)。理念が超越的であるとは、経験において理念の対象が現われえないからである。理念は「いかなる経験においても見出されえない客観に関しては超越的」である。「概念が内在的であるのは、概念に対応する客観が与えられうる場合である。概念が超越的であるのは、このことがもはやありえない場合である」(28, p. 679)。

(53) transzendent との関係を考慮して transzendental の訳語を「先験的」でなく「超越論的」としたのは、九鬼周造である。『九鬼周造全集』第三巻、岩波書店、一九八一年、三三六–三三七頁参照。九鬼もまた transzendent と transzendental の混同を指摘している。「transzendent と transzendental との間にこういう本質的な密接な関係があればこそ、Kant 自身時として transzendent と transzendental とを混同して用いたのである。『純粋理性批判』で transzendentaler Gebrauch（超越論的使用）と云っているのを Prolegomena では transzendenter Gebrauch（超越的使用）と改めているのもその一例である」(『九鬼周造全集』第七巻、岩波書店、一九八一年、四一–四二頁)。さらに『九鬼周造全集』第三巻、三三七頁、第一〇巻（岩波書店、一九八二年）一七頁参照。

九鬼は『プロレゴメナ』第四〇節を指示している。「純粋悟性概念の使用は内在的であるにすぎない、つまり与えられうるかぎりでの経験に関わる。しかし理性概念は完全性に、つまり可能的経験全体の集合的統一に関わり、それによってあらゆる与えられた経験を超え出て (hinausgehen)、超越的になる」(4, p. 328)。確かにここで「純粋悟性概念の使用は内在的である」のに対して、「超越的」が対比されているが、超越的使用が語られているわけではない。超越的と言われているのは理性概念（理念）であり、「その対象がいかなる経験においても与えられえない概念」(4, p. 328) という意味である。つまり「いかなる経験においても見出されえない客観に関しては超越的」なのであり、ここに混同など見出せない。

混同を指摘できるとすれば、それは『プロレゴメナ』第三三節においてである。そこでは因果の概念をめぐるヒュームの問題圏の文脈のうちで、純粋悟性概念の超越的使用が語られている。(a)「すべての可能な経験を超え出る使用（der Gebrauch, der über alle mögliche Erfahrung hinausgeht）を私は超越的と名づける」（4. p. 315）。『純粋理性批判』において超越論的使用と言われていたことが、ここでは超越的使用と言い換えられている、と言えそうである。しかしこれは「超越論的－超越的」の混同でも、変更でもない。何故なら『プロレゴメナ』とまったく同じことが、しかもヒュームの問題圏という同じ文脈のうちで『純粋理性批判』においても書かれているからである。(b)「因果性の原則をすべての経験を超え出て使用すること（einen über alle Erfahrung hinausgehenden Gebrauch zu machen）ができないという我々の理性の無能力から、経験的なものを超え出るという理性一般のすべての僭称の無効性をヒュームは推論した。／……この検閲が不可避的に、原則のすべての超越的使用に対する懐疑に導くことは、疑いない」（A760-761=B788-789）。(a)(b)が同じ「超越的使用」を語っていることは、その表現から見ても明白だろう。「『純粋理性批判』で transzendentaler Gebrauch（超越論的使用）と云っているのを Prolegomena では transzendenter Gebrauch（超越的使用）と改めている」のでなく、『純粋理性批判』において超越的使用と言われていたものを『プロレゴメナ』においても超越的使用と言っているにすぎない。『プロレゴメナ』第二三節でヒュームの問題として語られたことは、『純粋理性批判』第二版の分析論において、新たに書き加えられている。「ヒュームはこの概念と、概念に基づく原則とによって経験限界を超え出る（hinausgehen）ことが不可能であると宣言した」（B127）。

(54)「純粋悟性概念についても純粋理性概念についても、いかなる超越論的使用も存在しない……」（A515=B543）。

(55)『プロレゴメナ』第一三節も nicht...sondern を使って超越論的という語を定義している［一］。

「超越論的という語は、私においては、決して物に対する我々の認識の関係を意味するのでなく、認識能力に対する我々の認識の関係を意味するだけである」（4. p. 293）。

「私においては」という言葉は、この対比がカント独自の超越論的哲学を背景としていることを示している。「物に対する我々の認識の関係」は「いかなる経験においても見出されえない客観に関しては超越的」に対応する。「認識能力に対する我々の認識の関係」において認識の起源が問われている。つまり経験に由来する（経験的起源）か、あるいは主観の認識能力（純粋直観・純粋悟性・純粋理性）に由来する（超越論的起源）か。「認識能力に対する我々の認識の関係」は、「認識の起源に関しては超越論的」である。

(56) カントは評者の transscendentell を transscendent（transzendent）と書き換えて引用している。Cf. I. Kant, *Prolegomena zu einer jeden künftigen Metaphysik*, Philosophische Bibliothek 40, Felix Meiner, 1969, p. 144 n. a. カントは「超越的」と対比して「超越論的という語」を定義している。とすれば超越論的でないとされた「すべての経験を超え出るもの」は超越的であろう。つま

り「いかなる経験においても見出されえない客観に関しては超越的」である。

(57) 「超越論的哲学はすべての我々のアプリオリな純粋認識の体系である。通例それは存在論と名づけられる。それ故存在論は物一般を扱い、すべての特殊なものを捨象する。存在論はすべての純粋悟性概念を、そして悟性あるいは理性のすべての原則を包括する」(28, p. 541)。

第一版においてカテゴリーが「物一般の表象」(A245) と言われている。この表現はテーテンス『一般的思弁哲学について』(J. N. Tetens, *Über allgemeine speculative Philosophie*, Reuther & Reichard, 1913) へ導く。この書の主題は「根本学、存在論と人が呼ぶ普遍的な超越的哲学 (transcendente Philosophie)」(p. 17) であり、そこにおいて超越的概念は「普遍的な悟性概念」として論じられる。「第一の最も普遍的な概念は、物あるいは客観そのもの一般についての我々の表象である」(p. 27)。『純粋理性批判』において存在論は超越論的哲学と呼ばれ、純粋悟性概念 (カテゴリー) は「超越論的概念」(A341=B399) である。とすればテーテンスの「超越的」をカントは「超越論的」と言い換えただけに見えるだろう。しかしカント独自の「超越論的」の導入の意味、それによる「超越論的－超越的」の区別の射程を捉えねばならない [六]。第一版でただ一箇所に登場した「物一般の表象」(A245) という言葉を含む箇所も第二版では削除されている。(A)(C)からも明らかなように、カント自身の主導語は「対象一般」である [八]。

(58) Ch. Wolff, *Vernünftige Gedanken von den Kräften des menschlichen Verstandes und ihrem richtigen Gebrauche in Erkenntnis der Wahrheit*, in: *Gesammelte Werke*, I. Abt. Deutsche Schriften, vol. 1, G. Olms, 1978, p. 119.

(59) Ch. Wolff, *Philosophia prima sive Ontologia*, in: *Gesammelte Werke*, II. Abt. Lateinische Schriften, vol. 3, G. Olms, 1962, p. 1.

(60) ヴォルフの『ドイツ語形而上学』、つまり『神と世界と人間の心の、ならびにすべての物一般 (Dinge überhaupt) の理性的思想』は、特殊形而上学の主題 (神、世界、人間の心) と一般形而上学 (存在論) の主題 (物一般)、そしてそうした主題への接近方法 (理性的思想、つまり理性による認識) を表現している。存在論の主題が物一般であることは、彼の存在論を含む第二章の表題「我々の認識とすべての物一般の第一根拠について」から明らかである。「『全哲学』においてヴォルフに基づいて存在論を論じたゴットシェトも、存在論を物一般についての学と翻訳した」(H. Pichler, *Über Christian Wolffs Ontologie*, Dürr, 1910, p. 3)。

(61) 哲学用語としてのラテン語が当時いかなるドイツ語に翻訳されたかについては、『羅独－独羅学術語彙辞典』参照。philosophia prima (=Grundwissenschaft) については同書二七六頁、五五七頁を、in genere (=überhaupt) については同書一七五頁、六九六頁を、ens (=Ding) については同書一一七－一一九頁、四七三－四七四頁を参照。"Unter dem Rechte überhaupt

(jus in genere)"(W. T. Krug, *Handbuch der Philosophie und der philosophischen Literatur*, F. A. Brockhaus, 1828, p. 128).

(62)「『物一般』——それはスコラ哲学の ens qua ens、アリストテレスの ὂν ᾗ ὄν(『形而上学』Γ1)に対するヴォルフのドイツ語の術語である」(G. Krüger, *Philosophie und Moral in der Kantischen Kritik*, J. C. B. Mohr, 1967, p. 23)。

(63) この箇所に基づいてカント「一七六五ー六六年冬学期講義計画公告」は、存在論を「すべての物のより一般的な性質についての学」(2, p. 309)と規定している。カントの形而上学講義は次のように語っている。「すべての物一般の性質についての学は存在論と名づけられる」(28, p. 390)。「我々は今や、人が存在論と名づける、すべての物一般の性質についての学に着手する」(29, p. 784)。Cf. 28, p. 7, p. 174, p. 177.

(64) A. G. Baumgarten, *Metaphysik*, Hemmerdeschen Buchhandlung, 1783, pp. 2-3.

(65) J. H. Lambert, *Anlage zur Architektonik, oder Theorie des Einfachen und des Ersten in der philosophischen und mathematischen Erkenntnis*, in: *Philosophische Schriften*, III, Olms, 1965, p. 48.

(66) Cf. J. Owens, *The Doctrine of Being in the Aristotelian Metaphysics*, Pontifical Institute of Mediaeval Studies, 1978, pp. 1-68.

(67)「すでに純粋に言語的に ὂν ᾗ ὄν は、絶対的にあるいは本質的に存在するものを決して意味できない。というのも、ᾗ X はアリストテレスにおいてつねに、我々がXという観点から或るものを考察するかぎり、ということを意味し、ᾗ の前にあるものの存在のあり方を修飾するのでも、記述するのでもないからである」(A. Mansion, "Philosophie Première, Philosophie Seconde et Metaphysique chez Aristote", in: *Revue Philosophique de Louvain* 56, 1958, p. 220)。Cf. P. Merlan, "Ὂν ᾗ ὄν und πρώτη οὐσία", in: *Philosophische Rundschau* 7, 1959, p. 150.

「τὸ ὂν ᾗ ὄν が探究されるべきである。——存在者が存在者であるかぎりで、すなわち存在者を存在者がそれである存在者にするものへの視向においてのみ、つまり存在への視向においてのみ、存在者が探究されるべきである」(GA26, 12)。Cf. GA22, 150, 195; GA29/30, 65; GA33, 10, 14; GA55, 73, 75. ハイデガーは ᾗ ὄν を「存在者が存在者であるかぎりで」という考察の観点(存在への視向、つまり観点)として解釈している。これは『存在と時間』における存在の規定に正確に対応している。存在は「存在者を存在者として規定するもの、存在者がいかに究明されようとも、存在者がその都度すでにそれへと向けて理解されているそれ(woraufhin)である」(GA2, 8)。ハイデガーは ᾗ ὄν が意味する「考察の観点」を Woraufhin として彼自身の存在論のうちに取り返したのである。

(68)『純粋理性批判』における「物一般」の用例を見てみよう。「我々の直観の感性、それ故我々に固有な表象の仕方を捨象し、物一般について語る」(A35=B51)、あるいは「物一般の概念において、その直観のすべての様式が捨象される」(A35=B51-52)。

「物一般について語る」とは、「我々の直観の様式」という特殊性を捨象することによって、物を一般に考察することである。『純粋理性批判』が「一般」を副詞として捉えていることは次の用例から確認できる。

「何らかの原則における概念の超越論的使用とは、概念が Dinge überhaupt und an sich selbst に関係づけられることであるが、しかし概念の経験的使用とは、概念が単に諸現象に、つまり可能的経験の対象に関係づけられることである」（A238–239=B298）。

ここで Dinge überhaupt und an sich selbst と言われているが、この表現は「物一般」と「物自体そのもの」という二つの物を言い表わしているのではない。区別された二つの物を意味しているのでないことは、自家用本において Dinge überhaupt und an sich selbst が Gegenstände, die uns in keiner Anschauung gegeben werden, mithin nichtsinnliche Gegenstände と書き換えられていることから明らかである（23, p. 47）。

第二版の誤謬推理においても Dinge überhaupt und an sich selbst（B410）が語られるが、それに言及した第二版の序文において als Ding überhaupt（als Sache an sich selbst）（BXXVII）と表現されている。überhaupt と an sich selbst が同じ役割を果たしているのだから、Ding an sich selbst という表現を理解すれば、同じように「物一般」の意味を捉えることができるだろう。プラウスは「物自体」の標準形を Ding an sich selbst に求め、それを Ding an sich selbst betrachatet と解釈した。「an sich と an sich selbst という表現法は、『物』に対する形容詞的規定では決してなく、『考察された』に対する副詞的規定である」（G. Prauss, *Kant und das Problem der Dinge an sich*, Bouvier, 1977, p. 23）。これはハイデガーの解釈と同じである。「客観はそれ自体として考察され、それが触発の結果として直観されるあり方を問わずに考察される」（GA26, 209. cf. GA3, 32–33; GA25, 98–99）。Cf. T. Pinder, "Kants Begriff der transzendentalen Erkenntnis", p. 12.

überhaupt と an sich selbst は、副詞として betrachtet を補って読まれるべきであり、ともに「考察の観点」を言い表わしている。それ故決して Ding-überhaupt（一般的な物）あるいは Ding-an-sich（自体的な物）という形で実体化してはならない。Dinge überhaupt und an sich selbst は、Dinge - überhaupt und an sich selbst betrachtet、つまり「一般にかつそれ自体そのものとして考察された物」と読まれなければならない。

（69）「純粋理性によって与えられる対象は存在論に属する。しかしそれはまた現実の対象なのか。そうではなく、単なる思惟である。それ故存在論は客観をもたず、単に純粋思惟の概念、法則、原理をもつにすぎない」（29, pp. 11–12）。「存在論において人は物一般について語る、それ故本来的には物について語っていない —— 物を思惟する悟性の本性に人は関わっている。—— 我々はここで、それによって我々が物を思惟する概念、つまり純粋悟性概念をもっている。—— それ故存在論は純粋悟性と純粋理性の原理についての学である」(29, p. 752)。「容易に人が洞察するのは、存在論が我々のアプリオリな認識一般の根本概念と根本原則のみを含む、ということである。何故なら存在論がすべての物の性質を考量するべきであるなら、存在論は物一般のみを、つまり思惟のあらゆる対象を客観としてもつ、それ故いかなる一定の対象ももたない。それ故その場合私が考察する認識だけが私に残る」(29, p. 784)。Cf. 8, p. 363.

(70) 「人は存在論を超越論的哲学と名づける。しかし存在論は我々の理性による対象の考察である。存在論は、そこにおいて私が我々の理性によって対象を獲得する応用形而上学である。しかし超越論的哲学は我々の理性の自己認識である」(28, p. 360)。

(71) 存在論に対して「その概念と原則が物一般の認識への要求としては否認され、可能な経験の対象という非常に狭められた領野に制限される」(8, p. 190)。

(72) カントは形而上学講義で「一般形而上学－超越論的哲学－あるいは存在論」という表題のもとで、バウムガルテンを批判している。「著者は可能的なものから始めている。しかし彼は正しく行なっていない。何故ならこの概念は等しく区分されるからである。形而上学において考察される最初のものは、対象という語である。それは存在論における普遍的な概念、最高の概念である」(28, p. 622)。

(73) 「『対象一般』という表現は『純粋理性批判』以前にどこにも見当たらない。この表現はカント以前の存在論にとってまったく知られていない」(T. Pinder, "Kants Begriff der transzendentalen Erkenntnis", p. 14)。

(74) 『羅独－独羅学術語彙辞典』二四四頁参照。
可能なものと不可能なものの対立は、バウムガルテン『形而上学』第一部「存在論」(第七、八節) において、或るもの (aliquid) と無 (nihil) との対立として表現されている (cf. 17, p. 24)。nihil と対立するのが ens でなく aliquid とされることの背景にあるのは、aliquid=Etwas が ens と置き換えられる超越概念である (トマス・アクィナス『真理論』)、ということであろう。カントはバウムガルテンに従って、「或るもの－無」の対立として表現している。「私は、最も抽象的な存在論的区分、つまり或るものと無の概念の多様な区別に関して、この導きを使用し、それに従って規則的で必然的な表 (『批判』二九二頁) を実現せずにいられなかった」(4, p. 325)。「存在論の教師はまず最初に或るものと無から始めるが、しかしこれがすでに区分の分枝であり、それに対して区分された概念がなお欠けていることに気がつかない。区分された概念とは、対象一般という概念でしかありえない」(6, p. 218)。

(75) 「概念がアプリオリであれば、従って対象によって与えられないならば、概念は対象一般に関して、悟性そのものから取り出されうる」(18, p. 286)。

（76）確かに「対象一般についての我々のアプリオリな概念」はカテゴリーを意味する。『純粋理性批判』においてカテゴリーは「対象一般についての概念」（B128）、「対象一般に関わる唯一の概念」（A290=B346）とされるのだから。しかし概念という言葉にこだわる必要はないだろう。何故なら概念を扱うことのうちに、原則をも含めているからである。「存在論は物の認識のためのアプリオリな概念を含む学である。存在論はまた超越論的哲学、一般哲学と名づけられ、基本概念と原則を含む」（28, p. 617）。

（77）コーヘンは数学・自然科学と指すと解釈している。「この我々の認識様式は、学、つまり数学と物理学以外の何ものでもない。超越論的認識は数学と物理学に向けられている」（H. Cohen, *Kommentar zu Immanuel Kants Kritik der reinen Vernunft*, p. 19）。

（78）このテーゼはライプニッツ的な数学の哲学と対立する。「形式主義者と直観主義者はともに、そして特にその現代の指導者であるヒルベルトとブラウアーは、カントの数学の哲学の影響を認め、論理学の原理のライプニッツ的伝統を拒否する。ヒルベルトとブラウアーはともに、数学的理論を総合的と見なす……」（S. Körner, *The Philosophy of Mathematics : An Introductory Essay*, Hutchinson, 1960, p. 119）。ヒルベルトは次のように書いている。「たとえ今日我々が細かな点でもはやカントに同意できないとしても、にもかかわらずカントの認識論の最も普遍的な根本思想はその意義をもち続けている。つまりアプリオリな直観的態度を確言すること、それによってあらゆる認識の可能性の条件を探究することである」（D. Hilbert, "Die Grundlegung der elementaren Zahlenlehre", in: *Mathematische Annalen*, 104, pp. 32-33）。ブラウアーは次のように語っている。「上で述べたカント―ショーペンハウアーの見解――連続体をアプリオリな純粋な直観と見なす見解――はその本質において直観主義のうちに保持されている」（L. E. F. Brouwer, The Structure of the Continuum, in: *From Kant to Hilbert*, vol. II, 1996, Clarendon Press, p. 1191）。

（79）形而上学の場合だけ scllen が付いているのは何故なのか。形而上学は「世界は最初の始まりをもたねばならない」などの命題を問題とするが、それについて経験は何も決定できない。「こうして形而上学は少なくともその目的に関して、単にアプリオリな総合的命題から構成されている」（B18）。「その目的に関して」という言葉は、「形而上学は単にアプリオリな総合的命題から構成されている」ことが事実（enthalten sind）でなく、形而上学の要求（enthalten sein sollen）にすぎないことを示している。それに対して数学・自然科学がアプリオリな総合的判断を含んでいることは事実として承認されているから、enthält（enthalte）であって、enthalten soll ではない。

（80）『プロレゴメナ』第二節の表題は、「それのみが形而上学的と呼ばれうる認識様式（Erkenntnisart）について」である。

（81）「形而上学はその探究の本来的な目的として、ただ三つの理念をもっている、つまり神と自由と不死性である」（A338=

B395）。「理性の思弁が超越論的使用において最後に目指す究極意図は、三つの対象に関わる、つまり意志の自由、魂の不死性、そして神の現存在である」（A798=B826）。

（82）「形而上学の全体系は四つの主要部門から成り立つ。一、存在論。二、合理的心理学。三、合理的宇宙論。四、合理的神学」（A846=B874）。これは当時の形而上学の理解に従っている。カントが教科書として使ったバウムガルテン『形而上学』第二節は言う。「形而上学に、存在論、宇宙論、心理学、そして自然的神学が属する」（17, p. 23）。この構成は一般形而上学（存在論）と特殊形而上学（心理学、宇宙論、神学）という二部構成である。

（83）「本来的な形而上学は、理性のうちに与えられている（理性にとって必然的である）が、しかし経験のうちにいかなる対応した対象も与えられえない概念に対する（従って超感性的なものに対する）、超越論的哲学の応用である」（18, p. 709）。

（84）「形而上学に超越論的哲学が先行する」（18, p. 285）。「アプリオリな対象の認識を含む応用形而上学は、純粋理性の体系をなし、純粋理性認識の体系は厳密な意味での形而上学と呼ばれる。超越論的哲学は本来的な形而上学の予備学である」（29, p. 752）。

第十二節

（1）原佑訳『純粋理性批判』（『カント全集　第四巻』理想社、一九六六年、四二一頁）は、「第一部門」と「第二部門」という言葉に、「この〈第一部門〉は、《超越論的分析論》を指す」、「この〈第二部門〉は《超越論的弁証論》を指す」と註を付している。高峯一愚訳『純粋理性批判』（河出書房、一九六七年、三二頁）も、「形而上学［ここでは先験的論理学］に対してその第一部門［分析論］」、「第二部門［先験的弁証論］」としている。有福孝岳訳『純粋理性批判』（『カント全集四』岩波書店、二〇〇一年、三五－三六頁）は、「その第一の部門［超越論的分析論］」、「第二部門［超越論的弁証論］」と訳している。同様に篠田英雄訳『純粋理性批判』（上）（岩波書店、二〇〇三年、三五頁）は「この第一部門［先験的感性論］」、「第二部門［先験的論理学］」とし、中山元訳『純粋理性批判』1（光文社、二〇一〇年、一六二頁）は「形而上学の第一の部門［である批判の分析的な部門］」、「第二の部門［である純粋理性の弁証論］」としている。

（2）「存在論－本来的な形而上学」という形而上学の伝統のうちに、ウィトゲンシュタイン『論理哲学論考』の論理－倫理の二部構成が位置していることについては、拙著『形而上学者ウィトゲンシュタイン』（筑摩書房、二〇〇二年）参照。

（3）「……純粋悟性批判は、いかにしてアプリオリな総合命題は可能か、という普遍的な問いの解決を目的としてもつ探究から始まる。そしてそのために必要なすべての条件の労多き究明の後にのみ、純粋悟性批判は決定的な結論に達しうる。つまり概念がそれに対応する直観（我々にとってつねに感性的である）において表現されうるのでなければ、いかなる概念も客観的実在性を保証されえない。それ故感性の限界を超えては、従って可能的経験の限界を超えては、認識は絶対にありえない、つまり空虚でないことが確かな概念はありえない」(8, pp. 188–189)。

（4）「自然学を超えて（μετὰ τὰ φυσικά）というこの学の古い名は、この学による意図が向けられた認識の種類をすでに指示している。人はこの学によって、絶対に経験の対象でありえないものをできるかぎり認識するために、可能的な経験のすべての対象を超えて（trans physicam）超え出ようとする。それ故そのような学の獲得の根拠を含む意図に従えば、形而上学の定義は次のようになるだろう。形而上学は感性的なものの認識から超感性的なものの認識へ進む学である」(20, p. 316)。

（5）「神の理念はまったく我々自身の理性から生じ、我々によって自ら作られる（von uns...selbst gemacht）」(6, p. 444)。

（6）「形而上学がこの批判によって学の確実な歩みへもたらされるなら、形而上学は自分にふさわしい認識の全分野を完全に包含でき、それ故自分の仕事を完成できるし、決して増やしえない資本として、後世に対して使用のために保管できる」(B XXIII-XXIV)。

（7）「自ら作る」という視点から、根源的獲得という概念に光を当てることができるだろう。カントは論文「純粋理性批判の無用論」（一七九〇年）において次のように書いている。「批判は付与されたあるいは生得的な表象を絶対に容認しない。直観に属すにしろ悟性概念に属すにしろ、すべての表象を批判は獲得されたものと想定する。しかしまた根源的獲得（自然法の教師が表現するように）が存在する。従ってまた、先立ってまったく現実存在しないものの獲得、それ故この行為に先立って何ものにも属さないものの獲得が存在する。批判が主張するように、そのようなものは、第一に空間と時間における物の形式であり、第二に概念における多様なものの総合的統一である。何故なら我々の認識能力は両者のどちらをも、客観のうちにそれ自体与えられているものとして、客観から取り出すのでなく、自分自身のうちからアプリオリに実現する（aus sich selbst a priori zu Stande bringen）からである。しかしやはりそれに対する根拠が主観のうちになければならない。その根拠は、想定された表象がこのようであって別様でなく生じることを、そしてさらにその上に、いまだ与えられていない客観へ関係づけられうることを可能にする。この根拠は少なくとも生得的である」(8, pp. 221–222)。ここでの表現は『判断力批判』を想起させる［第十節六］。「人が概念に従って自ら作り（selbst machen）、実現する（zu Stande bringen）ことのできるもののみを、人は完全に洞察する」(5, p. 384)。根源的獲得において「自分自身のうちからアプリオリに実現する」ことは、コペルニクス・テーゼにおける「自ら作り、実現する」ことと同じである。カントが生得説でなく、根源的獲得説を主張することは、コペルニクス的転回から理解できるだろう。カントにおける根源的獲得については、山根雄一郎『〈根源的獲得〉の哲学』（東京大学出版会、二〇〇五年）参照。

（8）「すべての形而上学の究極意図は、感性的なものの認識から超感性的なものの認識へと上昇することである。純粋理性の批判が証明したのは、このことが理論的意図においてでなく、道徳的‐実践的意図において、自由の超越論的概念を介して達成されうる、ということである……」（18, pp. 667-668）。

（9）「一般学芸新聞」（一七八六年一一月二一日）は次のように出版予告している。「第一版に含まれている純粋思弁理性批判に、第二版においてさらに純粋実践理性の批判が付け加わるだろう」（3, p. 556）。

（10）カントはヤーコプ宛の手紙（一七八七年九月一一日）に書いている。「今私の実践理性批判はグルーネルトのもとにあります」（10, p. 494）。『実践理性批判』の刊行年は一七八八年となっているが、一七八七年一二月には印刷が終わっていた。一七八七年一二月の手紙に次のように書かれている。「今刊行された私の実践理性批判の一部をハレからあなたに送り届けるように、適切な時に注文することを私は忘れていました」（10, p. 512）。「私の尊敬のささやかな徴として私の実践理性批判の一部をあなたに送付するように、ハレの出版社グルーネルトに私は委託しました……」（10, pp. 513-514）。

（11）「経験のうちでなく、或る（単に論理的規則でなく）アプリオリに確定した、我々の現実存在に関わる純粋な理性使用の法則のうちに、我々自身の現存在に関して完全にアプリオリに我々を立法的なものとして、そしてこの現実存在をも自ら規定するものとして前提するきっかけが後に見出されるとすれば、そのために経験的直観の条件を必要とすることなしに我々の現実性が規定されうるような自発性が、それによって発見されるだろう」（B430）。

（12）Cf. T. Knapp, *Die Kopernikanische Wende*, p. 178.

（13）B. Carnois, *The Coherence of Kant's Doctrine of Freedom*, University of Chicago Press, 1987, p. 45.「……カント倫理学の基本的アイディアは、もう一つのコペルニクス的転回であり、私が記述したコペルニクス的転回とあらゆる点で類比的である。何故ならカントは人間を、自然の立法者とするのとまさに同様に、道徳の立法者とするからである。そしてそうすることによって、彼は道徳的宇宙においても物理的宇宙においても、人間にその中心的な位置を返す。カントは科学を人間化したように、倫理学を人間化した」（K. R. Popper, *Conjectures and Refutations*, p. 181）。「カントの最も重要な発見は、法則が自由の単なる制限でなく、それ自身自由の所産であるということである。まさにこの着想が第一批判に対する第二批判の主要な発展を示している。これが道徳哲学におけるコペルニクス的転回である」（L. W. Beck, *A Commentary to Kant's Critique of Practical Reason*, p. 179）。「人間の意志が自ら義務を自発的に創立しつつ、しかも自らその義務に服するということは、カントの理論哲学におけるコペルニクス的革命に類似せるものである」（ibid., p. 199）。

（14）「反省的判断力というこの能力は、それによって自身にのみ法則を与えるのであって、自然に法則を与えるのでない」（5, p.

180)。自身にのみ法則を与えるという反省的判断力の立法は、「自己自律（Heautonomie）」（5, p. 185）と呼ばれる。

(15)「悟性は自然の超越論的立法において可能な経験的法則のすべての多様性を捨象する。悟性はこの立法において、経験の形式に関して経験一般の可能性の条件のみを考察する」（20, p. 210）。

(16)「自由の超越論的理念は……行為の帰責可能性（Imputabilität）の本来的根拠としての行為の絶対的自発性を形成する」（A448=B476）。imputabilitas（=Imputabilität）は Zurechnungsfähigkeit とドイツ語訳される。『羅独‐独羅学術語彙辞典』一七四頁、七八九頁参照。

(17) 世界概念による哲学は「人間理性の究極目的に対する、すべての認識と理性使用の関係の学」（9, p. 24）である。

(18)「哲学者は理性の指導者として、人間を人間の使命へと導く。それ故人間の認識は人間の使命を目指している」（29, p. 8）。

(19)「我々の認識のすべての実践的使用が最後に関係しなければならない唯一の無条件的な最終の目的（究極目的）は、人倫性であり、そのためにまた我々は人倫性を端的にあるいは絶対的に実践的なものと名づける」（9, p. 87）。

(20)「純粋実践理性の究極目的は、世界において可能であるかぎりでの最高善である」（20, p. 294）。

(21)「最高善の理念を実践的に、つまり我々の理性的な振る舞いの格率のために十分に規定することが知恵の教説であり、この教説はまた学として古人が理解した意味における哲学である。古人において哲学は、最高善が定立されるべき概念への指示であり、最高善が獲得されるべき振る舞いへの指示であった。理性が最高善を学へもたらそうとするかぎりにおいて、哲学という言葉を最高善の教説としてその古い意味のままにしておくとすれば、それはよいことであろう」（5, p. 108）。

(22)「知恵の固有の概念は、すべての物の究極目的としての最高善と合致するという意志の性質だけを表わす……」（8, p. 256 n.）。

(23)「知恵の教説としての文字通りの意味での哲学は、無条件的な価値をもっている。何故なら哲学は人間理性の究極目的の教説であり、この究極目的のみがすべての他の目的がそれに後置され下位に置かれねばならない唯一のものでありうるからである」（8, p. 441）。

あとがき

本書の出発点を辿ると、私が大学二年のときに書いたカント倫理学についてのレポートにまで遡る。当時私は理科一類から文学部哲学科へ進路変更をした。これは高校二年の時から考えていた一つの選択肢ではあったが、しかし私に哲学をする力・資質があるのか、それが問題であった。カント『実践理性批判』の根本法則についてのレポートを書いたのは、私に何ができるかを試すという意味があった。三木清の論文「人間学のマルクス的形態」での「基礎経験」にならって「基礎視点」という言葉を作り、カントの根本法則を解釈したことを今でも憶えている。その二年後に書いた卒論においても、何ができるかという問いに正面から答えようとした。卒論は「基礎経験－基礎視点」という対概念によってハイデガー『存在と時間』の基礎構造を明らかにする試みであった。卒論の要旨は「『存在と時間』の基礎構造」として『哲学』（日本哲学会、一九七四年）に発表した。こうした意味においても、大学二年のレポートは私の研究の出発点をなしている。

本書は純粋実践理性の根本法則を解明する試みだから、大学二年のときの課題を受け継いでいることになる。それ故私の研究の出発点をなしたカント倫理学についての研究を完成できたことは、とても嬉しい。本書を大学での最後の仕事と考えている私は、自分の才能に不安であった大学二年の私を、そして進路に迷っていた高校二年の私を想い出すのである。

五〇歳をすぎた頃、私はこれまでの研究の成果を著書にするという方針を立てた。四人の哲学者（ハイデガー、ヘーゲル、ニーチェ、ウィトゲンシュタイン）について膨大な草稿がすでに手元にあったし、さらに私の講義ノートからルソー論とアインシュタイン論の構想が生まれた。しかしこうした構想に取り組んでいるとき、つねに念頭にあったのは、次にカント論を書く、ということだった。

カント倫理学についてのレポートを書いた大学二年のとき以来、カント哲学に対する関心は持ち続けていたが、論文を書いたのはずっと後のことである。「カント倫理学における『理性の事実』」（一九八〇年）は、『実践理性批判』第七節の註解の始め（要請への言及）と終わり（sic volo, sic jubeo）にすでに着目していた。そこからカント倫理学の意志主義を読み取っていたが、しかし根本法則そのものを要請として捉えるには至っていなかった。「存在論と超越論哲学」（一九九四年）は、本書第十一節「超越論的哲学」への最初の一歩となる。このようにカントの理論哲学と実践哲学について論文を書いているのだから、カント論は書けると思っていた。しかしカント論の構想は何度も失敗した。これほど長い間全体構想が定まらなかったのは、初めての経験だった。

突破口を開いたのは、「カント倫理学の根本法則は実践的命題としての要請である」というアイディアだった。「純粋実践理性の根本法則は要請である」（二〇〇七年）は、根本法則を要請として捉えるだけでなく、『人倫の形而上学』の法論を要請論として読むことさらに最高善の促進を要請として理解することへと私を導いてくれた。こうして「要請としてのカント倫理学」の構想が可能となった。

この構想を仕上げる過程において、田中朋弘さん（熊本大学准教授）に何度も私の草稿についてコメントしていただき、メールを通して議論することができた。彼の博士論文『道徳と幸福――カント実践哲学における最高善の研究――』を読ませていただいたことも、最高善について再考するきっかけを与えてくれた。そして『要請としてのカント倫理学』の草稿全体の最初の読者・批評者になっていただいた。田中さんとの議論を通して、カントをめぐるさまざまな論点が明確となったことを、感謝の気持ちとともに明記したい。

『要請としてのカント倫理学』を仕上げる最後の段階において、トビアス・バウアーさん（熊本大学准教授）が共同研究のために私たちの研究室に来られていたことは、私にとって幸運だった。彼にはドイツ語の読み、そしてドイツ語文献について直接いろいろ教えていただいた。バウアーさんの助けなしには、『要請としてのカント倫理学』（特にその第十一節）は満足すべき姿にはならなかっただろう。これまでドイツ語について教えていただいたことも含めて、心より感謝したい。

私のカント論の背景にあるのは、大学での演習である。山口大学の講師となって初めての演習は『純粋理性批判』であった。九州大学においても、カントの著作を演習のテーマにした。『純粋理性批判』、『実践理性批判』、『判断力批判』という三批判書、そして『人倫の形而上学の基礎づけ』、『人倫の形而上学』の法論と徳論である。

大学の演習では、カント以外にもさまざまな哲学者の著作を扱ってきた。スピノザ『エチカ』、ルソー『社会契約論』、シェリング『人間的自由の本質』、ヘーゲル『精神の現象学』と『論理学』、ニーチェ『ツァラトゥストラはこう語った』、ソシュール『一般言語学』、フレーゲ『算術の基礎』、シェーラー『倫理学における形式主義と実質的倫理学』、ウィトゲンシュタイン『論理哲学論考』、ハイデガー『存在と時間』、メルロ＝ポンティ『知覚の現象学』……。

しかし一番多く演習で扱ったのは、カントであり、そうした演習を通して私はカント論文を書くことができた。「カント倫理学における『理性の事実』」（一九八〇年）は『実践理性批判』を取り上げた最初の演習から、そして「純粋実践理性の根本法則は要請である」（二〇〇七年）は『実践理性批判』の第二回目の演習から生まれた。

「存在論と超越論哲学」を書くきっかけとなった『純粋理性批判』の演習は思い出深い。この演習には学生、院生だけでなく、望月俊孝さん（福岡女子大学教授）、浅田淳一さん（筑紫女学園大学教授）、そして当時九州大学法学部の助手であった高橋洋城さん（駒澤大学准教授）も出席していた。この演習で「すべての対象一般を現象体と可想体に区別する根拠について」の章を読んでいるとき、「物一般」と「対象一般」の異同、さらに「物一般」と「物自体」の関係が議論の対象となった。望月さんは「物一般、対象一般、物自体」について独自の解釈を提示するとともに、高坂正顕の論文「物一般と意識一般」も紹介してくれた。この論文を読み直し、二週間かけてまとめた私の草稿は、演習で発表され、論文「存在論と超越論哲学」(一九九四年)となった。

本書の背景にあるのは山口大学・九州大学における演習である。カント演習だけでなく私の演習に出席し、さまざまな質問をしてくれた学生、院生に心より感謝したい。彼らとの議論なしに、本書を書くことはできなかっただろう。

九州大学出版会の尾石理恵さんには、今回もすべてにわたりお世話いただいた。一字一句にまで目が届く丁寧な仕事に、心からお礼を申し上げる。

二〇一一年一二月七日

細川亮一

事項索引

いかにして
いかにしてアプリオリな実践的な総合命題は可能か　306
いかにしてアプリオリな総合的な道徳命題は可能か　200，309
いかにしてアプリオリな総合的な法命題は可能か　198-201，309
いかにしてアプリオリな総合命題は可能か　46，49，66，173，198，200，240，258-260，263，271，306，308-309，327-328，331，342
いかにしてアプリオリな理論的な総合命題は可能か　306
いかにして学としての形而上学は可能か　234，258
いかにして経験は可能か　259-260，328
いかにして形而上学一般は可能か　258，296
いかにして自然そのものは可能か　259
いかにして自然的素質としての形而上学は可能か　234，296
いかにして純粋自然科学は可能か　233-234，258-259
いかにして純粋数学は可能か　234，258-259
いかにして定言命法は可能か→定言命法

意志
意志が理由の代わりとなれ　70，72-73，76-77
意志しうる　10，28-29，35-36，69，82-83，85-86，90，96-97，101，103，105-107，121，126，136-137，140，162
意志するが故になしうる　142-143
意志－選択意志　27，78-80，109，126，133，149
意志の完全性　110，117
意志の規定根拠　11，13，42-43，55，60，84，110
意志の自己矛盾　89-93，98，101-105，121-122，142，148
意志の自由→自由
意志の自律→自律
意志の要請→要請
意志の倫理学→倫理学
意志法　113
一般意志　108，110，113，117-122，124-128，130，147-150
格率を法則化する意志　91，100，102-105
私的意志　110，118-121
自由な意志　44-45，140，148
純粋意志　5-6，63，77，133，156
定義する意志　72-74
特殊意志　119-122，128，147
一つの自然を創造する意志　96-98，100，103
普遍的意志　37，148
法則に従う意志　77-78，97，133
法則の下にある意志　35，42，44-45
命令する意志　75，80，106
善い意志　74-75，85-86
立法する意志　76-82，97，106，108-110，121，126-131，133-134，152，174-175，198，203，305，308
私はかく意志し，かく命令する（sic volo, sic jubeo）　1，4，8-9，41-42，56，58，69-72，76，79，107，174，307-308

意志主義　2，68-72，74，79-83，107-

108, 117, 120, 124, 129-132, 134, 143, 150, 204, 348
一般意志の意志主義　130
感情主義から意志主義へ　120, 130
実践哲学の意志主義　150
真の意志主義　81
数学の意志主義　72, 132
選択意志の意志主義　82
善の意志主義　81
強い意志主義　81-82
法の意志主義　80, 150
弱い意志主義　81
理性意志の意志主義　71, 82
倫理学の意志主義→倫理学

演繹
演繹の不可能性　45, 50, 54, 58, 172, 174-175, 200
概念の演繹　47-48, 67, 163, 198-199, 264
カテゴリーの演繹　268-269, 331
形而上学的演繹　264, 269-270
自由の演繹　43-44
超越論的演繹　239, 264, 269-270, 319
定言命法の演繹→定言命法
道徳法則の演繹　49-54, 56-58, 172, 174-175, 200

幾何学
幾何学者　163-166, 227-228, 314
幾何学の要請→要請
ユークリッド幾何学　57, 73-74, 132, 156-159, 166-167, 169, 173, 182, 190, 227-228, 237, 314
ユークリッド幾何学の要請→要請

形而上学
いかにして学としての形而上学は可能か→いかにして
いかにして形而上学一般は可能か→いかにして
いかにして自然的素質としての形而上学は可能か→いかにして
一般形而上学　274, 277-283, 296-298, 300-301, 337, 340, 342
応用形而上学　257, 274, 280, 298, 334, 340, 342
形而上学的演繹→演繹
形而上学の可能性　66, 261-262, 271, 278, 298-299, 329
形而上学への予備学　257, 261, 271, 273-274, 277, 300, 331, 333
自然の形而上学　47, 279, 281, 334
純粋形而上学　280, 334
人倫の形而上学　279, 281, 334
特殊形而上学　257, 274, 277-280, 282-283, 285, 296-301, 305, 337, 342
独断的な形而上学→独断
本来的な形而上学　173, 256-257, 282, 285, 296-298, 300-303, 306, 342

構成　73-74, 132, 158-160, 165-168, 181-182, 211-212, 227-230, 236, 238, 242-244, 302, 310, 314-315, 320
概念の構成　73, 132, 165, 242-243, 310
図形の構成　166, 236, 314
自ら作る（構成する）　243, 302, 310

コペルニクス的転回　223-226, 231-232, 235-237, 239-242, 248, 299, 302, 305-311, 313, 318-321, 343-344

根本法則　1-4, 6-7, 9-10, 12-13, 17, 20-21, 24, 28-29, 34, 40-43, 57, 64, 68-69, 76, 133, 151-154, 156, 162, 164, 167-175, 178, 193, 197-200, 209, 302, 304-306, 308-309

根本法則から自由へ　7
根本法則の意識　1，3-4，6，10，20，24
根本法則は要請である　151-152，174，305，308
根本法則は理性の事実として与えられる　76，174，305，308
根本法則は立法する意志が与える　174，305，308
要請としての根本法則　170-171，173

最高善
根源的な最高善　176-177，215
最高善の可能性　176，178，181-182，184，189，192，210，215
最高善の可能性の条件→条件
最高善の可能性の条件の要請→要請
最高善の可能性の要請→要請
最高善の教説　180，311-312，345
最高善の促進　151，176-182，184-185，187-189，191-193，209，216，305-306，312
派生的な最高善　176-177，215

自然法　38，90，113，116-118，147，194，202-204，220，343

自由
意志の自由　5，7，13-15，25，44，56-57，134，305，342
自由の意識　3，5-7，14-15，19，25，56，214，304
自由の演繹→演繹
自由の消極的概念　26-27，58，62
自由の積極的概念　26-27
自由の法則　36，38，110-111，118，122，148，195-197，218-219
自由の要請→要請
精神的自由　124-125，149
選択意志の自由　18，25-27，40，58，63，65，134，164，188，193-194，197，205
超越論的自由　76
道徳法則から自由へ　7，11，15-16，19-20，23，25-26，28，175，304
理性の事実から自由へ→理性の事実

条件
経験の可能性の条件　54-55，95，200，259，286，300，306，308-309，316，318
行為の可能性の条件　24，183-184，191-192
最高善の可能性の条件　173，177-178，181-184，189，191，193，210，217
道徳法則の条件　183-184，217
「なしうる」の条件　23，25，175，183-184，192

自律
意志の自律　29，34，41，43，48，64，66-67，75-76，106，172，307-308
自己自律　345
自律の法式　29-31，33-36，41-43，64-65，76，106，123-124

創始者　59，75，80-82，124，134，204，216，241，246-247，263，322
経験の創始者　241，247，263
拘束性の創始者　80-81，134，204
自然法の創始者　204
法則の創始者　75，80-82，124，134
物自体の創始者　246

創造
神の創造　72，246-247
現象の創造者　246-247，321
自然の創造者　96，98
創造者　96-98，116，140，145，246-247，319-322
一つの自然を創造する意志→意志

存在論
　アリストテレス存在論　279，289
　存在論から超越論的哲学へ　261，277，286-287，291，298
　存在論の変革　248-249，252，261，263，277，298
　伝統的な存在論　253，261，286-287
　メタ存在論　254，296

超越的
　超越的使用　264，266-267，269，281，284-286，335-336
　超越的－内在的　280-286，327，334-335
　超越的なもの　260，327
　超越的部門　275，282-283，327
　超越論的－超越的→超越論的

超越論的
　超越論的演繹→演繹
　超越論的概念　275，327，337，344
　超越論的仮象　273，281，332
　超越論的観念論　322
　超越論的－経験的　283-284，336
　超越論的－形而上学　282
　超越論的自由　76
　超越論的使用　284-285，291，335-336，339，342
　超越論的真理　328
　超越論的－超越的　277，281-286，335-337
　超越論的哲学→哲学
　超越論的認識　255，290，295，324-325，341
　超越論的批判→批判
　超越論的法則　316
　超越論的立法→立法
　超越論的理念　284，297，335，345

定言命法
　いかにして定言命法は可能か　46-49，75，173，175，200，308
　具体的な定言命法　63，68，155，162-164，167，213
　原理としての定言命法　10，63，68，162
　定言命法－仮言命法　35，50，120，153，209

定言命法の法式
　自然法則の法式　29-32，36，38，40-42，63，83-84，88，94-97，122，124，140，148
　自律の法式→自律
　普遍的法則の法式　10，29-31，33-36，43，63-65，82-84，86，88，96-97，106-107，120-122，124
　目的自体の法式　29-32，36，38-39，63，122-124，148
　目的の国の法式　29-33，36，39-40，64，123-124，149

テーゼ
　「基準」テーゼ　83-86，98，105
　コペルニクス・テーゼ　223，226，229-232，234，236，238，240，243，299，343
　「ニュートン－ルソー」テーゼ　107，111，113，115-119，122，130，144，146，148-149
　「法－正義」テーゼ　129
　「法則－善」テーゼ　129

哲学
　自然の哲学　307-308
　実践哲学　2，19，46，55，108，111，131，144-145，147，150，176，193，197，209，306，308-311
　人倫の哲学　307-308
　世界概念による哲学　299，311-312，345
　超越論的哲学　46，66，223，248-261，

263，274-275，277-283，286-287，289-294，296-298，300-302，309，324，325-328，333-334，336-337，340-342
哲学者　61，115，143，145，165，221，227，311，328，332，345
批判哲学　2，4，173-175，198，200，204，209，220，223，248，299，305-308，310-311
要請としての哲学　298-299，312
理論哲学　48-49，54-55，111，144，306，308-310，344

独断
独断的な形而上学　4，174
独断のまどろみ　248，261，263，266，269-270，276，331，333
独断論　269-270，305，329

なすべきが故になしうる　15-25，60-62，142，175，181-184，191-192，216，312

批判
純粋実践理性の批判　46-47，66，303
純粋理性の批判　255-259，274-275，278，280，298，300，308，325-327，330，344
超越論的批判　255，258，323-324
批判哲学→哲学

自ら作る　243，245-246，299，301-302，310，320-321，343
自ら作りうるもののみを洞察する　242-245，247-248，299，302-303
自ら作る（構成する）→構成

要請
意志の要請　173-175，305-306，308-310
幾何学の要請　153，156-157，159，166-168，170，182
行為の可能性の要請　183-184，190-192
公法の要請　189，194-195，198，202-203，218，220
最高善の可能性の条件の要請　177-178，181-184，191，210
最高善の可能性の要請　176-178，181-182，184，191，210
算術の要請　157
実践的命題としての要請　2，20，24，74，131，151，153-155，160-162，170，175-176，182-184，187，189-194，197，201，209，213，305-306，308，310，312
実践的要請　56-57，155-156，162-163，210
実践理性の要請　155，190，195，198-200，210，212-213，217-218
自由の要請　24，63，183-184，192，217
純粋実践理性の要請　63，151，153-156，161-163，172，177，183，189，210，305-306
数学の要請　24，154-157，163，172-173，197
対象の可能性の要請　190
道徳的－実践理性の要請　189-191
道徳的要請　154，162-163，173，197，200，309
能力の要請　201，217-218，220
法的要請　187-189，194-195，197-203，217-218，309
命法としての要請　20，210
ユークリッド幾何学の要請　57，73，156-157，159，166-167，182
要請－公理　158-160，162，169-170
要請としての根本法則→根本法則
要請としての哲学→哲学
要請としての倫理学→倫理学
要請－問題　21，61，160-161，213

要請論　2，151，176，186，193-194，204，209，305-306，312
理性の要請　163-164，166，203，212
理論的命題としての要請　24，57，151，154-156，162，173，177-178，183-184，191-192，210，306
理論的要請　24，155，161，190，210

理性の事実　1，3-12，14-17，19-20，23-28，45，51，53，56-61，66，76，173-175，199-200，214，304-305，308
理性の事実から自由へ　6-8
「理性の事実」説　3-4，6-7，11，16，28，173，305，308

立法
悟性の立法　144，307，309-310，315
根源的に立法するもの　1，4，8-9，41，56，69，71，77，79-80，174，307-308
自己立法　25，70，75，80，124，126，130，308
実践理性の立法　65，109，307，309
超越論的立法　315-316，345
人間理性の立法　307，311
理性の立法　144，212，307，310
立法権　126，130，149
立法者　64-65，74，80-81，95-96，98，133-134，204，232，306-308，311，315，344
立法する意志→意志
立法する理性　27，128，140，203

倫理学
アリストテレス倫理学　127
意志の倫理学　107，122，127，130
格率倫理学　136，138
義務の倫理学　74
神学的倫理学　82
徳の倫理学　129
法の倫理学　118，122，127，129-130，150
要請としての倫理学　1-2，193，209，223，298-299，305-306
倫理学のアルケー　52，170，188
倫理学の意志主義　68-70，79，83，108，129，131，143
倫理学の法則　84，196-197

Recht　36-40，65-66，123，196，204-206，208，218，221，337

私はかく意志し，かく命令する→意志

人名索引

Abott, Th. K.　136
Aebi, M.　334
Allison, H. E.　60，66
Arendt, H.　321
Arifuku, K.（有福孝岳）　342
Aristoteles　117，127，129，150，158，270，278-279，288-289，314，332，338
Aso, K.（麻生建）　59

Bacon, F.　321
Baumgarten, A. G.　274，288，292，326，338，340，342
Beattie, J.　333
Beck, L. W.　60-61，133，136，140，149，180，192，210-211，216，344
Becker, O.　211
Bentham, J.　71，131
Bergson, H.　131
Bernoulli, J. J.　275
Blumenberg, H.　313
Bojanowski, J.　59，133
Born, F. G.　303
Borowski, L. E.　143-144
Bourke, V. J.　150
Brandt, R.　217
Brouwer, L. E. F.　341
Büchel, G.　211

Carnois, B.　344
Cassirer, E.　140，148，150，333
Cicero　65，220
Cohen, H.　341，317，322-323，341
Copernicus　224-227，234-235，239，310，312-313，319

Descartes, R.　81-82，134，215，321
Duncan, A. R. C.　64
Duns Scotus　150

Eddington, A. S.　316
Einstein, A.　214，317
Engel, F.　314
Epikouros　215
Erdmann, B.　325
Euklid　158，211，321

Förster, E.　65
Friedman, M.　210，212，318
Fukasaku, M.（深作守文）　135-136

Galilei, G.　229-232，315，317，321
Garve, Ch.　266，319
Geminus　158-160，162
Gottsched, J. Ch.　337
Grimm, J. und W.　325
Groenevelt, F. D.　344

Hamann, J. G.　333
Hara, T.（原佑）　342
Hare, R. M.　88，137-138，142
Hartshorne, R.　212
Hegel, G. W. F.　90，92，139，150，221，316，332
Heidegger, M.　143，315，321-322，325，332，338-339
Heimsoeth, H.　320
Heisenberg, W.　316
Henrich, D.　59
Herz, M.　73，239-243，246，258，269-272，275-278，319，322，331-333
Hilbert, D.　341
Hinske, N.　322，325
Hintikka, J. J.　320
Hirata, T.（平田俊博）　135

Hobbes, Th.　132，134，244-245，321
Höffe, O.　99，101-102，136，138，141-142，220
Hume, D.　144，220，241-242，248，261-271，276-278，282，328-333，335-336
Hutcheson, F.　116-117，151

Ihering, R. von　221
Ilting, K. -H.　59，61，67
Inaba, M.（稲葉稔）　136
Inagaki, R.（稲垣良典）　61
Inutake, M.（犬竹正幸）　332
Ishida, K.（石田京子）　220
Ishikawa, H.（石川文康）　329，332
Ito, S.（伊東俊太郎）　211
Iwasaki, T.（岩崎武雄）　317
Iwata, J.（岩田淳二）　315

Jachmann, R. B.　143
Jakob, L. H.　344
Juvenalis　61，70-71，131

Kaneko, T.（金子武蔵）　316
Kashiyama, K.（樫山欽四郎）　135
Kawabe, R.（河辺六男）　215
Kersting, W.　59，65，136，147，220
Kido, A.（城戸淳）　331
Kitaoka, T.（北岡武司）　59
Klein, F.　211
Knapp, T.　313，333，344
Knittermeyer, H.　334
Koriako, D.　210，318
Körner, S.　341
Korsgaard, Ch. M.　134
Kosaka, M.（高坂正顕）　60，318
Krug, W. T　212-213，338
Krüger, G.　338
Kubo, M.（久保元彦）　221，323，325
Kuehn, M.　333
Kugo, T.（久呉高之）　322，334
Kuki, S.（九鬼周造）　335

Lambert, J. H.　111，159，211，271-272，274-276，289，332，338
Leibniz, G. W.　70，131，221，262，269，341
Liddell, B. E. A.　64
Locke, J.　220，262
Löwith, K.　321
Ludwig, B.　219

MacIntyre, A.　139，150
Maimonn, S.　331
Mansion, A.　338
Matsuyama, J.（松山壽一）　143
Merlan, Ph.　338
Merleau-Ponty, M.　332
Mersenne, M.　89，142
Messer, A.　60
Mikoshiba, Y.（御子柴善之）　136
Miles, M.　313
Mill, J. S.　93，139
Mishima, Y.（三島淑臣）　148
Miura, N.（三浦伸夫）　132
Murakami, K.（村上勝三）　134

Nakajima, Y.（中島義道）　313，332-333
Nakamura, K.（中村幸四郎）　211
Nakayama, G.（中山元）　342
Newton, I.　107-108，110-111，113，115-119，122，130，143-144，146，148-149，214，318
Nietzsche, F. W.　143，323
Nishiyama, N.（西山法宏）　147
Nitta, T.（新田孝彦）　61
Noda, M.（野田又夫）　135
Novalis　316

Ochiai, T.（落合太郎）　61
Ockham, W. of　150
Ogura, Y.（小倉志祥）　141

O'Neill, O.　59
Orth, E. W. W.　332
Owens, J.　338

Paton, H. J.　28-30，49，62-63，67，94，99，133，135-137，140-141，213，225，314，334
Phalaris　17-19，24，27
Pichler, H.　337
Planck, M.　214
Platon　147，149，171，332
Pope, A.　107，115-116，146
Popper, K. R.　317-318，344
Prauss, G.　60，339
Proclus　132，158，314
Pufendorf, S.　142

Reich, K.　65
Riley, P.　131，147
Rischmüller, M.　144
Rommen, H.　150
Rousseau, J.-J.　131，144，147-150，219，220
Roussel, B.　59
Russell, B.　313

Saito, K.（斎藤憲）　132
Sakabe, M.（坂部恵）　136，329
Sato, T.（佐藤徹郎）　321
Schiller, F.　61
Schlick, M.　82
Schmucker, J.　146-148
Schneewind, J. B.　135
Schönecker, D.　62-64，135，139，141
Schopenhauer, A.　4，58，61，215，341
Schütz, Ch. G.　227，303
Segner, J. A. von　320
Shaftesbury, Th. E. of　144
Shinoda, H.（篠田英雄）　135，342
Smith, N. K.　313，333-334
Spinoza, B.　333
Stahl, G. E.　229
Stamatis, E. S.　211
Stammler, R.　220
Sumi, S.（角忍）　59
Szabó, Á.　211

Takahashi, H.（高橋洋城）　220
Takahashi, K.（高橋憲一）　312-313
Takamine, I.（高峯一愚）　342
Tanaka, H.（田中秀央）　61
Tetens, J. N.　337
Thales　227，314
Thomas Aquinas　61，340
Timmermann, J.　136
Torricelli, E.　229，315，317

Ulpianus, D.　39-40，66
Unruh, P.　213，322，325

Vaihinger, H.　220，322-324，329，334
Vaughan, C. E.　144
Vico, G.　244-245，321
Vorländer, K.　144

Watkins, J. W. N.　321
Watsuji, T.（和辻哲郎）　62，142，180，192，216
Weizäcker, C. F. von　138
Wilde, L. H.　135，141
Williams, T. C.　63
Wittgenstein, L.　81-82，135，342
Wolff, Ch.　57，68，143，159-160，169，211-213，221，269，287-288，337-338
Wood, A. W.　62-64，135，139，141

Yamamoto, M.（山本道雄）　332
Yamane, Y.（山根雄一郎）　343
Yamauchi, S.（山内志朗）　150

Zenon　215
Zeuthen, H. G.　211

著者略歴

細川亮一（ほそかわ・りょういち）

1947年東京都に生まれる。1970年東京大学文学部卒業。1975年東京大学博士課程修了。1984-1986年フンボルト奨学生としてドイツ留学。1995-1996年アメリカ合衆国留学。文学博士（東京大学）。

現在，九州大学大学院人文科学研究院教授。

著書：『意味・真理・場所』（創文社，1992年），『ハイデガー哲学の射程』（創文社，2000年），『ハイデガー入門』（ちくま新書，2001年），『形而上学者ウィトゲンシュタイン』（筑摩書房，2002年），『ヘーゲル現象学の理念』（創文社，2002年），『アインシュタイン　物理学と形而上学』（創文社，2004年），『純化の思想家ルソー』（九州大学出版会，2007年），『道化師ツァラトゥストラの黙示録』（九州大学出版会，2010年）

訳書：『真理の本質について』（ハイデッガー全集第34巻，創文社，1995年）

編書：『幸福の薬を飲みますか』（ナカニシヤ出版，1996年）

要請《ようせい》としてのカント倫理学《りんりがく》

2012年3月20日　初版発行

著　者　細　川　亮　一

発行者　五十川　直　行

発行所　(財)九州大学出版会

〒812-0053 福岡市東区箱崎7-1-146
九州大学構内
電話　092-641-0515(直通)
振替　01710-6-3677
印刷・製本／大同印刷㈱

ISBN978-4-7985-0070-6